# Schriften zum deutschen und europäischen Recht der Arbeit und der Sozialen Sicherheit

Herausgegeben von
Stefan Greiner, Gregor Thüsing und Raimund Waltermann

Band 29

Informationsfluss und Geheimnisschutz bei Tarifverhandlungen

Tillmann Vitt

# Informationsfluss und Geheimnisschutz bei Tarifverhandlungen

## Eine Analyse potentieller Restriktionen der Informationsweitergabe in (Sanierungs-)Tarifverhandlungen im Abgleich mit der Due Diligence

PETER LANG

Lausanne - Berlin - Bruxelles - Chennai - New York - Oxford

**Bibliografische Information der Deutschen Nationalbibliothek**
Die Deutsche Nationalbibliothek verzeichnet diese Publikation in der Deutschen Nationalbibliografie; detaillierte bibliografische Daten sind im Internet über http://dnb.d-nb.de abrufbar.

Zugl.: Bonn, Univ., Diss., 2022

D 5
ISSN 1861-678X
ISBN 978-3-631-89792-8 (Print)
E-ISBN 978-3-631-90363-6 (E-PDF)
E-ISBN 978-3-631-90364-3 (EPUB)
DOI 10.3726/b20023



Verlegt durch:
Peter Lang GmbH, Berlin, Deutschland

info@peterlang.com http://www.peterlang.com/

# Vorwort

Die vorliegende Arbeit wurde von der Rechts- und Staatswissenschaftlichen Fakultät der Rheinischen Friedrich-Wilhelms-Universität Bonn im Wintersemester 2022/2023 als Inauguraldissertation angenommen. Rechtsprechung und Literatur konnten bis zum 15.12.2022 berücksichtigt werden. Besonderer Dank gilt Prof. Dr. Stefan Greiner für die engagierte Betreuung des Projekts und die wertvolle Unterstützung bei Erstellung der Arbeit. Ihm, Prof. Dr. Gregor Thüsing, LL.M. (Harvard) und Prof. Dr. Raimund Waltermann gilt zugleich Dank für die Aufnahme meiner Arbeit in Schriftenreihe des Instituts. Für die äußerst zügige Erstellung des gedankenvollen Zweitgutachtens danke ich Prof. Dr. Alexander Scheuch.

Weiterhin bedanke ich mich bei der Kanzlei LOSCHELDER Rechtsanwälte für die Förderung der Arbeit im Rahmen des Promotionsstipendiums. Das Stipendium ermöglichte mir die zügige und finanziell sorgenfreie Erstellung der Dissertation. Besonderer Dank gilt Dr. Detlef Grimm der am steten Fortkommen der Arbeit immer ein großes Interesse gezeigt hat und mir mit gewinnbringenden Anregungen zur Seite stand.

Zudem danke ich meinen Eltern Petra und Franz Vitt sowie meinem Bruder Mats Vitt für ihre Unterstützung während des gesamten Studiums und des Promotionsprojekts. Gleiches gilt für meine Großeltern Barbara und Bill Ruppert (†). Ich bedauere es sehr, dass mein Großvater die Fertigstellung der Arbeit nicht mehr erlebt hat.

Der größte Dank gilt allerdings meiner geliebten Ehefrau Dr. Lena Vitt. Ohne Dich und Deine ewige Unterstützung wäre die Arbeit so nicht fertig geworden und meine Dankbarkeit lässt sich nicht in Worte fassen. Ich bin mehr als stolz, dass wir die Promotionszeit Hand in Hand gemeistert haben. Dir ist diese Arbeit gewidmet.

Bonn
im Dezember 2022
Tillmann Vitt

*Meiner geliebten Frau*

# Inhalt

# Einführung

## A. Gegenstand der Untersuchung

Gegenstand dieser Arbeit ist der Informationsfluss und die damit verbundene Frage nach dem Schutz von sensiblen Informationen und Geschäftsgeheimnissen im Rahmen von Tarifverhandlungen. Ziel der Arbeit ist es, die Informationsweitergabe zwischen Unternehmen, Arbeitgeberverband und Gewerkschaft aus verschiedenen Perspektiven zu beleuchten und ein Bewusstsein für etwaige Risiken in diesem Bereich zu schaffen. Exemplarisch sollen anhand der Verhandlung eines Sanierungstarifvertrags potentielle Restriktionen der Informationsweitergabe zwischen den beteiligten Akteuren untersucht werden. Wie aufzuzeigen sein wird, erlangt die Gewerkschaft in der Sanierungssituation Zugang zu sensibelsten Unternehmensinterna. Der umfassende Informationszugang der Gewerkschaft folgt dem Umstand, dass sich Sanierungstarifverhandlungen maßgebend von „normalen" Verhandlungen über einen Flächentarifvertrag unterscheiden. Dies macht vorab eine Abgrenzung erforderlich. Für die Zwecke dieser Arbeit liegt dem Begriff des Sanierungstarifvertrags folgendes Verständnis zugrunde: Ein Sanierungstarifvertrag ist ein Firmentarifvertrag oder ein unternehmensbezogener Verbandstarifvertrag, mit dem die Tarifparteien zum Zweck der finanziellen Entlastung des Unternehmens von einem geltenden Tarifvertrag abweichen.[1] Weitere normative Einschränkungen wie etwa das tatsächliche Vorliegen einer insolvenznahen Krisensituation sind indes nicht erforderlich, sodass auch die präventive Verbesserung der Wettbewerbs- und Innovationsfähigkeit von dem Begriff umfasst wird.[2] Wesentliches Merkmal eines Sanierungstarifvertrags ist also, dass eine zeitlich befristete Verschlechterung der Arbeitsbedingungen der gewerkschaftsangehörigen Arbeitnehmer eines einzelnen Unternehmens angestrebt wird.

Im Kern handelt es sich bei einem Sanierungstarifvertrag um ein Austauschgeschäft bestehend aus materiellen Konzessionen auf Arbeitnehmer- und Arbeitgeberseite. Gegenstand des Sanierungstarifvertrags ist die Abweichung vom normativ geltenden Flächentarifvertrag zum Nachteil der Arbeitnehmer: Es geht anders als in der Situation von Flächentarifverträgen nicht um die Verbesserung,

---

1 *Beck*, Der Sanierungstarifvertrag, S. 19; *Löwisch/Rieble*, § 1 TVG Rn. 2362; *Hoffmann-Remy* in Röger, § 8 Rn. 480; *Moll* in Henssler/Moll/Bepler, Teil 12 Rn. 2.

2 *Beck*, Der Sanierungstarifvertrag, S. 26.

sondern um die zeitlich befristete Verschlechterung der Arbeitsbedingungen der gewerkschaftsangehörigen Belegschaft.[3] Regelmäßiger Inhalt der arbeitnehmerseitigen Zugeständnisse sind etwa die Reduktion von Arbeitszeit, die Absenkung des regelmäßigen Entgelts oder der Verzicht auf Sonderzahlungen.[4] Neben diesen Sanierungsopfern der Arbeitnehmerseite finden sich spiegelbildlich auch Zugeständnisse der Arbeitgeberseite im Sanierungstarifvertrag. Häufig handelt es sich dabei um Regelungen zur Beschäftigungssicherung, etwa mittels des Ausschlusses betriebsbedingter Kündigungen für einen bestimmten Zeitraum.

Allerdings enden die arbeitgeberseitigen Konzessionen nicht mit dem Ausschluss betriebsbedingter Kündigungen. Die materiellen Konzessionen der Arbeitgeberseite erstrecken sich vielfach auch auf unternehmerische Maßnahmen. Beispielsweise finden sich in Sanierungstarifverträgen regelmäßig Vereinbarungen zum Erhalt und Ausbau bestimmter Standorte.[5] Durch diese Vereinbarung soll eine Betriebsschließung für die Zukunft unattraktiv gemacht werden. Langfristiges Ziel dieser Standortsicherungsvereinbarungen ist es, den Erhalt des Betriebes und damit auch der dortigen Arbeitsplätze für die Zukunft abzusichern. Weitergehend werden Investitions- und Innovationsvereinbarungen zwischen den Tarifparteien als schuldrechtliche Gegenleistung für die Sanierungsopfer vereinbart.[6] Mit diesen Investitions- und Innovationszusagen verpflichtet sich das Unternehmen, an Standorten Investitionen in den Betrieb zu tätigen und bspw. neue Produkte und Fertigungstechnologien einzuführen.[7]

## B. Gang der Untersuchung

Hinsichtlich seines Inhalts unterscheidet sich ein Sanierungstarifvertrag maßgebend von regulären Tarifverträgen. Angesichts dieser atypischen Situation bei Sanierungstarifverträgen gilt es zuvörderst, die Rahmenbedingungen bei Verhandlung eines Tarifvertrags allgemein und speziell in der Sanierungssituation zu untersuchen. Dies umfasst neben den allgemeinen rechtlichen Vorgaben auch die beteiligten Parteien sowie deren Interessenlage und vor allem deren

3 *Löwisch/Rieble*, § 1 TVG Rn. 2366.
4 *Löwisch/Rieble*, § 1 TVG Rn. 2366.
5 Eine Vielzahl möglicher arbeitgeberseitiger Konzessionen finden sich etwa im sog. „Opel Master Agreement" aus dem Jahr 2010. Im Volltext abrufbar unter: https://archiv.labournet.de/branchen/auto/gm-opel/allg/master-agreement.pdf (zuletzt abgerufen am 15.12.2022).
6 *Beck*, Der Sanierungstarifvertrag, S. 48 ff.
7 *Beck*, Der Sanierungstarifvertrag, S. 52 ff.

Informationsbedürfnis. Wie aufzuzeigen sein wird, ist in der Sanierungssituation aufgrund der atypischen Interessenverteilung als Ausgangslage der Vertragsverhandlungen das gewerkschaftliche Informationsbedürfnis an nicht öffentlich zugänglichen Wirtschaftsdaten des notleidenden Unternehmens deutlich erhöht. Die Gewerkschaft benötigt diese unternehmensspezifischen Informationen, um die wirtschaftliche Situation des Unternehmens einschätzen zu können. Diese Einschätzung ist erforderlich, um mit dem Arbeitgeber auf Augenhöhe über die gegenseitigen materiellen Konzessionen verhandeln zu können.

Dieses erhöhte Informationsinteresse der Gewerkschaft in der Sanierungssituation ist kein singuläres Phänomen. Gerade im Bereich *Mergers & Aquisitions* – insbesondere bei Unternehmenskäufen – (im Folgenden „M&A Transaktionen") hat der Kaufinteressent eines Unternehmens ein maßgebliches Interesse an sensiblen Unternehmensinterna. Das Informationsinteresse potentieller Erwerber bei einer M&A Transaktion wird über das Instrument der Due Diligence befriedigt. Dabei handelt es sich um ein verselbständigtes Institut zur Auflösung von Informationsasymmetrien. Für die Situation der Tarifverhandlungen fehlt es an einem vergleichbaren Instrument der Informationsbeschaffung. Weiterhin unterliegt die unternehmerische Leitung bei der Weitergabe von sensiblen unternehmensbezogenen Informationen im Rahmen der Due Diligence gesetzlichen Schranken. Die Frage, ob und welchen Schranken die Informationsweitergabe an Gewerkschaft und Arbeitgeberverband in Tarifverhandlungen unterliegt, ist – soweit ersichtlich – noch nicht untersucht worden. Dies wirft die Frage auf, ob die zur Due Diligence entwickelten Restriktionen auf den Informationsfluss zwischen den beteiligten Akteuren von (Sanierungs-) Tarifverhandlungen übertragbar sind.

Eine Übertragung der Wertungen und Restriktionen setzt allerdings die Vergleichbarkeit beider Situationen voraus. Prägend für die Situation der Due Diligence ist dabei, dass der Erwerbsinteressent bzgl. der Informationsbeschaffung auf die Gegenseite angewiesen ist. In einem logischen Vorschritt ist folglich zu klären, ob die Gewerkschaft neben der Arbeitgeberseite auch Informationsquellen aus ihren eigenen Reihen bedienen kann, um so ihr Informationsbedürfnis zu befriedigen. Zu denken ist etwa an die gewerkschaftsangehörigen Arbeitnehmer im Betrieb, den Betriebsrat, sowie etwaige Arbeitnehmervertreter im Aufsichtsrat. Kann die Gewerkschaft auf diesem Wege die sensiblen unternehmensbezogenen Informationen erlangen, ist sie nicht auf die Arbeitgeberseite als Informationsquelle angewiesen. Stünden der Gewerkschaft diese Informationsquellen offen, so würde sich die Situation maßgeblich von der einer transaktionsbezogenen Due Diligence unterscheiden. Eine Übertragung der Wertungen müsste dann ausscheiden.

Während die Informationsweitergabe bei der Verhandlung eines Haussanierungstarifvertrags regelmäßig direkt an die Gewerkschaft erfolgt, ist bei unternehmensbezogenen Verbandstarifverträgen der Arbeitgeberverband als weiterer Akteur beteiligt. Arbeitgeberverbände sind in aller Regel als Idealvereine mit der besonderen Zwecksetzung der Wahrung und Förderung der Arbeits- und Wirtschaftsbedingungen im Sinne von Art. 9 Abs. 3 GG organisiert. Ist ein Arbeitgeberverband nach dem Branchenprinzip organisiert, so sind im Arbeitgeberverband auch aktuelle oder potentielle Konkurrenten des notleidenden Unternehmens organisiert. Es stellt sich die Frage, unter welchen Voraussetzungen eine Informationsweitergabe an den Arbeitgeberverband zulässig ist und wie der Arbeitgeberverband mit den offengelegten Informationen umgehen muss. Ist der Arbeitgeberverband dazu verpflichtet, besondere organisatorische Sicherungsmaßnahmen zur Gewährleistung der Vertraulichkeit zu ergreifen? Gleiches ist spiegelbildlich für den gewerkschaftlichen Umgang mit den sensiblen Unternehmensdaten zu untersuchen.

# Kapitel 1: Rahmenbedingungen bei Verhandlung von Tarifverträgen

In einem ersten Schritt sind die gesetzlichen Rahmenbedingungen bei Tarifverhandlungen zu bestimmen, bevor eine Analyse potentieller Restriktionen bei der Informationsweitergabe erfolgen kann. Dies macht eine weitere Untergliederung anhand der potentiellen Tarifvertragsparteien erforderlich. Zum einen kann ein Sanierungstarifvertrag direkt zwischen der Gewerkschaft und dem notleidenden Unternehmen als Haussanierungstarifvertrag abgeschlossen werden.[8] Tarifvertragsparteien in dieser Konstellation sind der einzelne Arbeitgeber und die Gewerkschaft. Daneben ist auch der Abschluss eines unternehmensbezogenen Verbandssanierungstarifvertrags möglich, dessen Parteien der Arbeitgeberverband und die Gewerkschaft sind.[9] Diese beschränken den betrieblichen, personellen, räumlichen Geltungsbereich des geschlossenen Verbandstarifvertrags auf die Geltung nur für das notleidende Unternehmen.[10] Anhand dieser Untergliederung gilt es nun die Rahmenbedingungen der Verhandlung, sowie die Interessenlage der jeweils beteiligten Akteure zu bestimmen. Die so herausgearbeiteten Interessen sind sodann in einem zweiten Schritt mit der Interessenlage bei der Informationsweitergabe im Rahmen einer Due Diligence zu vergleichen.

## A. Rechtsrahmen und Interessenlage bei Tarifverhandlungen

Bei Untersuchung der einfachrechtlichen Ausgestaltung der Rahmenbedingungen für Tarifverhandlungen ist die hervorgehobene Rolle der Tarifparteien innerhalb der Verfassung zu berücksichtigen.

### I. Verfassungsrechtliche Vorgaben

Maßgebend ist die zentrale Norm des Art. 9 Abs. 3 GG. Diese gewährleistet über die individuelle Koalitionsfreiheit des Einzelnen hinaus auch eine kollektive

---

8 *Löwisch/Rieble*, § 1 TVG Rn. 2362; *Beck*, Der Sanierungstarifvertrag, S. 22; *Moll* in Henssler/Moll/Bepler, Teil 12 Rn. 4.

9 *Löwisch/Rieble*, § 1 TVG Rn. 2362; *Beck*, Der Sanierungstarifvertrag, S. 22.

10 *Löwisch/Rieble*, Grundlagen Rn. 22; *Oetker* in Wiedemann, § 2 TVG Rn. 249; *Moll* in Henssler/Moll/Bepler, Teil 12 Rn. 9.

Komponente: Art. 9 Abs. 3 GG schützt neben der individuellen Koalitionsfreiheit auch die Betätigungsfreiheit der Koalitionen als Kollektiv.[11] Seit Aufgabe der Kernbereichsrechtsprechung des Bundesverfassungsgerichts ist unstreitig, dass die kollektive Betätigungsfreiheit alle koalitionsspezifischen Verhaltensweisen zur Verfolgung der koalitionsmäßigen Zwecke, namentlich der Förderung der Arbeits- und Wirtschaftsbedingungen, erfasst.[12] Diese Wahrnehmung und Förderung der Arbeits- und Wirtschaftsbedingungen setzt voraus, dass die Sozialpartner dazu in der Lage sind, ihre gegenläufigen Interessen ungestört in Einklang zu bringen. Insoweit gewährleistet Art. 9 Abs. 3 GG mit der Tarifautonomie den Koalitionen einen Freiraum zum autonomen Interessenausgleich.[13] Die Tarifautonomie ist dabei zentraler Bestandteil der kollektiven Betätigungsfreiheit der Koalitionen.[14] Diese ist darauf angelegt, das Aushandeln von Arbeitsbedingungen von der individualvertraglichen Ebene auf die kollektive Ebene zu verlagern, um eine Verhandlung auf Augenhöhe zu ermöglichen.[15] Zur Gewährleistung dieses Verhandelns auf Augenhöhe, sprich der Verhandlungsparität in den Tarifverhandlungen, können die Tarifparteien auf Arbeitskampfmittel zurückgreifen, um ihre Verhandlungsposition zu stärken.[16] Art. 9 Abs. 3 GG garantiert insoweit, dass die Koalitionen die Arbeits- und Wirtschaftsbedingungen ihrer Mitglieder durch eine privatautonome Einigung gestalten können.[17] Folglich umfasst die kollektive Betätigungsfreiheit der Koalitionen insbesondere auch den Vorgang der Tarifverhandlung als vorgesehenes Instrument zur Harmonisierung widerstreitender Interessen zwischen den sozialen Gegenspielern.[18] Das freie Aushandeln von Tarifverträgen gehört nach der Rechtsprechung des BVerfG zu den wesentlichen Zwecken der Koalitionen.[19] Der Staat muss sich

---

11 BVerfG v. 11.7.2017 – 1 BvR 1571/15 u.a, AP GG Art. 9 Nr. 151, Rn. 131; BVerfG v. 4.7.1995 – 1 BvF 2/86 u.a, BVerfGE 92, 365 (393) m.z.w.N.; teilweise unter Rückgriff auf Art. 19 Abs. 3 GG dazu *Scholz* in Dürig/Herzog/Scholz, Art. 9 GG Rn. 170.

12 BVerfG v. 11.7.2017 – 1 BvR 1571/15 u.a, AP GG Art. 9 Nr. 151, Rn. 131 m.w.N.

13 *Linsenmaier* in ErfK, Art. 9 GG Rn. 51.

14 BVerfG v. 11.7.2017 – 1 BvR 1571/15 u.a, AP GG Art. 9 Nr. 151, Rn. 131 m.z.w.N.; *Rieble* in MHdB ArbR, § 220 Rn. 34; *Jacobs* in Wiedemann, Einleitung Rn. 2.

15 BverfG v. 26.6.1991 – 1 BvR 779/85, BVerfGE 212 (229); BVerfG v. 11.7.2017 – 1 BvR 1571/15 u.a, AP GG Art. 9 Nr. 151, Rn. 146 f.; *Linsenmaier* in ErfK, Art. 9 GG Rn. 56.

16 BVerfG, 26.6.1991 – 1 BvR 779/85, BVerfGE 212 (229); *Linsenmaier* in ErfK, Art. 9 GG Rn. 112.

17 *Löwisch/Rieble*, § 1 TVG Rn. 1; *Franzen* in ErfK, § 1 TVG Rn. 3; *Scholz* in Dürig/Herzog/Scholz, Art. 9 GG Rn. 161.

18 *Rieble*, RdA 2004, 78.

19 BVerfG v. 24.4.1996 – 1 BvR 712/86, BVerfGE 268 (283).

im Betätigungsfeld der Koalitionen grundsätzlich zurückhalten, um ein freies Aushandeln der Regelungen über die Arbeits- und Wirtschaftsbedingungen zu gewährleisten.[20]

Indes schützt Art. 9 Abs. 3 GG nur partiell eine natürliche Freiheit.[21] Die Tarifvertragsfreiheit bedarf – ähnlich der Eigentumsfreiheit aus Art. 14 GG – einer einfachgesetzlichen Ausgestaltung.[22] Daraus resultiert eine verfassungsrechtliche Garantie eines Vertragssystems, welches die autonome Festlegung der Arbeitsbedingungen zwischen den Tarifparteien gewährleistet.[23] Aus der Tarifautonomie leitet sich zudem das Prinzip der Chancengleichheit ab. Dieses schützt die Tarifvertragsparteien davor, dass das Verhandlungsgleichgewicht zuungunsten einer Tarifvertragspartei verschoben wird. Die Verhandlungsparität zwischen den Tarifvertragsparteien stellt eine Schranke für die Ausgestaltung des Verhältnisses zwischen den Tarifparteien dar.[24] Hierdurch wird sichergestellt, dass nicht eine der Tarifvertragsparteien der anderen von vorneherein ihren Willen aufzwingen kann, sondern annähernd gleiche Verhandlungschancen bestehen.[25]

## II. Einfachrechtliche Ausgestaltung

Wesentliche Ausgestaltungen dieser verfassungsrechtlichen Garantie eines Vertragssystems stellen die Regelungen des TVG dar. Dort finden sich unter anderem Regelungen zu den möglichen Parteien, Inhalt und Wirkung des Tarifvertrags. Indes finden sich dort keine Regelungen zum genauen Ablauf der Tarifverhandlungen.[26] Es fehlen speziell für die Tarifvertragsparteien geltende Regelungen. Aufgrund dieser fehlenden Vorgaben für das Verfahren von Tarifverhandlungen

---

20 BVerfG v. 24.4.1996 – 1 BvR 712/86, BVerfGE 268 (283).

21 *Greiner*, Rechtsfragen, S. 110 ff. mit Nachweisen zum Meinungsspektrum.

22 BVerfG v. 11.7.2017 – 1 BvR 1571/15 u.a, NZA 2017, 915 Rn. 144; *Greiner*, Rechtsfragen, S. 93 ff.; *Jacobs* in Wiedemann, Einleitung Rn. 151, jeweils m.w.N.

23 *Jacobs* in Wiedemann, Einleitung Rn. 164 f.; *Löwisch/Rieble*, Grundlagen Rn. 120.

24 *Kreßel*, Anm. zu BAG v. 11.7.2000 – 1 ABR 43/99, SAE 2002, 181 (183).

25 Zum Zusammenhang zwischen Chancengleichheit und Tarifautonomie: BAG v. 13.12.2011 – 1 ABR 2/10, NZA 2012, 571 (573); BAG v. 22.12.1980 – 1 ABR 2/79, NJW 1981, 937 (941); BAG v. 30.8.1994 – 1 ABR 10/94, NZA 1995, 183 (184); *Lukes*, Der betriebsverfassungsrechtliche Unterlassungsanspruch des Arbeitgebers gegen den Betriebsrat, S. 290 f.

26 *Rieble*, RdA 2004, 78 (79).

ist ein Rückgriff auf die Regelungen des allgemeinen Zivilrechts erforderlich.[27] Trotz seiner normativen Wirkung stellt der Tarifvertrag in erster Linie einen privatrechtlichen Vertrag dar.[28] Teilweise müssen die allgemeinen zivilrechtlichen Regelungen aufgrund der besonderen Stellung der Tarifvertragsparteien und der Außenwirkung des Tarifvertrags modifiziert werden.[29] Die Rechte und Pflichten zwischen den Tarifparteien innerhalb der Vertragsverhandlungen richten sich grundsätzlich nach dem allgemeinen Vertragsrecht des BGB.[30]

Zwischen den Tarifparteien gilt dabei insbesondere auch § 242 BGB, mit der Folge, dass sie die jeweiligen Belange der anderen Tarifpartei berücksichtigen müssen.[31]. Der Große Senat formulierte bereits 1967 in seiner Entscheidung zur Unzumutbarkeit von Differenzierungsklauseln: „*Im Verhältnis zwischen Koalitionen gilt § 242 BGB mit dem gleichen Gewicht wie im individuellen Rechtsverkehr. § 242 BGB verbietet es, sich einfach über die Belange des anderen hinwegzusetzen und die eigenen Interessen in einer für den anderen unzumutbaren Weise durchzusetzen*“.[32] Auch wenn sich mittlerweile das Verständnis der Zulässigkeit von Differenzierungsklauseln gewandelt hat[33], kommt der Aussage des Großen Senats zu § 242 BGB weiterhin Geltung zu.

## III. Rückschlüsse für die Verhandlungsphase

Dem folgend können die verhandelnden Tarifparteien die Abläufe bei den Verhandlungen durch Tarifvertrag innerhalb der Grenzen des allgemeinen Vertragsrechts frei regeln. Gem. § 1 Abs. 1 TVG regelt der Tarifvertrag als Schuldverhältnis auch die Rechte und Pflichten der Tarifvertragsparteien untereinander.[34] Neben den tarifvertragsimmanenten Pflichten können die Tarifparteien etwa Verhandlungs- Schlichtungs- oder Informationspflichten im Tarifvertrag regeln.[35] In der hier zu untersuchenden Situation des Informationsflusses bei

---

27 BAG v. 4.6.2008 – 4 AZR 419/07, NZA 2008, 1366 (1368); *Löwisch/Rieble*, § 1 TVG Rn. 1479; *Nebe* in Däubler, § 1 TVG Rn. 109; *Franzen* in ErfK, § 1 TVG Rn. 23; *Rieble*, RdA 2004, 78 (79).

28 *Franzen* in ErfK, § 1 TVG Rn. 20; *Gießen*, NZA 2021, 319 (320).

29 *Thüsing* in Wiedemann, § 1 Rn. 6 TVG.

30 *Zöllner/Loritz/Hergenröder*, § 34 S. 355.

31 BAG v. 29.11.1967 – GS 1/67, BAGE 20, 175 (222); *Malorny*, Die Haftung der Gewerkschaft gegenüber ihren Tarifpartnern, S. 143; *Klumpp* in MHdB ArbR, § 257 Rn. 64.

32 BAG v. 29.11.1967 – GS 1/67, BAGE 20, 175 (222).

33 BAG v. 18.3.2009 – 4 AZR 64/08, NZA 2009, 1028.

34 *Löwisch/Rieble*, § 1 TVG Rn. 1134.

35 *Löwisch/Rieble*, § 1 TVG Rn. 1134.

Tarifverhandlungen ist noch kein sanierender Tarifvertrag zwischen den Parteien geschlossen worden, welcher die Rechte und Pflichten der Tarifparteien zueinander regelt. Allerdings kann zwischen den Parteien bereits ein regulärer Flächen- oder Haustarifvertrag bestehen. Aus diesem Tarifvertrag können sich für die Tarifparteien wechselseitige Rücksichtnahme- und Schutzpflichten im Sinne von § 241 Abs. 2 BGB ergeben.[36] Eine Ausnahme gilt dann, wenn sich der Tarifvertrag im Nachwirkungsstadium nach § 4 Abs. 5 TVG befindet. Die Nachwirkung nach § 4 Abs. 5 TVG beschränkt sich auf den normativen Teil des Tarifvertrags. Die schuldrechtlichen Pflichten zwischen den Tarifvertragsparteien sind der Nachwirkung nicht zugänglich.[37] Unabhängig davon geht mit der Aufnahme von Vertragsverhandlungen eine erhöhte Einwirkungsmöglichkeit auf die gegenseitigen Rechtsgüter einher. Für diese Situation sieht das allgemeine Zivilrecht in §§ 311 Abs. 2, § 241 Abs. 2 BGB vor, dass eine schuldrechtliche Sonderbeziehung zwischen Vertragsparteien bereits im vorvertraglichen Bereich entstehen kann. Insgesamt kann aus der schuldrechtlichen Sonderbeziehung eine gegenseitige Pflichtenbindung der Tarifparteien entstehen, welche den Rahmen der Tarifverhandlungen bestimmt.

### *1. (Vor-)vertragliches Schuldverhältnis zwischen den Tarifpartnern*

§ 311 Abs. 2 BGB normiert, dass ein Schuldverhältnis mit Pflichten nach § 241 Abs. 2 BGB durch die Aufnahme von Vertragsverhandlungen (Nr. 1); die Anbahnung eines Vertrags, bei welcher der eine Teil im Hinblick auf eine etwaige rechtsgeschäftliche Beziehung dem anderen Teil die Möglichkeit zur Einwirkung auf seine Rechte, Rechtsgüter und Interessen gewährt oder ihm diese anvertraut (Nr. 2), oder ähnlichen geschäftlichen Kontakten (Nr. 3) entstehen kann. Liegt bereits ein wirksamer Tarifvertrag zwischen den Parteien vor, so folgt die Pflichtenbindung nach § 241 Abs. 2 BGB unmittelbar aus dem Tarifvertrag.

Ziel des vorvertraglichen Schuldverhältnisses ist es, die potentiellen Vertragspartner vor Schäden an ihren Rechtsgütern zu schützen.[38] Der mit der Vertragsanbahnung bzw. Aufnahme von Vertragsverhandlungen verstärkten Einwirkungsmöglichkeit auf die Rechtspositionen der Gegenseite, wird so Rechnung getragen. Sie wird um korrespondierende Rücksichtnahme- und Schutzpflichten ergänzt. Diese Rücksichtnahme- und Schutzpflichten führen dazu, dass die potentielle Vertragspartei in gesteigertem Maße auf die Wahrung ihrer

36 *Franzen* in ErfK, § 1 TVG Rn. 79; *Löwisch/Rieble*, § 1 TVG Rn. 1156.

37 *Franzen* in ErfK, § 4 TVG Rn. 55.

38 *Feldmann* in Staudinger, § 311 BGB Rn. 121.

Interessen durch die Gegenseite vertrauen kann.[39] Für die Rahmenbedingungen bei Tarifverhandlungen bedeutet dies, dass sich aus §§ 311 Abs. 2, 241 Abs. 2 BGB bereits im Vorfeld des Vertragsschlusses konkrete Pflichten ergeben können.

Parteien des (vor-)vertraglichen Schuldverhältnisses sind diejenigen, die Partei des in Aussicht genommenen Vertrages wären, bzw. Vertragsparteien sind.[40] Für die beiden möglichen Vertragskonstellationen – den Haustarifvertrag und den unternehmensbezogenen Verbandstarifvertrag – ist zu untersuchen, zwischen welchen Parteien ein vorvertragliches Schuldverhältnis zustande kommt.

### a. *Firmentarifvertrag*

In dem Fall, indem das Unternehmen selbst Tarifpartei eines Firmentarifvertrags werden soll, entsteht das vorvertragliche Schuldverhältnis zwischen dem Unternehmen und der Gewerkschaft, als (potentiellen) Vertragspartnern.[41] In der Kontaktaufnahme zwischen den beiden Tarifparteien liegt regelmäßig die Aufnahme von Vertragsverhandlungen im Sinne von § 311 Abs. 2 Nr. 1 BGB.[42] Überdies liegt in der Kontaktaufnahme zwischen Unternehmen und Gewerkschaft die Anbahnung eines Vertrags, bei welcher der eine Teil im Hinblick auf eine etwaige rechtsgeschäftliche Beziehung dem anderen Teil die Möglichkeit zur Einwirkung auf seine Rechte, Rechtsgüter und Interessen gewährt.[43] Wie noch aufzuzeigen sein wird, besteht gerade in der Sanierungssituation eine verstärkte Einwirkungsmöglichkeit auf bestimmte Rechtsgüter des Arbeitgebers. Diese erhöhte Einwirkungsmöglichkeit rechtfertigt das Entstehen korrespondierender Verhaltens- und Schutzpflichten zwischen den Parteien.

### b. *Unternehmensbezogener Verbandstarifvertrag*

Anders liegen die Dinge beim Abschluss eines unternehmensbezogenen Verbandstarifvertrags: Dieser ist zwar hinsichtlich seines betrieblichen, personellen

---

39 *Malorny*, Die Haftung der Gewerkschaft gegenüber ihren Tarifpartnern, S. 143.

40 *Feldmann* in Staudinger, § 311 BGB Rn. 118.

41 *Nebe* in Däubler, § 1 TVG Rn. 120; *Malorny*, Die Haftung der Gewerkschaft gegenüber ihren Tarifpartnern, S. 131; *Künster*, Die culpa in contrahendo in vortariflichen Rechtsbeziehungen, S. 72 ff.; *Zöllner/Loritz/Hergenröder*, § 34 S. 355.

42 *Malorny*, Die Haftung der Gewerkschaft gegenüber ihren Tarifpartnern, S. 132 f., setzt zusätzlich voraus, dass beide Tarifparteien einen Tarifabschluss anstreben. Ablehnend zu diesem Erfordernis: *Giesen*, NZA 2021, 319 (322).

43 *Franzen* in ErfK, § 1 TVG Rn. 79; *Löwisch/Rieble*, § 1 TVG Rn. 1141; *Klumpp* in MHdB ArbR, § 257 Rn. 65; *Malorny*, Die Haftung der Gewerkschaft gegenüber ihren Tarifpartnern, S. 132 f. m.z.w.N.

und räumlichen Geltungsbereichs auf das Unternehmen beschränkt. Allerdings ändert dies nichts an seiner Rechtsnatur als Verbandstarifvertrag. Das Unternehmen wird nicht Vertragspartner der Gewerkschaft, sondern der Arbeitgeberverband. Demnach entsteht durch die Aufnahme der Tarifverhandlungen das vorvertragliche Schuldverhältnis zwischen dem Arbeitgeberverband und der Gewerkschaft und nicht mit dem verbandsangehörigen Unternehmen.[44]

Freilich kommt die Einbeziehung des verbandsangehörigen notleidenden Unternehmens nach den Grundsätzen des Vertrags mit Schutzwirkung zugunsten Dritter – wie er in § 311 Abs. 3 BGB[45] angedeutet ist – in Betracht.[46] Dieses Institut führt dazu, dass schutzbedürftige Dritte, welche nicht Partei des Schuldverhältnisses sind in den Schutzbereich des Schuldverhältnisses mit einbezogen werden. Voraussetzungen für die Einbeziehung eines Dritten in den Schutzbereich des Schuldverhältnisses sind im Einzelnen: Die Schutzbedürftigkeit des Dritten, die Leistungs- und Gläubigernähe, sowie die Erkenn- und Zumutbarkeit für die andere Vertragspartei.[47]

Diese Voraussetzungen sind bei Verhandlung eines unternehmensbezogenen Verbandstarifvertrags in aller Regel erfüllt. Dem Unternehmen fehlt ein eigener vertraglicher Anspruch gegen die Gewerkschaft, sodass die Schutzbedürftigkeit gegeben ist.[48] Da der Geltungsbereich des Verbandstarifvertrags auf das Unternehmen beschränkt wird, liegt auch die erforderliche Leistungsnähe vor: Das Unternehmen kommt bestimmungsgemäß mit der Leistung des Sanierungstarifvertrags in Berührung.[49] Aufgrund der Mitgliedschaft im Arbeitgeberverband besteht ein besonderes Näheverhältnis zum Gläubiger, welches für die Gewerkschaft erkennbar ist.[50] Zudem steht die Tatsache, dass der sanierende Tarifvertrag

---

44 *Malorny*, Die Haftung der Gewerkschaft gegenüber ihren Tarifpartnern, S. 139.

45 Für diese Verortung: *Lorenz*, JuS 2021, 817 (820). Die dogmatische Verortung des Vertrags mit Schutzwirkung zugunsten Dritter ist indes streitig. So rekurriert die Rechtsprechung unmittelbar auf den (hypothetischen) Willen der Vertragsparteien im Wege der ergänzenden Vertragsauslegung, BGH v. 17.11.2016 – III ZR 139/14, NJW-RR 2017, 888 (889) m.w.N.

46 *Giesen*, NZA 2021, 319 (323 f.); *Künster*, Die culpa in contrahendo in vortariflichen Rechtsbeziehungen S. 19 f.

47 *Becker* in NK-BGB, § 311 BGB Rn. 144, m.z.N. zur Rsp.

48 BGH v. 2.7.1996 – X ZR 104/94, NJW 1996, 2927 (2929).

49 *Künster*, Die culpa in contrahendo in vortariflichen Rechtsbeziehungen S. 19 f.; allgemein: BGH v. 2.7.1996 – X ZR 104/94, NJW 1996, 2927 (2928); *Gottwald* in MüKoBGB, § 328 BGB Rn. 185.

50 *Gottwald* in MüKoBGB, § 328 BGB Rn. 186, 191 m.z.N.

noch nicht abgeschlossen wurde, der Einbeziehung des Unternehmens in den Schutzbereich des vorvertraglichen Schuldverhältnisses nicht entgegen: Die Schutz- und Fürsorgepflicht stellen den maßgeblichen Inhalt des vorvertraglichen Schuldverhältnisses dar, und der Vertragspartner schuldet diese vor wie nach Vertragsschluss.[51]

### c. *Zwischenergebnis*

Sind die Verhandlungspartner bereits durch einen geltenden Tarifvertrag verbunden, ergeben sich daraus wechselseitige Schutz- und Rücksichtnahmepflichten im Sinne von § 241 Abs. 2 BGB. Besteht keine Sonderbeziehung, dann entsteht durch die Aufnahme von Tarifverhandlungen zwischen den Beteiligten ein vorvertragliches Schuldverhältnis nach § 311 Abs. 2 i.V.m. § 241 Abs. 2 BGB. Bei Verhandlung eines Haustarifvertrags entsteht dieses vorvertragliche Schuldverhältnis direkt zwischen dem Unternehmen und der Gewerkschaft, während bei Verhandlung eines unternehmensbezogenen Verbandstarifvertrags das vorvertragliche Schuldverhältnis zwischen Arbeitgeberverband und Gewerkschaft entsteht. In diesem Fall ist das Unternehmen über die Grundsätze des vorvertraglichen Schuldverhältnisses mit Schutzwirkung zugunsten Dritter in das vorvertragliche Schuldverhältnis einbezogen. Diese schuldrechtliche Sonderbeziehung ist für die Bestimmung der Rahmenbedingungen bei Tarifverhandlungen wesentlich. Aus ihr leiten sich bereits im Verhandlungsstadium konkrete Pflichten zwischen den Parteien ab.

## 2. *Folge: Entstehen von Rücksichtnahme- und Schutzpflichten*

### a. *Umfang der gegenseitigen Pflichtenbindung*

#### aa. *Kriterien zur Bestimmung des Pflichtenkatalogs*

Wie dargestellt, besteht zwischen dem notleidenden Unternehmen und der Gewerkschaft eine schuldrechtliche Sonderverbindung. Dies gilt unabhängig davon, ob ein unternehmensbezogener Verbandstarifvertrag oder ein Haustarifvertrag verhandelt wird. Dieses (vor-)vertragliche Schuldverhältnis kann nach seinem Inhalt jeden Teil zur Rücksicht auf die Rechte, Rechtsgüter und Interessen des anderen Teils verpflichten, § 241 Abs. 2 BGB.

Den konkreten Umfang der Nebenpflichten bestimmt § 241 Abs. 2 BGB nicht, sondern belässt dem Rechtsanwender Wertungsspielräume. Maßgebend für die Konkretisierung des Pflichtenkatalogs im Einzelfall sind unter anderem

51 So allgemein: BGH v. 28.1.1976 – VIII ZR 246/74, NJW 1976, 712 (713).

die Einwirkungsmöglichkeiten auf die Rechtsgüter der Gegenseite, Zumutbarkeit der Rücksichtnahme- und Schutzpflichten für die jeweilige Partei, sowie der Grad des wünschenswerten Vertrauens innerhalb der Sonderbeziehung.[52] Diese Anknüpfung an die Natur des Schuldverhältnisses macht es möglich, den Pflichtenkatalog an den Besonderheiten der schuldrechtlichen Beziehung auszurichten. Bei der Bestimmung der gegenseitigen Pflichten sind auch die Grundrechte aufgrund ihrer mittelbaren Drittwirkung zu beachten.[53] Der unbestimmte Umfang der gegenseitigen Pflichtenbindung dient als Einfallstor für die verfassungsrechtlichen Wertungen der Grundrechte.[54] Insgesamt können auch die Charakteristika von Tarifverhandlungen im Verhältnis zu regulären Vertragsverhandlungen angemessen berücksichtigt werden.

Allgemein ist für die Situation der Tarifverhandlungen zu beachten, dass sich die Verhandlungspartner nicht gegenseitig aussuchen können: Die Tarifpartner können nicht dadurch Druck ausüben, dass sie drohen, das Geschäft mit einer anderen Partei abzuschließen.[55] Die Tarifparteien sind enger als typische Vertragsparteien aneinander gebunden und in gesteigerter Hinsicht auf einen redlichen und loyalen gegenseitigen Umgang angewiesen.[56] Übereinstimmend zu diesen Grundgedanken schlägt *Mikosch* für die gegenseitigen Pflichten bei Tarifverhandlungen vor, konkrete Verhaltens-, Schutz- und Loyalitätspflichten aus der Enge des schon bestehenden Kontakts zwischen den Tarifvertragsparteien zu ermitteln, also letztlich danach wieweit eine Einflussnahme auf die gegenseitigen Interessen möglich ist, und inwieweit etwaige Vertragsverhandlungen schon fortgeschritten sind.[57] Weitergehend können aus der Art der Beziehung zwischen den Tarifparteien, also letztlich aus der Natur des Schuldverhältnisses, unterschiedliche Verhaltenspflichten hergeleitet werden.

---

52 *Krebs* in NK-BGB, § 241 BGB Rn. 52.

53 BAG v. 16.11.2010 – 9 AZR 573/09, NJW 2011, 1306 (1308); *Bachmann* in MüKoBGB, § 241 BGB Rn. 52; *Malorny* in Frieling/Jacobs/Krois, § 10 Rn. 67; *dies.* Die Haftung der Gewerkschaft gegenüber ihren Tarifpartnern, S. 144 ff.

54 Grundlegend: BVerfG v. 15.1.1958 – 1 BvR 400/51, BVerfGE 7, 198 (Lüth-Entscheidung).

55 *Malorny*, Die Haftung der Gewerkschaft gegenüber ihren Tarifpartnern, S. 28, 148; *Seiter*, ZfA 1989, 283 (284); *Künster*, Die culpa in contrahendo in vortariflichen Rechtsbeziehungen, S. 37, 85.

56 *Malorny*, Die Haftung der Gewerkschaft gegenüber ihren Tarifpartnern, S. 148; *Seiter*, ZfA 1989, 283 (300); *Künster*, Die culpa in contrahendo in vortariflichen Rechtsbeziehungen S. 37.

57 *Mikosch* in FS Dieterich, 365 (367).

### *bb. Informationspflicht über die wirtschaftliche Lage?*

Hinsichtlich des untersuchungsgegenständlichen Informationsflusses bei Tarifverhandlung stellt sich die Frage, ob zwischen den Tarifvertragsparteien auch Informationspflichten bezüglich der wirtschaftlichen Lage des Unternehmens als Nebenpflichten nach § 241 Abs. 2 BGB entstehen können.[58]

#### *(1) Allgemeine Kriterien zur Begründung einer Informationspflicht*

Im Ausgangspunkt steht die Eigenverantwortlichkeit der Vertragsparteien: Grundsätzlich trägt jede Vertragspartei ihr eigenes Informationsrisiko und hat sich selbstständig die für ihre Vertragsentscheidung maßgeblichen Informationen zu beschaffen.[59] Abweichend von diesem Grundsatz erkennen Rechtsprechung und Literatur übereinstimmend an, dass aus § 241 Abs. 2 BGB unter Berücksichtigung von Treu und Glauben Informationspflichten resultieren können.[60] Voraussetzung für das Entstehen einer Informationspflicht ist nach der Rechtsprechung: „[…] *dass der andere Teil nach Treu und Glauben unter Berücksichtigung der Verkehrsanschauung redlicherweise die Mitteilung von Tatsachen erwarten durfte, die für seine Willensbildung offensichtlich von ausschlaggebender Bedeutung sind.*“[61]

Mit anderen Worten muss zwischen den Verhandlungsparteien bezüglich der erkennbar verhandlungserheblichen Informationen ein Informationsgefälle bestehen.[62] Der eine Teil muss ein berechtigtes Informationsbedürfnis haben und die Informationen dürfen nicht anderweitig beschaffbar sein.[63]

---

58 Ausführlich zum Entstehen von Informationspflichten: *Otte*, Informationspflichten zwischen den Tarifvertragsparteien, S. 147 ff.

59 BGH v. 14.9.2017 – VII ZR 307/16, NJW 2017, 3586; BGH v. 2.6.2016 – VII ZR 107/15, NJW-RR 2016, 859 (860) m.w.N.; *Drygala* in Drygala/Wächter, S. 8; *Becker* in NK-BGB, § 311 BGB Rn. 75a.

60 BGH v. 28.3.1984 – VIII ZR 5/83, NJW 1984, 2289 (2290); BGH v. 13.7.1983 – VIII ZR 142/82, NJW 1983, 2493 (2494); ähnlich auch BGH v. 21.9.2011 – IV ZR 38/09, NJW 2012, 296 (299); BGH v. 13.6.2007 – VIII ZR 236/06, NJW 2007, 3057 (3059); ausführlich zu den in der Literatur vertretenen Ansätzen: *Otte*, Informationspflichten zwischen den Tarifvertragsparteien, S. 34 ff.

61 BGH v. 14.9.2017 – VII ZR 307/16, NJW 2017, 3586; BGH v. 2.6.2016 – VII ZR 107/15, NJW-RR 2016, 859 (860) m.w.N.

62 BGH v. 28.4.1971 – VIII ZR 258/69, NJW 1971, 1795; *Olzen* in Staudinger, § 241 BGB Rn. 448; *Becker* in NK-BGB, § 311 BGB Rn. 75a; *Bachmann* in MüKoBGB, § 241 BGB Rn. 134 f.

63 *Olzen* in Staudinger, § 241 BGB Rn. 450 ff.; *Becker* in NK-BGB, § 311 BGB Rn. 75a.

Diese Informationsasymmetrie muss im Ergebnis unbillig erscheinen.[64] Inhalt und Umfang der geschuldeten Informationserteilung ist anhand einer wertenden Gesamtabwägung zu ermitteln.[65] Die Annahme einer Informationspflicht darf der vertragstypischen Eigenverantwortlichkeit und Risikoverteilung nicht widersprechen oder aus anderen Gründen unzumutbar sein.[66]

*(2) Anwendung auf reguläre Tarifverhandlungen*

Diese allgemeinen Erwägungen sind auf die schuldrechtliche Sonderbeziehung zwischen den Tarifparteien übertragbar.[67] Grund für das Entstehen einer Informationspflicht bezüglich der wirtschaftlichen Kennzahlen kann das Informationsbedürfnis der Gewerkschaft sein. Die wirtschaftliche Situation der Arbeitgeberseite stellt grundsätzlich einen erheblichen Umstand der Vertragsverhandlungen dar und bestimmt bei regulären Tarifverhandlungen die Forderungshöhe der Gewerkschaft.[68] Gleichwohl ist bei regulären Tarifverhandlungen eine Informationspflicht in Bezug auf die wirtschaftliche Lage des Arbeitgebers abzulehnen.[69] Zum einen kann sich die Gewerkschaft aus den allgemein zugänglichen Informationen (Jahresabschlüsse, Bilanzberichte, Unternehmensmitteilungen etc.) einen ersten Überblick verschaffen.[70] Die Informationsasymmetrie kann also durch die Einsicht allgemein zugänglicher Quellen zumindest abgemildert werden. Auf solche allgemein zugänglichen Informationen erstreckt sich die Informationspflicht gerade nicht.[71]

Zum anderen spielt die wirtschaftliche Lage des einzelnen Unternehmens bei Flächentarifvertragsverhandlungen nur eine untergeordnete Rolle: Bei Flächentarifvertragsverhandlungen geht es um die Arbeitsbedingungen in einer Vielzahl von Unternehmen innerhalb einer ganzen Branche oder Region. Hier stehen eher gesamtwirtschaftliche Erwägungen im Tarifgebiet, als die konkreten Kennzahlen einzelner Unternehmen im Vordergrund. Überdies ist zu berücksichtigen, dass

64 BGH v. 25.3.2009 – XII ZR 117/07, NJW-RR 2009, 1101 (1102); *Bachmann* in MüKoBGB, § 241 BGB Rn. 136.

65 *Olzen* in Staudinger, § 241 BGB Rn. 453; *Otte*, Informationspflichten zwischen den Tarifvertragsparteien, S. 135.

66 *Becker* in NK-BGB, § 311 BGB Rn. 75a m.w.N. zur Literatur.

67 *Otte*, Informationspflichten zwischen den Tarifvertragsparteien, S. 152 ff.

68 *Otte*, Informationspflichten zwischen den Tarifvertragsparteien, S. 179.

69 *Otte*, Informationspflichten zwischen den Tarifvertragsparteien, S. 179.

70 *Otte*, Informationspflichten zwischen den Tarifvertragsparteien, S. 189.

71 RG v. 7.7.1925 – II 494/24, RGZ 111, 233 (234 f.); BGH v. 19.5.2006 – V ZR 264/05, BB 2006, 1650 (1652).

der Arbeitgeberverband bzw. seine einzelnen Mitglieder ein Geheimhaltungsinteresse gegenüber den anderen Verbandsmitgliedern haben können.[72] Diese Geheimhaltungsinteressen sind bei Ausgestaltung des Informationsanspruchs zu berücksichtigen.[73]

Aber auch bei Verhandlung eines regulären Haustarifvertrags ist eine Informationspflicht abzulehnen. Denn dadurch würde das Informationsrisiko grundlos zugunsten der Gewerkschaft umverteilt: Die Gewerkschaft könnte aufgrund detaillierter Kenntnis aller relevanten Kennzahlen Maximalforderungen in der Tarifrunde erheben, während auf Arbeitgeberseite Spielräume verloren gehen würden, vorteilhafte Abschlüsse zu erzielen.[74] Weitergehend kann die Gewerkschaft in der regulären Verhandlungssituation die Informationsdisparität mittels Arbeitskampfmaßnahmen auflösen. Im Ergebnis hat die Gewerkschaft ihre Forderungen an den ihr zugänglichen Informationen auszurichten.[75] Der Arbeitgeberseite bleibt es unbenommen, bestehende Informationsvorsprünge auszunutzen.

#### *b. Berücksichtigung der besonderen Sanierungssituation*

##### *aa. Besonderheiten bei Bestimmung der Pflichtenbindung*

Bei Konkretisierung des vorvertraglichen Pflichtenkatalogs ist der Zweck des angestrebten Vertrags heranzuziehen.[76] Bei Bestimmung der Art der Beziehung zwischen den Tarifparteien müssen die besonderen Umstände der Sanierungstarifverhandlungen berücksichtigt werden. Abweichend zum regulären Tarifvertrag, ist der Sanierungstarifvertrag auf die zeitlich befristete Verschlechterung der Arbeitsbedingungen gerichtet. Weitergehend ist die Arbeitgeberseite bei Verhandlung eines Sanierungstarifvertrags deutlich exponierter, als in einer regulären Flächen- oder Haustarifvertragsverhandlung. Der Arbeitgeber geht wirtschaftlich angeschlagen erkennbar mit einer deutlich schwächeren Verhandlungsposition in die Sanierungstarifverhandlungen. Wie eingangs erwähnt, steht ihm auch keine „walk away“ Option zur Verfügung: Die angestrebte Abweichung vom normativ geltenden Flächentarifvertrag kann der Arbeitgeber nur mit der

---

72 Zur kartellrechtlichen Bewertung des Informationsflusses im Arbeitgeberverband ausführlich: Kapitel 3 0.

73 Allgemein: *Olzen* in Staudinger, § 241 BGB Rn. 453; *Bachmann* in MüKoBGB, § 241 BGB Rn. 152.

74 *Otte*, Informationspflichten zwischen den Tarifvertragsparteien, S. 179.

75 *Otte*, Informationspflichten zwischen den Tarifvertragsparteien, S. 179.

76 *Bachmann* in MüKoBGB, § 241 BGB Rn. 55.

Gewerkschaft erreichen, welche auch Vertragspartei des normativ geltenden Flächentarifvertrags ist.[77] Wegen dem durch § 4a TVG eingeführten Grundsatz der Tarifeinheit im Betrieb besteht für den Arbeitgeber nicht die Möglichkeit, mit einer anderen Gewerkschaft zu verhandeln, wenn sich die Mehrheitsgewerkschaft einer praktikablen Sanierung verschließt.

Steht eine Absenkung der tariflichen Vergütung im Raum, scheidet aufgrund der Burda-Rechtsprechung des BAG auch der Betriebsrat als Verhandlungspartner aus.[78] Das BAG sprach der Gewerkschaft einen quasi-negatorischen Unterlassungsanspruch gegen die Betriebsparteien zu, soweit diese in die Koalitionsbetätigung der Gewerkschaft durch Verabschiedung betrieblicher Regelungen eingreifen.[79] Dies ist der Fall, wenn eine betriebliche Regelung einheitlich wirkt und an die Stelle der geltenden Tarifnormen treten soll. Entscheidend ist, dass der Tarifvertrag als kollektive Ordnung verdrängt werden soll.[80] Im Geltungsbereich eines Tarifvertrags wird so die Sanierung „an der Gewerkschaft vorbei" unterbunden. Der Arbeitgeber ist auf die Mitwirkung und den „good will" der Gewerkschaft angewiesen. Im Geltungsbereich eines Tarifvertrags stellt die Gewerkschaft die einzige, praktikable Möglichkeit der Kostensenkung im Personalbereich dar.

Besteht kein friedensstiftender normativ geltender Tarifvertrag stehen dem Unternehmen in der wirtschaftlich angespannten Situation auch keine strategisch sinnvoll einsetzbaren Arbeitskampfmittel zur Verfügung: Eine Stärkung der Verhandlungsposition durch die selbstschädigende Aussperrung ist in der Unternehmenskrise nicht zielführend. Unabhängig vom Eingreifen einer Friedenspflicht wird es selten zu einem Arbeitskampf zwischen den Tarifparteien kommen, da beide Verhandlungspartner das Ziel eint die wirtschaftliche Situation des Unternehmens zu verbessern. Auch die Gewerkschaftsseite hat in der Unternehmenskrise kein Interesse daran, dass wirtschaftlich angeschlagene Unternehmen weiter zu schwächen.[81] Regelmäßig besteht auch kein Bedürfnis der Gewerkschaft, die Informationsdisparität durch Arbeitskampfmaßnahmen aufzulösen. Der Arbeitgeber ist auf die Mitwirkung der Gewerkschaft

---

77 Wohl überwiegende Ansicht, siehe etwa *Löwisch/Rieble*, § 1 TVG Rn. 2362; *Beck*, Der Sanierungstarifvertrag, S. 19; *Henssler* in HWK, § 1 TVG Rn. 5.

78 Dazu: *Kania*, NZA 2020, 846 (847).

79 BAG 20.4.1999 – 1 ABR 72/98, NZA 1999, 887.

80 BAG 20.4.1999 – 1 ABR 72/98, NZA 1999, 887; ausführlich dazu: *Löwisch/Rieble*, § 4 TVG Rn. 88.

81 *Greiner*, Das arbeitskampfrechtliche Verhältnismäßigkeitsprinzip, S. 17.

angewiesen, sodass die Gewerkschaft genügend Verhandlungsmacht innehat, um die Informationen auch ohne schädigende Kampfmaßnahmen zu erlangen. Allerdings besteht für die Gewerkschaft die Möglichkeit durch die Veröffentlichung von Informationen den Einigungsdruck auf den Arbeitgeber zu erhöhen. Angesichts der deregulierenden Rechtsprechung stellt jede kollektive Maßnahme, die zielgerichtet Druck auf die andere Kampfpartei ausüben soll, um sie verhandlungsbereit zu machen, eine Arbeitskampfmaßnahme dar.[82] Wie der Konflikt zwischen gewerkschaftlicher Informationspolitik und arbeitgeberseitigen Geheimhaltungsinteressen aufzulösen ist, wird an späterer Stelle aufgezeigt.[83]

Als Reaktion auf diese veränderten Rahmenbedingungen müssen auch die Pflichten aus § 241 Abs. 2 BGB angepasst werden. Diese Anpassung ist insoweit möglich, da sich der Inhalt etwaiger Rücksichtnahmepflichten aus den Umständen des Einzelfalls und letztlich aus der Natur des Schuldverhältnisses ergibt.

### *bb. Informationspflicht der Arbeitgeberseite*

In Abweichung zur „regulären" Tarifverhandlung steht der Gewerkschaft bei Verhandlung eines Sanierungstarifvertrags ein Anspruch auf die Weitergabe der Informationen über die wirtschaftliche Situation des Unternehmens zu.[84] In der Literatur stellt *Otte* überzeugend fest, dass die Gewerkschaft die Verschlechterung der Arbeitsbedingungen gegen den Bestandsschutz für Arbeitsplätze und Standorte eintauscht, sodass die Situation einem Austauschvertrag gleicht.[85] Anders als bei „regulären" Tarifverhandlung steht die wirtschaftliche Situation des Unternehmens im Zentrum der Sanierungstarifverhandlungen.[86] Sie bildet die Verhandlungsgrundlage für die Parteien. Die Gewerkschaft muss die erforderlichen Informationen erhalten, um einschätzen zu können, ob Arbeitsplätze bedroht und welche Einbußen zu ihrem Schutz notwendig sind.[87] Eine selbstbestimmte Entscheidung ist nur auf einer entsprechenden Informationsgrundlage

---

82 *Linsenmaier* in ErfK, Art. 9 GG Rn. 94; ähnlich: *Frieling/Jacobs/Krois* in Frieling/Jacobs/Krois, § 1 Rn. 1.

83 Hierzu ausführlich: Kapitel 5 0.

84 *Otte*, Informationspflichten zwischen den Tarifvertragsparteien, S. 179, 189 f.

85 *Otte*, Informationspflichten zwischen den Tarifvertragsparteien, S. 179, 189 f.

86 *Otte*, Informationspflichten zwischen den Tarifvertragsparteien, S. 179, 189 f.

87 *Otte*, Informationspflichten zwischen den Tarifvertragsparteien, S. 179, 189 f; ähnlich: *Mikosch* in FS Dieterich, 365 (382 f.); *Seiter*, ZfA 1989, 283 (305); undifferenziert: *Künster*, Die culpa in contrahendo in vortariflichen Rechtsbeziehungen, S. 96 f.

möglich.[88] Die Gewerkschaft kann auf keine alternativen Informationsquellen zurückgreifen, sondern ist auf die Arbeitgeberseite angewiesen. Sie kann ihr Informationsbedürfnis nicht durch Rückgriff auf die allgemein zugänglichen Marktinformationen decken. Zur Verhandlung eines Sanierungstarifvertrags benötigt sie einen tiefergehenden Einblick in die wirtschaftliche Verfasstheit des Unternehmens.

### *c. Vereinbarkeit mit dem Arbeitskampfrecht?*

Auf den ersten Blick erscheint die Annahme einer vortariflichen Sonderbeziehung mit dem Arbeitskampfrecht unvereinbar. Besteht zwischen den Parteien bereits ein Tarifvertrag, so steht der Einleitung eines Arbeitskampfs die tarifvertragsimmanente Friedenspflicht entgegen.[89] Im vorvertraglichen Bereich fehlt es an einem Tarifvertrag und damit auch an einer Friedenspflicht. Wie können also vorvertragliche Rücksichtnahme- und Schutzpflichten zwischen den Tarifparteien bestehen, wo diesen doch im Rahmen des Arbeitskampfs ein „Recht auf Schädigung“ zuerkannt wird?

#### *aa. Vorvertragliche Schutzpflichten im Arbeitskampf?*

Die tariflichen Besonderheiten stehen der Anerkennung eines vortariflichen Schuldverhältnisses nicht entgegen. Ganz im Gegenteil: Die fehlende Ausweichmöglichkeit auf andere Vertragspartner, die engere Vertrauensbeziehung sowie die erhöhten Einwirkungsmöglichkeiten sprechen für eine vortarifliche Sonderbeziehung.[90] Angesichts dessen sind die Tarifparteien auch während des Arbeitskampfs dazu verpflichtet, auf die Interessen und Rechtsgüter der Gegenseite Rücksicht zu nehmen.[91] Der gesamte Verhandlungsprozess – einschließlich

---

88 *Otte*, Informationspflichten zwischen den Tarifvertragsparteien, S. 179, 189 f.; ähnlich auch: *Farouq*, Verfassungsrechtliche Vorgaben für die Zusammenarbeit von Arbeitgeberverbänden und Gewerkschaften, S. 202, die „Informiertes Verhandeln“ als Grundlage des Tarifvertragsrechts ansieht.

89 Ständige Rsp: BAG v. 25.8.2015 – 1 AZR 875/13, NZA 2016, 179; hierzu ausführlich: *Thüsing* in Wiedemann, § 1 TVG Rn. 834 ff.

90 *Seiter*, ZfA 1989, 283 (300).

91 *Malorny*, Die Haftung der Gewerkschaft gegenüber ihren Tarifpartnern, S. 133, 147; *Künster*, Die culpa in contrahendo in vortariflichen Rechtsbeziehungen, S. 84 ff.; *Seiter*, ZfA 1989, 283 (298, 300); *Zöllner/Loritz/Hergenröder*, § 43 S. 582; *Richardi*, Die Grenzen der Zulässigkeit des Streiks, S. 38; unter dieser Prämisse einen Unterlassungsanspruch aus culpa in contrahendo herleitend: LAG Niedersachsen v. 31.1.1984 – 7 Sa 88/82, DB 1984, 993.

des Arbeitskampfs – ist einheitlich zu betrachten. Eine getrennte Betrachtung von Verhandlungs- und Kampfphase berücksichtigt die funktionelle Verknüpfung von Arbeitskampf und Tarifautonomie nicht. Der Arbeitskampf speist seine Berechtigung aus seiner Hilfsfunktion für das Zustandekommen des Tarifvertrags.[92] Die erhöhten Einwirkungsmöglichkeiten auf die Rechtsgüter des anderen Teils bestehen gerade im Arbeitskampf. Die gesteigerte Einwirkungsmöglichkeit auf die Rechtsgüter der Gegenseite stellt den wesentlichen Gedanken für die Anerkennung wechselseitiger Schutzpflichten dar.[93]

Bei Bestimmung des konkreten Pflichtenkatalogs sind die arbeitskampfrechtlichen Besonderheiten zu berücksichtigen. § 241 Abs. 2 BGB bietet dafür Raum: Die Anerkennung von Schutzpflichten steht unter der Prämisse der „Zumutbarkeit".[94] Welches Maß an Rücksicht zumutbar ist, ist anhand der mittelbaren Drittwirkung der Grundrechte zu bestimmen. Denn die Rücksichtnahmepflichten reichen ohne erweiternde Parteiabrede nicht über das hinaus, was sich bereits aus den grundrechtlichen Gewährleistungen ergibt.[95] Die Grundrechte können Schutzpflichten nicht nur begründen, sondern auch beschränken.[96] *Malorny* hat überzeugend herausgearbeitet, dass die Arbeitskampfparteien die (vor-)vertragliche Nebenpflicht trifft, rechtswidrige Arbeitskämpfe zu unterlassen.[97] Im Verhältnis zwischen den Arbeitskampfparteien sei die Anerkennung einer Rücksichtnahme- und Schutzpflicht zumutbar, wenn durch die

92 BAG v. 5.3.1985 – 1 AZR 468/83, NJW 1985, 2545 (2547); BAG v. 10.12.2002 – 1 AZR 96/02, NZA 2003, 734 (740); BAG v. 26.7.2016 – 1 AZR 160/14, NZA 2016, 1543 (1549); *Künster*, Die culpa in contrahendo in vortariflichen Rechtsbeziehungen, S. 78 f.; zur funktionalen Verknüpfung zwischen Arbeitskampfrecht und einfachrechtlicher Ausgestaltung: *Greiner*, Rechtsfragen, S. 119.

93 *Malorny*, Die Haftung der Gewerkschaft gegenüber ihren Tarifpartnern, S. 143 ff; *Sutschet* in BeckOK BGB, § 241 BGB Rn. 90

94 *Bachmann* in MüKoBGB, § 241 BGB Rn. 52; 83; *Krebs* in NK-BGB, § 241 BGB Rn. 52; *Künster*, Die culpa in contrahendo in vortariflichen Rechtsbeziehungen, S. 87; *Malorny*, Die Haftung der Gewerkschaft gegenüber ihren Tarifpartnern, S. 146 f; ähnlich: *Zöllner/Loritz/Hergenröder*, § 43 S. 582: „[…] *die nach den Umständen gebotene billige Rücksicht* […]".

95 *Bachmann* in MüKoBGB, § 241 BGB Rn. 52.

96 *Malorny* in Frieling/Jacobs/Krois, § 10 Rn. 67 ff.; *dies.* Die Haftung der Gewerkschaft gegenüber ihren Tarifpartnern, S. 147; BGH v. 13.3.2018 – VI ZR 143/17, NJW 2018, 1671 (1675); *Bachmann* in MüKoBGB, § 241 BGB Rn. 52.

97 *Malorny* in Frieling/Jacobs/Krois, § 10 Rn. 67 ff.; *dies.* Die Haftung der Gewerkschaft gegenüber ihren Tarifpartnern, S. 143 ff.; ähnlich auch *Künster*, Die culpa in contrahendo in vortariflichen Rechtsbeziehungen, S. 114 f.

Arbeitskampfmaßnahme auf die grundrechtlich geschützten Rechtsgüter der anderen Arbeitskampfpartei eingewirkt würde, ohne dass sich die Maßnahme in rechtfertigender Weise auf ein Grundrecht stützen könne.[98] Zulässige Arbeitskampfmaßnahmen würden allerdings einen gerechtfertigten Eingriff in den Rechtskreis der anderen Tarifpartei darstellen.[99] Demnach sei eine Schutzpflicht zumutbar, welche es den Arbeitskampfparteien verbiete durch rechtswidrige Arbeitskampfmaßnahmen auf die Rechtsgüter der Gegenseite einzuwirken.[100]

Daraus folgt eine wesentliche Erkenntnis: Mit der Anerkennung einer vortariflichen Sonderbeziehung zwischen den Tarifparteien ist grundsätzlich keine Einschränkung der Arbeitskampfparteien in der – rechtmäßigen – Ausübung ihrer Rechte verbunden.[101] Die Rechtmäßigkeitsanforderungen an eine Arbeitskampfmaßnahme werden durch das vortarifliche Schuldverhältnis nicht berührt. Die Rechtmäßigkeit bestimmt sich allein nach den richterrechtlichen Kriterien – insbesondere nach der Verhältnismäßigkeit der Kampfmaßnahme.[102] Durch eine entsprechende Ausgestaltung der arbeitskampfbezogenen Verhaltenspflichten kann dem Konfrontationscharakter des Arbeitskampfs Rechnung getragen werden.[103]

Indes beeinträchtigt die Anerkennung einer vortariflichen Informationspflicht die strategische Arbeitskampffreiheit der beteiligten Akteure. Für die Sanierungssituation als Ausnahmefall ist diese Beeinträchtigung gerechtfertigt. Denn der Arbeitskampf ist in dieser Situation als Konfliktlösungsinstrument nicht zielführend. Regelmäßig besteht ein friedensstiftender Tarifvertrag der den Einsatz von Arbeitskampfmitteln entgegensteht. Zudem hat die Gewerkschaft auch kein Interesse daran, die Arbeitgeberseite durch den Einsatz von Arbeitskampfmaßnahmen weiter zu schwächen.[104] Der Arbeitskampf als vorgesehenes Konfliktlösungsinstrument läuft in der Sanierungssituation weitestgehend leer.

---

98 *Malorny* in Frieling/Jacobs/Krois, § 10 Rn. 67.

99 *Malorny*, Die Haftung der Gewerkschaft gegenüber ihren Tarifpartnern, S. 28, 155.

100 *Malorny* in Frieling/Jacobs/Krois, § 10 Rn. 67.

101 *Seiter*, ZfA 1989, 283 (298); *Künster*, Die culpa in contrahendo in vortariflichen Rechtsbeziehungen, S. 78 f.; ähnlich: *Otto*, Arbeitskampfrecht, S. 48; anders wohl: *Giesen*, NZA 2021, 319 (323), der eine strengere Ausgestaltung des Verhältnismäßigkeitsprinzips befürwortet.

102 Zur Verhältnismäßigkeitsbindung und zum anzulegenden Verhältnismäßigkeitsmaßstab ausführlich: *Greiner*, Rechtsfragen, S. 459 ff.; *ders.* Das arbeitskampfrechtliche Verhältnismäßigkeitsprinzip, S. 40 ff.

103 *Künster*, Die culpa in contrahendo in vortariflichen Rechtsbeziehungen, S. 78 f.

104 *Greiner*, Das arbeitskampfrechtliche Verhältnismäßigkeitsprinzip, S. 17.

*bb. Zwischenergebnis*

Folglich ist die Anerkennung einer vortariflichen Sonderbeziehung mit dem Arbeitskampfrecht durchaus vereinbar. § 241 Abs. 2 BGB bietet Raum für die Berücksichtigung arbeitskampfrechtlicher Besonderheiten. Durch eine entsprechende Ausgestaltung der arbeitskampfbezogenen Verhaltenspflichten kann dem Konfrontationscharakter des Arbeitskampfs Rechnung getragen werden. Diese vortarifliche Sonderbeziehung schränkt die Arbeitskampfparteien nicht in der rechtmäßigen Ausübung ihrer Rechte ein.[105]

## IV. Interessenlage der beteiligten Akteure in der Sanierungssituation

Im Ergebnis sind die Rahmenbedingungen bei Tarifverhandlungen maßgeblich durch das Bestehen einer schuldrechtlichen Sonderbeziehung geprägt. Aus dieser können sich bereits im Vorfeld des Vertragsschlusses konkrete Pflichten zwischen den Parteien ergeben. Die Anknüpfung an die Natur des Schuldverhältnisses ermöglicht es, der atypischen Sanierungssituation Rechnung zu tragen.

Nachdem die Rahmenbedingungen der Vertragsverhandlung aufgezeigt wurden, muss nun die Interessenlage der beteiligten Akteure innerhalb der Sanierungssituation beleuchtet werden. Diese sind bei Ausgestaltung dieses Rechtsrahmens – namentlich des (vor-)vertraglichen Pflichtenkatalogs- von zentraler Bedeutung. Wie bereits dargelegt sind in der Sanierungssituation die Vorzeichen der Verhandlung umgedreht. Während die Gewerkschaft bei regulären Tarifverhandlungen auf die kollektive Druckentfaltung im Rahmen von Arbeitskampfmaßnahmen angewiesen ist, um die Arbeitgeberseite an den Verhandlungstisch zu bringen, ist dies beim Sanierungstarifvertrag anders: Hier kommt regelmäßig der Arbeitgeber bzw. sein Verband auf die Gewerkschaft zu, um eine Abweichung vom Flächentarifvertrag zu erwirken. Diese atypische Situation setzt sich in den Interessen der beteiligten Akteure fort. In der Sanierungssituation eint die Akteure das Ziel, die wirtschaftliche Situation des notleidenden Unternehmens zu verbessern und die Arbeitsplätze zu erhalten.

---

105 *Seiter*, ZfA 1989, 283 (298); *Künster*, Die culpa in contrahendo in vortariflichen Rechtsbeziehungen, S. 78 f.; ähnlich: *Otto*, Arbeitskampfrecht, S. 48; enger: *Giesen*, NZA 2021, 319 (323).

### 1. *Gewerkschaft*

In der Sanierungssituation besteht ein erhebliches Informationsinteresse der Gewerkschaft hinsichtlich der wirtschaftlichen Lage des notleidenden Unternehmens. Dies resultiert aus dem verengten Verhandlungsgegenstand im Vergleich zu regulären Flächentarifverhandlungen: Bei Flächentarifvertragsverhandlungen geht es um die Arbeitsbedingungen in einer Vielzahl von Unternehmen innerhalb einer ganzen Branche oder Region. Hier stehen eher gesamtwirtschaftliche Erwägungen im Tarifgebiet, als die konkreten Kennzahlen einzelner Unternehmen im Vordergrund. Dementgegen ist der Sanierungstarifvertrag auf die Geltung für ein einziges Unternehmen beschränkt.

Die wirtschaftliche Lage des notleidenden Unternehmens rückt so in den Vordergrund der Verhandlungen. Zur Beurteilung der wirtschaftlichen Lage benötigt die Gewerkschaft detaillierte Informationen von der Arbeitgeberseite.[106] Zwischen den Verhandlungspartnern besteht eine erhebliche Informationsasymmetrie. Der Arbeitgeber hat gegenüber der Gewerkschaft einen Informationsvorsprung bzgl. der wirtschaftlichen Lage des notleidenden Unternehmens. Verschärfend tritt hinzu, dass es – anders als bei regulären Tarifverhandlungen – nicht um eine Verbesserung der Arbeitsbedingungen der gewerkschaftsangehörigen Arbeitnehmer geht. In der Sanierungssituation werden zuungunsten der eigenen Mitglieder die Arbeitsbedingungen verschlechtert, um der Arbeitgeberseite Flexibilität und Kostenersparnisse zu gewähren. Hier wird es sich die Gewerkschaft nicht nehmen lassen „auf den Cent" genau nachzurechnen, wie hoch die Sanierungsopfer auf Arbeitnehmerseite sein müssen, um den wirtschaftlichen Turn-around zu stemmen. Die Gewerkschaft hat kein Interesse daran dem Arbeitgeber zum Nachteil ihrer Mitglieder über das Maß des Erforderlichen hinausgehende Sanierungsopfer zu gewähren. Darüber hinaus wird die Gewerkschaft nur dann zum Abschluss eines Sanierungstarifvertrags bereit sein, wenn ein valides Sanierungskonzept und die reale Chance besteht, dass das notleidende Unternehmen erfolgreich saniert und zurück an den Flächentarifvertrag geführt werden kann. Aus dieser Ausgangssituation speist sich das enorme Informationsbedürfnis der Gewerkschaft. Dieses Informationsbedürfnis wird die Gewerkschaft nicht allein aus allgemein zugänglichen Informationen über das Unternehmen, wie etwa vergangene Jahresabschlüsse, Bilanzberichte, Ad-hoc-Meldungen, Unternehmensmitteilungen, Presseberichte

---

106 DGB Stellungnahme zum GeschGehG v. 4.12.2018, S. 14; *Meyer* in Röger, § 8 Rn. 338.

und Ähnlichem befriedigen können, da sich daraus der konkrete Sanierungsbedarf nicht genau bestimmen lässt. Im Ergebnis wird die Gewerkschaft nicht dazu bereit sein, ohne genaue Kenntnis der wirtschaftlichen Kennzahlen, Tarifverhandlungen zu führen.

### 2. *Arbeitgeberverband*

Beim unternehmensbezogenen Verbandssanierungstarifvertrag tritt durch die Beteiligung des Arbeitgeberverbands ein weiterer Akteur hinzu. Auch der Arbeitgeberverband weist ein erhebliches Informationsinteresse an den sensiblen Kennzahlen des Unternehmens auf: Durch Abschluss eines unternehmensbezogenen Verbandstarifvertrags wird dem einzelnen Arbeitgeber eine Abweichung vom Flächentarifvertrag ermöglicht. Damit geht eine Aufweichung des Tarifkartells einher, welche dem notleidenden Unternehmen einen Vorteil bei Gestaltung der Lohn- und Arbeitsbedingungen gegenüber den mitorganisierten Arbeitgebern einräumt.[107] Aus dieser Vorteilseinräumung resultiert das gesteigerte Informationsinteresse des Arbeitgeberverbands und der darin mitorganisierten Unternehmen. Gerade im Branchenarbeitgeberverband besteht ein Interesse an der Einhaltung des Tarifkartells und der Geltung gleicher Arbeitsbedingungen. In dieser Situation muss sich das notleidende Unternehmen in zweierlei Hinsicht rechtfertigen: Einerseits für die Verschlechterung der Arbeitsbedingungen der Arbeitnehmer im Verhältnis zu anderen Arbeitnehmern im Geltungsbereich des Flächentarifvertrags und andererseits für die Besserstellung des Unternehmens im Verhältnis zu den tarifgebundenen Wettbewerbern.

### 3. *Geheimhaltungsinteresse des notleidenden Unternehmens*

Neben der Interessenlage der Informationsempfänger ist auch die Sicht des notleidenden Unternehmens maßgebend. Unabhängig davon, ob das Unternehmen eigenständig einen Haussanierungstarifvertrag verhandelt oder über seinen Arbeitgeberverband einen unternehmensbezogenen Verbandssanierungstarif anstrebt, sieht sich das Unternehmen einem enormen Informationsbedürfnis der beteiligten Akteure innerhalb der Kollektivverhandlungen ausgesetzt. Regelmäßig wird das Unternehmen gezwungen sein, den Akteuren tiefgehende Einblicke in das wirtschaftliche Innenleben des Geschäftsbetriebs zu gewähren. Die dort

---

107 *Sutschet*, ZfA 2005, 581 (591); Zur Kartellfunktion des Flächentarifvertrags: *Gamillscheg*, Kollektives Arbeitsrecht I, S. 498 f.; vgl. auch *Preis/Greiner*, Kollektives Arbeitsrecht, § 86 Rn. 231 f.

offenbarten Informationen werden dabei überwiegend sensibler Natur sein: Um die Höhe der arbeitnehmerseitigen Sanierungsopfer bestimmen zu können, ist die Kenntnis der betriebswirtschaftlichen Kennzahlen unumgänglich. Weitergehend wird der Arbeitgeber seine zukünftige unternehmerische Planung sowie das Sanierungskonzept offenlegen müssen. Der Arbeitgeber hat bezüglich dieser Daten ein Interesse daran, den Kreis der Informationsträger klein zu halten. Ein Bekanntwerden dieser Informationen kann sich nachteilig auf die ohnehin schon angespannte wirtschaftliche Situation des Unternehmens auswirken: Das Bekanntwerden der wirtschaftlichen Kennzahlen kann etwa zu Finanzierungsproblemen, Störungen innerhalb der Kunden- oder Lieferantenbeziehung, Umsatzstornierungen oder Ähnlichem führen. Durch das vorzeitige Bekanntwerden der zukünftigen Unternehmensstrategie können zudem Wettbewerbsnachteile entstehen. Dadurch, dass diese sensiblen Informationen die Sphäre des Unternehmens verlassen, steigt das Risiko von Indiskretionen. Zum einen wird der Kreis der Wissenden erweitert und zum anderen kann das Unternehmen die Informationsflüsse außerhalb der Unternehmenssphäre in der Regel nicht genau überwachen und steuern. Das Geheimhaltungsinteresse des notleidenden Unternehmens konfligiert mit dem Informationsbedürfnis der Gewerkschaft und des Arbeitgeberverbands, soweit dieser an den Verhandlungen beteiligt ist.

## V. Faktoren bei der Wahl des Sanierungsinstruments

Dem notleidenden Arbeitgeber stehen zwei verschiedene tarifliche Sanierungsinstrumente zur Verfügung. Ob man die Sanierung mittels eines Haustarifvertrags selbst verhandelt, oder den Arbeitgeberverband einschaltet, hängt von einer Vielzahl von Faktoren ab.

### *1. Verbandsinterne Schranken*

Ein wesentlicher Faktor für die Wahl des Sanierungsinstruments stellen zum einen die verbandsinternen Schranken dar. Insbesondere sehen eine Vielzahl von Arbeitgeberverbandssatzungen sog. Tarifverbotsklauseln vor, die Mitgliedsunternehmen den Abschluss eigener Haustarifverträge verbieten.[108] Mit dem

---

108 So etwa § 5 Abs. 2 der Satzung Arbeitgeberverband für die chemische Industrie in Norddeutschland e.V., abrufbar unter: https://www.chemienord.de/fileadmin/chemienord/Dokumente/Satzung__ChemieNord.pdf (zuletzt abgerufen am 15.12.2022); § 7 Abs. 4 lit. a) Satzung des Arbeitgeber- und Wirtschaftsverbandes der Mobilitäts- und Verkehrsdienstleister, abrufbar unter: https://www.agv-move.net/images/ueberuns/Satzung%20AGV_MOVE%20-%20i.d.aktuellenFassung05.12.2016.pdf (zuletzt

verbandsrechtlichen Verbot eigene Haustarifverträge zu schließen, geht kein Verlust der Tariffähigkeit der organisierten Arbeitgeber einher.[109] Daran ändert ein Verstoß gegen die Tarifverbotsklausel nichts. Auch ein verbandswidriger Tarifvertrag ist wirksam.[110] Gleichwohl setzt sich der Arbeitgeber Sanktionen seines Verbands aus.[111] Zudem hat der einzelne verbandsangehörige Arbeitgeber meist keine Erfahrung in Tarifverhandlungen, während der Arbeitgeberverband mit seinen hauptamtlich beschäftigten Vertretern auf reichlich Verhandlungsexpertise zurückgreifen kann.[112]

### 2. *Verwendete Bezugnahmeklausel des Arbeitgebers*

Ein weiterer wesentlicher Aspekt bei der Wahl des tariflichen Sanierungsinstruments stellt die vom Arbeitgeber verwendete Bezugnahmeklausel dar.[113] Eine erfolgreiche Unternehmenssanierung hängt unter anderem davon ab, dass nicht nur die gewerkschaftsangehörigen Arbeitnehmer, sondern möglichst alle Arbeitnehmer einen Sanierungsbeitrag leisten. So kann eine größere Sanierungslast auf mehr Schultern verteilt werden. Während eine statische Bezugnahme nicht dazu geeignet ist, den normativen Tarifwechsel von Flächentarif- zu Haussanierungstarifvertrag nachzuverfolgen, ist dies bei einer großen dynamischen Bezugnahmeklausel problemlos möglich.[114] Bezüglich der Reichweite der kleinen dynamischen Bezugnahmeklausel auf die einschlägigen Tarifverträge der Branche bestehen Unsicherheiten. Insbesondere der 4. Senat des BAG geht in

abgerufen am 13.12.2022); § 6 Abs. 1 Nr. 1 Satzung der Vereinigung der kommunalen Arbeitgeberverbände (VKA), abrufbar unter: https://www.vka.de/assets/media/docs/0/VKA%20Satzungen/Satzung_2009_Stand_28052019.pdf (zuletzt abgerufen am 15.12.2022); zu den unterschiedlichen Typen von Tarifverbotsklauseln mit weiteren Beispielen: *Hoffmann-Remy* in Röger, § 8 Rn. 484.

109 BAG v. 4.4.2001 – 4 AZR 237/00, AP Nr. 26 zu § 4 TVG Tarifkonkurrenz; *Oetker* in Wiedemann, § 2 TVG Rn. 208; *Moll* in Henssler/Moll/Bepler, Teil 12 Rn. 6.

110 BAG v. 24.1.2001 – 4 AZR 655/99, NZA 2001, 788 (790); *Löwisch/Rieble*, § 1 TVG Rn. 641; *Thüsing* in Wiedemann, § 1 TVG Rn. 187.

111 *Rieble* in MHdB ArbR, § 224 Rn. 42; Beispielhaft ist die Verhängung einer Verbandsstrafe möglich siehe: § 7 Satzung der Vereinigung der kommunalen Arbeitgeberverbände (VKA), abrufbar unter: https://www.vka.de/assets/media/docs/0/VKA%20Satzungen/Satzung_2009_Stand_28052019.pdf, (zuletzt abgerufen am 15.12.2022).

112 *Moll* in Henssler/Moll/Bepler, Teil 12 Rn. 11; *Beck*, Der Sanierungstarifvertrag, S. 22.

113 *Moll* in Henssler/Moll/Bepler, Teil 12 Rn. 2.

114 Ausführlich zu den Arten und Wirkungen arbeitsvertraglicher Bezugnahmeklauseln: *Greiner* in Preis Arbeitsvertrag, V 40 Rn. 4 ff.

seiner neueren Rechtsprechungslinie davon aus, dass die Inbezugnahme der „Tarifverträge der… -Branche“ nur Verbandstarifverträge erfasse.[115]

Das Auslegungsergebnis hat insbesondere für die Unternehmenssanierung erhebliche Folgen.[116] Durch das Klauselverständnis des 4. Senats findet ein Haussanierungstarifvertrag auf die Außenseiter-Arbeitnehmer keine Anwendung, wodurch der Sanierungserfolg bereits akut gefährdet wird. Überdies sind auch die Sanierungsbeiträge der Gewerkschaftsmitglieder nicht realisierbar.[117] Auch wenn der Haussanierungstarifvertrag normativ nach § 4 Abs. 1 TVG Anwendung findet, gilt auf vertraglicher Ebene für die gewerkschaftsangehörigen Arbeitnehmer die arbeitsvertragliche Bezugnahmeklausel und somit – nach Auslegung des 4. Senats – der Flächentarifvertrag. Diese Kollision des normativ geltenden und des vertraglich in Bezug genommenen Tarifvertrags ist gemäß § 4 Abs. 3 TVG anhand des Günstigkeitsprinzips aufzulösen.[118] Dabei können beschäftigungssichernde Regelungen des Haussanierungsvertrags mangels einheitlicher Sachgruppe nicht mit materiellen Arbeitsbedingungen des Flächentarifvertrags verglichen werden.[119] Dieses Auseinanderfallen der arbeitsvertraglichen und normativen Situation führt dazu, dass die vereinbarten Sanierungsopfer der Arbeitnehmer unterlaufen werden können.[120]

Dementgegen wird auch nach der wortlautorientierten Auslegung des 4. Senats ein unternehmensbezogener Verbandssanierungstarifvertrag von der kleinen dynamischen Bezugnahme auf den Branchentarifvertrag erfasst, soweit dieser von denselben Tarifvertragsparteien geschlossen wird.[121] Einschränkungen im Hinblick auf den sachlichen, personellen oder örtlichen Geltungsbereich ändern überzeugenderweise nichts an der Einordnung als Branchentarifvertrag im Sinne der oben genannten Rechtsprechung.[122] Unternehmensbezogene

---

115 BAG v. 11.7.2018 – 4 AZR 533/17, NZA 2018, 1486 (1488); BAG v. 12.12.2018 – 4 AZR 123/18 NZA 2019, 543.

116 Dazu vertiefend und kritisch: *Greiner/Vitt*, BB 2020, 820.

117 *Franzen* in ErfK, § 3 TVG Rn. 38a.

118 BAG v. 20.9.2017 – 6 AZR 474/16, NJW 2018, 805; *Klumpp* in MHdB ArbR, § 253 Rn. 40 m.w.N.

119 BAG v. 12.12.2018 – 4 AZR 123/18, NZA 2019, 543 (548) m.w.N.

120 *Greiner/Vitt*, BB 2020, 820 (823 f.); *Greiner* in Preis Arbeitsvertrag, V 40 Rn. 45; *Franzen* in ErfK, § 3 TVG Rn. 38a.

121 BAG v. 16.5.2018 – 4 AZR 209/15, NZA 2018, 1489 (1490); BAG v. 11.7.2018 – 4 AZR 370/17, NZA 2018, 1626 (1628).

122 BAG v. 11.10.2006 – 4 AZR 486/05, NZA 2007, 634 (636); BAG v. 20.1.2009 – 9 AZR 147/08, AP TVG § 1 Tarifverträge: Chemie Nr. 21.

Verbandssanierungstarifverträge stellen somit bei der Verwendung einer kleinen dynamischen Bezugnahmeklausel auf die einschlägigen Tarifverträge der Branche das einzig taugliche tarifliche Sanierungsinstrument dar.[123]

### 3. *Strukturelle Schwächen und Risiken des unternehmensbezogenen Verbandstarifvertrags*

Allerdings weist die Sanierung mittels eines unternehmensbezogenen Verbandstarifvertrags strukturelle Schwächen und Risiken auf. Zum einen ist aus Gewerkschaftssicht zu berücksichtigen, dass bei einem unternehmensbezogenen Verbandstarifvertrag das notleidende Unternehmen mangels Parteistellung nicht selbst verpflichtet werden kann. Im schuldrechtlichen Teil eines Verbandstarifvertrags können lediglich Pflichten des Verbands vereinbart werden.[124] Die materiellen Konzessionen der Arbeitgeberseite können nicht direkt im unternehmensbezogenen Verbandstarifvertrag vereinbart werden. Der Arbeitgeberverband kann lediglich zur Einwirkung auf das notleidende Unternehmen verpflichtet werden, woraus ein erhebliches Rechtsdurchsetzungsdefizit resultiert.[125] Diesen Umstand hat die Gewerkschaft bei der vertraglichen Gestaltung zu berücksichtigen.[126]

Gerade beim unternehmensbezogenen Verbandssanierungstarifvertrag besteht zudem das Risiko, dass die Interessen des Arbeitgeberverbands, der mitorganisierten Arbeitgeber und des sanierungsbedürftigen Unternehmens auseinanderfallen. Besonders deutlich ist dies, wenn die Satzung des Arbeitgeberverbands einer Tarifkommission die Alleinzuständigkeit für Tarifverträge zuweist.[127] Aufgrund der unterschiedlichen Größe der organisierten

---

123 So auch: *Greiner/Vitt*, BB 2020, 820 (824) m.w.N.

124 *Thüsing* in Wiedemann, § 1 TVG Rn. 822.

125 *Thüsing* in Wiedemann, § 1 TVG Rn. 892; ausführlich hierzu: *Beck*, Der Sanierungstarifvertrag, S. 233 ff.

126 *Löwisch/Rieble*, § 1 TVG Rn. 2365.

127 So etwa: § 11 Nr. 3 der Satzung des AGV Industrieverband Textil Intex e.V, der die Allzuständigkeit in Tariffragen auf eine Tarifkommission überträgt, die aus den Vertretern der Mitgliedsunternehmen zusammengesetzt ist. Ähnlich auch § 13 Abs. 1 der Satzung des AGV Chemie Nord, der der Tarifkommission die Verhandlungskompetenz für Tarifverträge „aller Art" zuweist, wobei sich in § 15 Abs. 3 der Satzung die Möglichkeit der Generalbevollmächtigung für den Hauptgeschäftsführer findet. Im Umkehrschluss bedeutet dies, dass für die Fälle in denen eine solche Generalbevollmächtigung unterblieben ist, die interne Zuständigkeit der mit Wettbewerbern besetzten Tarifkommission gegeben ist.

Unternehmer richtet sich die Stimmenzahl häufig nach der Anzahl der Beschäftigten, der Beitragshöhe oder ähnlichen Faktoren, sodass Großunternehmen einen erheblichen Einfluss auf die Willensbildung im Arbeitgeberverband haben.[128] Es besteht insbesondere die Gefahr, dass neben ökonomischen Aspekten wie beispielsweise der Ertragsentwicklung des notleidenden Unternehmens, auch sachfremde Erwägungen eine entscheidungserhebliche Rolle im Willensbildungsprozess des Arbeitgeberverbands einnehmen werden. Durch Abschluss eines unternehmensbezogenen Verbandstarifvertrags wird dem einzelnen Arbeitgeber eine Abweichung vom Flächentarifvertrag ermöglicht. Damit geht eine Aufweichung des Tarifkartells einher, welche dem notleidenden Unternehmen einen Vorteil bei Gestaltung der Lohn- und Arbeitsbedingungen gegenüber den mitorganisierten Arbeitgebern einräumt.[129] Ob den mitorganisierten Unternehmen – speziell im Branchenarbeitgeberverband – an der Zulassung eines Sanierungstarifvertrags gelegen ist, scheint dabei sehr einzelfallabhängig. Bei Abschluss eines unternehmensbezogenen Verbandstarifvertrags besteht demnach eine erhebliche Abhängigkeit von den mitorganisierten Unternehmen.[130]

## B. Konfligierende Interessenlage bei Due Diligence Prozessen im Rahmen von M&A Transaktionen als vergleichbare Situation?

Die bisherige Untersuchung hat gezeigt, dass die Beziehung zwischen den potentiellen Tarifparteien durch ein privatrechtliches (vor-)vertragliches Schuldverhältnis geprägt ist, welches spätestens durch die Aufnahme der Tarifverhandlungen zustande kommt. Dabei ist das Unternehmen dem tiefgehenden Informationsbedürfnis der Gewerkschaft und ggf. des Arbeitgeberverbands ausgesetzt. Dieses Spannungsverhältnis zwischen der Auflösung von Informationsasymmetrien einerseits, und der Geheimhaltung von Unternehmensinterna andererseits, ist keinesfalls ein singuläres Phänomen. Situationen in denen sich

128 Beispielhaft § 7 der Satzung des AGV Industrieverband Textil Intex e.V. Dieser stuft das Stimmrecht nach Höhe des gezahlten Beitrags ab. Zu weiteren Gestaltungsmöglichkeiten: *Löwisch/Rieble*, § 2 TVG Rn. 146 f.; *Löwisch/Rieble*, § 2 TVG Rn. 155; *Jäger*, Die Anwendbarkeit des GWB auf die Verbandsarbeit deutscher Arbeitgeberverbände, S. 23.

129 Zur Kartellfunktion des Flächentarifvertrags: *Gamillscheg*, Kollektives Arbeitsrecht I, S. 498 f.; vgl. auch *Preis/Greiner*, Kollektives Arbeitsrecht, § 86 Rn. 231 f.

130 Näher: *Greiner/Vitt* BB 2020, 820; zur tarifinternen Gleichbehandlungskontrolle beim unternehmensbezogenen Verbandstarifvertrag: *Löwisch/Rieble*, § 1 TVG Rn. 859.

anerkennenswerte Geheimhaltungs- und Informationsinteressen kontradiktorisch gegenüberstehen, sind etwa im Bereich von M&A Transaktionen weit verbreitet.[131]

Im Rahmen von M&A Transaktionen besteht auf Seiten des potentiellen Verkäufers eines Unternehmens ein Informations- und Wissensvorsprung gegenüber dem Käufer. Dies betrifft insbesondere die für das Unternehmen wichtigen Kennzahlen.[132] In aller Regel versuchen Verkäufer instinktiv, diese Kennzahlen auszuschmücken, um einen möglichst hohen Kaufpreis für das Unternehmen als Kaufgegenstand zu erzielen.[133] Neben den allgemein zugänglichen Informationen über das Unternehmen wie etwa vergangene Jahresabschlüsse, Bilanzberichte, Ad-hoc-Meldungen, Unternehmensmitteilungen, Presseberichte und Ähnlichem, besteht für den potentiellen Käufer keine Informationsquelle, anhand derer er die Aussagen des Käufers überprüfen kann. Die Situation bei der Verhandlung solcher M&A Transaktionen ist von dieser Informationsasymmetrie geprägt.[134] Dieser Zustand wird durch die sog. Due Diligence beseitigt. Im Folgenden werden der Begriff, die Ziele und die Funktionen der transaktionsbezogenen Due Diligence, sowie die Interessenlage der Parteien erläutert. Daran schließt sich die Untersuchung an, ob die Interessen der Parteien bei einer Due Diligence mit denen der Tarifvertragsparteien in der Sanierungssituation vergleichbar sind.

## I. Begriffsklärung

Der Begriff der Due Diligence entstammt dem US-amerikanischen Kapitalmarktrecht und bedeutet wörtlich übersetzt „gebotene Sorgfalt".[135] Er stellt eine Ausprägung des im *common law* geltenden *caveat emptor* Grundsatz dar, welcher dem Käufer eines Kaufvertrags das Risiko überantwortet, dass der Kaufgegenstand frei von offenen Sach- und Rechtsmängeln ist.[136] Entsprechend obliegt es

131 *Berens/Knauer/Strauch* in Due Diligence bei Unternehmensakquisitionen, S. 4.

132 *Beisel* in Der Unternehmenskauf, § 2 Rn. 1.

133 *Beisel* in Der Unternehmenskauf, § 2 Rn. 1; *Beisel* in Beck'sches Mhdb Due Diligence, § 1 Rn. 3.

134 *Beisel* in Der Unternehmenskauf, § 2 Rn. 1; *Beisel* in Beck'sches Mhdb Due Diligence, § 1 Rn. 11.

135 *Liekefett*, Due Diligence bei M&A Transaktionen, S. 26; *Berens/Knauer/Strauch* in Due Diligence bei Unternehmensakquisitionen, S. 5.

136 *Fleischer*, Informationsasymmetrie im Vertragsrecht, S. 66, 822 f.; *Schulte*, Insiderrechtliche Probleme bei der Due Diligence, S. 13.

dem Käufer, die für die Beurteilung des Kaufgegenstands erforderlichen Informationen zu beschaffen.[137] Im Transaktionskontext handelt es sich bei der Due Diligence also um eine umfassende Unternehmensprüfung vor Transaktionsabschluss.[138] Herzstück der Due Diligence ist die Offenlegung und Analyse von nicht allgemein zugänglichen internen Informationen des Unternehmens.[139] Insgesamt umfasst die Due Diligence alle Aktivitäten der Informationsbeschaffung, sowie anschließenden Analysen und Prüfungen, welche der Informationsversorgung des potentiellen Käufers dienen, und damit zur Verbesserung der Entscheidungsqualität beitragen soll.[140]

## II. Ziele und Funktionen der Due Diligence

Durch die Offenlegung und die anschließende Prüfung der unternehmensbezogenen Informationen, soll die Entscheidungsgrundlage des potentiellen Käufers erweitert werden. Vordergründig soll so die Informationsasymmetrie zwischen Verkäufer und dem schlechter informierten potenziellen Käufer abgebaut werden.[141] Durch die Gewährung einer Due Diligence möchte der Veräußerer seine Informationspflicht aus § 241 Abs. 2 BGB erfüllen oder zumindest den Umfang der Informationspflicht abmildern.[142] Neben der aktiven Aufklärung kann die Informationspflicht auch dadurch erfüllt werden, dass man dem Erwerbsinteressenten die Möglichkeit einräumt, sich ein eigenes Bild über das Unternehmen zu machen.[143]

---

137 *Fleischer*, Informationsasymmetrie im Vertragsrecht, S. 940; *Hörmann* in FS Pöllath und Partners, 135 (139).

138 *Liekefett*, Due Diligence bei M&A Transaktionen, S. 29.

139 *Liekefett*, Due Diligence bei M&A Transaktionen, S. 29; *Stockenhuber* in FS Aicher, 745 (747).

140 *Berens/Knauer/Strauch* in Due Diligence bei Unternehmensakquisitionen, S. 5.

141 *Büdenbender* in NK-BGB, Anh. 2 zu §§ 433–480 Rn. 122; *Berens/Schmitting/Strauch* in Due Diligence bei Unternehmensakquisitionen, S. 16; *Beisel* in Beck'sches Mhdb Due Diligence, § 1 Rn. 11.

142 BGH v. 4.4. 2001 – VIII ZR 32/00, NZG 2001, 751 (752); OLG Düsseldorf v. 16.6.2016 – I-6 U 20/15 NJOZ 2017, 202 (207); zuletzt: OLG München v. 3.12.2020 – 23 U 5742/19, NZG 2021, 423.

143 So *Meyer-Sparenberg* in Beck'sches M&A-HdB, § 47 Rn. 88 unter der Prämisse, dass der Verkäufer die berechtigte Erwartung haben darf, dass der Käufer die Unterlagen als Grundlage seiner Kaufentscheidung durchsehen wird; ähnlich: *Bergjan/Burgić* in Drygala/Wächter, S. 28 f.; weiter: *Wagner*, DStR 2002, 958 (966).

Die zu untersuchenden Bereiche können je nach Gegenstand des Unternehmens divergieren. Potentiell zu analysierende Bereiche sind etwa: Market Due Diligence, Technical Due Diligence oder die Operational Due Diligence. Indes ist die finanzielle, juristische und steuerliche Situation des Transaktionsobjekts in aller Regel Gegenstand einer detaillierten Prüfung.[144] Die Durchführung einer Due Diligence ist für die anschließenden Vertragsverhandlungen von herausragender Bedeutung. Die offengelegten Informationen bilden regelmäßig die Grundlage für die Vertragsverhandlungen zwischen den Parteien. Erst die Kenntnis der Unternehmensdaten ermöglicht es dem potentiellen Käufer eine Entscheidung darüber zu treffen, ob er in Vertragsverhandlungen einsteigt oder aufgrund etwaiger *deal breaker* von der Transaktion Abstand nimmt.

Diese Auflösung der bestehenden Informationsasymmetrie soll den potentiellen Käufer in die Lage versetzen, etwaige Risiken und Chancen der Transaktion zu erkennen und bewerten zu können.[145] Ein maßgebender Beweggrund für die Durchführung der Due Diligence ist es, etwaige Risiken und Schwachstellen innerhalb der Zielgesellschaft zu identifizieren und in den Verhandlungen darauf entsprechend zu reagieren.[146] Unmittelbar mit der Risikoermittlungsfunktion hängt die Gewährleistungsfunktion der Due Diligence zusammen.[147] Die im Due Diligence-Prozess aufgedeckten Risiken bilden die Grundlage für die Verhandlung der Parteien über die käuferseitige Absicherung mittels vertraglicher Gewährleistungsregeln und Garantien.[148] Überdies hat die Due Diligence eine Beweissicherungsfunktion inne.[149] Durch die genaue Dokumentation der offengelegten Unternehmensinformationen wird im Rahmen der Due Diligence der „Ist-Zustand" des Kaufgegenstands, sowie der Informationsfluss zwischen den Parteien festgeschrieben. Dies ist vor dem Hintergrund etwaiger Streitigkeiten und der Gewährleistungsrechte des Käufers aufgrund von § 442 BGB

144 *Berens/Knauer/Strauch* in Due Diligence bei Unternehmensakquisitionen, S. 8.

145 *Beisel* in Beck'sches Mhdb Due Diligence, § 1 Rn. 35; *Kiethe*, NZG 1999, 976 (977), *Krüger/Kalbfleisch*, DStR 1999, 174 (175); *Fleischer/Körber*, BB 2001 841 (842).

146 *Beisel* in Beck'sches Mhdb Due Diligence, § 1 Rn. 35; *Berens/Knauer/Strauch* in Due Diligence bei Unternehmensakquisitionen, S. 6 f; *Hörmann* in FS Pöllath und Partners, 135 (141).

147 *Beisel* in Beck'sches Mhdb Due Diligence, § 1 Rn. 40.

148 *Beisel* in Beck'sches Mhdb Due Diligence § 1 Rn. 40; *Hörmann* in FS Pöllath und Partners, 135 (141); *Fleischer/Körber*, BB 2001 841 (842).

149 *Hörmann* in FS Pöllath und Partners, 135 (142); *Krüger/Kalbfleisch*, DStR 1999, 174 (175); *Kiethe*, NZG 1999, 976 (977 f.).

oder vergleichbarer vertraglicher Regelungen relevant.[150] Weiterhin bilden die offengelegten Informationen die Grundlage für die Wertfestsetzung des Unternehmens: Der genaue Einblick in die wirtschaftliche Leistungsfähigkeit des Unternehmens ist erforderlich für die Ermittlung des Unternehmenswerts.[151] Mit anderen Worten schafft erst die umfangreiche und sorgfältige Unternehmensprüfung die erforderliche Informationsgrundlage für die Ermittlung des Unternehmenswerts und somit für die Bestimmung des käuferseitigen Grenzpreises.[152]

## III. Interessenlage der Parteien

Die Interessenlage des potentiellen Käufers in einer M&A Transaktion ist darauf gerichtet, so früh und so umfassend wie möglich Einblick in die Unternehmensdaten der Zielgesellschaft zu erlangen.[153] Dieser Einblick ist erforderlich, um die bestehenden Informationsasymmetrien zu beseitigen und eine käuferseitige Bewertungsgrundlage für die Kaufentscheidung zu schaffen. Indes konfligiert dieses Informationsinteresse des Käufers regelmäßig mit den Geheimhaltungsinteressen der Zielgesellschaft.[154] Mit der Bereitstellung des Informationszugangs geht ein Risiko einher: Die innerhalb der Due Diligence angefragten Informationen betreffen in aller Regel sensible Wirtschaftsdaten, Verträge und geheime Verfahren und Abläufe, welche die Marktposition des Unternehmens absichern.[155] Dadurch, dass diese sensiblen Informationen die Sphäre des Unternehmens verlassen, entsteht das Risiko der Indiskretion, welches zu Nachteilen für die Zielgesellschaft führen kann.[156] Zum einen wird der Kreis der Informationsträger erweitert und zum anderen kann das Unternehmen den Informationsfluss außerhalb des Unternehmens nur eingeschränkt kontrollieren.[157] Das Bekanntwerden der sensiblen Kennzahlen kann etwa zu einer Verschlechterung der Marktstellung führen. Überdies kann mit der Weitergabe auch die konkrete Gefahr der nachteiligen Verwendung durch den Empfänger einhergehen, etwa

---

150 *Hörmann* in FS Pöllath und Partners, 135 (142).
151 *Berens/Schmitting/Strauch* in Due Diligence bei Unternehmensakquisitionen, S. 18.
152 *Schulte*, Insiderrechtliche Probleme bei der Due Diligence, S.17.
153 *Stockenhuber* in FS Aicher, 745 (747); *Krüger/Kalbfleisch*, DStR 1999, 174 (176).
154 *Krüger/Kalbfleisch*, DStR 1999, 174 (176); *Beisel* in Beck'sches Mhdb Due Diligence, § 1 Rn. 11; *Geyrhalter/Zirngibl* in Jesch/Striegel/Boxberger § 10 Rn. 6.
155 *Stockenhuber* in FS Aicher, 745 (747).
156 *Berens/Schmitting/Strauch* in Due Diligence bei Unternehmensakquisitionen, S. 16.
157 *Mertens*, AG 1997, 541 (544).

wenn dieser sein Kaufinteresse nur vortäuscht, um das Unternehmen auszuforschen und so etwaige Wettbewerbsnachteile auszugleichen.[158]

## C. Übertragbarkeit auf den Informationsfluss bei Tarifverhandlungen?

Während sich im Rahmen von M&A Transaktionen die Due Diligence als Instrument zur Auflösung dieser Informationsasymmetrien herausgebildet hat, fehlt ein entsprechend verselbstständigtes Institut im Rahmen der unternehmensbezogenen Sanierungstarifverhandlungen. Es stellt sich die Frage, ob der vortarifliche Informationsfluss im Rahmen der Sanierungstarifverhandlungen mit einer transaktionsbezogenen Due Diligence vergleichbar ist.

Zuvörderst ist eine prägende Gemeinsamkeit herauszustellen: In beiden Situationen besteht zwischen den potentiellen Vertragspartnern eine schuldrechtliche Sonderverbindung. Auffallend ist weiterhin, dass in beiden Situationen eine erhebliche Informationsasymmetrie zwischen den Vertragspartnern besteht. Die Gewerkschaft verfügt bei weitem nicht über die Informationen die der Arbeitgeber über sein Unternehmen hat, ähnlich dem potentiellen Käufer in einer M&A Transaktion. Dementgegen ist das Informationsbedürfnis im Rahmen eines Unternehmenskaufs anders ausgeprägt, als das der Gewerkschaft bei Verhandlung eines Sanierungstarifvertrags. Während der Käufer einer M&A Transaktion ein möglichst vollständiges rechtliches und wirtschaftliches Bild des Unternehmens als Grundlage seiner Entscheidung benötigt, ist eine so weitreichende Information der Gewerkschaft nicht erforderlich. Für die Bereiche, die für die Verhandlung des Sanierungstarifvertrags maßgeblich sind, also in aller Regel die Darstellung der Vermögens-, Bilanz- und Ertragslage der Gesellschaft, deckt sich indes das Informationsinteresse von Gewerkschaft und Erwerbsinteressent. In beiden Situationen besteht ein zukunftsbezogenes Interesse: Sowohl der potentielle Käufer, wie auch die Gewerkschaft haben ein wesentliches Interesse an der zukünftigen Ertragskraft des Unternehmens. Insoweit ist die Intensität des Einblicks in das notleidende Unternehmen durchaus vergleichbar. Vielfach wird in beiden Fällen ein Wirtschaftsprüfer hinzugezogen. Aufgrund dieses gesteigerten Informationsbedürfnisses steht der Gewerkschaft und dem Erwerbsinteressenten gegen ihren Verhandlungspartner ein Informationsanspruch bezüglich der wirtschaftlichen Lage des Unternehmens zu.

---

158 *Mertens*, AG 1997, 541 (544).

Wie dargelegt dient die Due Diligence mehreren Zwecken, wobei die Risiko- und Wertermittlungsfunktionen im Vordergrund stehen. Zudem dienen die offengelegten Informationen als Verhandlungsbasis für die vertraglichen Gewährleistungen und Garantien und der Beweissicherung. Zunächst lässt sich insbesondere die Risikoermittlungsfunktion der Due Diligence auf den Informationsfluss bei Sanierungstarifverhandlungen übertragen: Die Gewerkschaft wird zum Abschluss eines Sanierungstarifvertrags nur bereit sein, wenn sie eine ausreichende Informationsgrundlage hat, um bewerten zu können, ob das Unternehmen bzw. die gefährdeten Arbeitsplätze überhaupt gerettet werden können. Falls die wirtschaftliche Situation des Unternehmens bereits so schlecht ist, dass eine Insolvenz unabwendbar erscheint, dann wird die Gewerkschaft sich nicht dazu bereit erklären, die tariflichen Arbeitsbedingungen zwecklos zu verschlechtern. Exemplarisch für die gewerkschaftlichen Risiken in der Sanierungssituation kann hier die gescheiterte Sanierung der Philipp-Holzmann AG herangezogen werden: Der geschlossene Sanierungstarifvertrag machte die Vergütung von geleisteten Sanierungsarbeitsstunden von einem hypothetischen Jahresüberschuss der Gesellschaft abhängig.[159] Nach dem Scheitern der Sanierung und der Stellung des Insolvenzantrags bestand kein Vergütungsanspruch für die zwecklos geleisteten Sanierungsarbeitsstunden der betroffenen Arbeitnehmer.[160]

Auch bei Verhandlung eines Sanierungstarifvertrags besteht das Interesse an einer Absicherung der aufgedeckten Risiken. Die Gewährleistungsfunktion der Due Diligence lässt sich sinngemäß auf die Tarifverhandlungen übertragen: Die Gewerkschaft tauscht die Verschlechterung der Arbeitsbedingungen gegen den Bestandsschutz für Arbeitsplätze und Standorte ein, sodass die Situation einem klassischen Austauschvertrag gleicht.[161] Auch in dieser Situation ist eine Absicherung der Risiken des Leistungsaustauschs erforderlich. Die Absicherung der Sanierungsopfer erfolgt – statt über vertragliche Gewährleistungen und Garantien – über die Verknüpfung der Sanierungsopfer über Bedingungszusammenhänge mit den Gegenansprüchen der Gewerkschaft.[162] Die Gewerkschaft muss sich eine ausreichende Informationsgrundlage schaffen, um auf die entsprechenden Risiken im Rahmen der Vertragsgestaltung reagieren zu können. Auch die Beweissicherungsfunktion kann im Rahmen von Tarifverhandlungen eine Rolle

159 BAG v. 8.10.2008 – 5 AZR 8/08, NZA 2009, 98.

160 BAG v. 8.10.2008 – 5 AZR 8/08, NZA 2009, 98.

161 *Otte*, Informationspflichten zwischen den Tarifvertragsparteien, S. 179, 189 f.

162 *Beck*, Sanierungstarifvertrag, S. 248 ff.; *Löwisch/Rieble*, § 1 TVG Rn. 2365.

spielen, indem der Informationsaustausch den Ist-Zustand des Unternehmens festschreibt und zur Grundlage der Verhandlungen macht. Dies ist dann sinnvoll, wenn die Sanierungsopfer mit der Erreichung bestimmter Niveaus der wirtschaftlichen Verbesserung, sog. *landmarks* über Bedingungszusammenhänge verknüpft werden.

Die Wertermittlungsfunktion ist bei Tarifverhandlungen so ausgestaltet, dass die erlangten Informationen als Berechnungsgrundlage für die erforderliche Höhe der Sanierungsopfer dienen. Die Gewerkschaft wird ähnlich dem Käufer einer M&A Transaktion versuchen einen möglichst „geringen Kaufpreis" zu zahlen, sprich die Sanierungsopfer für ihre Mitglieder möglichst gering zu halten. Die Sanierungsopfer nehmen im Vergleich zur M&A Transaktion die Rolle des Kaufpreises ein. Auch hier findet eine Art „pricing" auf Grundlage der erlangten Informationen statt.

Zusammenfassend lassen sich also die wesentlichen Funktionen einer transaktionsbezogenen Due Diligence sinngemäß auf den Informationsfluss bei Verhandlung eines Sanierungstarifvertrags übertragen. Beide Situationen sind wesentlich durch die bestehende Informationsasymmetrie zwischen den verhandelnden Akteuren geprägt. Weitergehend konfligiert in beiden Situationen das Geheimhaltungsinteresse des notleidenden Unternehmens mit dem berechtigten Informationsbedürfnis des jeweiligen Verhandlungspartners.

## D. Ergebnis

Die Rahmenbedingungen bei Verhandlung eines Sanierungstarifvertrags ergeben sich in erster Linie aus dem allgemeinen Zivilrecht. Mangels spezieller Regelungen im TVG ist auf das allgemeine Vertragsrecht des BGB zurückzugreifen. Dabei ist die Situation der Verhandlung eines Sanierungstarifvertrags atypisch: Anders als bei Verhandlung eines Flächentarifvertrags geht es um die Verschlechterung der Arbeitsbedingungen in einem einzelnen Unternehmen. Daraus speist sich ein enormes Informationsbedürfnis der Gewerkschaft und auch des Arbeitgeberverbands, soweit dieser in den Verhandlungen beteiligt wird. Dieses erhebliche Informationsbedürfnis kollidiert mit dem Geheimhaltungsinteresse des notleidenden Unternehmens. Regelmäßig benötigen die Akteure der Kollektivverhandlungen sensibelste Informationen über das notleidende Unternehmen, um den Sanierungsbedarf festzustellen und über die erforderlichen Sanierungsopfer der Arbeitnehmer verhandeln zu können. Das notleidende Unternehmen hat vielfach ein berechtigtes Interesse daran, dass diese Informationen möglichst geheim bleiben. Dennoch ist zur Auflösung dieser Informationsdisparität ein Rückgriff auf die Arbeitskampfmittel seitens der

Gewerkschaft nicht erforderlich, da das notleidende Unternehmen auf die Mitwirkung der Gewerkschaft angewiesen ist. Diese atypische Interessenlage bei Sanierungstarifverhandlungen ist vergleichbar mit der Situation einer Due Diligence beim Unternehmenskauf: Auch hier kollidiert das Informationsbedürfnis des Käufers mit den Geheimhaltungsinteressen des Verkäufers bzw. der Zielgesellschaft und in beiden Situationen besteht eine entsprechende Informationspflicht über die wirtschaftliche Situation.

Trotz dieser Informationspflicht ist die Offenlegung von sensiblen Informationen innerhalb einer Due Diligence nicht grenzenlos möglich. Sie unterliegt gesellschafts-, wettbewerbs- und im Falle der Börsennotierung des notleidenden Unternehmens kapitalmarktrechtlichen Grenzen. Aufgrund der vergleichbaren Interessenlage zwischen transaktionsbezogener Due Diligence und vortariflicher Informationsweitergabe ist im Folgenden zu untersuchen, ob die Offenlegungsgrenzen der Due Diligence auch im Rahmen von Sanierungstarifverhandlungen anwendbar sind. In anderen Worten: Lassen sich die gesetzlichen Restriktionen der Informationsweitergabe innerhalb einer Due Diligence auf den vortariflichen Informationsfluss in der Sanierungssituation übertragen?

Dies setzt allerdings neben der Interessenlage eine weitergehende Vergleichbarkeit beider Situationen voraus. Prägend für die Due Diligence ist neben der Informationsasymmetrie die Informationsabhängigkeit des Erwerbsinteressenten von der Gegenseite. Könnte die Gewerkschaft auf anderem Wege die sensiblen unternehmensbezogenen Informationen erlangen, ist sie nicht auf die Arbeitgeberseite als Informationsquelle angewiesen. Vorab ist also zu klären, ob die Gewerkschaft tatsächlich darauf angewiesen ist, dass ihr die Informationen von der Gegenseite zur Verfügung gestellt werden. Grundsätzlich stehen der Gewerkschaft Informationsquellen im Unternehmen in Form der gewerkschaftsangehörigen Arbeitnehmer, des Betriebsrats, des Wirtschaftsausschusses, zugezogener Gewerkschaftsvertreter und ggf. den Arbeitnehmervertretern im Aufsichtsrat zur Verfügung. Im Folgenden wird untersucht, inwieweit die Gewerkschaft in der Situation von (Sanierungs-)Tarifverhandlungen auf diese Informationsquellen zurückgreifen kann.

# Kapitel 2: Restriktion der möglichen Informationsquellen der Gewerkschaft durch gesetzliche Verschwiegenheitspflichten

Die Sanierungssituation weicht also erheblich von regulären Tarifverhandlungen ab.[163] Auch wenn die Gewerkschaft Informationen von der Arbeitgeberseite erlangen kann und sogar einen direkten Informationsanspruch hat, besteht ein Interesse daran, andere Informationsquellen zu bedienen. Die Gewerkschaft kann die Informationen, die aus dem Arbeitgeberlager stammen, hinsichtlich ihrer Vollständigkeit nicht überprüfen.[164] Auch wird es dem Arbeitgeber daran gelegen sein, die Informationen so aufzubereiten, dass sie dazu geeignet sind, seine schwache Verhandlungsposition zu stärken, bzw. möglichst weitgehende Sanierungsopfer der Arbeitnehmerseite zu erlangen. Um die Gewerkschaft zu weitgehenden Sanierungsopfern zu bewegen, muss der Arbeitgeber schlüssig darlegen, dass eine Sanierung seines Unternehmens möglich ist. Deshalb wird die Gewerkschaft daran interessiert sein, die zur Bewertung erforderlichen Informationen „aus ihren eigenen Reihen" zu erlangen, oder zumindest deren Richtigkeit bestätigt zu bekommen. Gerade die Einschätzung seitens des Betriebsrates oder der Arbeitnehmervertreter im Aufsichtsrat kann der Gewerkschaft einen anderen Blick auf die wirtschaftliche Situation und die Sanierbarkeit des notleidenden Unternehmens ermöglichen. Zudem muss die Gewerkschaft in ihren eigenen Reihen für eine Akzeptanz der Sanierungsopfer sorgen. Dies kann durch die Einbindung der betrieblichen Interessenvertreter erfolgen. Der Gewerkschaft stehen neben der Arbeitgeberseite also noch weitere potentielle Erkenntnisquellen zur Verfügung. Im Rahmen der gewerkschaftlichen *best practice* wird empfohlen, für die Informationsbeschaffung den Informationszugang von Betriebsrat, Wirtschaftsausschuss und Arbeitnehmervertretern im

---

163 Siehe dazu ausführlich: Kapitel 1 0.

164 Ein paralleles Problem findet sich auch bei M&A Transaktionen. Aufgrund des bestehenden Informationsgefälles kann der Erwerbsinteressent nicht beurteilen inwieweit die ihm im Rahmen der Due Diligence zugänglich gemachten Informationen korrekt sind. Häufig erfolgt eine Absicherung über sog. Management Letter.

Aufsichtsrat zu nutzen.[165] Potentielle Informationsquellen stellen zudem die nach § 31 BetrVG zugezogenen Gewerkschaftsvertreter sowie Arbeitnehmer in Schlüsselpositionen dar.

Handelt es sich beim Arbeitgeber um ein börsennotiertes Unternehmen, dann treten neben die Geheimhaltungsinteressen des Arbeitgebers spezifische Interessen des Kapitalmarkts. Dort herrscht das Prinzip der informationellen Gleichbehandlung der Anleger.[166] Diese informationelle Gleichbehandlung ist unerlässliche Voraussetzung für die Chancengleichheit der Anleger am Kapitalmarkt. Die selektive Weitergabe von sog. Insiderinformationen an die Gewerkschaft läuft diesem Grundsatz entgegen.

Zum Schutz der arbeitgeberseitigen Geheimhaltungsinteressen und des Informationseindämmungsinteresses des Kapitalmarkts existieren zahlreiche Verschwiegenheitspflichten und Restriktionen bei der selektiven Informationsweitergabe. Die Reichweite und Grenzen der unterschiedlichen Verschwiegenheitspflichten werden im Folgenden im Hinblick auf die Informationsweitergabe an die Gewerkschaft näher beleuchtet. Das Ergebnis der Untersuchung gibt letztlich Aufschluss darüber, ob der vortarifliche Informationsfluss mit der Situation einer transaktionsbezogenen Due Diligence vergleichbar ist. Nur wenn die Gewerkschaft hinsichtlich der erforderlichen Informationen auf ihren Verhandlungspartner angewiesen ist, erscheinen beide Situationen vergleichbar.

---

165 Siehe zur gewerkschaftlichen Empfehlung: https://docplayer.org/24118864-Beschaeftigungssicherung-durch-tarifvertrag-moeglichkeiten-und-grenzen.html (zuletzt abgerufen am 15.12.2022); *Arbeitskreis Mitbestimmung beim DGB-Bundesvorstand*, Grundsätze ordnungsmäßiger Aufsichtsratstätigkeit Arbeitshilfe für Aufsichtsräte 10 – wo es wörtlich heißt: „*Arbeitnehmervertreter im Aufsichtsrat sind von den Belegschaften beziehungsweise von den Gewerkschaften politisch delegierte Vertreter von Arbeitnehmerinteressen. Für ihre Interessenvertretung stellen sie sich laufend Fragen und Kritik derjenigen, die sie in diese Funktion delegiert haben. Sie legen* **Rechenschaft** (Hervorhebung durch Verfasser) *über ihr Wirken im Aufsichtsrat und die damit verbundenen Ergebnisse ab.*“.

166 EuGH v. 22.11.2005 – Rs. C-384/02 (Grøngaard/Bang), ZIP 2006, 123 (125 f.); *Brellochs* in Habersack/Mülbert/Schlitt, § 1 Rn. 9; *Federlin*, Informationsflüsse in der Aktiengesellschaft, S. 87; siehe auch Erwägungsgrund 24 MAR: „[…] *Zweck dieser Verordnung untersucht werden, der darin besteht, die Integrität des Finanzmarkts zu schützen und das Vertrauen der Investoren zu stärken, das wiederum auf der Gewissheit beruht, dass die Investoren gleichbehandelt und vor der missbräuchlichen Verwendung von Insiderinformationen geschützt werden*“.

## A. Grundlegend: Arbeitsvertragliche Verschwiegenheitspflichten

Für die gewerkschaftliche Informationsbeschaffung bei Tarifverhandlungen bieten sich zunächst die gewerkschaftsangehörigen Arbeitnehmer des Unternehmens als Informationsquelle an. Diese können die Situation des Unternehmens realistisch einschätzen und ein ungeschöntes Bild des Unternehmens zeichnen. Zudem sind es gerade die gewerkschaftsangehörigen Arbeitnehmer, die die vereinbarten Sanierungsopfer tragen müssen. Die Einbindung betriebsangehöriger Gewerkschaftsmitglieder ist zur Schaffung von Akzeptanz in den eigenen Reihen aus Gewerkschaftssicht vorteilhaft. Indes zieht der Arbeitsvertrag zwischen Arbeitnehmer und Arbeitgeber der Informationsweitergabe an unternehmensexterne Personen und Vereinigungen Grenzen. Die Zulässigkeit der Informationsweitergabe von Arbeitnehmern an ihre Gewerkschaft richtet sich grundlegend nach der allgemeinen arbeitsvertraglichen Verschwiegenheitspflicht.

### *1. Herleitung der Verschwiegenheitspflicht*

Die arbeitsvertragliche Verschwiegenheitspflicht stellt eine Nebenpflicht jedes Arbeitsvertrags dar. Schon früh wurde erkannt, dass sich die gegenseitigen Pflichten der Parteien nicht im Austausch der Hauptleistungen erschöpfen. Als Anknüpfungspunkt dieser frühen Erkenntnis diente der sog. personenrechtliche Einschlag des Arbeitsverhältnisses.[167] Die Rechtsprechung nahm an, dass aufgrund dieses personenrechtlichen Einschlags den beiden Vertragsparteien Rücksichtnahme- und Treuepflichten erwachsen.[168] Nach der Rechtsprechung des BAG wurde der Inhalt dieser Nebenpflicht „*durch eine besondere persönliche Bindung der Vertragspartner geprägt*“.[169]

Diese Interpretation des Arbeitsverhältnisses als personenrechtliches Gemeinschaftsverhältnis hat sich gewandelt. Das heutige Verständnis des Arbeitsverhältnisses ordnet den Arbeitsvertrag als reines Austauschverhältnis ein.[170] Für die

---

167 Ausführlich hierzu: *Richardi/Fischinger* in Staudinger, § 611a Rn. 1190.

168 BAG v. 5.3.1968 – 1 AZR 229/67, NJW 1968, 1349; BAG v. 7.9.1995 – 8 AZR 828/93, BAGE 81, 15 Rn. 25; *Thüsing* in HWK, § 611a BGB Rn. 500; *Richardi/Fischinger* in Staudinger, § 611a BGB Rn. 1190; *Reichold* in MHdB ArbR, § 53 Rn. 9.

169 BAG v. 7.9.1995 – 8 AZR 828/93, BAGE 81, 15 Rn. 25; *Thüsing* in HWK, § 611a BGB Rn. 500; *Reichold* in MHdB ArbR, § 53 Rn. 9.

170 *Thüsing* in HWK, § 611a BGB Rn. 501; *Preis* in ErfK, § 611a BGB Rn. 1, 6; *Reichold* in MHdB ArbR, § 53 Rn. 9.

aus dem Schuldverhältnis „Arbeitsvertrag“ resultierende Treuepflicht findet sich seit der Schuldrechtsmodernisierung in § 241 Abs. 2 BGB eine positivrechtliche Anbindung als vertragliche Nebenpflicht.[171] § 241 Abs. 2 BGB verpflichtet die Vertragsparteien zur Rücksichtnahme auf die Rechte, Rechtsgüter und Interessen ihres Vertragspartners. Ziel dieser Regelung ist der Schutz der Parteien und die Förderung des Vertragszwecks.[172] Aufgrund der besonderen Nähe zwischen den Vertragsparteien, sind diese Nebenpflichten im Arbeitsverhältnis besonders ausgeprägt.[173] In ständiger Rechtsprechung formuliert das BAG:

> *„der Arbeitnehmer hat seine Arbeitspflichten so zu erfüllen und die im Zusammenhang mit dem Arbeitsverhältnis stehenden Interessen des Arbeitgebers so zu wahren, wie dies von ihm unter Berücksichtigung seiner Stellung und Tätigkeit im Betrieb, seiner eigenen Interessen und der Interessen der anderen Arbeitnehmer des Betriebs nach Treu und Glauben verlangt werden kann.“*[174]

Generell trifft den Arbeitnehmer also die Pflicht, auf die berechtigten Arbeitgeberinteressen Rücksicht zu nehmen und diese im zumutbaren Umfang zu wahren.[175] Die Verschwiegenheitspflicht des Arbeitnehmers wird aus diesen Treuepflichten abgeleitet und als eine besondere vertragliche Nebenpflicht aus dem Arbeitsverhältnis eingeordnet.[176] In erster Linie konkretisiert sie also die allgemeine Treuepflicht und verpflichtet den Arbeitnehmer, Betriebs- und Geschäftsgeheimnisse zu wahren.[177] Dabei ist das Entstehen dieser Verschwiegenheitspflicht unabhängig von einer ausdrücklichen oder konkludenten

---

171 *Thüsing* in HWK, § 611a BGB Rn. 501.

172 BAG v. 8.5.2014 – 2 AZR 249/13, NZA 2014, 1258 (1260); BAG v. 28.10.2010 – 2 AZR 293/09, NZA 2011, 112 (113) m.w.N.; *Preis* in ErfK, § 611a BGB Rn. 707.

173 *Reichold* in MHdB ArbR, § 53 Rn. 15; *Olzen* in Staudinger § 241 BGB Rn. 515; *Olzen/Looschelders* in Staudinger § 242 BGB Rn. 794 ff.

174 BAG v. 25.8.1966 – 5 AZR 525/65, NJW 1967, 125 (126); BAG v. 10.9.2009 – 2 AZR 257/08, NZA 2010, 220 (222); BAG v. 8.5.2014 – 2 AZR 249/13, NZA 2014, 1258 (1260); BAG v. 28.10.2010 – 2 AZR 293/09, NZA 2011, 112 (113).

175 BAG v. 3.7.2003 – 2 AZR 235/02, NZA 2004, 427 (429); *Kreuder/Matthiessen-Kreuder* in NK-ArbR, § 611a BGB Rn. 471.

176 BAG v. 8.5.2014 – 2 AZR 249/13, NZA 2014, 1258 (1260); *Holthausen*, NZA 2019, 1377 (1379); *Hitzfeld*, Geheimnisschutz im Betriebsverfassungsrecht, S. 46; *Kalbfus* in Harte-Bavendamm/Ohly/Kalbfus, Geheimnisschutz im Arbeitsrecht Rn. 4; *Richardi/Fischiner* in Staudinger, § 611a BGB Rn. 1246.

177 BAG v. 26.9.1990 – 2 AZR 602/89, juris; BAG v. 23.10.2008 – 2 ABR 59/07, NZA 2009, 855 (858).

vertraglichen Vereinbarung. Sie entstammt vielmehr der Natur des Schuldverhältnisses, sodass sich der konkrete Inhalt dieser Pflicht aus dem jeweiligen Arbeitsverhältnis ergibt.[178]

## *2. Gegenstand der arbeitsvertraglichen Verschwiegenheitspflicht*

Im Ausgangspunkt der arbeitsvertraglichen Verschwiegenheitspflicht des Arbeitnehmers steht die Wahrung der Vertraulichkeit von Betriebs- und Geschäftsgeheimnissen.[179] Mangels Legaldefinition hat die Rechtsprechung die Definition des Geheimnisbegriffs im Wege der richterlichen Rechtsfortbildung entwickelt. Ein Betriebs- oder Geschäftsgeheimnis liegt nach dieser Definition vor, wenn Tatsachen, die in Zusammenhang mit einem Geschäftsbetrieb stehen, nur einem eng begrenzten Personenkreis bekannt und nicht offenkundig sind, nach dem ausdrücklich oder konkludent erklärten Willen des Betriebsinhabers aufgrund eines berechtigten Interesses geheim gehalten werden sollen.[180] Der so definierte Geschäftsgeheimnisbegriff wurde aus dem Wettbewerbsrecht entnommen und stimmt mit der zu § 17 UWG a.F. entwickelten Definition überein.[181] § 17 UWG a.F. stellte eine spezialgesetzliche Ausprägung von §§ 241 Abs. 2, 242 BGB dar.[182] Nach der Regelung durften Betriebs- oder Geschäftsgeheimnisse, die im Rahmen des Dienst- oder Arbeitsverhältnisses anvertraut worden oder zugänglich geworden sind, während der Geltungsdauer des Dienst- oder Arbeitsverhältnisses niemandem unbefugt zum Zwecke des Wettbewerbs, aus Eigennutz, zugunsten eines Dritten oder in der Absicht, dem Inhaber des Unternehmens Schaden zuzufügen, mitgeteilt werden.

---

178 BAG v. 24.3.2011 – 2 AZR 282/10, NZA 2011, 1029; BAG v. 12.5.2010 – 2 AZR 845/08, NZA 2010, 1348 (1350); *Preis* in ErfK, § 611a BGB Rn. 710.

179 BAG v. 16.3.1982 – 3 AZR 83/79, NJW 1983, 134 (135); BAG 8.5.2014 – 2 AZR 249/13, NZA 2014, 1258 (1260); *Kania* in Küttner Personalbuch, Verschwiegenheitspflicht Rn. 2.

180 BGH v. 15.3.1955 – I ZR 111/53, GRUR 1955, 424 (425) – Möbelpaste; BGH v. 1.7.1960 – I ZR 72/59, GRUR 1961, 40 (43) – Wurftaubenpresse; BGH v. 26.2.2009 – I ZR 28/06, GRUR 2009, 603 (604) – Versicherungsuntervertreter; BAG v. 16.3.1982 – 3 AZR 83/79, NJW 1983, 134; BAG v. 26.9.1990 – 2 AZR 602/89, juris; BAG v. 30.9.2014 – 3 AZR 617/12, NZA 2015, 544 (556); für § 79 BetrVG: BAG v. 13.2.2007 – 1 ABR 14/06, NZA 2007, 1121 (1124).

181 BGH v. 23.2.2012 – I ZR 136/10, GRUR 2012, 1048 (1049) – MOVICOL-Zulassungsantrag.

182 *Maties* in BeckOGK, § 611a BGB Rn. 1013.

Im Rahmen des Geheimnisbegriffs wurde zwischen Betriebs- und Geschäftsgeheimnissen unterschieden. Diese Abgrenzung erfolgte anhand der Art des Geheimnisses. Betriebsgeheimnisse waren eher technischer Natur und sollten mit dem Erreichen des Betriebszwecks in engem Zusammenhang stehen.[183] Beispiele für Betriebsgeheimnisse sind etwa: Rezepturen, Fertigungsverfahren und Konstruktionszeichnungen.[184] Indes wurden Geschäftsgeheimnisse dem kaufmännischen Know-How zugeordnet.[185] Davon erfasst sind insbesondere: Unveröffentlichte Kennzahlen des Unternehmens, Bilanzen sowie Vertragsbedingungen mit Kunden und Zulieferern.[186] Die Unterscheidung führt aber zu keinen Unterschieden bezüglich der rechtlichen Beurteilung.[187]

Indes hat der wettbewerbsrechtliche Geheimnisschutz durch die Einführung des GeschGehG eine maßgebliche Änderung erfahren. § 17 UWG a.F. wurde gestrichen und der Geheimnisschutz wurde in ein eigenes Stammgesetz, das GeschGehG, überführt. Insbesondere findet sich dort in § 2 Nr. 1 GeschGehG eine von § 17 UWG a.F. abweichende Legaldefinition des Geheimnisbegriffs. Im Folgenden werden beide Geheimnisbegriffe näher beleuchtet. Im Anschluss gilt es die Frage zu beantworten, welcher Geheimnisbegriff im Rahmen der arbeitsvertraglichen Nebenpflicht heranzuziehen ist. Letztlich ist dann zu untersuchen, inwieweit die arbeitsvertragliche Verschwiegenheitspflicht und das GeschGehG der gewerkschaftlichen Informationsbeschaffung entgegenstehen.

#### *a. Betriebs- und Geschäftsgeheimnisse nach der Rechtsprechungsformel*

Demnach gilt es zuvörderst die Definition der Betriebs- und Geschäftsgeheimnisse nach der zu § 17 UWG a.F. entwickelten Formel der Rechtsprechung

---

183 *Richardi/Fischinger* in Staudinger, § 611a BGB Rn. 1247.

184 Zahlreiche weitere Beispiele bei: *Obergfell/Rengier* in Fezer/Büscher/Obergfell, § 17 UWG Rn. 23; *Harte-Bavendamm* in Harte-Bavendamm/Henning-Bodewig, § 17 UWG Rn. 7.

185 *Brammsen* in Sonderband MüKo Lauterkeitsstrafrecht, § 17 UWG Rn. 8.

186 Zahlreiche weitere Beispiele bei: *Obergfell/Rengier* in Fezer/Büscher/Obergfell, § 17 UWG Rn. 23; *Harte-Bavendamm* in Harte-Bavendamm/Henning-Bodewig, § 17 UWG Rn. 7.

187 BAG v. 16.3.1982 – 3 AZR 83/79, NJW 1983, 134; *Brammsen* in Sonderband MüKo Lauterkeitsstrafrecht, § 17 UWG Rn. 8 m.w.N.

zu beleuchten. Daran schließt sich eine spiegelbildliche Betrachtung für die Legaldefinition des § 2 Nr. 1 GeschGehG an.

#### *aa. Anknüpfungspunkt der Geheimnisdefinition: unternehmensbezogene Tatsachen*

Als Bezugsobjekt für die richterliche Geheimnisdefinition dienen Tatsachen. Ganz herrschend werden unter Tatsachen sinnlich wahrnehmbare, konkrete äußere oder innere Geschehnisse, Verhältnisse oder Zustände der Vergangenheit oder Gegenwart verstanden.[188] Schutzobjekt von § 17 UWG a.F. war die ungestörte Ausübung der unternehmerischen Betätigung.[189] Daraus folgt, dass die Tatsache in einem engen Zusammenhang mit dem Geschäftsbetrieb eines Unternehmens stehen muss.[190]

#### *bb. Eng begrenztem Personenkreis bekannt und deshalb nicht offenkundig*

Des Weiteren ist die Geheimniseigenschaft nach der Definition der Rechtsprechung daran gekoppelt, dass die Information nur einem eng begrenzten Personenkreis zugänglich ist. Dieses Erfordernis dient zur Abgrenzung von der Offenkundigkeit einer Tatsache. Die Offenkundigkeit wird dann angenommen, wenn eine Information entweder allgemein bekannt oder derart zugänglich ist, dass jeder, der an ihr Interesse hat, mit lauteren Mitteln ohne größere Schwierigkeiten die tatsächliche Möglichkeit zur Kenntniserlangung hat.[191] Maßgebend für die fehlende Offenkundigkeit ist, dass die Mitwisser einen geschlossenen Kreis bilden, wobei eine vereinzelte Weitergabe an Dritte unschädlich sein soll.[192] Der Geheimnisinhaber muss die Zahl der Mitwisser kontrollieren und mit der Wahrung der Vertraulichkeit der Mitwisser rechnen können.[193] Letztlich kommt es darauf an, dass der Geheimnisinhaber die Geheimhaltung faktisch

---

188 *Brammsen* in Sonderband MüKo Lauterkeitsstrafrecht, § 17 UWG Rn. 11, m.z.w.N.

189 *Harte-Bavendamm* in Harte-Bavendamm/Henning-Bodewig, § 17 UWG Rn. 2.

190 *Ohly* in Ohly/Sosnitza, § 17 UWG Rn. 6, m.w.N.

191 BGH v. 15.3.1955 – I ZR 111/53, GRUR 1955, 424 (425) – Möbelpaste; BGH v. 1.7.1960 – I ZR 72/59, GRUR 1961, 40 (43) – Wurftaubenpresse; BGH v. 26.2.2009 – I ZR 28/06, GRUR 2009, 603 (604) – Versicherungsuntervertreter; *Rody*, Begriff und Rechtsnatur von Betriebs- und Geschäftsgeheimnissen, S. 79 f.

192 *Reinfeld*, Das neue Gesetz zum Schutz von Geschäftsgeheimnissen, § 1 Rn. 133.

193 *Ohly* in Ohly/Sosnitza, § 17 UWG Rn. 8.

gewährleisten kann.[194] So ist beispielsweise die Informationsweitergabe an einen Berufsgeheimnisträger in der Regel nicht dazu geeignet, die Einstufung einer Tatsache als „geheim“ zu erschüttern.

### *cc. Objektiv manifestierter Geheimhaltungswille*

Als weitere Voraussetzung wird der Wille des Arbeitgebers zur Geheimhaltung der Information gefordert.[195] Einschränkend setzt die Rechtsprechung voraus, dass der Geheimhaltungswillen nach außen hin erklärt wurde, sich also in einem objektiven Erklärungstatbestand manifestiert haben muss.[196] Um den Geheimnisinhaber vor dem Verlust des strafrechtlichen Schutzes der Geheimnisse nach § 17 UWG a.F. zu bewahren, wurde auf vielfältige Vermutungen zurückgegriffen. Die Rechtsprechung ging sogar so weit, dass bei besonders sensiblen Informationen keine Manifestation des Geheimhaltungswillens erforderlich sei. Der Geheimhaltungswille ergebe sich insoweit aus der Natur der geheimzuhaltenden Tatsache und sei der wirtschaftlichen Bedeutung der Information zu entnehmen.[197] Ein entsprechender Wille zur Geheimhaltung ist dem folgend immer gegeben, wenn ein entsprechendes wirtschaftliches Geheimhaltungsinteresse vorliegt.[198] De facto stellte dies eine Vermutung des Geheimhaltungswillens dar.[199]

### *dd. Berechtigtes Geheimhaltungsinteresse*

Kern der Geheimnisdefinition stellt das berechtigte Geheimhaltungsinteresse dar. In Anbetracht des Erfordernisses eines „berechtigten“ Geheimhaltungsinteresses, wurde vielfach angenommen, dass durch die Verwendung dieses unbestimmten Rechtsbegriffs ein Abwägungskriterium in die Definition eingeführt

---

194 *Mayer*, GRUR 2011, 884 (886).

195 BGH v. 27.4.2006 – I ZR 126/03, GRUR 2006, 1044 (1046) – Kundendatenprogramm.

196 BGH v. 10.5.1995 – 1 StR 764/94, NJW 1995, 2301; BGH v. 27.4.2006 – I ZR 126/03, GRUR 2006, 1044 (1046) – Kundendatenprogramm; *Hohmann* in MüKo StGB, § 17 UWG a.F. Rn. 24; *Ohly* in Ohly/Sosnitza, § 17 UWG Rn. 11.

197 BGH v. 10.5.1995 – 1 StR 764/94, NJW 1995, 2301; BGH v. 27.4.2006 – I ZR 126/03, GRUR 2006, 1044 (1046) – Kundendatenprogramm; *Hohmann* in MüKo StGB, § 17 UWG a.F. Rn. 24; *Ohly* in Ohly/Sosnitza, § 17 UWG Rn. 11; *Freckmann/Schmoll*, BB 2017, 1780.

198 *Mayer*, GRUR 2011, 884 (886).

199 *Ohly* in Ohly/Sosnitza, § 17 UWG Rn. 11.

wurde.[200] Das unbestimmte Tatbestandsmerkmal solle der Abwägung widerstreitender Interessen im Sinne der Verhältnismäßigkeit und somit der Vermeidung von Willkür und einer übermäßigen Bindung der Arbeitnehmer an die Verschwiegenheitspflicht dienen.[201]

Indes stehen einer Interessenabwägung innerhalb der Geheimnisdefinition tiefgreifende dogmatische Bedenken gegenüber. Richtig ist zunächst, dass das Merkmal des berechtigten Geheimhaltungsinteresses dem Willkürausschluss dient.[202] Wie dargelegt, ist der Geschäftsgeheimnisbegriff der strafrechtlichen Norm des § 17 UWG a.F. entlehnt. Würde man dem Inhaber die „Berechtigung" seines Geheimhaltungsinteresses im Wege der Abwägung absprechen, entfiele der Geheimnisschutz bereits auf der Tatbestandsebene. Dies verwundert, da so die Geheimnisqualität einer Information insgesamt entfallen würde. Letztlich würde die Tatbestandsebene mit der Ebene der Rechtswidrigkeit der Weitergabe vermengt.[203] Durch das Überwiegen konfligierender Offenlegungsinteressen im Einzelfall kann sinnvollerweise die Geheimnisqualität einer Information nicht insgesamt entfallen. Die Ebene der Rechtswidrigkeit der Weitergabe bietet indes Raum für die Berücksichtigung der konfligierenden Interessen im Rahmen einer Einzelfallabwägung. Im Rahmen des Tatbestands, bei der Bestimmung des berechtigten Geheimhaltungsinteresses, müssen konfligierende Offenlegungsinteressen unberücksichtigt bleiben.[204] Die Abwägung der widerstreitenden Interessen hat auf einer zweiten Stufe zu erfolgen. Daraus folgt, dass das berechtigte Geheimhaltungsinteresse nur aus Sicht des Arbeitgebers zu beurteilen ist. Entscheidend für das wirtschaftliche Interesse sind die spürbaren Auswirkungen auf die Wettbewerbsfähigkeit des Unternehmens.[205]

---

200 So für § 2 Nr. 1 GeschGehG: *Kania* in Küttner Personalbuch, Verschwiegenheitspflicht Rn. 5; kritisch: *Ohly* in Ohly/Sosnitza, § 17 UWG Rn. 12; in diese Richtung auch: *Brammsen* in Sonderband MüKo Lauterkeitsstrafrecht, § 17 UWG Rn. 24.

201 So zum Erfordernis eines berechtigten Geheimhaltungsinteresses nach § 2 Nr. 1 lit. c) GeschGehG: *Reichold* in MHdB ArbR, § 54 Rn. 36.

202 *Harte-Bavendamm* in Harte-Bavendamm/Henning-Bodewig, § 17 UWG Rn. 6.

203 *Brammsen*, Anm. zu LAG Schleswig-Holstein v. 20.5.2015 – 3 TaBV 35/14, NZA-RR 2016, 77 (82); *Brammsen* in Sonderband MüKo Lauterkeitsstrafrecht, § 17 UWG Rn. 24; zur Problematik des Geheimhaltungsinteresses bei sog. illegalen Geheimnissen: *Reinbacher* in Leitner/Rosenau, § 17 UWG Rn. 23.

204 BVerwG v. 19.1.2009 – 20 F 23/07, NVwZ 2009, 1114 (1116); *Brammsen*, Anm. zu LAG Schleswig-Holstein v. 20.5.2015 – 3 TaBV 35/14, NZA-RR 2016, 77 (82).

205 *Richters/Wodke*, NZA-RR 2003, 281 (282); *Harte-Bavendamm* in Harte-Bavendamm/Henning-Bodewig, § 17 UWG Rn. 6.

Die Beschränkung auf wirtschaftliche Interessen und die isolierte Betrachtung der Auswirkungen auf die Wettbewerbsfähigkeit des Unternehmens resultieren aus dem Umstand, dass sich die Rechtsprechung an der wettbewerbsrechtlichen Definition des § 17 UWG a.F. bedient hat. Für die Annahme eines wirtschaftlichen Interesses ist es allerdings nicht nötig, dass der Information ein bestimmter Vermögenswert zukommt.[206] Vielmehr genügt es, dass es sich für den Geheimnisinhaber nachteilig auswirken kann, wenn Dritte - insbesondere Wettbewerber - Kenntnis von den Informationen erlangen.[207] Zur Feststellung des Geheimhaltungsinteresses ist also zu fragen, ob sich eine hypothetische Offenlegung der Information gegenüber einem Wettbewerber nachteilig auf die Marktposition des Geheimnisinhabers auswirken würde. Daraus folgt auch, dass das Geheimhaltungsinteresse nicht davon abhängt, an wen die Information durch den Verletzenden letztlich weitergegeben wird. So besteht beispielsweise auch ein Geheimhaltungsinteresse an wettbewerbsrelevanten Informationen, wenn diese an die - nicht unternehmerisch tätige - Gewerkschaft weitergegeben werden. Das berechtigte Geheimhaltungsinteresse an einer Information ist zunächst absolut zu bestimmen. Etwaige konfligierende Offenlegungsinteressen sind in einem zweiten Schritt zu berücksichtigen.

*ee. Zwischenergebnis*

Zwischen der arbeitsvertraglichen Nebenpflicht zur Wahrung von Betriebs- und Geschäftsgeheimnissen und dem strafrechtlichen Geheimnisschutz nach § 17 UWG a.F. bestand eine weitestgehende Kongruenz. Für die Inhaltsbestimmung der besonderen arbeitsvertraglichen Nebenpflicht wurde die Definition der Betriebs- und Geschäftsgeheimnisse aus § 17 UWG a.F. übernommen.

Der wettbewerbsrechtliche Geschäftsgeheimnisschutz hat allerdings eine maßgebende Änderung erfahren: § 17 UWG a.F. wurde durch das GeschGehG zum 26.4.2019 abgelöst. Der Geheimnisschutz wurde in ein neues Stammgesetz überführt. In § 2 Nr. 1 GeschGehG findet sich eine eigenständige, abweichende Geheimnisdefinition. § 17 UWG a.F., an der sich die Reichweite der arbeitsvertraglichen Nebenpflicht bisher orientierte, ist weggefallen. Es stellt sich die Frage ob, die Änderung der normativen Anknüpfung des Geheimnisschutzes Einfluss auf die Reichweite der arbeitsvertraglichen Verschwiegenheitspflicht hat. Dafür sind zunächst das GeschGehG und der dortige Geschäftsgeheimnisbegriff maßgebend. Dabei muss berücksichtigt werden, dass das GeschGehG der

---

206 BGH v. 27.4.2006 – I ZR 126/03, GRUR 2006, 104.
207 BGH v. 27.4.2006 – I ZR 126/03, GRUR 2006, 104.

Umsetzung der Richtlinie (EU) 2016/943 dient. Bei Auslegung des Geschäftsgeheimnisbegriffs des GeschGehG dürfen demnach die europarechtlichen Vorgaben der Richtlinie nicht außen vor bleiben. In einem zweiten Schritt sind dann die Folgen für die arbeitsvertragliche Nebenpflicht näher zu beleuchten.

### *b. Neuordnung des Geheimnisschutzes durch GeschGehG*

#### *aa. Europarechtliche Vorgaben*

Das Bewusstsein dafür, dass Geschäftsgeheimnisse und der Schutz betrieblichen Know-Hows gleich welcher Art für den Erfolg von Unternehmen im Zeitalter von Globalisierung und Digitalisierung maßgeblich ist, ist deutlich ausgeprägter geworden. Dies hat letztlich dazu geführt, dass auf europäischer Ebene die Richtlinie (EU) 2016/943 des Europäischen Parlaments und des Rates vom 8. Juni 2016 über den Schutz vertraulichen Know-hows und vertraulicher Geschäftsinformationen (Geschäftsgeheimnisse) vor rechtswidrigem Erwerb sowie rechtswidriger Nutzung und Offenlegung (im Folgenden: „Geschäftsgeheimnis-RL") zur Harmonisierung der nationalen Geschäftsgeheimnisschutzregelungen beschlossen wurde. Gestützt ist die Richtlinie auf die Rechtsangleichung im Binnenmarkt nach Art. 114 AEUV. Erklärtes Ziel der Richtlinie ist es, ein einheitliches Schutzniveau für Geschäftsgeheimnisse im EU-Binnenmarkt zu gewährleisten, Erwägungsgrund 10 Geschäftsgeheimnis-RL. Die Richtlinie nimmt in Erwägungsgrund 5 und 6 auch auf die internationale Ebene des Geheimnisschutzes Bezug. Auf internationaler Ebene besteht das Übereinkommen über handelsbezogene Aspekte des geistigen Eigentums (im Folgenden: „TRIPS-Abkommen"). Dieses sieht in Art. 39 TRIPS-Abkommen Regelungen zum Schutz nicht offenbarter Informationen vor.

Kern der Geschäftsgeheimnis-RL und maßgebliches Instrument für die Rechtsangleichung innerhalb des Binnenmarkts ist der unionsrechtliche Begriff des Geschäftsgeheimnisses. Dieser wird in Art. 2 Nr. 1 der Geschäftsgeheimnis-RL anhand dreier Kriterien definiert. Voraussetzung ist, dass die Information nicht allgemein bekannt oder ohne Weiteres zugänglich ist, aufgrund ihrer Geheimniseigenschaft von kommerziellem Wert ist und Gegenstand angemessener Geheimhaltungsmaßnahmen ist.

#### *bb. Umsetzung ins deutsche Recht durch das GeschGehG*

Zum 26.4.2019 wurde die Geschäftsgeheimnis-RL durch das GeschGehG ins deutsche Recht umgesetzt. Der Schutz von Geschäftsgeheimnissen vor unerlaubter Erlangung, Nutzung und Offenlegung ist dabei nach § 1 Abs. 1 GeschGehG das erklärte Ziel des Gesetzes. Das Gesetz definiert in § 2 Nr. 1 GeschGehG den

Begriff des Geschäftsgeheimnisses legal. Nach dieser Definition ist ein Geschäftsgeheimnis eine Information, die:

- weder insgesamt noch in der genauen Anordnung und Zusammensetzung ihrer Bestandteile den Personen in den Kreisen, die üblicherweise mit dieser Art von Informationen umgehen, allgemein bekannt oder ohne Weiteres zugänglich ist und daher von wirtschaftlichem Wert ist und
- Gegenstand von den Umständen nach angemessenen Geheimhaltungsmaßnahmen durch ihren rechtmäßigen Inhaber ist und
- bei der ein berechtigtes Interesse an der Geheimhaltung besteht.

Deutlichste Abweichung zur Definition der Geschäftsgeheimnis-RL ist, dass das GeschGehG als Geschäftsgeheimnisse nur solche Informationen ansieht, bei welchen ein berechtigtes Geheimhaltungsinteresse besteht. Die Vereinbarkeit dieser – von der Geschäftsgeheimnis-RL abweichenden – Definition mit dem Europarecht wird noch aufzuzeigen sein.[208]

### *cc. Voraussetzungen für die Einordnung nach dem GeschGehG*

#### *(1) Fehlende Offenkundigkeit*

In Umsetzung von Art. 2 Nr. 1 lit. a) Geschäftsgeheimnis-RL normiert § 2 Nr. 1 lit. a) GeschGehG, dass eine Information dann geheim ist, wenn sie weder in ihrer Gesamtheit noch in der genauen Anordnung und Zusammensetzung ihrer Bestandteile den Personen in den Kreisen, die üblicherweise mit dieser Art von Informationen umgehen, allgemein bekannt oder ohne weiteres zugänglich ist. Die Information darf demnach nicht offenkundig sein.[209]

Diese Voraussetzung beschreibt im Kern die fehlende allgemeine Bekanntheit der Information und führt so das Merkmal fehlender Offenkundigkeit fort. Dieses Kriterium ist auch in der durch richterliche Rechtsfortbildung geschaffenen Definition zu § 17 UWG a.F. enthalten. In der Sache ergeben sich keine Unterschiede zwischen den Merkmalen der Geheimnisdefinitionen, sodass eine Anknüpfung an bisherige Erkenntnisse möglich ist.[210] Es ist also auch für die

---

208 Dazu näher unter: Kapitel 2 0.

209 *Rody*, Begriff und Rechtsnatur von Betriebs- und Geschäftsgeheimnissen, S. 102 f.; *Harte-Bavendamm* in Harte-Bavendamm/Ohly/Kalbfus, § 2 GeschGehG Rn. 22.

210 OLG Stuttgart v. 19.11.2020 – 2 U 575/19, GRUR-RS 2020, 35613 Rn. 164; *Alexander* in Köhler/Bornkamm/Feddersen, § 2 GeschGehG Rn. 31; *Rody*, Begriff und Rechtsnatur von Betriebs- und Geschäftsgeheimnissen, S. 102 f.; *Kania* in Küttner Personalbuch, Verschwiegenheitspflicht Rn. 3; *Reinfeld*, Das neue Gesetz zum Schutz von Geschäftsgeheimnissen, § 1 Rn. 125.

Geheimnisdefinition des GeschGehG maßgeblich, ob der Geheimnisinhaber die Vertraulichkeit der Information gewährleisten kann. Folglich würde etwa eine Offenlegung gegenüber der Gewerkschaft grundsätzlich nicht zum Wegfall der Geheimniseigenschaft führen. Erst wenn der Geheimnisinhaber den Kreis der Mitwisser nicht mehr kontrollieren kann, können Zweifel an der fehlenden Offenkundigkeit entstehen.[211]

*(2) Wirtschaftlicher Wert*

Daneben setzt § 2 Nr. 1 lit. a) GeschGehG voraus, dass der Information ein wirtschaftlicher Wert zukommt, weil sie geheim ist. Zwischen dem wirtschaftlichen Wert und der Geheimhaltung muss eine kausale Beziehung bestehen.[212] Das Merkmal dient vordergründig dem Ausschluss von wertlosen Informationen und damit einer objektiven Begrenzung des Geheimnisschutzes.[213] Diese Funktion eines Willkürausschluss erfüllte unter Geltung von § 17 UWG a.F. das Merkmal des berechtigten Geheimhaltungsinteresses.[214] Aber auch unter Geltung des GeschGehG ist es nicht erforderlich, dass die Information einen bestimmten Vermögenswert besitzen muss.[215] Vielmehr ist das Kriterium des „wirtschaftlichen Werts" weit zu verstehen. Dies ergibt sich bereits aus Erwägungsgrund 14 der Geschäftsgeheimnis-RL.[216] Auch nach der Gesetzesbegründung zum GeschGehG ist es ausreichend, dass die Offenbarung der Tatsache geeignet ist, die eigene Stellung im Wettbewerb zu verschlechtern oder diejenige eines Konkurrenten zu verbessern.[217]

Ähnlich der Beurteilung des berechtigten wirtschaftlichen Interesses unter Geltung von § 17 UWG a.F. kommt es hier auf eine hypothetische Betrachtung, losgelöst von einer konkreten Weitergabesituation, an.[218] Der kommerzielle

---

211 *Keller* in Keller/Schönknecht/Glinke, § 2 GeschGehG Rn. 23.

212 *Alexander* in Köhler/Bornkamm/Feddersen, § 2 GeschGehG Rn. 47; *Rody*, Begriff und Rechtsnatur von Betriebs- und Geschäftsgeheimnissen, S. 128.

213 *Hiéramente* in BeckOK GeschGehG, § 2 GeschGehG Rn. 14.

214 *Hoeren* in Hoeren/Münker, § 2 GeschGehG Rn. 14.

215 *Alexander* in Köhler/Bornkamm/Feddersen, § 2 GeschGehG Rn. 45.

216 Erwägungsgrund 14 der Geschäftsgeheimnis-RL spricht davon, dass die Informationen lediglich einen potentiellen Handelswert innehaben muss: „[...] *Darüber hinaus sollten solches Know-how oder solche Informationen einen – realen oder potenziellen – Handelswert verkörpern* [...]". So auch: *Ohly*, GRUR 2019, 441 (443).

217 BT-Drs. 19/4724, S. 24 unter Verweis auf Erwägungsgrund 14 der Geschäftsgeheimnis-RL.

218 *Rody*, Begriff und Rechtsnatur von Betriebs- und Geschäftsgeheimnissen, S. 102 f.

Wert einer Information lässt sich nicht relativ bestimmen. Die Modalitäten der konkreten Weitergabe, wie etwa der Empfänger oder der Zweck der Weitergabe, sind an dieser Stelle noch nicht zu berücksichtigen. Es kommt allein auf die Beschaffenheit der Information an.

### *(3) Angemessene Geheimhaltungsmaßnahmen*

#### *(a) Abweichung zur bisherigen Geschäftsgeheimnisdefinition*

Den größten Unterschied zur bisherigen Rechtslage stellt das Erfordernis angemessener Geheimhaltungsmaßnahmen dar. Einige Parallelen sind im Verhältnis zum Geheimhaltungswillen nach der überkommenen Formel der Rechtsprechung zu finden. Gerade das subjektive Element des Geheimhaltungswillens war unter Geltung von § 17 UWG a.F. ein wesentliches Element für die Einordnung als Geschäftsgeheimnis. Indes waren die Voraussetzungen für die Manifestation des Geheimhaltungswillens gering. Für besonders sensible Informationen – wie etwa die aktuellen Kennzahlen oder den Inhalt der wichtigsten Verträge – wurde der Geheimhaltungswille sogar vermutet.

Dies hat sich durch das Kriterium der angemessenen Geheimhaltungsmaßnahmen geändert. An die Manifestation des Geheimhaltungswillens sind höhere Anforderungen zu stellen. Insbesondere die Begründung des Geheimhaltungswillens aus der wirtschaftlichen Bedeutung der Information heraus, kann nicht länger aufrecht erhalten bleiben:[219] Das gesetzliche Merkmal der angemessenen Geheimhaltungsmaßnahmen gibt zu erkennen, dass nur derjenige den Schutz durch die Rechtsordnung genießt, der die geheime Information aktiv schützt.[220] Das Merkmal angemessener Geheimhaltungsmaßnahmen ist folglich als Obliegenheit ausgestaltet:[221] Trifft der Geheimnisinhaber keine angemessenen Geheimhaltungsmaßnahmen, wird die Information nicht durch das GeschGehG geschützt.[222] Durch das Erfordernis objektiv angemessener Geheimhaltungsmaßnahmen verliert auch das Geheimhaltungsinteresse – aus dem der Geheimhaltungswille im Ergebnis abgeleitet wurde – seine überragende Bedeutung für die Einordnung als Geschäftsgeheimnis.[223] Die Einordnung einer Information

---

219 So auch: *Dumont*, BB 2018, 2441 (2443).

220 LAG Düsseldorf v. 3.6.2020 – 12 SaGa 4/20, MMR 2021, 181 (184); ArbG Aachen v. 13.1.2022 – 8 Ca 1229/20, NZA-RR 2022, 178 (182 f.); *Holthausen*, NZA 2019, 1377 (1378).

221 OLG Stuttgart v. 19.11.2020 – 2 U 575/19, GRUR-RS 2020, 35613 Rn. 168.

222 *Hoeren* in Hoeren/Münker, § 2 GeschGehG Rn. 16.

223 *Freckmann/Schmoll*, BB 2017, 1780 (1781).

als Geschäftsgeheimnis allein aufgrund ihrer wirtschaftlichen Bedeutung scheidet nunmehr aus. Dafür ist vielmehr das objektiv zu bestimmende Kriterium der angemessenen Geheimhaltungsmaßnahmen ausschlaggebend.

### *(b) Geheimhaltungsmaßnahmen im Einzelnen*

Das GeschGehG definiert allerdings nicht, was unter einer angemessenen Geheimhaltungsmaßnahme zu verstehen ist und welche Geheimhaltungsmaßnahmen gegenüber Arbeitnehmern, Vertragspartnern und sonstigen Dritten ergriffen werden müssen. Unter dem Begriff der Geheimhaltungsmaßnahmen sind zunächst alle Maßnahmen zu fassen, die der Geheimnisinhaber getroffen hat, um die Information vor einem rechtswidrigen Erlangen, Nutzen oder Offenlegen zu schützen.[224] Die Gesetzesbegründung zählt beispielhaft eine Vielzahl verschiedenster Geheimhaltungsmaßnahmen auf und ordnet diese in drei Kategorien. Geheimhaltungsmaßnahmen können danach sowohl technischer, organisatorischer wie auch rechtlicher Natur sein.[225]

- Beispielhaft für technische Maßnahmen sind etwa Vorkehrungen der IT-Sicherheit wie passwortgeschützte Serverzugänge und Verschlüsselung, bis hin zu klassischen physischen Schutzvorrichtungen wie etwa Zäunen, Tresoren etc.
- Organisatorische Schutzmaßnahmen betreffen insbesondere das innerbetriebliche Informationsmanagement. Beispielsweise kommt als organisatorische Maßnahme die Etablierung eines „need-to-know“ Systems in Betracht. Prägendes Merkmal eines „need-to-know“ Systems ist, dass jeder Arbeitnehmer eines Unternehmens nur Zugang zu Informationen hat, die er zur ordnungsgemäßen Erfüllung seiner Aufgaben benötigt.
- Als rechtliche Schutzmaßnahme besteht vornehmlich die Möglichkeit des Abschlusses von Non-Disclosure-Agreements.

Angesichts dieses umfassenden Katalogs bestehen Unsicherheiten, welche Maßnahmen ergriffen werden müssen, um ein angemessenes Geheimhaltungsniveau für die sensiblen Unternehmensdaten zu erreichen.

---

224 *Alexander* in Köhler/Bornkamm/Feddersen, § 2 GeschGehG Rn. 53; *Weigert*, NZA 2020, 209 (211); ähnlich: *Schönknecht* in Keller/Schönknecht/Glinke, § 2 GeschGehG Rn. 59.

225 BT-Drs. 19/4724, S. 24; *McGuire*, WRP 2019, 679 (680); beispielhafte Maßnahmen bei: *Dumont*, BB 2018, 2441 (2443).

#### *(aa) Perspektive für die Beurteilung der Angemessenheit*

Unsicherheiten ergeben sich bereits bezüglich der Frage, aus wessen Sicht die Angemessenheit der getroffenen Schutzmaßnahmen zu bestimmen ist. Hier bieten sich unterschiedliche Perspektiven an, die zu divergierenden Anforderungen an ein angemessenes Schutzniveau führen können.

Weit überwiegend wird darauf abgestellt, ob die ergriffenen Geheimhaltungsmaßnahmen aus der Sicht eines verständigen und sachkundigen Dritten als erforderlich anzusehen sind.[226] Daraus folgt die „Faustformel", dass je wertvoller und sensibler eine Information ist, desto höher die Anforderungen an die Angemessenheit der Geheimhaltungsmaßnahmen sind.[227]

*Weigert* verfolgt dementgegen einen anderen Ausgangspunkt. Für die Beurteilung der Angemessenheit wählt er nicht den Blick eines neutralen Dritten, sondern die Perspektive des Rechtsinhabers.[228] Er wirft für die Entscheidung über die Angemessenheit der Geheimhaltungsmaßnahme die Frage auf, welche Geheimhaltungsmaßnahmen angemessen sind, um das Geheimhaltungsinteresse des Geheimnisinhabers gegenüber potentiellen Rechtsverletzern zu legitimieren.[229] Die so verstandene Angemessenheit führt dazu, dass je wertvoller die Information ist, desto offensichtlicher ist für potentielle Rechtsverletzer die Geheimhaltungsbedürftigkeit der Information.[230] Es sei unverständlich, dass die Anforderungen an die Geheimhaltungsmaßnahmen steigen müssen, je wichtiger die Information ist. Dies führe zu Wertungswidersprüchen, da unwichtigere Informationen deutlich früher in den Schutzbereich des Gesetzes fallen würden als wertvolle Informationen. Die gesetzlich angestrebte Verbesserung des Geheimnisschutzes sei damit nicht erreicht, sondern vielmehr *„ad absurdum"* geführt.[231]

---

226 *Alexander*, WRP 2017, 1034 (1039); *Alexander* in Köhler/Bornkamm/Feddersen, § 2 GeschGehG Rn. 66; siehe auch: OLG Düsseldorf v. 11.3.2021 – 15 U 6/20, GRUR-RS 2021, 17483 Rn. 38, welches auf einen objektiven Maßstab abstellt: *„Welche Geheimhaltungsmaßnahmen im Einzelfall angemessen sind, bestimmt sich anhand eines objektiven Maßstabs"*; Auf die objektive Sicht eines verständigen Geheimnisinhabers abstellend: *Schönknecht* in Keller/Schönknecht/Glinke, § 2 GeschGehG Rn. 76.

227 *Schubert* in EuArbRK, Art. 2 RL (EU) 2016/943 Rn. 13; *Leister*, GRUR-Prax 2019, 75 (76); *Voigt/Herrmann/Grabenschröer*, BB 2019, 142 (144); *Maaßen*, GRUR 2019, 352 (354); *Reinfeld*, Das neue Gesetz zum Schutz von Geschäftsgeheimnissen, § 1 Rn. 184; zahlreiche weitere Nachweise zur herrschenden Meinung bei: *Weigert*, NZA 2020, 209 (210).

228 *Weigert*, NZA 2020, 209 (210).

229 *Weigert*, NZA 2020, 209 (210).

230 *Weigert*, NZA 2020, 209 (210).

231 *Weigert*, NZA 2020, 209 (210).

Der Auffassung ist zu widersprechen. In der Sache würde dies eine Fortführung der überkommenen Formel der Rechtsprechung zu § 17 UWG a.F. darstellen. Würde man den Ansatz konsequent zu Ende denken, dann käme man am Ende zu der Erkenntnis, dass die wichtigsten Unternehmensgeheimnisse keinerlei Geheimhaltungsmaßnahmen unterworfen werden müssten, da die Geheimhaltungsbedürftigkeit offensichtlich wäre. Für die überragend wichtigen Geheimnisse des Unternehmens könnte dann allein aus dem kommerziellen Wert der Information für den Geschäftsbetrieb auf den Geheimhaltungswillen geschlossen werden. Weitergehend ist diese Betrachtung auch mit dem Zweck des Merkmals angemessener Geheimhaltungsmaßnahmen nicht zu vereinbaren. Das Merkmal der angemessenen Geheimhaltungsmaßnahmen dient einem doppelten Zweck. Neben der Manifestation des Geheimhaltungswillens dient sie auch der Warnung potentieller Rechtsverletzer. Darüber hinaus führt der Ansatz von *Weigert* dazu, dass letztlich die Identifizierung und Konkretisierung von Geschäftsgeheimnissen vom Geheimnisinhaber auf die potentiellen Rechtsverletzer verlagert wird. Häufig wird der Wert bestimmter Informationen aber nicht ohne weiteres erkennbar sein. Ein wesentlicher Anhaltspunkt für die Geheimhaltungsbedürftigkeit einer Tatsache stellt das Schutzniveau der Geheimhaltungsmaßnahme dar. Daraus resultiert ein Abgrenzungsrisiko, welches der Rechtsinhaber mit deutlich geringerem Aufwand abwenden kann als der Rechtsverletzer.[232] Zudem kann derjenige, der entsprechend seiner Geheimhaltungserwartung die wichtigsten Unternehmensgeheimnisse nur rudimentär schützt, nicht auf den Schutz der Rechtsordnung setzen. Dies widerspricht der Ausgestaltung des Geheimnisschutzes als Obliegenheit. Weiterhin geht *Weigert* davon aus, dass die Formulierung angemessener Geheimhaltungsmaßnahmen ein gesetzgeberischer Zufall sei.[233] Das Merkmal ist dementgegen keinesfalls zufällig gewählt, sondern über Umwege dem US-amerikanischen Recht entlehnt.[234] Im US-amerikanischen Recht ist allerdings ebenfalls der Blick eines objektiven Dritten maßgebend, sodass eine übereinstimmende Behandlung naheliegt.[235]

### *(bb) Kriterien für die Beurteilung der Angemessenheit im Einzelnen*

Für die Bestimmung der Angemessenheit der Geheimhaltungsmaßnahmen ist demnach die Sicht eines objektiven Dritten maßgebend. Es kommt darauf an,

---

232 *Hille*, WRP 2019, 1408 (1411).

233 *Weigert*, NZA 2020, 209 (211).

234 Dazu ausführlich unter: Kapitel 2 0.

235 Elm City Cheese Co. v. Federico, 251 Conn. 59, 752 A.2d 1037 (Conn. 1999); *Sandeen/ Seaman*, Berkeley Technology Law Journal, 2017, 829 (910).

ob die getroffenen Geheimhaltungsmaßnahmen aus Sicht eines verständigen Dritten erforderlich sind. Nach der Gesetzesbegründung soll sich die Angemessenheit der Maßnahme nach dem Wert des Geschäftsgeheimnisses und dessen Entwicklungskosten, der Natur der Information, der Bedeutung für das Unternehmen, der Größe des Unternehmens, den üblichen Geheimhaltungsmaßnahmen in dem Unternehmen, der Art der Kennzeichnung der Information und den vereinbarten vertraglichen Regelungen mit Arbeitnehmern und Geschäftspartnern richten.[236]

Dieses bunte Potpourrie aus Bewertungskriterien für die Angemessenheit der Geheimhaltungsmaßnahmen trägt allerdings nicht zur Konkretisierung des Merkmals der Angemessenheit bei.[237] Es zeigt hingegen deutlich, dass nicht für jede Information das gleiche Schutzniveau erreicht werden muss. Daran anlehnend wird in der Literatur weit überwiegend ein gestuftes Vorgehen empfohlen.[238] Dies beginnt zunächst mit der Identifizierung der Geschäftsgeheimnisse und der potentiellen Gefahrenquellen.[239]

Im Anschluss wird eine Einteilung der Informationen nach wirtschaftlicher Bedeutung in drei Kategorien empfohlen[240]:

- 1. Kategorie (Kronjuwelen): hier sind diejenigen Informationen zu verorten, deren Offenlegung sich existenzgefährdend auf den Bestand des Unternehmens auswirken kann.
- 2. Kategorie (wichtige Informationen): wichtige Informationen liegen dann vor, wenn sich eine Offenlegung langfristig auf die Stellung des Unternehmens auswirken kann.

---

236 BT-Drs. 19/4724, S. 24 f.

237 *Partsch/Rump*, NJW 2020, 118 (119).

238 *Fuhlrott* in BeckOK GeschGehG, § 2 GeschGehG Rn. 23; *Voigt/Herrmann/Grabenschröer*, BB 2019, 142 (144); *Kalbfus*, GRUR-Prax 2017, 391 (393); *Maaßen*, GRUR 2019, 352 (356); *Scholtyssek/Judis/Krause*, CCZ 2020, 23 (27).

239 *Dann/Markgraf*, NJW 2019, 1774 (1776); *Leister*, GRUR-Prax 2019, 75 (77); *Dumont*, BB 2018, 2441 (2443); *Ann*, GRUR 2014, 12 (13); *Voigt/Herrmann/Grabenschröer*, BB 2019, 142 (144); *Kalbfus*, GRUR-Prax 2017, 391 (393); *Maaßen*, GRUR 2019, 352 (356); *Scholtyssek/Judis/Krause*, CCZ 2020, 23 (27); *Fuhlrott*, ArbRAktuell 2020, 79 (80).

240 *Dann/Markgraf*, NJW 2019, 1774 (1776); *Leister*, GRUR-Prax 2019, 75 (77); *Dumont*, BB 2018, 2441 (2443); *Ann*, GRUR 2014, 12 (13); *Voigt/Herrmann/Grabenschröer*, BB 2019, 142 (144); *Kalbfus*, GRUR-Prax 2017, 391 (393); *Maaßen*, GRUR 2019, 352 (356); *Scholtyssek/Judis/Krause*, CCZ 2020, 23 (27); *Fuhlrott*, ArbRAktuell 2020, 79 (80); *Fleischer/Pendl*, ZIP 2020, 1321 (1328).

- 3. Kategorie (sensible Informationen): Die Kategorie „sensible Informationen“ erfasst solche Informationen, deren Offenlegung sich zumindest kurzfristig auf die Stellung des Unternehmens auswirken kann.

Anschließend sollen dann Schutzmaßnahmen für die jeweilige Kategorie ergriffen werden. Es kommt im Rahmen der Beurteilung der Angemessenheit darauf an, dass aus Sicht eines objektiven Dritten hinreichende Geheimhaltungsmaßnahmen für die jeweilige Geheimnisstufe getroffen wurden. Dabei divergiert die Angemessenheit des Geheimhaltungsniveaus stark je nach Größe des Unternehmens und der Branche, in der es tätig ist. Nichtsdestotrotz kann der Zweck des Merkmals der angemessenen Geheimhaltungsmaßnahmen Klarheit über die Anforderungen an die jeweilige Geheimnisstufe schaffen.

*(cc) Herkunft und Zweck des Merkmals*

Für die Frage, welchen Zweck das Merkmal der angemessenen Geheimhaltungsmaßnahme im Sinne von § 2 Nr. 1 lit. b) GeschGehG verfolgt, ist zunächst das europäische Recht zu konsultieren. § 2 GeschGehG ist als Umsetzungsgesetz der Geschäftsgeheimnis-RL richtlinienkonform auszulegen.[241] Der europäische Richtliniengeber hat den unbestimmten Rechtsbegriff der Angemessenheit nicht definiert. Allerdings kann die Herkunft dieses Merkmals in der Geschäftsgeheimnis-RL für Klarheit sorgen. Bereits in den Erwägungsgründen 5 und 6 der Geschäftsgeheimnis-RL wird auf den internationalen Schutz von Geschäftsgeheimnissen nach dem TRIPS-Abkommen Bezug genommen.[242]

Der Geschäftsgeheimnisbegriff der Geschäftsgeheimnis-RL ist erkennbar Art. 39 TRIPS-Abkommen nachgebildet.[243] Das Merkmal der „angemessenen Geheimhaltungsmaßnahme“ geht auf die Definition von Art. 39 Abs. 2

---

241 *Partsch/Rump*, NJW 2020, 118 (119).

242 Erwägungsgrund 5 der Geschäftsgeheimnis-RL lautet: „*Die auf internationaler Ebene im Rahmen der Welthandelsorganisation unternommenen Anstrengungen zur Lösung dieses Problems haben zum Abschluss des Übereinkommens über handelsbezogene Aspekte des geistigen Eigentums (im Folgenden „TRIPS-Abkommen“) geführt. Das TRIPS-Abkommen enthält unter anderem Bestimmungen zum Schutz von Geschäftsgeheimnissen vor rechtswidrigem Erwerb und rechtswidriger Nutzung oder Offenlegung durch Dritte; dabei handelt es sich um gemeinsame internationale Standards. Alle Mitgliedstaaten wie auch die Union als Ganzes sind an dieses durch den Beschluss 94/800/EG des Rates (1) gebilligte Übereinkommen gebunden.*“.

243 *Rody*, Begriff und Rechtsnatur von Betriebs- und Geschäftsgeheimnissen, S. 33; *Reinfeld*, Das neue Gesetz zum Schutz von Geschäftsgeheimnissen, § 1 Rn. 24; *Dumont*, BB 2018, 2441 (2443).

TRIPS-Abkommen zurück.[244] Dieser fordert, dass die Informationen „*Gegenstand von den Umständen nach angemessenen Geheimhaltungsmaßnahmen seitens der Person waren, unter deren Kontrolle sie rechtmäßig stehen*". Allerdings findet sich im TRIPS-Abkommen selbst auch keine Definition der angemessenen Geheimhaltungsmaßnahme.[245]

Weiteren Aufschluss bietet die Normgeschichte des TRIPS-Abkommen. Die Geheimnisdefinition des TRIPS-Abkommens ist dem US-amerikanischen Recht entlehnt.[246] Das Definitionsmerkmal der angemessenen Geheimhaltungsmaßnahmen ist im US-amerikanischen Recht in verschiedenen Gesetzen implementiert. Bereits 1979 wurde ein Mustergesetz, der Uniform Trade Secrets Act (UTSA), verabschiedet. Dieses sieht in § 1 Abs. 4 (ii) UTSA angemessene Geheimhaltung als einen maßgeblichen Bestandteil des Geschäftsgeheimnisses an.[247] Mittlerweile hat ein Großteil der Bundesstaaten dem UTSA entsprechende Gesetze verabschiedet.[248] Darüber hinaus wurde 2016 der Geheimnisschutz durch den Defend Trade Secrets Act (DTSA) in das US-amerikanische Bundesrecht überführt. Auch die dortige Geheimnisdefinition setzt angemessene Geheimhaltungsmaßnahmen voraus, 18 U. S. Code § 1839 (3)(A).[249]

Einen wesentlichen Erkenntnisgewinn für die Auslegung des Merkmals der angemessenen Geheimhaltungsmaßnahmen aus § 2 Nr. 1 GeschGehG liefert die Rolle der angemessenen Geheimhaltungsmaßnahmen im US-amerikanischen Recht. Die angemessenen Geheimhaltungsmaßnahmen dienen zum einen als Nachweis für das Geheimhaltungsinteresse des Geheimnisinhabers. Das Merkmal tritt im US-amerikanischen Recht funktional an die Stelle des objektiv

---

244 *Freckmann/Schmoll*, BB 2017, 1780 (1781).

245 *Partsch/Rump*, NJW 2020, 118 (119).

246 *McGuire*, WRP 2019, 679 (682); *Rody*, Begriff und Rechtsnatur von Betriebs- und Geschäftsgeheimnissen, S. 137 f.; *Kalbfus*, GRUR-Prax 2017, 391; anders: *Weigert*, NZA 2020, 209 (211).

247 § 1.4 (ii) UTSA lautet: „*Trade secret means information, including a formula, pattern, compilation, program, device, method, technique, or process, that:* […] *is the subject of efforts that are reasonable under the circumstances to maintain its secrecy.*"; *Hille*, WRP 2019, 1408 (1409).

248 Detaillierte Darstellung der Situation im US-amerikanischen Recht bei: *Hille*, WRP 2019, 1408 (1409); *Rody*, Begriff und Rechtsnatur von Betriebs- und Geschäftsgeheimnissen, S. 137 f.

249 18 U. S. Code § 1839 (3)(A) lautet: „*the term 'trade secret' means all forms and types of financial, business, scientific, technical, economic, or engineering information* […] *if the owner thereof has taken reasonable measures to keep such information secret* […]".

manifestierten Geheimhaltungswillens und des berechtigten Geheimhaltungsinteresses.[250] Daneben erfüllt das Kriterium im US-amerikanischen Recht eine Warnfunktion.[251] Diejenigen Personen, die mit einem Geschäftsgeheimnis in Berührung kommen, müssen sich aufgrund äußerer Anzeichen bewusst oder sich dessen nur durch eigene Fahrlässigkeit nicht bewusst sein, dass es sich bei der Information um ein Geschäftsgeheimnis handelt.[252] Mit anderen Worten ist es einer angemessenen Geheimhaltungsmaßnahme zu eigen, dass sie aktiv überwunden werden muss.

Gestützt wird dies auch auf den *Cheapest Cost Avoider* Ansatz. Dieser *law and economics* Ansatz ordnet ein Risiko demjenigen zu, der es mit dem geringsten Aufwand beherrschen kann.[253] Der Geheimnisinhaber kann durch Implementierung von Geheimhaltungsmaßnahmen und der damit verbundenen Warnung mit geringen Kosten eine Verletzung des Geheimnisses verhindern und den potentiellen Verletzer vor aufwändigen Prüfungen schützen.[254] Das Merkmal dient also auch der hinreichenden Identifizierbarkeit von Geschäftsgeheimnissen.[255]

Aufgrund der Herkunft des Merkmals der angemessenen Geheimhaltungsmaßnahmen kann man diese Erkenntnisse für die Auslegung heranziehen. Wesentliche Erkenntnisse sind also, dass die angemessenen Geheimhaltungsmaßnahmen der Identifizierbarkeit von Geschäftsgeheimnissen dienen und darüber hinaus eine Warnfunktion innehaben.[256] Angesichts dessen überzeugt hinsichtlich der Frage der Angemessenheit von Geheimhaltungsmaßnahmen die Auffassung von *McGuire*. Sie formuliert als Testfrage, ob der potentielle Täter aufgrund der Geheimhaltungsmaßnahme wusste oder wissen musste, dass die konkrete Information von der Geheimhaltungspflicht umfasst sein soll.[257]

---

250 *McGuire*, WRP 2019, 679 (682).

251 Electro-Craft Corp. v. Controlled Motion Inc., 332 N. W.2 d 890 (1983); *McGuire*, WRP 2019, 679 (682); *Slaby/Chapman/O'Hara*, Santa Clara High Technology Law Journal 1989, 321 (328).

252 *Partsch/Rump*, NJW 2020, 118 (120); *McGuire*, WRP 2019, 679 (682); in diese Richtung auch *Kalbfus*, GRUR-Prax 2017, 391.

253 *Hille*, WRP 2019, 1408 (1409).

254 *Hille*, WRP 2019, 1408 (1409); so auch für das österreichische Umsetzungsgesetz im öUWG: *Hofmarcher*, ecolex 2018, 783 (784).

255 *Rody*, Begriff und Rechtsnatur von Betriebs- und Geschäftsgeheimnissen, S. 133.

256 *Schönknecht* in Keller/Schönknecht/Glinke, § 2 GeschGehG Rn. 57; *Schubert* in EuArbRK, Art. 2 RL (EU) 2016/943 Rn. 12.

257 *McGuire*, WRP 2019, 679 (682).

Aufgrund der neu eingeführten Warnfunktion müssen potentielle Verletzer eine Möglichkeit haben, anhand objektiver Kriterien zwischen Geschäftsgeheimnissen und freien Informationen unterscheiden zu können.[258] Demnach genügen pauschale Hinweise nicht mehr. Vielmehr muss sich die angemessene Geheimhaltungsmaßnahme explizit auf die Information beziehen.[259] Erforderlich ist also, dass die Maßnahme sich auf ein konkretes Geheimnis bezieht und im Hinblick auf dieses spezifische Geheimnis als angemessen anzusehen ist.[260] Beispielsweise ist es notwendig, dass der Einzelne Kenntnis von seiner Verschwiegenheitsverpflichtung in Bezug auf die konkrete Information hat.[261] Um einen effektiven Geheimnisschutz zu gewährleisten, dürfen hieran keine überzogenen Anforderungen gestellt werden. Ausweislich der Gesetzesbegründung muss nicht etwa jede Information einzeln als geheimhaltungsbedürftig benannt werden.[262] Von Bedeutung für die Angemessenheit ist zudem, in welchem Umfang der Geheimnisinhaber das Geheimnis der Gefahr der Preisgabe aussetzt. Dabei gilt im Grundsatz, dass der Schutz umso umfassender sein muss, je mehr Personen eingebunden werden und je weniger eng die Vertrauensbeziehung zwischen den Geheimnisträgern ausgeprägt ist.[263]

#### *(dd) Relativität der angemessenen Geheimhaltungsmaßnahmen*

Daneben bestehen Unsicherheiten, ob der Begriff der angemessenen Geheimhaltungsmaßnahmen absolut oder relativ zu verstehen ist. Reicht es beispielweise aus, dass das Betriebsgelände umzäunt ist, um die Geheimniseigenschaft bestimmter Informationen gegenüber Vertragspartnern zu begründen? Oder führen etwa Mängel in der vertraglichen Sicherung der Information gegenüber Vertragspartnern zum Entfallen der Geschäftsgeheimniseigenschaft gegenüber einem Spion, der zahlreiche physische Sicherungsmaßnahmen überwinden musste, um eine Information zu erhalten?

Wie dargelegt, orientiert sich die Angemessenheit der Geheimhaltungsmaßnahmen konkret am Einzelfall.[264] Aus dieser Einzelfallbezogenheit und der

258 *McGuire*, WRP 2019, 679 (682); *Harte-Bavendamm* in Harte-Bavendamm/Ohly/Kalbfus, GeschGehG § 2 Rn. 41.

259 *McGuire*, WRP 2019, 679 (682); in diese Richtung auch: LAG Düsseldorf v. 3.6.2020 – 12 SaGa 4/20, GRUR-RS 2020, 23408 Rn. 80.

260 *McGuire*, WRP 2019, 679 (682).

261 OLG Stuttgart v. 19.11.2020 – 2 U 575/19, GRUR-RS 2020, 35613 Rn. 169.

262 BT-Drs. 19/4724, S. 24.

263 *Hille*, WRP 2019, 1408 (1411).

264 BT-Drs. 19/4724, S. 24 f.

Warnfunktion der Geheimhaltungsmaßnahmen folgt, dass auch die konkrete Person des Verletzers maßgeblich ist, bzw. welche Geheimhaltungsmaßnahmen an diese konkrete Person adressiert waren.[265] Ausgehend davon, ist die Angemessenheit relativ zu bestimmen. Es muss stets geprüft werden, ob gegenüber dem potentiellen Verletzer im Einzelfall angemessene Geheimhaltungsmaßnahmen getroffen wurden.[266]

In Anlehnung an die Kategorisierungsansätze in der Literatur und der Gesetzesbegründung bezüglich der verschiedenen Geheimhaltungsmaßnahmen erscheint auch eine Einteilung der potentiellen Verletzer in verschiedene Kategorien zielführend. Die Angemessenheit der Geheimhaltungsmaßnahmen ist je nach Gruppe und je nach Stoßrichtung der Verletzungshandlung unterschiedlich zu beurteilen. Es kann unterschieden werden zwischen Arbeitnehmern, sonstigen Vertragspartnern und Dritten mit denen keine Sonderbeziehung besteht. Physische Zugangshindernisse – wie etwa eine Umzäunung des Betriebsgeländes – alleine stellen gegenüber Vertragspartnern und Arbeitnehmern in aller Regel keine – wohl aber gegenüber betriebsexternen Dritten – angemessene Geheimhaltungsmaßnahmen dar. Gegenüber den Vertragspartnern und Arbeitnehmern liegt der Fokus eher auf organisatorischen und rechtlichen Geheimhaltungsmaßnahmen.

#### *(c) Zwischenergebnis*

Das Kriterium der angemessenen Geheimhaltungsmaßnahmen stellt eine erhebliche Neuerung im Vergleich zur bisherigen Rechtslage unter Geltung von § 17 UWG a.F. dar. Das Merkmal erfüllt eine doppelte Funktion.[267] Zunächst dient es als Nachweis eines ernsthaften Geheimhaltungsinteresses und tritt somit an die Stelle der bisher geforderten Manifestation des subjektiven Geheimhaltungswillens.[268] Maßgebliche Neuerung für das deutsche Recht ist, dass das Merkmal der angemessenen Geheimhaltungsmaßnahmen auch eine Warnfunktion verfolgt.[269] Aus dieser Warnfunktion folgt, dass die Angemessenheit der Geheimhaltungsmaßnahmen im Rahmen einer Einzelfallabwägung relativ zu bestimmen ist. Dabei kann eine Einteilung der potentiellen Verletzer

265 *Leister*, GRUR-Prax 2019, 75 (77).
266 Den Einzelfallbezug ebenfalls hervorhebend: *Schubert* in EuArbRK, Art. 2 RL (EU) 2016/943 Rn. 14.
267 *McGuire*, WRP 2019, 679 (682).
268 *McGuire*, WRP 2019, 679 (682).
269 *McGuire*, WRP 2019, 679 (682).

in verschiedene Kategorien (Arbeitnehmer, Vertragspartner, sonstige Dritte) erfolgen. Für die Beurteilung der Angemessenheit im Einzelfall ist zu fragen, ob der potentielle Täter aufgrund der Geheimhaltungsmaßnahme wusste oder wissen musste, dass die konkrete Information von der Geheimhaltungspflicht umfasst sein soll.[270] Anhand dieser Frage sind dann die Kriterien des Werts des Geschäftsgeheimnisses und dessen Entwicklungskosten, der Natur der Information, der Bedeutung für das Unternehmen, der Größe des Unternehmens, den üblichen Geheimhaltungsmaßnahmen in dem Unternehmen, der Art der Kennzeichnung der Information und den vereinbarten vertraglichen Regelungen zu beachten.

### *(4) Berechtigtes Geheimhaltungsinteresse*

Während die europäische Geschäftsgeheimnis-RL keine weiteren Voraussetzungen an den Geschäftsgeheimnisbegriff stellt, hat der deutsche Umsetzungsgesetzgeber mit § 2 Nr. 1 lit. c) GeschGehG auch in die neue Geheimnisdefinition das Erfordernis eines berechtigten Interesses an der Geheimhaltung eingeführt. Dieses Merkmal ist auf Initiative des Ausschusses für Recht und Verbraucherschutz in die Definition aufgenommen worden.[271] Als Begründung wird in der Beschlussempfehlung auf Erwägungsgrund 14 Geschäftsgeheimnis-RL und die Rechtsprechung des Bundesverfassungsgerichts verwiesen.[272] Das berechtigte Geheimhaltungsinteresse findet sich weder in der Legaldefinition der Geschäftsgeheimnis-RL noch in Art. 39 Abs. 2 TRIPS-Abkommen. Lediglich in dem nicht verfügenden Erwägungsgrund 14 der Geschäftsgeheimnis-RL wird das Interesse an der Geheimhaltung in Bezug genommen. Dort heißt es:

> *„[…] Eine solche Definition sollte daher so beschaffen sein, dass sie Know-how, Geschäftsinformationen und technologische Informationen abdeckt, bei denen sowohl ein* ***legitimes Interesse*** *(Hervorhebung durch den Verfasser) an ihrer Geheimhaltung besteht als auch die legitime Erwartung, dass diese Vertraulichkeit gewahrt wird […].“*

Da die Geschäftsgeheimnis-RL der Rechtsangleichung im Binnenmarkt dient, stellt sich die Frage, ob das zusätzliche Merkmal des „berechtigten Geheimhaltungsinteresses“ europarechtskonform ist. Die einheitliche Definition des Geschäftsgeheimnisses im gesamten Binnenmarkt stellt das wesentliche Instrument der angestrebten Rechtsangleichung dar. Konkret geht es darum, ob das

270 *McGuire*, WRP 2019, 679 (682).
271 *Preis/Seiwerth*, RdA 2019, 351 (352).
272 BT-Drs. 19/8300, S. 13 f.

GeschGehG als Umsetzungsgesetz der Geschäftsgeheimnis-RL den Geschäftsgeheimnisbegriff abweichend von der Richtlinie auf *Tatbestandsseite* an ein berechtigtes Interesse binden kann.[273]

Neben dem Wortlaut spricht auch die Regelungssystematik der Geschäftsgeheimnis-RL zunächst gegen eine Verengung des Geschäftsgeheimnisbegriffs.[274] Die Richtlinie bezieht auf tatbestandlicher Seite zunächst jede Information ein, die nicht allgemein bekannt oder ohne Weiteres zugänglich, aufgrund ihrer Geheimniseigenschaft von kommerziellem Wert und Gegenstand angemessenen Geheimhaltungsmaßnahmen ist. Erst in Art. 5 Geschäftsgeheimnis-RL sind Ausnahmen von den Offenlegungsverboten aus Art. 4 Geschäftsgeheimnis-RL normiert. Die dort vorgesehenen Ausnahmen wurden in § 5 GeschGehG übernommen. Das Vorliegen der Ausnahmevoraussetzungen ist dabei einzelfallbezogen festzustellen. Diese Einzelfallbezogenheit ermöglicht es, den Geheimnisschutz mit konfligierenden Offenlegungsinteressen zu harmonisieren.[275]

Aber auch der angestrebte Regelungszweck des berechtigten Geheimhaltungsinteresses wird in der Definition der Geschäftsgeheimnis-RL ausreichend berücksichtigt. Unter Geltung von § 17 UWG a.F. diente das Merkmal dem Willkürausschluss. Nach Art. 2 Nr. 1 lit. b) Geschäftsgeheimnis-RL werden nur solche Informationen als Geschäftsgeheimnis geschützt, die aufgrund ihrer Geheimniseigenschaft einen kommerziellen Wert aufweisen.[276] Dieser kommerzielle Wert ist dann gegeben, wenn die Offenbarung der Tatsache geeignet ist, die eigene Stellung im Wettbewerb zu verschlechtern oder diejenige eines Konkurrenten zu verbessern.[277] Bereits über dieses Kriterium werden belanglose Informationen ausgeschlossen und eine willkürliche Erweiterung der Geheimhaltungspflicht

---

273 Zweifelnd: Stellungnahme des Fachbereichs Europa des Bundestages, PE 6 – 3000 – 020/19; abrufbar unter https://www.bundestag.de/resource/blob/628192/23bfc89c0c4ffb15489850b0558ce23f/PE-6–020-19-pdf-data.pdf (zuletzt abgerufen am 15.6.2022); *Preis/Seiwerth*, RdA 2019, 351 (352).

274 *Dann/Markgraf*, NJW 2019, 1774 (1776).

275 BT-Drs. 19/4724, S. 28; *Alexander* in Köhler/Bornkamm/Feddersen, § 5 GeschGehG Rn. 2; *Ohly* in Harte-Bavendamm/Ohly/Kalbfus, § 5 GeschGehG Rn. 1; *Wild* in BeckOK UWG, § 5 GeschGehG Rn. 1.

276 *Hiéramente* in BeckOK GeschGehG, § 2 GeschGehG Rn. 70; *Preis/Seiwerth*, RdA 2019, 351 (354).

277 BVerwG v. 5.3.2020 – 20 F 3/19, NVwZ 2020, 715 (716); so zur Vorgängernorm: *Ohly* in Ohly/Sosnitza, § 17 UWG Rn. 12; zum GeschGehG: BT-Drs. 19/4724, S. 24 unter Verweis auf Erwägungsgrund 14 der Geschäftsgeheimnis-RL.

verhindert. Dem Regelungszweck des deutschen Umsetzungsgesetzgebers, eine Willkürkontrolle zu implementieren, wird so Rechnung getragen.[278]

Demnach sorgt das Zusammenspiel zwischen dem Kriterium des kommerziellen Werts und dem Ausnahmenkatalog des § 5 GeschGehG dafür, dass der Geheimnisschutz nicht willkürlich erweitert werden kann.[279] Das in § 2 Nr. 1 lit. c) GeschGehG normierte berechtigte Interesse an der Geheimhaltung kann folglich nur eine klarstellende Funktion haben und nicht als Anknüpfungspunkt einer umfangreichen Interessenabwägung dienen.[280] Dies würde den Geheimnisschutz entgegen der Vorgaben der Richtlinie auf tatbestandlicher Ebene verkürzen. So verstanden muss jedes wirtschaftliche Interesse an der Geheimhaltung genügen, wobei ein berechtigtes Interesse in aller Regel dann zu bejahen ist, wenn die Information einen kommerziellen Wert hat.[281] Erst wenn nach den konkreten Umständen nachvollziehbare Gründe für eine Geheimhaltung der Information nicht ersichtlich sind, liegt kein Geschäftsgeheimnis vor.[282]

So werden Anwendungsbereich und Systematik der Geschäftsgeheimnis-RL gewahrt. Das berechtigte Geheimhaltungsinteresse hat also nur klarstellende Wirkung und verdeutlicht den über § 2 Nr. 1 lit. a) und § 5 GeschGehG gewährleisteten Willkürausschluss. Keinesfalls kann § 2 Nr. 1 lit. c) GeschGehG als Ankerpunkt für eine umfangreiche Abwägung der widerstreitenden Interessen des Einzelfalls dienen.[283] Die Berücksichtigung der konfligierenden Offenlegungsinteressen im Einzelfall hat an anderer Stelle, über § 5 GeschGehG stattzufinden.[284] § 5 GeschGehG bietet den erforderlichen Anknüpfungspunkt für die

---

278 *Alexander* in Köhler/Bornkamm/Feddersen, § 2 GeschGehG Rn. 77.

279 *Ohly*, GRUR 2019, 441 (444); *Glinke* in Keller/Schönknecht/Glinke, § 2 GeschGehG Rn. 91.

280 *Ohly*, GRUR 2019, 441 (444); *Alexander* in Köhler/Bornkamm/Feddersen, § 2 GeschGehG Rn. 77; *Hiéramente* in BeckOK GeschGehG, § 2 GeschGehG Rn. 71; *Harte-Bavendamm* in Harte-Bavendamm/Ohly/Kalbfus § 2 GeschGehG Rn. 69; *Schuth*, Neuregelung zum Schutz von Geschäftsgeheimnissen, S. 464 a.A.: *Kania* in Küttner Personalbuch, Verschwiegenheitspflicht Rn. 5.

281 *Alexander* in Köhler/Bornkamm/Feddersen, § 2 GeschGehG Rn. 74 ff.; *Hohn-Hein* in BeckOK UWG, § 2 GeschGehG Rn. 16 f.; in diese Richtung auch *Oetker*, ZESAR 2017, 257 (259), der allerdings ein objektives Geheimhaltungsinteresse als Teil der Definition ablehnt.

282 *Alexander* in Köhler/Bornkamm/Feddersen, § 2 GeschGehG Rn. 77; *Ohly*, GRUR 2019, 441 (445 f.).

283 So aber: *Reichold* in MHdB ArbR, § 54 Rn. 36; *Kania* in Küttner Personalbuch, Verschwiegenheitspflicht Rn. 5.

284 *Harte-Bavendamm* in Harte-Bavendamm/Ohly/Kalbfus, § 2 GeschGehG Rn. 67.

Berücksichtigung konfligierender Offenlegungsinteressen und der Gewichtung der Geheimhaltungsinteressen im Einzelfall. Das Überwiegen dieser Offenlegungsinteressen im Einzelfall führt indes nicht dazu, dass die Information ihre grundsätzlich bestehende Eigenschaft als Geschäftsgeheimnis verliert. Demnach ist das berechtigte Geheimhaltungsinteresse in § 2 Nr. 1 lit. c) GeschGehG dahingehend europarechtskonform auszulegen, dass dadurch keine Verengung des europarechtlichen Geheimnisbegriffs erfolgt.[285] Der – vom deutschen Gesetzgeber intendierte – Willkürausschluss wird arbeitsteilig durch ein Zusammenspiel zwischen § 2 Nr. 1 lit. a) und § 5 GeschGehG gewährleistet.

#### *dd. Folgen für die arbeitsvertragliche Schweigepflicht*

Die Untersuchung der beiden Geheimnisdefinitionen zu § 17 UWG a.F. einerseits und zu § 2 Nr. 1 GeschGehG andererseits hat gezeigt, dass zwischen beiden Definitionen erhebliche Unterschiede bestehen. Wesentliche Neuerung stellt dabei das Merkmal der angemessenen Geheimhaltungsmaßnahmen dar. Dieses ist als Obliegenheit ausgestaltet und führt dazu, dass der Geheimnisinhaber aktiv Schutzmaßnahmen ergreifen muss, um seine Geheimnisse dem Schutz des GeschGehG zu unterstellen.

##### *(1) Angleichung der Geheimnisdefinition?*

Die arbeitsvertragliche Nebenpflicht orientierte sich bisher an der zu § 17 UWG a.F. entwickelten Geheimnisdefinition. Durch die Überführung des Geheimnisschutzes in das GeschGehG und der abweichenden Legaldefinition in § 2 Nr. 1 GeschGehG könnte eine Anpassung der arbeitsvertraglichen Geheimhaltungspflicht an die Legaldefinition des § 2 Nr. 1 GeschGehG geboten sein.

§ 2 GeschGehG definiert den Geschäftsgeheimnisbegriff nur „im Sinne dieses Gesetzes" legal.[286] Dies deutet auf einen beschränkten Anwendungsbereich der Definition hin. Auch an anderer Stelle spricht das GeschGehG in § 1 Abs. 3 Nr. 4 GeschGehG, davon, dass „*die Rechte und Pflichten aus dem Arbeitsverhältnis*" unberührt bleiben. Hierdurch soll der Vorrang rechtsgeschäftlicher Vereinbarungen in Arbeitsverträgen normiert werden.[287] Auch dies spricht eher für eine Weitergeltung der zu § 17 UWG a.F. entwickelten Definition.[288] Da die Definition

---

285 *Harte-Bavendamm* in Harte-Bavendamm/Ohly/Kalbfus, § 2 GeschGehG Rn. 69; *Ohly*, GRUR 2019, 441 (444 f.).

286 *Preis/Seiwerth*, RdA 2019, 351 (353).

287 BT-Drs. 19/8300, S. 13.

288 So etwa: *Richardi/Fischinger* in Staudinger, § 611a BGB Rn. 1240.

der Rechtsprechung auf das Erfordernis angemessener Geheimhaltungsmaßnahmen verzichtet und damit weniger Voraussetzungen aufweist als die Definition der Geschäftsgeheimnis-RL, steht die Richtlinie der Aufrechterhaltung der durch richterliche Rechtsfortbildung geschaffenen Geheimnisdefinition nicht entgegen. Der Verzicht auf das Erfordernis angemessener Geheimhaltungsmaßnahmen führt zu einer Erweiterung des Geheimnisbegriffs.[289] Auf den ersten Blick legt dies den Schluss nahe, dass für die Bestimmung der Reichweite der arbeitsvertraglichen Nebenpflicht weiterhin die zu § 17 UWG a.F. entwickelte Definition maßgebend ist.

Auf den zweiten Blick hingegen erscheint die Weitergeltung der Rechtsprechungsformel weit weniger überzeugend. Gegen die Weitergeltung lässt sich zunächst der Grundsatz der Einheit der Rechtsordnung anführen.[290] Würde man die Begriffe unterschiedlich definieren, käme es zu einer Rechtszersplitterung. Dies widerspricht dem Ziel der Geschäftsgeheimnis-RL, den Geheimnisschutz im Binnenmarkt zu vereinheitlichen. Die damit einhergehende Ungleichbehandlung wird von *Preis/Seiwerth* zutreffend aufgegriffen. Vor dem Hintergrund von Art. 3 Abs. 1 GG sei die damit einhergehende Schlechterstellung der Arbeitnehmer ungerechtfertigt.[291] Würde man auf eine Angleichung an den Geschäftsgeheimnisbegriff des GeschGehG im Rahmen der vertraglichen Nebenpflicht verzichten, dann wären auch solche Informationen erfasst, die nicht zum Gegenstand angemessener Geheimhaltungsmaßnahmen gemacht wurden. Der Arbeitnehmer würde damit strenger behandelt als alle anderen Akteure, die mit Geschäftsgeheimnissen in Berührung kämen. Sachliche Gründe dafür seien nicht ersichtlich, sodass die Legaldefinition des § 2 GeschGehG auch für die arbeitsvertragliche Nebenpflicht maßgeblich sei.[292]

Darüber hinaus hat die Definition der Rechtsprechung ihren normativen Anker aufgrund der Überführung des § 17 UWG a.F. in § 23 GeschGehG verloren und hängt nunmehr ohne dogmatische Anknüpfung im Raum.[293] Auch § 1 Abs. 3 Nr. 4 GeschGehG steht einer Erstreckung auf die arbeitsvertragliche Nebenpflicht nicht entgegen. Für die arbeitsvertragliche Nebenpflicht fehlt

---

289 *Preis/Seiwerth*, RdA 2019, 351 (353).

290 *Wiebe*, NVwZ 2019, 1705 (1706).

291 *Preis/Seiwerth*, RdA 2019, 351 (353); so auch: *Böning* in Hoeren/Münker, § 1 GeschGehG Rn. 61.

292 *Preis* in ErfK, § 611a BGB Rn. 711; im Ergebnis wohl auch *Maties* in BeckOGK, BGB § 611a BGB Rn. 1018 f., der für die Definition ebenfalls die Maßstäbe des GeschGehG heranzieht.

293 *Wiebe*, NVwZ 2019, 1705 (1706).

es ja gerade an einer eigenständigen Geschäftsgeheimnisdefinition, welche „unberührt" bleiben kann.[294] In diesem Sinne entschied jüngst das Bundesverwaltungsgericht. Trotz des in § 1 Abs. 2 GeschGehG angeordneten Vorrangs öffentlich-rechtlicher Vorschriften zum Geheimnisschutz zog das Gericht im Rahmen von § 99 Abs. 1 S. 2 Alt. 3 VwGO den Geschäftsgeheimnisbegriff des GeschGehG heran.[295] Vor Inkrafttreten der Norm wurde der Begriff in Übereinstimmung mit § 17 UWG a.F. definiert.[296]

Letztlich streiten die besseren Argumente für eine einheitliche Handhabung des Geschäftsgeheimnisbegriffs auch außerhalb des GeschGehG. Der Begriff der Geschäftsgeheimnisse richtet sich auch für die arbeitsvertragliche Verschwiegenheitspflicht nach der Legaldefinition des § 2 Nr. 1 GeschGehG. Es stellt sich die Frage, welche Auswirkungen diese Angleichung auf die arbeitsvertragliche Schweigepflicht hat. Während das Erfordernis fehlender Offenkundigkeit und eines wirtschaftlichen Werts der Information bereits in der alten Geheimnisdefinition vorhanden waren, birgt das neue Merkmal der „angemessenen Geheimhaltungsmaßnahmen" Unsicherheiten.

### *(2) Arbeitsvertragliche Nebenpflicht als angemessene Geheimhaltungsmaßnahme ausreichend…*

Durch die Anpassung der arbeitsvertraglichen Schweigepflicht an das GeschGehG wird virulent, welche Geheimhaltungsmaßnahmen der Arbeitgeber gegenüber seinen Arbeitnehmern ergreifen muss, um diesen gegenüber die Geschäftsgeheimniseigenschaft von unternehmensbezogenen Informationen zu begründen. Bleibt der Arbeitgeber hinter dem angemessenen Schutzniveau zurück, unterfallen die Informationen im Verhältnis zu den Arbeitnehmern nicht dem Geschäftsgeheimnisbegriff. Folgt aus den Anforderungen des GeschGehG das Erfordernis neben organisatorischen und technischen Maßnahmen mit den Arbeitnehmern eigenständige Geheimhaltungsvereinbarungen abzuschließen?[297]

---

294 So für den Vorrang öffentlich-rechtlicher Regelungen nach § 1 Abs. 2 GeschGehG: *Wiebe*, NVwZ 2019, 1705 (1706); kritisch: *Römling*, NVwZ 2022, 463 (464).

295 BVerwG 5.3.2020 – 20 F 3/19, NVwZ 2020, 715 (716); ähnlich: BVerwG v. 30.1.2020 – 10 C 18/19, NVwZ 2020, 1368 (1369 f.), das davon spricht, dass der Geschäftsgeheimnisbegriff des GeschGehG „mitberücksichtigt" werden müsse. Kritisch hierzu *Römling*, NVwZ 2022, 463 (464).

296 Ständige Rechtsprechung siehe nur: BVerwG 27.4.2016 – 20 F 13.15, juris; BVerwG 28.11.2013 – 20 F 11.12, juris; *Lang* in Sodan/Ziekow, § 99 VwGO Rn. 31.

297 *Bissels/Schroeders/Ziegelmayer*, DB 2016, 2295 (2296).

*Preis/Seiwerth* gehen davon aus, dass auch ohne weitere Vereinbarung zur Wahrung von Geschäftsgeheimnissen die Anforderungen an die angemessenen Geheimhaltungsmaßnahmen gewahrt seien. Dies ergebe sich aus den Schadensersatzansprüchen und der Kündigungsmöglichkeit bei Verletzung der vertraglichen Nebenpflicht zur Verschwiegenheit nach § 241 Abs. 2 BGB.[298] Zudem lasse § 4 GeschGehG die Verletzung sonstiger Verpflichtungen für eine rechtswidrige Offenlegung oder Nutzung genügen, sodass der Bruch einer gesonderten Vertraulichkeitsvereinbarung nicht erforderlich sei.[299] *Preis/Seiwerth* ziehen daraus den Schluss, dass aufgrund der weitreichenden Sanktionsmöglichkeiten keine eigenständige Vertraulichkeitsvereinbarung mit dem Arbeitnehmer abgeschlossen werden muss. Vielmehr stelle die arbeitsvertragliche Nebenpflicht aus § 241 Abs. 2 BGB eine angemessene Geheimhaltungsmaßnahme dar.[300]

Dementgegen kann das alleinige Bestehen der arbeitsvertraglichen Nebenpflicht zur Verschwiegenheit nicht genügen.[301] Zwar ist der Arbeitnehmer zur Geheimhaltung verpflichtet, jedoch wird allein aus dieser Nebenpflicht nicht unmissverständlich klar, was letztlich geheim zu halten ist.[302] Insbesondere können beim Arbeitsverhältnis als Dauerschuldverhältnis bei Vertragsschluss die künftig entstehenden und schützenswerten Informationen nicht nach Wert und Gefährdung zugeordnet werden.[303] Der subjektive Geheimhaltungswille des Arbeitgebers bezüglich bestimmter Informationen wird nicht hinreichend deutlich objektiv nach außen manifestiert.[304]

---

298 *Preis/Seiwerth*, RdA 2019, 351 (352); in diese Richtung auch: *Kania* in Küttner Personalbuch, Verschwiegenheitspflicht Rn. 4.

299 *Preis/Seiwerth*, RdA 2019, 351 (352).

300 *Preis/Seiwerth*, RdA 2019, 351 (352).

301 ArbG Aachen v. 13.1.2022 – 8 Ca 1229/20, NZA-RR 2022, 178 (183); *Böning* in Hoeren/Münker, § 1 GeschGehG Rn. 61; In diese Richtung: *Maties* in BeckOGK, § 611a BGB Rn. 1023 f., der einen Hinweis fordert und somit auch auf die Warnfunktion angemessener Geheimhaltungsmaßnahmen abstellt ohne sie explizit zu benennen; auch im US-amerikanischen Recht wird neben der allgemeinen Verpflichtung ein wiederholender Hinweis gefordert. Electro-Craft Corp. v. Controlled Motion Inc., 332 N.W.2 d 890 (1983), 901; *Slaby/Chapman/O'Hara*, Santa Clara High Technology Law Journal 1989, 321 (328).

302 ArbG Aachen v. 13.1.2022 – 8 Ca 1229/20, NZA-RR 2022, 178 (183); *von Steinau-Steinrück/Bertz*, NJW-Spezial 2019, 498 (499).

303 *McGuire*, WRP 2019, 679 (682); *Hille*, WRP 2019, 1408 (1411).

304 *von Steinau-Steinrück/Bertz*, NJW-Spezial 2019, 498 (499).

Der Arbeitnehmer als potentieller Rechtsverletzer hat ohne weitergehende Geheimhaltungsmaßnahmen wenig bis keine Anhaltspunkte dafür, ob es sich bei der Information um ein Geschäftsgeheimnis oder um eine sonstige Information handelt. Aufgrund des weitreichenden Rechtsfolgenregimes des GeschGehG sowie der Kündigungsmöglichkeit des Arbeitsverhältnisses wegen Verstoßes gegen die Schweigepflicht, ist eine weitergehende Konkretisierung erforderlich. Auch hier kann wieder der *Cheapest Cost Avoider* Ansatz herangezogen werden. Durch die Konkretisierung kann der Arbeitgeber seine Arbeitnehmer vor aufwändigen Prüfungen schützen und ihnen ein Instrument an die Hand geben, um zwischen freien Informationen und Geschäftsgeheimnissen zu unterscheiden. Andernfalls würde der Zweck der angemessenen Geheimhaltungsmaßnahme, also die Schaffung eines Bewusstseins für den Umgang mit Geschäftsgeheimnissen, verfehlt.[305] Dieses Problem wurde im Kontext der betriebsverfassungsrechtlichen Verschwiegenheitspflicht aus § 79 Abs. 1 S. 1 BetrVG dergestalt gelöst, dass der Arbeitgeber die weitergegebenen Informationen explizit als geheimhaltungsbedürftig bezeichnen muss.[306] Diese Klarstellung der Sach- und Rechtslage dient unter anderem dem Schutz der Betriebsratsmitglieder, die ansonsten das oben beschriebene Abgrenzungsrisiko zu tragen hätten.[307]

In diese Richtung tendierend geht *Maties* davon aus, dass der hinreichend deutlich erklärte Geheimhaltungswille des Arbeitgebers ausreichen kann, um den Anforderungen des § 2 Nr. 1 lit. b) GeschGehG zu genügen und so die Geheimniseigenschaft einer Information zu begründen.[308] Erforderliches Kriterium ist, dass die Verschwiegenheitspflicht durch den erklärten Geheimhaltungswillen des Arbeitgebers eine Konkretisierung erfahren hat. Der Arbeitnehmer muss anhand der Konkretisierung erkennen können, dass es sich bei der konkreten Information um ein Geschäftsgeheimnis handelt. Vor dem Hintergrund der Warnfunktion des Merkmals der angemessenen Geheimhaltungsmaßnahmen kann dieser Ansatz überzeugen.

#### *(3) … aber nur, wenn sie durch den Arbeitgeber auf eine Information hinreichend konkretisiert wird.*

Die arbeitsvertragliche Verschwiegenheitspflicht ist also zur Begründung eines angemessenen Schutzniveaus gegenüber den Arbeitnehmern grundsätzlich

---

305 *Partsch/Rump*, NJW 2020, 118 (120).

306 Dazu näher: Kapitel 2 0.

307 *Waskow* in NK-ArbR, § 79 BetrVG Rn. 7; *Oetker* in GK-BetrVG, § 79 BetrVG Rn. 31.

308 *Maties* in BeckOGK, § 611a BGB Rn. 1024 f.

ausreichend. Erforderlich ist allerdings eine Konkretisierung der geheimzuhaltenden Informationen.[309] Dies kann beispielsweise durch organisatorische Maßnahmen wie die explizite Kennzeichnung eines Dokuments als „geheim" erfolgen.[310] Das Erfordernis der Konkretisierung führt ausweislich der Gesetzesbegründung nicht dazu, dass jede Information im Einzelnen benannt werden muss.[311] Eine Lösungsmöglichkeit kann die Verwendung dynamischer Verweisungen auf den Inhalt eines physischen oder elektronischen Ordners und dessen Klassifizierung darstellen.[312] Entscheidend ist, dass aufgrund erkennbarer Merkmale auf den Geschäftsgeheimnischarakter einer Information hingewiesen wird.[313] Keinesfalls erforderlich ist der regelmäßige Abschluss neuer Verschwiegenheitsverpflichtungen. Allerdings kann die Konkretisierung des Geheimhaltungswillens auf bestimmte Informationen als hinreichend deutliche Manifestation des subjektiven Geheimhaltungswillens nach außen, auch über eine arbeitsvertragliche Verschwiegenheitsklausel oder eine selbstständige Geheimhaltungsvereinbarung erfolgen. Erforderlich ist lediglich, dass eine Konkretisierung der geheimhaltungspflichtigen Informationen möglich ist.[314] Der Nachteil des Abschlusses eigenständiger Geheimhaltungsvereinbarungen liegt darin, dass der Arbeitgeber sie nicht einseitig anordnen kann. Vielmehr ist die Mitwirkung der Arbeitnehmer erforderlich.

Aus Praktikabilitätsgründen liegt der Schwerpunkt bei der Implementierung von Geheimhaltungsmaßnahmen gegenüber den Arbeitnehmern auf einseitigen Maßnahmen des Arbeitgebers, also auf Weisungen und allgemeinen Arbeitsbedingungen.[315] Durch die Weisungen nach § 106 GewO werden die arbeitsvertraglichen Pflichten innerhalb des arbeitsvertraglichen Rahmens einseitig durch den Arbeitgeber konkretisiert. Für die Implementierung angemessener Geheimhaltungsmaßnahmen über diesen Weg ist die

---

309 LAG Köln v. 2.12.2019 – 2 SaGa 20/19, Rn. 25, juris.

310 *McGuire*, WRP 2019, 679 (682).

311 BT-Drs. 19/4724, S. 24; *Fuhlrott* in BeckOK GeschGehG, § 2 GeschGehG Rn. 53; *Dann/Markgraf*, NJW 2019, 1774 (1775); *Maaßen*, GRUR 2019, 352 (354).

312 *Fuhlrott/Hiéramente*, DB 2019, 967 (971); *Dann/Markgraf*, NJW 2019, 1774 (1775); *McGuire*, WRP 2019, 679 (682).

313 *Partsch/Rump*, NJW 2020, 118 (120).

314 *von Steinau-Steinrück/Bertz*, NJW-Spezial 2019, 498.

315 *Fuhlrott* in BeckOK GeschGehG, § 2 GeschGehG Rn. 45; a.A. *Schuth*, Neuregelung zum Schutz von Geschäftsgeheimnissen, S. 372 ff.

Mitwirkung des Arbeitnehmers nicht erforderlich.[316] Der Arbeitgeber kann also einseitig die hinreichende Konkretisierung der geheimzuhaltenden Informationen vornehmen. Demnach stellt das arbeitgeberseitige Weisungsrecht aus § 106 GewO das wesentliche Instrument des Geheimnisschutzes dar.

### *(4) Komplettierung des angemessenen Geheimhaltungsniveaus über organisatorische und technische Maßnahmen*

Für die Beurteilung der Angemessenheit ist ausweislich der Gesetzesbegründung auch der Wert des Geschäftsgeheimnisses heranzuziehen. Gerade hinsichtlich der „Kronjuwelen", die für die Existenz des Unternehmens maßgeblich sind, kann die durch Weisung konkretisierte arbeitsvertragliche Nebenpflicht alleine nicht ausreichen.[317] Allerdings folgt daraus nicht zwangsläufig, dass der Abschluss einer eigenständigen Verschwiegenheitserklärung erforderlich wird. Vielmehr besteht daneben die Möglichkeit, das angemessene Schutzniveau über flankierende organisatorische oder technische Maßnahmen zu erreichen. Vielfach wird die Einführung eines strikten „need-to-know" Systems zweckmäßig und für die höheren Geheimhaltungsstufen auch erforderlich sein.[318] Auf Basis eines „need-to-know" Systems haben die Arbeitnehmer nur Zugang zu solchen Informationen, die sie für die Erbringung ihrer Arbeitsleistung benötigen. Die Implementierung eines „need-to-know" Systems ist ohne große Kosten auch in kleineren Unternehmen möglich.

---

316 *Fuhlrott/Hiéramente*, DB 2019, 967 (970); das Erfordernis von Änderungsverträgen bzw. Änderungskündigungen wäre höchst unpraktikabel siehe dazu: *Preis/Seiwerth*, RdA 2019, 351 (353).

317 Was als „Kronjuwel" einzuordnen ist, hängt von dem jeweiligen Unternehmensprofil ab. Man denke hier etwa an ein geheimes Produktionsverfahren, welches für den Erfolg des Unternehmens maßgebend ist; ähnlich auch: *Schubert* in EuArbRK, Art. 2 RL (EU) 2016/943 Rn. 17.

318 So OLG Stuttgart v. 19.11.2020 – 2 U 575/19, GRUR-RS 2020, 35613 Rn. 169, welches in der Implementierung eines Need-to-know Prinzips einen geheimnisschutzrechtlichen Mindeststandard sieht: „*Hieraus folgt als Mindeststandard, dass relevante Informationen nur Personen anvertraut werden dürfen, die die Informationen zur Durchführung ihrer Aufgabe (potentiell) benötigen und die zur Verschwiegenheit verpflichtet sind.*", ebenso: ArbG Aachen v. 13.1.2022 – 8 Ca 1229/20, NZA-RR 2022, 178 (183).

#### *(5) Handlungsbedarf: Konkretisierung und Implementierung organisatorischer und technischer Maßnahmen*

Demnach geht mit der Angleichung der arbeitsvertraglichen Nebenpflicht zur Wahrung der Vertraulichkeit ein Handlungsbedarf des Arbeitgebers einher: Der Arbeitgeber muss gegenüber den Arbeitnehmern ein angemessenes Schutzniveau implementieren. Der Schwerpunkt bei der Implementierung angemessener Geheimhaltungsmaßnahmen, die der Arbeitgeber gegenüber seinen Mitarbeitern ergreifen muss, liegt eher im technischen und organisatorischen Bereich. Aufgrund der arbeitsvertraglichen Nebenpflicht zur Wahrung der Vertraulichkeit besteht im Bereich der rechtlichen Geheimhaltungsmaßnahmen bereits ein ausreichendes Rahmenwerk. Diesen Rahmen muss der Arbeitgeber, sei es durch Ausübung seines Weisungsrechts, allgemeine Arbeitsvertragsbedingungen oder den Abschluss eigenständiger Non-Disclosure-Agreements, ausfüllen.

#### *ee. Zwischenergebnis und Fazit*

Die arbeitsvertragliche Nebenpflicht zur Wahrung der Vertraulichkeit wird durch die Einführung des GeschGehG beeinträchtigt. Der Begriff der Geschäftsgeheimnisse ist überzeugenderweise an die Legaldefinition in § 2 GeschGehG anzupassen. Maßgeblicher Unterschied zur bisherigen Rechtslage stellt das Erfordernis angemessener Geheimhaltungsmaßnahmen dar. Die Implementierung eines angemessenen Geheimhaltungsniveaus setzt ein gestuftes Vorgehen voraus. In einem ersten Schritt sind die geheimzuhaltenden Informationen zu identifizieren und zu kategorisieren. In einem zweiten Schritt sind dann Geheimhaltungsmaßnahmen für die jeweilige Geheimhaltungsstufe zu treffen. Dabei kommen organisatorische, technische und rechtliche Maßnahmen in Betracht. Hinsichtlich der rechtlichen Maßnahmen stellt bereits die arbeitsvertragliche Schweigepflicht eine angemessene Geheimhaltungsmaßnahme dar. Einschränkend ist erforderlich, dass diese Pflicht auf bestimmte Informationen konkretisiert wird. Die konkretisierte arbeitsvertragliche Verschwiegenheitspflicht als rechtliche Geheimhaltungsmaßnahme ist dann ggf. durch organisatorische und technische Maßnahmen zu flankieren.

### *c. Nebenpflicht nicht auf das Vorliegen von Geschäftsgeheimnissen beschränkt*

Führt die Erkenntnis, dass der Arbeitgeber Geheimhaltungsmaßnahmen gegenüber den Arbeitnehmern ergreifen muss nun dazu, dass bis zur Implementierung angemessener Geheimhaltungsmaßnahmen die Arbeitnehmer „frei“ mit vertraulichen Angaben und wertvollen Unternehmensinterna bei ihrer Gewerkschaft hausieren gehen können?

Dies ist in jedem Fall zu verneinen. Wie bereits erwähnt, resultiert die arbeitsvertragliche Verschwiegenheitspflicht aus den Rücksichtnahme- und Loyalitätspflichten des Arbeitsverhältnisses und findet ihren normativen Anknüpfungspunkt in § 241 Abs. 2 BGB. Die Rücksichtnahme- und Loyalitätspflichten des Arbeitnehmers erschöpfen sich nicht in dieser besonders ausgeprägten Pflicht zur Wahrung der Vertraulichkeit von Geschäftsgeheimnissen. Sie bestand unabhängig vom flankierenden Schutz des § 17 UWG a.F.[319] Auch unter Geltung des GeschGehG kommt es nur darauf an, ob eine Weitergabe eine Verletzung der arbeitnehmerseitigen Pflichten aus § 241 Abs. 2 BGB darstellen würde. Ob durch die Informationsweitergabe zugleich gegen die Regelungen des GeschGehG verstoßen wird, ist indes unerheblich.[320] Eine Verdrängung der arbeitsvertraglichen Nebenpflicht zur Verschwiegenheit durch die Regelungen des GeschGehG findet insoweit nicht statt.

Im Grundsatz besteht Einigkeit, dass sich die Verschwiegenheitspflicht zunächst auf alle Informationen bezieht, an deren Geheimhaltung der Arbeitgeber ein legitimes Interesse hat. Das sind in aller Regel – aber nicht ausschließlich – Geschäftsgeheimnisse im Sinne von § 2 Nr. 1 GeschGehG.[321] Mit anderen Worten erfasst die Pflicht zur Wahrung der Vertraulichkeit zunächst alle Vorgänge, die dem Arbeitnehmer im Zusammenhang mit seiner Stellung im Unternehmen bekannt geworden sind und an deren Geheimhaltung der Arbeitgeber ein berechtigtes Interesse hat.[322] Für das Eingreifen der Schweigepflicht muss

---

319 BAG v. 8.5.2014 – 2 AZR 249/13, NZA 2014, 1258 (1260).

320 ArbG Detmold v. 3.3.2021 – 2 Ga 1/21, juris Rn. 27; *Kalbfus* in Harte-Bavendamm/Ohly/Kalbfus, Geheimnisschutz im Arbeitsrecht Rn. 30.

321 *McGuire*, WRP 2019, 679 (681); *Harte-Bavendamm* in Harte-Bavendamm/Henning-Bodewig, § 17 UWG Rn. 51; *Reinfeld* in MAH ArbR, § 30 Rn. 12; *Kalbfus* in Harte-Bavendamm/Ohly/Kalbfus, Geheimnisschutz im Arbeitsrecht Rn. 7.

322 BAG v. 8.5.2014 – 2 AZR 249/12, NZA 2014, 1258 (1261); *Vossen* in Ascheid/Preis/Schmidt, § 626 BGB Rn. 272; *Fuhlrott/Hiéramente*, DB 2019, 967 (970); *Glinke* in Keller/Schönknecht/Glinke, § 1 GeschGehG Rn. 52; *Niemann* in ErfK, § 626 BGB Rn. 154a; *Schubert* in EuArbRK, Art. 2 RL (EU) 2016/943 Rn. 17; *Reichold* in MHdB ArbR, § 54 Rn. 38; *Richters/Wodke*, NZA-RR 2003, 281 (282); *Kania* in Küttner Personalbuch, Verschwiegenheitspflicht Rn. 6; *Richardi/Fischinger* in Staudinger, § 611a Rn. 1247, 1903; *Weber*, Die Schweigepflicht des Betriebsrats, S. 19 f.; *Hitzfeld*, Geheimnisschutz im Betriebsverfassungsrecht, S. 46 f.; *Oetker* in GK-BetrVG, § 79 BetrVG Rn. 88 f.

eine Information nicht zwingend die Voraussetzungen für die Einordnung als Geschäftsgeheimnis erfüllen. Ein Arbeitnehmer darf auch solche Informationen – die keine Geschäftsgeheimnisse sind – nicht unbeschränkt gegenüber Dritten kommunizieren, soweit dadurch berechtigte Arbeitgeberinteressen verletzt würden.[323] Teilweise wird die Pflicht noch weiter gefasst, sodass unabhängig vom Vorliegen der Geheimnismerkmale die Verschwiegenheitspflicht auch für solche Tatsachen gelten soll, die vom Arbeitgeber ausdrücklich als vertraulich bezeichnet wurden.[324] Indes muss gerade in diesem Bereich der arbeitsvertraglichen Nebenpflicht eine Abgrenzung zu „freien" Informationen möglich sein. Der Arbeitnehmer muss in der Lage sein, zwischen vertraulichen Angaben und „freien Informationen" unterscheiden zu können. Demnach wird eine Manifestation des Geheimhaltungswillens nötig sein.[325]

Insoweit führt die Einführung des GeschGehG nicht dazu, dass die Rücksichtnahmepflicht des Arbeitnehmers auf die Wahrung von Geschäftsgeheimnissen im Sinne des GeschGehG beschränkt wird. Diese Rücksichtnahmepflicht bleibt vom GeschGehG vielmehr „unberührt" im Sinne von § 1 Abs. 3 Nr. 4 GeschGehG. Die arbeitsvertragliche Nebenpflicht besteht unabhängig von weiteren besonderen Geheimhaltungspflichten.[326] Dies gilt insbesondere auch für das gesetzliche Verbot der Offenbarung von Geschäftsgeheimnissen aus § 4 GeschGehG.[327] Von ihr werden weiterhin alle Vorgänge erfasst, an denen der Arbeitgeber ein berechtigtes Geheimhaltungsinteresse hat. Die arbeitsvertragliche Rücksichtnahmepflicht ist nicht auf die Wahrung von Geschäftsgeheimnissen beschränkt. Mit anderen Worten ist die Implementierung angemessener Geheimhaltungsmaßnahmen gegenüber den Arbeitnehmern nicht für die Reichweite der arbeitsvertraglichen Nebenpflicht, allerdings für den flankierenden zivil- und strafrechtlichen Schutz durch das GeschGehG erforderlich.[328]

---

323 *Rolfs* in Preis Arbeitsvertrag, V. 20 Rn. 24a; enger: *Schuth*, Neuregelung zum Schutz von Geschäftsgeheimnissen, S. 62.

324 LAG Hamm v. 5.10.1988 – 15 Sa 1403/88, juris; *Thüsing* in HWK, § 611a BGB Rn. 503; *Preis/Reinfeld*, AuR 1989, 361 (363); a.A. wohl *Richardi/Fischinger* in Staudinger § 611 BGBa Rn. 1250.

325 So auch: *Joussen*, BeckOK ArbR, § 611a BGB Rn. 466.

326 *Richardi/Fischinger* in Staudinger, § 611a BGB Rn. 1245.

327 *Linck* in Schaub ArbR-HdB, § 53 Rn. 47; *Fuhlrott* in BeckOK GeschGehG, § 1 GeschGehG Rn. 34 f.

328 *Fuhlrott* in BeckOK GeschGehG, § 2 GeschGehG Rn. 35 f.; so auch: *Niemann* in ErfK, § 626 BGB Rn. 154c.

### 3. *Befugte Offenlegung an die Gewerkschaft?*

Was bedeutet dies nun für die eingangsaufgeworfene Frage der gewerkschaftlichen Informationsbeschaffung? Kann die Gewerkschaft auf die Belegschaft als Informationsquelle in Tarifverhandlungen zurückgreifen? Die Belegschaft stellt grundsätzlich eine breit gefächerte Informationsquelle für die Gewerkschaft in Tarifverhandlungen dar. Über die Aussagen der betrieblich eingebundenen Arbeitnehmer kann die Gewerkschaft Informationen beschaffen, die der Arbeitgeber noch zurückgehalten hat, bzw. kann sich mithilfe der Informationen ein eigenes Bild über die Lage des notleidenden Unternehmens verschaffen. Darüber hinaus kann durch die Einbindung der Arbeitnehmer die Akzeptanz für den angestrebten Sanierungstarifabschluss innerhalb der Belegschaft gefördert werden. Letztlich ist es die Belegschaft, die die vereinbarten Sanierungsopfer tragen muss. Allerdings greift die arbeitsvertragliche Verschwiegenheitspflicht auch gegenüber der Gewerkschaft, welcher der Arbeitnehmer angehört.[329]

#### a. *Arbeitsvertragliche Ebene*

Für die Zulässigkeit einer Informationsweitergabe an die Gewerkschaft ist zunächst die arbeitsvertragliche Nebenpflicht zur Wahrung der arbeitgeberseitigen Interessen maßgebend. Diese ist, wie oben dargelegt, nicht auf die Geheimhaltung von Geschäftsgeheimnissen beschränkt, sondern umfasst zunächst jeden Umstand, an dem der Arbeitgeber ein berechtigtes Geheimhaltungsinteresse hat. Der Arbeitgeber muss ein berechtigtes Interesse daran haben, dass die fragliche Information nur einem begrenzten Personenkreis bekannt ist. Dieses berechtigte Interesse folgt regelmäßig aus der wirtschaftlichen Relevanz einer Information.[330] Das erforderliche Geheimhaltungsinteresse ist bei den gewerkschaftlich angefragten Informationen in aller Regel gegeben: Die Gewerkschaft hat aufgrund der atypischen Sanierungssituation ein erhebliches Interesse an der wirtschaftlichen Verfassung des Unternehmens. Zur Beurteilung des Sanierungsbedarfs und der Sanierbarkeit des Unternehmens benötigt die Gewerkschaft sensibelste wirtschaftliche Kennzahlen und Planungen des Unternehmens. Dass das notleidende Unternehmen, gerade in wirtschaftlich angespannten Zeiten, ein Interesse an der Geheimhaltung dieser Informationen hat, ist offenkundig.

Der weite Anwendungsbereich der arbeitsvertraglichen Nebenpflicht führt jedoch nicht zu einem absoluten Geheimnisschutz. Das Geheimhaltungsinteresse

---

329 *Richardi/Fischinger* in Staudinger, § 611a Rn. 1246.

330 *Rolfs* in Preis Arbeitsvertrag, V. 20 Rn. 24a.

kann mit berechtigten Offenlegungsinteressen des Arbeitnehmers konfligieren, wobei Situationen denkbar sind, in denen das Offenlegungsinteresse des Arbeitnehmers überwiegen kann.[331] Während im Anwendungsbereich des GeschGehG § 5 GeschGehG einzelfallbezogene Ausnahmen vorsieht, fehlt für die vertragliche Nebenpflicht ein derartiger Ausnahmetatbestand. Um eine Harmonisierung zwischen § 5 GeschGehG und der Reichweite der arbeitsvertraglichen Nebenpflicht zu erreichen, ist eine einschränkende Auslegung der Pflichten aus § 241 Abs. 2 BGB erforderlich, wenn diese mit § 5 GeschGehG konfligiert.[332] Wenn ein Arbeitnehmer unter den Voraussetzungen des § 5 GeschGehG ein Geschäftsgeheimnis offenbart, verstößt er weder gegen § 4 GeschGehG noch gegen § 23 GeschGehG. Würde sich diese Wertung nicht auf Ebene der arbeitsvertraglichen Verschwiegenheitspflicht fortsetzen, müsste der Arbeitnehmer mit Sanktionen rechnen und würde so an der Wahrnehmung berechtigter Interessen gehindert.[333] Das Erfordernis des „berechtigten" Geheimhaltungsinteresses bietet als unbestimmter Rechtsbegriff weiterhin Raum für die einzelfallbezogene Interessenabwägung nach dem Verhältnismäßigkeitsprinzip:[334] Der Rückgriff auf das berechtigte Geheimhaltungsinteresse zur Abwägung widerstreitender Interessen ist nur im Rahmen des GeschGehG nicht möglich, da das Geheimhaltungsinteresse im GeschGehG bereits auf Tatbestandsebene angesiedelt ist. Bei Bestimmung der Reichweite der arbeitsvertraglichen Nebenpflicht bleibt es dabei, dass wenn das Offenlegungsinteresse des Arbeitnehmers das Geheimhaltungsinteresse des Arbeitgebers in der konkreten Situation überwiegt, die Verschwiegenheitspflicht im Einzelfall zurücktritt.

Für die Frage der Informationsweitergabe durch einen Arbeitnehmer an die Gewerkschaft ist das arbeitnehmerseitige Offenlegungsinteresse zu bestimmen und zu gewichten. In der Situation von Tarifverhandlungen kann das arbeitgeberseitige Geheimhaltungsinteresse mit der Koalitionsfreiheit der Arbeitnehmer konfligieren. Auf Seiten des Arbeitnehmers besteht das grundrechtlich geschützte Interesse daran, die verhandlungsführende Gewerkschaft mit wichtigen Informationen für die Sanierungstarifverhandlungen zu versorgen. Die

---

331 *Vossen* in Ascheid/Preis/Schmidt, § 626 BGB Rn. 273; *Reichold* in MHdB ArbR, § 54 Rn. 40; zur Unzulässigkeit einer Verschwiegenheitsklausel wegen eines Verstoßes gegen Art. 9 Abs. 3 GG: LAG Mecklenburg-Vorpommern v. 21.10.2009 – 2 Sa 237/09, juris.

332 *Kalbfus* in Harte-Bavendamm/Ohly/Kalbfus, Geheimnisschutz im Arbeitsrecht Rn. 13; *Schuth*, Neuregelung zum Schutz von Geschäftsgeheimnissen, S. 299 ff.

333 *Schuth*, Neuregelung zum Schutz von Geschäftsgeheimnissen, S. 299 ff.

334 *Rolfs* in Preis Arbeitsvertrag, V. 20 Rn. 22.

individuelle positive Koalitionsfreiheit des Arbeitnehmers schützt neben dem Recht, eine Koalition zu bilden oder dieser beizutreten, auch das Recht der koalitionsmäßigen Betätigung.[335] Nach Aufgabe der überkommenen Kernbereichsrechtsprechung des Bundesverfassungsgerichts ist heute allgemein anerkannt, dass Art. 9 Abs. 3 GG zunächst jede Form der koalitionsmäßigen Betätigung in seinen Schutzbereich einbezieht.[336] Demnach ist grundsätzlich auch die Informationsweitergabe an die Gewerkschaft als Teil der koalitionsmäßigen Betätigung vom Schutzbereich der individuellen Koalitionsfreiheit aus Art. 9 Abs. 3 GG erfasst. Insbesondere bei Verhandlung über eine unternehmensspezifische Abweichung vom Flächentarifvertrag sind die Informationen der betrieblich eingebundenen Arbeitnehmer dazu geeignet, den Koalitionszweck zu fördern. Je mehr Informationen die Gewerkschaft über das Unternehmen hat, desto mehr Verhandlungsmacht hat sie in den Tarifverhandlungen inne. Die andernfalls bestehende Informationsasymmetrie und Abhängigkeit von der Informationsweitergabe durch den Verhandlungsgegner werden so aufgelöst.

Indes sind auch die arbeitgeberseitigen Geheimhaltungsinteressen zu berücksichtigen und zu gewichten. Ein spezifisches arbeitgeberseitiges Geheimhaltungsinteresse folgt aus dem Umstand der Tarifverhandlungen. Grundsätzlich trägt bei den Verhandlungen eines Austauschvertrags jede Partei ihr eigenes Informationsrisiko.[337] Zur Beschaffung geheimer unternehmensspezifischer Informationen ist die Gewerkschaft in erster Linie auf die Arbeitgeberseite als Verhandlungspartner angewiesen. Die Eröffnung der Belegschaft als weitere Informationsquelle würde diese Informationsabhängigkeit entschärfen und so die Verhandlungsmacht der Gewerkschaft stärken. Damit kann eine Gefährdung der Tarifautonomie einhergehen, soweit das Verhandlungsgleichgewicht zwischen den Parteien gestört wird.[338] Die Verhandlungsparität stellt eine Schranke für die Ausgestaltung des Verhältnisses zwischen den Tarifparteien dar.[339] Hierdurch wird sichergestellt, dass nicht eine der Tarifvertragsparteien der anderen von vorneherein ihren Willen aufzwingen kann, sondern annähernd

335 BverfG v. 14.11.1995 – 1 BvR 601/92, BVerfGE 93, 352 (360); BVerfG v. 11.7.2017 – 1 BvR 1571/15 u.a., NZA 2017, 915 (917); *Scholz* in Dürig/Herzog/Scholz, Art. 9 GG Rn. 222.

336 BverfG v. 14.11.1995 – 1 BvR 601/92, BVerfGE 93, 352 (360); BVerfG v. 11.7.2017 – 1 BvR 1571/15 u.a., NZA 2017, 915 (917).

337 *Otte*, Informationspflichten zwischen den Tarifvertragsparteien, S. 150 f, 179.

338 So zu § 79 BetrVG: *Lukes*, Der betriebsverfassungsrechtliche Unterlassungsanspruch des Arbeitgebers gegen den Betriebsrat, S. 290 f.

339 *Kreßel*, Anm. zu BAG v. 11.7.2000 – 1 ABR 43/99, SAE 2002, 181 (183).

gleiche Verhandlungschancen bestehen.[340] Die Gefahr resultiert daraus, dass die Gewerkschaft aufgrund detaillierter Kenntnis aller relevanten unternehmensbezogenen Kennzahlen einschließlich der Unternehmensplanung Maximalforderungen erheben könnte, während auf der Arbeitgeberseite Spielräume verloren gehen würden, vorteilhafte Abschlüsse zu erzielen.[341] Durch die Kenntnis der relevanten Unternehmensdaten erhielte die Gewerkschaft so ein zusätzliches Druckmittel welches geeignet ist, den Grundsatz der Chancengleichheit zu verletzen.[342] Folglich kann eine Informationsweitergabe die Tarifautonomie des Arbeitgebers beeinträchtigen, soweit sie dazu geeignet ist, das Verhandlungsgleichgewicht zwischen den Tarifparteien zu stören.

Indes muss in diese Betrachtung die besondere Sanierungssituation miteinbezogen werden. Denn der Gewerkschaft steht in der Sanierungssituation ein direkter Informationsanspruch bezüglich der relevanten wirtschaftlichen Kennzahlen gegen den Arbeitgeber zu.[343] Dieser Umstand führt zu Zweifeln an der „Berechtigung" des aufgezeigten Geheimhaltungsinteresses. Denn vom Ergebnis her macht es keinen Unterschied, ob die Gewerkschaft die Informationen vom Arbeitgeber oder aus ihren eigenen Reihen bekommt.

Auf der anderen Seite würde die Zulassung der Informationsweitergabe die strukturelle Kompetenzverteilung bei Tarifverhandlungen unterlaufen. Dies gilt sowohl für Geschäftsgeheimnisse wie auch für sonstige geheimhaltungsbedürftige Informationen. Grundsätzlich steht jeder Verhandlungspartei ein eigenständiges Informationsmanagement zu. Sie muss frei darüber entscheiden können, wie sie bestimmte Informationen aufbereitet und wann sie welche Informationen an den Verhandlungspartner weitergibt. Gerade bei Sanierungstarifverhandlungen stellen der Zeitpunkt der Informationsweitergabe und die Aufbereitung von Informationen wesentliche strategische Elemente dar. Grund

340 Zum Zusammenhang zwischen Chancengleichheit und Tarifautonomie: BAG v. 13.12.2011 – 1 ABR 2/10, NZA 2012, 571 (573); BAG v. 22.12.1980 – 1 ABR 2/79, NJW 1981, 937 (941); BAG v. 30.8.1994 – 1 ABR 10/94, NZA 1995, 183 (184); *Lukes*, Der betriebsverfassungsrechtliche Unterlassungsanspruch des Arbeitgebers gegen den Betriebsrat, S. 290 f.

341 *Otte*, Informationspflichten zwischen den Tarifvertragsparteien, S. 179.

342 Zur Situation bei § 79 BetrVG: *Oetker* in GK-BetrVG, § 79 BetrVG Rn. 9; *Lukes*, Der betriebsverfassungsrechtliche Unterlassungsanspruch des Arbeitgebers gegen den Betriebsrat, S. 290 f.; *Weber*, Die Schweigepflicht des Betriebsrats, S. 13 f.; *Hitzfeld*, Geheimnisschutz im Betriebsverfassungsrecht, S. 32 ff.; *Hartung*, DB 1975, 895 f.; *Kreßel* Anm. zu BAG v. 11.7.2000 – 1 ABR 43/99, SAE 2002, 181 (183).

343 Hierzu ausführlich: Kapitel 1 0.

und Grenze dieses eigenständigen Informationsmanagements bildet die Tarifautonomie. „Informiertes Verhandeln" soll die Grundlage des Tarifvertragsrechts sein, damit die Ausübung der Tarifautonomie dem Tarifsystem gerecht wird.[344] Allerdings muss es angesichts der Tarifautonomie auch Sache der Tarifparteien sein, diesen Informationsaustausch autonom im Rahmen der Tarifverhandlungen zu koordinieren. Die Modalitäten der Weitergabe von sensiblen Wirtschaftsdaten muss die unternehmerische Leitung bzw. die Verhandlungskommission als zuständiges Organ der Tarifpartei „Arbeitgeber" selbst bestimmen können. Sie hat eine umfassende Informationshoheit in den Tarifverhandlungen inne.

Neben der Kompetenzverteilung in Tarifverhandlungen würde die Informationsweitergabe im Kernbereich der Geheimhaltungspflicht auch das Geschäftsgeheimnis als solches beeinträchtigen. Geschäftsgeheimnisse sind grundrechtlich sowohl dem Schutz aus Art. 12 Abs. 1 GG wie auch dem Schutz aus Art. 14 GG unterstellt.[345] Die wettbewerbliche Relevanz der zugeordneten Information wird grundrechtlich durch den Schutz vor wettbewerbsrelevanten Eingriffen in den Geheimbereich des Unternehmens über Art. 12 Abs. 1 GG geschützt. In Anerkennung der Tatsache, dass das Geheimnis auch als Vermögensgegenstand geschützt werden muss, erfolgt der Schutz des Geheimnisses über Art. 14 Abs. 1 S. 2 GG.[346] Die Weitergabe an die Gewerkschaft würde einen besonders intensiven Eingriff darstellen. Angesichts des Informationsbedürfnisses der Gewerkschaft sind die betroffenen Informationen besonders wettbewerbssensibel, sodass dem Bekanntwerden der Informationen ein enormes Schädigungspotential innewohnt. Durch die unkontrollierte Weitergabe am Geheimnisinhaber vorbei wird der Fortbestand einer Information als Geschäftsgeheimnis gefährdet. Denn der Arbeitgeber kann den innergewerkschaftlichen Informationsfluss weder steuern noch nachvollziehen, zumal die Information ohne seine Kenntnis die Unternehmenssphäre verlässt. Der Arbeitgeber kann mangels Kenntnis des Kreises der Wissenden die Geheimhaltung der Information faktisch nicht

344 *Farouq*, Verfassungsrechtliche Vorgaben für die Zusammenarbeit von Arbeitgeberverbänden und Gewerkschaften, S. 202.

345 BVerwG v. 5.3.2020 – 20 F 3.19, BB 2020, 1168 (1169); BVerwG v. 8.2.2011 – 20 F 14/10, Rn. 16 f., juris; OVG Schleswig-Holstein v. 17.1.2007 – 15 P 1/06, NVwZ 2007, 1448, 1449; den Schutz (nur) nach Art. 12 GG bejahend: BverfG v. 14.3.2006 – 1 BvR 2087/03 u. a., NVwZ 2006, 1041; zusammenfassend mit weiteren Nachweisen: *Kalbfus* in Harte-Bavendamm/Ohly/Kalbfus, Grundlagen des Schutzes von Geschäftsgeheimnissen Rn. 169.

346 *Gajeck*, Das Wirtschaftsgeheimnis in der Verfassung, S. 239; so auch: *Beyerbach* in Hoeren/Münker, § 5 GeschGehG Rn. 24.

mehr gewährleisten. Daraus folgen Zweifel an der fehlenden Offenkundigkeit der Information und somit am Fortbestehen des Geheimnisses. Angesichts der Tatsache, dass der Gewerkschaft ein direkter Informationsanspruch gegen die Arbeitgeberseite zusteht, erscheint dieser Eingriff in die Substanz des Geschäftsgeheimnisses überflüssig. Die Gewerkschaft erhält die Informationen so oder so. Dem Geheimnisinhaber würde allerdings ohne Not die Möglichkeit genommen, seine Geheimhaltungsinteressen abzusichern. Die Weitergabe von Geschäftsgeheimnissen durch die Arbeitnehmer an ihre Gewerkschaft ist insoweit nicht erforderlich, um die Informationsasymmetrie aufzulösen und den Koalitionszweck zu verwirklichen.

Dem arbeitnehmerseitigen Tätigwerden für seine Gewerkschaft im Betrieb werden im Ergebnis durch die arbeitgeberseitigen Grundrechte als kollidierendes Verfassungsrecht Schranken gesetzt.[347] Die Koalitionsfreiheit entfaltet zwar innerhalb der Regelungen des Arbeitsverhältnisses Wirkung, sie kann allerdings nicht zu einer Erweiterung dieses Rahmens führen.[348] Ebenso wenig wie auf Eigentum und Betriebsmittel des Arbeitgebers zu Gewerkschaftszwecken zugegriffen werden darf, darf der Arbeitnehmer Unterlagen des Unternehmens kopieren oder weiterleiten, um sie einer Gewerkschaft zu überlassen.[349] Nicht anders zu bewerten ist dabei die Offenlegung sensibler Informationen gegenüber der Gewerkschaft. Demnach scheidet die Informationsweitergabe an die Gewerkschaft aus, soweit empfindliche arbeitgeberseitige Interessen berührt werden. Lediglich in den Randbereichen der Vertraulichkeitspflicht erscheint unter Berücksichtigung der arbeitnehmerseitigen Interessen ein anderes Abwägungsergebnis möglich. Die arbeitsvertragliche Nebenpflicht zur Wahrung der Vertraulichkeit steht der Informationsweitergabe an die Gewerkschaft entgegen.

### *b. Ausstrahlungswirkung von § 5 GeschGehG?*

§ 5 GeschGehG normiert Ausnahmen von den Handlungsverboten des § 4 GeschGehG.[350] Auch wenn die Norm direkt nur Ausnahmen für das GeschGehG trifft, sind die Wertungen von § 5 GeschGehG bei der Auslegung der

347 *Richardi/Fischinger* in Staudinger, § 611a BGB Rn. 1903.

348 Plastisch: *Richardi/Fischinger* in Staudinger, § 611 BGB Rn. 1903; die von einem „Freibrief" sprechen.

349 BAG v. 23.2.1979 – 1 AZR 172/78, AP GG Art. 9 Nr. 30; BAG v. 8.5.2014 – 2 AZR 249/12, NZA 2014, 1258 (1261); *Richardi/Fischinger* in Staudinger, § 611a BGB Rn. 1903.

350 *Schuth*, Neuregelung zum Schutz von Geschäftsgeheimnissen, S. 245 ff.; mit Nachweisen zur Gegenansicht, die § 5 GeschGehG als Rechtfertigungsgrund einordnet.

arbeitsvertraglichen Verschwiegenheitspflicht zu berücksichtigen, um Wertungswidersprüche zu vermeiden.[351] Insoweit ist zunächst § 5 Nr. 3 GeschGehG zu berücksichtigen. Dieser erlaubt die Offenlegung von Geschäftsgeheimnissen durch Arbeitnehmer gegenüber der „Arbeitnehmervertretung“, wenn dies für die Aufgabenerfüllung der Arbeitnehmervertretung erforderlich ist. Diese Regelung verfolgt einen doppelten Schutzzweck: Weder der Arbeitnehmer noch die Arbeitnehmervertretung sollen Angst vor drohenden Repressalien haben, soweit sie in gesetzmäßiger Weise von ihren Rechten Gebrauch machen.[352] Ob neben den betrieblichen Interessenvertretungen (Betriebsrat, Jugend- und Auszubildendenvertretung, Sprecherausschuss) und ggf. den Arbeitnehmervertretern im Aufsichtsrat auch Gewerkschaftsvertreter als „Arbeitnehmervertreter“ einzuordnen sind, ist bereits fraglich.[353] In jedem Fall würde sich eine Privilegierung der Informationsweitergabe auf die Rolle der Gewerkschaft als „Arbeitnehmervertreter“ beschränken.[354] Dies umfasst etwa die Wahrnehmung betriebsverfassungsrechtlicher Rechte der Gewerkschaft, wie etwa § 31 BetrVG. Davon zu trennen ist die gewerkschaftliche Informationserlangung in ihrer Rolle als „Sozialpartner“ im Sinne von § 1 Abs. 3 Nr. 3 GeschGehG. Der Sozialpartnerbegriff umfasst Interessenverbände, die die Interessen der Arbeitnehmer und Arbeitgeber vertreten und miteinander Tarifverhandlungen führen, also Gewerkschaften und Arbeitgeberverbände.[355] Insoweit fällt die fragliche Informationsweitergabe von Arbeitnehmern an die Gewerkschaft im Vorfeld oder während der Tarifverhandlungen nicht unter § 1 Abs. 3 Nr. 3 GeschGehG. Die Gewerkschaft handelt in dieser Situation als „Sozialpartner“ und nicht als „Arbeitnehmervertreter“.

---

351 *Schuth*, Neuregelung zum Schutz von Geschäftsgeheimnissen, S. 299 ff.

352 *Thüsing* in Richardi, § 79 BetrVG Rn. 11a.

353 So: *Hayen* in Hoeren/Münker, § 5 GeschGehG Rn. 124, IG BAU, Stellungnahme zum GeschGehG v. 24.4.2018, S. 2; a.A.: *Sprenger*, ZTR 2019, 414 (421), der die gewerkschaftliche Informationserlangung der Generalklausel zuweist; *Schubert* in EuArbRK, Art. 4 RL (EU) 2016/943 Rn. 18 f.; *Schuth*, Neuregelung zum Schutz von Geschäftsgeheimnissen, S. 223 ff, die die Einbeziehung der Arbeitnehmervertreter im Aufsichtsrat ablehnt.

354 Diese Unterscheidung treffend: *Hayen* in Hoeren/Münker, § 5 GeschGehG Rn. 105.

355 *Glinke* in Keller/Schönknecht/Glinke, § 1 GeschGehG Rn. 42; *Böning* in Hoeren/Münker, § 1 GeschGehG Rn. 46; ähnlich: *Richter*, ArbRAktuell 2019, 375 (376); *Fuhlrott* in BeckOK GeschGehG, § 1 GeschGehG Rn. 27; *Schuth*, Neuregelung zum Schutz von Geschäftsgeheimnissen, § 141 ff., die allerdings auch die Betriebsparteien unter den Begriff der Sozialpartner fasst.

Die Zulässigkeit der arbeitnehmerseitigen Informationsweitergabe kann nicht durch einen Rückgriff auf den Auffangtatbestand des „Schutzes eines berechtigten Interesses" begründet werden. Die Aufzählung geschützter Interessen hat zwar nur beispielhaften Charakter wie die Wendung „insbesondere" und Art. 5 Geschäftsgeheimnis-RL zeigen. Auch nach der Gesetzesbegründung kann unter dem „berechtigten Interesse" jedes von der Rechtsordnung gebilligte Interesse verstanden werden.[356] Im Anwendungsbereich des GeschGehG sollen so Grundrechtspositionen berücksichtigt werden, die mit dem Schutz von Geschäftsgeheimnissen kollidieren.[357] Insbesondere soll nach der Gesetzesbegründung auch die Verfolgung legitimer Gruppeninteressen geeignet sein, eine Ausnahme von den Handlungsverboten des § 4 GeschGehG zu rechtfertigen.[358] Beispielhaft dafür wird in der Gesetzesbegründung die Unterrichtung der Belegschaft über einen bevorstehenden Personalabbau durch die Arbeitnehmervertretung angeführt.[359] Die Informationsweitergabe von Arbeitnehmern an ihre Gewerkschaft zur Förderung des Koalitionszwecks kann ebenfalls der Förderung eines grundrechtlich geschützten, also legitimen Gruppeninteresses dienen.[360]

Indes rechtfertigt § 5 GeschGehG nicht die Weitergabe von Informationen an die Gewerkschaft.[361] Ebenso wie bei der Bestimmung der Reichweite der arbeitsvertraglichen Verschwiegenheitspflicht, muss den konfligierenden Interessen des Geheimnisinhabers hinreichend Rechnung getragen werden. Auch wenn eine Abwägung mit den Interessen des Geheimnisinhabers nicht ausdrücklich vorgesehen ist, kann über den Begriff des „berechtigten Interesses" eine Abwägung zur Sicherstellung der Verhältnismäßigkeit erfolgen.[362] Wie oben dargestellt geht diese Interessenabwägung zulasten des Arbeitnehmers aus.

---

356 BT-Drs. 19/4724, S. 28.

357 *Alexander* in Köhler/Bornkamm/Feddersen, § 5 GeschGehG Rn. 61.

358 BT-Drs. 19/4724, S. 28.

359 BT-Drs. 19/4724, S. 28.

360 Allgemein zur Berücksichtigung von Art. 9 Abs. 3 GG im Rahmen von § 5 GeschGehG: *Sprenger*, ZTR 2019, 414.

361 Eine eigenständige Informationsverschaffungskompetenz aus der „Autonomie der Sozialpartner" ist abzulehnen, so: *Sprenger*, ZTR 2019, 414.

362 BT-Drs. 19/4724, S. 28; zu den Kriterien der Grundrechtsabwägung innerhalb von § 5 GeschGehG: *Ohly* in Harte-Bavendamm/Ohly/Kalbfus, § 5 GeschGehG Rn. 28; strenger: *Schuth*, Neuregelung zum Schutz von Geschäftsgeheimnissen, S. 293 ff.

### 4. *Zwischenergebnis*

Die eingangsaufgeworfene Frage nach der zulässigen Weitergabe sensibler Informationen an die Gewerkschaft durch belegschaftsangehörige Arbeitnehmer lässt sich also dahingehend beantworten, dass die organisierten Arbeitnehmer als Informationsquelle regelmäßig ausscheiden müssen. Auch wenn sowohl die Gewerkschaft – wie auch die einzelnen koalitionsangehörigen Arbeitnehmer – ein verfassungsrechtlich geschütztes Interesse an einem ungestörten Informationsfluss haben, ist dieser in aller Regel nicht zulässig. Dieses Unzulässigkeitsdogma gilt dabei unabhängig von der Geschäftsgeheimniseigenschaft der Information. Auch in der Situation von Sanierungstarifvertragsverhandlungen verletzt die Informationsweitergabe berechtigte Arbeitgeberinteressen. Die Weitergabe relevanter Informationen verstößt gegen die institutionelle Kompetenzverteilung bei Tarifverhandlungen. Zwar steht der Gewerkschaft ein direkter Informationsanspruch gegen den Arbeitgeber zu. Allerdings ist es Sache der Tarifpartei „Arbeitgeber" wie sie diesen erfüllt. Zudem kann die Informationsweitergabe einen Eingriff in das Geheimnis selbst darstellen. Diese Interessen hat der Arbeitnehmer aufgrund seiner arbeitsvertraglichen Nebenpflicht zu wahren.

## B. Die Geheimhaltungspflichten des Betriebsrats

Die Gewerkschaft kann also nicht auf die organisierten Arbeitnehmer als Informationsquelle in Tarifverhandlungen zurückgreifen. Neben den gewerkschaftsangehörigen Arbeitnehmern stellt allerdings der Betriebsrat eine weitere mögliche Informationsquelle für die Gewerkschaft dar. Dem Betriebsrat stehen als betrieblichem Vertretungsorgan der Belegschaft erhebliche Informationsrechte zu. Diese Informationsrechte des Betriebsrats sind an eine effektive Aufgabenerfüllung gekoppelt. Dem Betriebsrat sind – abseits der speziell normierten Unterrichtungspflichten – gemäß § 80 Abs 2 BetrVG die zur Ausübung seiner Aufgaben erforderlichen Informationen umfassend und rechtzeitig zur Verfügung zu stellen. Die Information des Betriebsrats muss aufgrund seiner Anhörungs- Beratungs- und Mitbestimmungsrechte so rechtzeitig erfolgen, dass er in der Lage ist, die ihm obliegenden Aufgaben ordnungsgemäß erfüllen zu können.[363] Zum einen muss der Betriebsrat in der Lage sein, sich mit dem Gegenstand noch ausreichend befassen zu können. Zum anderen muss der

363 *Waskow* in NK-ArbR, § 80 BetrVG Rn. 23.

Betriebsrat auf die Entscheidung des Arbeitgebers Einfluss nehmen können.[364] Der Betriebsrat hat folglich frühzeitig Zugang zu umfassenden Wirtschaftsdaten des Unternehmens.[365]

Zudem besteht der Zugang des Betriebsrats unabhängig von der Geheimniseigenschaft der angeforderten Informationen. Das Gesetz sieht gerade keine ausdrückliche Beschränkung der Informationspflicht entsprechend zu § 106 Abs. 2 BetrVG vor.[366] Die Informationsrechte des Betriebsrats bestehen unbeschränkt. Der weitgehende Informationszugang macht den Betriebsrat für die gewerkschaftliche Informationsbeschaffung besonders interessant, zumal die Betriebsratsmitglieder vielfach auch Gewerkschaftsmitglieder sind. Dies ist bereits in dem Umstand angelegt, dass sich häufig gewerkschaftliche Listen an betriebsverfassungsrechtlichen Wahlen beteiligen.

## I. Verschwiegenheitspflicht des Betriebsrats

Als Kehrseite des frühzeitigen und unbeschränkten Informationszugangs normiert § 79 Abs. 1 BetrVG die Verschwiegenheitspflicht des Betriebsrats.[367] Sie stellt die gesetzliche Lösung des bestehenden Konflikts zwischen Informationsinteresse der Belegschaft einerseits und dem Interesse des Arbeitgebers an der Geheimhaltung von sensiblen Unternehmensinformationen andererseits dar.[368] Die Verschwiegenheitspflicht soll verhindern, dass der Arbeitgeber aus Angst vor Indiskretionen Informationen zurückhält.[369]

### *1. Materielles Geheimnis*

#### *a. Übereinstimmende Definition mit § 17 UWG a.F.*

Gegenstand der Verschwiegenheitspflicht sind nach dem Wortlaut von § 79 Abs. 1 BetrVG Betriebs- und Geschäftsgeheimnisse. Der betriebsverfassungsrechtliche Geheimnisbegriff wurde hier parallel zur arbeitsvertraglichen Nebenpflicht

---

364 *Waskow* in NK-ArbR, § 80 BetrVG Rn. 23.

365 *Bruder*, Die Weitergabe von Insiderinformationen durch Arbeitnehmervertreter, S. 2 f.

366 BAG v. 31.1.1989 – 1 ABR 72/87, AP BetrVG 1972 § 80 Nr. 33; BAG v. 5.2.1991 – 1 ABR 24/90, NZA 1991, 644 (646); *Thüsing* in Richardi, § 80 BetrVG Rn. 66; *Fitting*, § 80 BetrVG Rn. 60.

367 *Thüsing* in Richardi, § 79 BetrVG Rn. 1, *Buschmann* in DKKW, § 79 BetrVG Rn. 1.

368 *Oetker* in GK-BetrVG, § 79 BetrVG Rn. 8; *Schuth*, Neuregelung zum Schutz von Geschäftsgeheimnissen, S. 443.

369 *Kania* in ErfK, § 79 BetrVG Rn. 1.

anlehnend an § 17 UWG a.F. entwickelt.[370] In Übereinstimmung mit der Rechtsprechung zu § 17 UWG a.F. sind Betriebs- und Geschäftsgeheimnisse Tatsachen, die einen hinreichenden Betriebs- oder Unternehmensbezug aufweisen, einem nur eng begrenzten Personenkreis bekannt sind, nach dem bekundeten Willen des Arbeitgebers geheim zu halten sind und an deren Geheimhaltung ein objektiv feststellbares, berechtigtes Geheimhaltungsinteresse besteht.[371]

### *b. Gleichlauf mit Geschäftsgeheimnisbegriff des GeschGehG?*

Die Definition der Betriebs- und Geschäftsgeheimnisse muss im Zuge der Ablösung von § 17 UWG a.F. durch das GeschGehG an die Legaldefinition des § 2 Nr. 1 GeschGehG angepasst werden.[372] Dies ergibt sich aus einer verfassungskonformen Auslegung des § 79 BetrVG, da der Geschäftsgeheimnisbegriff andernfalls gegenüber dem Betriebsrat weiter wäre als gegenüber jedem Dritten. Die Schlechterstellung des Betriebsrats gegenüber Dritten ist mit Art. 3 Abs. 1 GG unvereinbar.[373] Darüber hinaus ist die normative Anknüpfung der Rechtsprechungsformel durch die Überführung von § 17 UWG a.F. ins GeschGehG weggefallen. Der Begriff des Betriebs- und Geschäftsgeheimnisses ist dem Wettbewerbsrecht entnommen und identisch auszulegen.[374] Dafür spricht letztlich

---

370 *Thüsing* in Richardi, § 79 BetrVG Rn. 5; *Kalbfus* in Harte-Bavendamm/Ohly/Kalbfus, Geheimnisschutz im Arbeitsrecht Rn. 133; *Preis/Seiwerth*, RdA 2019, 351 (353); *Oetker* in GK-BetrVG, § 79 BetrVG Rn. 11 f., zur individualvertraglichen Ebene ausführlich siehe: Kapitel 2 0.

371 BAG v. 26.2.1987 – 6 ABR 46/84, NZA 1988, 63; LAG Hamm v. 22.7.2011 – 10 Sa 381/11, juris; *Fitting*, § 79 BetrVG Rn. 3; *Müller*, BB 2013, 2293.

372 *Schuth*, Neuregelung zum Schutz von Geschäftsgeheimnissen, S. 444 ff.; *Klumpp* in Löwisch/Kaiser/Klumpp, § 79 BetrVG Rn. 8; *Preis* in ErfK, § 611a BGB Rn. 711; *Kania* in ErfK, § 79 BetrVG Rn. 2; *Thüsing* in Richardi, § 79 BetrVG Rn. 5a; *Lorenz* in Düwell, § 79 BetrVG; *Hayen* in Hoeren/Münker, § 5 GeschGehG Rn. 141; im Ergebnis auch: *Kalbfus* in Harte-Bavendamm/Ohly/Kalbfus, Geheimnisschutz im Arbeitsrecht Rn. 134; *Trebeck/Schulte-Wissermann*, NZA 2018, 1175 (1180); a.A. *Fitting*, § 79 BetrVG Rn. 3a; *Krois* in MHdB ArbR, § 295 Rn. 205a, der § 79 BetrVG als lex specialis einordnet.

373 *Preis* in ErfK, § 611a BGB Rn. 711; *Kania* in ErfK, § 79 BetrVG Rn. 2; im Ergebnis auch: *Kalbfus* in Harte-Bavendamm/Ohly/Kalbfus, Geheimnisschutz im Arbeitsrecht Rn. 134; *Trebeck/Schulte-Wissermann*, NZA 2018, 1175 (1180).

374 *Thüsing* in Richardi, § 79 BetrVG Rn. 5 f.

auch der Zweck der Geschäftsgeheimnis-RL, namentlich die Harmonisierung des Geheimnisschutzes im Binnenmarkt.[375]

Im Ergebnis führt diese Angleichung der Definition an den Geschäftsgeheimnisbegriff des GeschGehG allerdings zu keinen Unterschieden. Dies ergibt sich aus der Struktur des § 79 Abs. 1 BetrVG. Der in § 79 Abs. 1 BetrVG verwendete Geschäftsgeheimnisbegriff ist zweigeteilt. Neben der materiellen Geheimniseigenschaft muss der Betriebsrat über die Geheimhaltungsbedürftigkeit der weitergegebenen Information belehrt werden (sog. formelles Geheimnis).[376] Die offengelegte Information muss ausdrücklich von der Arbeitgeberseite als Geschäftsgeheimnis bezeichnet werden. Der Wille der Geheimhaltungsbedürftigkeit muss für den Betriebsrat klar erkennbar sein. Erst der Hinweis auf die Verschwiegenheitspflicht führt zum Eingreifen der besonderen betriebsverfassungsrechtlichen Verschwiegenheitspflicht gegenüber dem Betriebsrat.[377] Die Bezeichnung ist also konstitutiv für das Eingreifen der Verschwiegenheitspflicht aus § 79 Abs. 1 BetrVG.

Durch diesen ausdrücklichen Hinweis auf die Geheimhaltungsbedürftigkeit der Information wird dem Erfordernis angemessener Geheimhaltungsmaßnahmen in der Regel Genüge getan.[378] Dem Betriebsrat wird so das Abgrenzungsrisiko zwischen „freien" und geheimhaltungsbedürftigen Informationen abgenommen. Insbesondere der Warnfunktion angemessener Geheimhaltungsmaßnahmen wird auf diesem Wege Rechnung getragen. Aufgrund der zahlreichen straf- und zivilrechtlichen Sanktionsmöglichkeiten des Arbeitgebers handelt es sich um eine angemessene Geheimhaltungsmaßnahme gegenüber dem Betriebsrat.

---

375 *Kalbfus* in Harte-Bavendamm/Ohly/Kalbfus, Geheimnisschutz im Arbeitsrecht Rn. 134; ErwGr. 14 Geschäftsgeheimnis-RL.

376 LAG Schleswig-Holstein v. 4.3.2015 – 3 Sa 400/14, juris; *Fitting*, § 79 BetrVG Rn. 5; *Kania* in ErfK, § 79 BetrVG Rn. 7; *Lorenz* in Düwell, 79 BetrVG Rn. 10.

377 LAG Schleswig-Holstein v. 4.3.2015 – 3 Sa 400/14, juris; *Fitting*, § 79 BetrVG Rn. 5; *Kania* in ErfK, § 79 BetrVG Rn. 7; *Lorenz* in Düwell, 79 BetrVG Rn. 10.

378 In diese Richtung: *Bissels/Schroeders/Ziegelmayer*, DB 2016, 2295 (2297); *Oltmanns/Fuhlrott*, NZA 2019, 1384 (1387); *Kalbfus* in Harte-Bavendamm/Ohly/Kalbfus, Geheimnisschutz im Arbeitsrecht Rn. 137; *Fuhlrott* in BeckOK GeschGehG, § 3 GeschGehG Rn. 26; dies als zirkelschlüssig ablehnend: *Schuth*, Neuregelung zum Schutz von Geschäftsgeheimnissen, S. 446 f.

### c. *Weiterhin offen: Abwägung des berechtigten Geheimhaltungsinteresses mit konfligierenden Arbeitnehmerinteressen?*

Besondere Probleme ranken sich indes um das Merkmal des berechtigten Geheimhaltungsinteresses. Anhand des Merkmals der „Berechtigung“ des Geheimhaltungsinteresses nehmen Teile der Literatur und der Rechtsprechung eine Abwägung der arbeitgeberseitigen Geheimhaltungsinteressen mit den Offenlegungsinteressen der Belegschaft vor.[379] Dadurch können gegenläufige Informationsinteressen der Arbeitnehmerseite die Berechtigung des Geheimhaltungsinteresses entfallen lassen. Folge davon wäre, dass die Geschäftsgeheimniseigenschaft einer Information wegen des fehlenden Geheimhaltungsinteresses insgesamt entfällt. Mangels Vorliegen eines Geschäftsgeheimnisses würde die Geheimhaltungspflicht des Betriebsrats aus § 79 Abs. 1 BetrVG der Informationsweitergabe an die Gewerkschaft nicht entgegenstehen.

#### aa. *Meinungsstand*

Einerseits wird vertreten, dass durch das normative Merkmal der „Berechtigung“ des Geheimhaltungsinteresses ein Abwägungskriterium in die Geschäftsgeheimnisdefinition Einzug gefunden hat. Dies ermögliche es, die berechtigten Arbeitnehmerinteressen zu berücksichtigen.[380] Plastisch wird dies anhand einer Entscheidung des LAG Schleswig-Holsteins. Das Gericht postulierte, dass ein interessenausgleichspflichtiger Personalabbau als solcher und dessen konkreter Umfang nicht *per se* vom Arbeitgeber zu einem Betriebs- und Geschäftsgeheimnis erklärt werden könne.[381] Das Gericht sah in diesem Bereich ein Spannungsverhältnis zwischen Schweigepflicht des Betriebsrats zum Schutz der Arbeitgeberinteressen und der wirksamen Interessenvertretung der Belegschaft.[382] Der Betriebsrat müsse mit seinen Wählern und den von ihm vertretenen Arbeitnehmern kommunizieren können, um eine effektive und sachgerechte Ausübung seiner Mitbestimmungsrechte gewährleisten zu können.[383] Unter Abwägung der widerstreitenden Interessen kam das Gericht zu dem Ergebnis,

---

379 So etwa: LAG Schleswig-Holstein v. 20.5.2015 – 3 TaBV 35/14, BB 2015, 2941; *Buschmann* in DKKW, § 79 BetrVG Rn. 8; *Kania* in ErfK, § 79 BetrVG Rn. 4.

380 *Sittard* in HWK, § 79 BetrVG, Rn. 8; *Buschmann* in DKKW, § 79 BetrVG Rn. 8.

381 LAG Schleswig-Holstein v. 20.5.2015 – 3 TaBV 35/14, BB 2015, 2941; LAG Hessen v. 20.3.2017 – 16 TaBV 12/17, Rn. 18, juris; a.A.: *Thüsing* in Richardi, § 79 BetrVG Rn. 5b; *Oetker* in GK-BetrVG, § 79 BetrVG Rn. 16.

382 LAG Schleswig-Holstein v. 20.5.2015 – 3 TaBV 35/14, BB 2015, 2941 (2943).

383 LAG Schleswig-Holstein v. 20.5.2015 – 3 TaBV 35/14, BB 2015, 2941 (2943).

dass der Vorgang der Betriebsänderung „an sich“ keinen Geheimnisschutz genieße.[384] Dementsprechend bestehe bei Verhandlungen zwischen Betriebsrat und Arbeitgeber keine Verhandlungsvertraulichkeit über Gegenstand, Verlauf und Ergebnis. Dafür fehle es an dem berechtigten Geheimhaltungsinteresse des Arbeitgebers.[385] Darüber hinaus bestehe gegenüber den Arbeitnehmern kein Konkurrenz- oder Wettbewerbsverhältnis.[386] Daraus folgte, dass der Betriebsrat die Information an die Belegschaft kommunizieren konnte.

Die Gegenansicht stellt für die Herleitung des berechtigten Geheimhaltungsinteresses allein auf die Position des Arbeitgebers ab. Ein berechtigtes Interesse an der Geheimhaltung bestehe dann, wenn die Tatsache für die Wettbewerbsfähigkeit des Unternehmens von Bedeutung sei.[387] Der Begriff des Betriebs- und Geschäftsgeheimnisses sei dem Wettbewerbsrecht entnommen und deshalb übereinstimmend zu definieren.[388] Das Interesse an der Geheimhaltung sei nur anhand wirtschaftlicher Aspekte auszurichten und gerade nicht anhand der Mitbestimmungsrechte des Betriebsrats.[389] Das Geheimhaltungsinteresse des Geheimnisinhabers sei nicht von einer – wie auch immer gearteten – Interessenabwägung abhängig. Dies gelte – wie bei § 17 UWG a.F.[390] – auch im Rahmen von § 79 Abs. 1 BetrVG. Das aus der betrieblichen Mitbestimmung resultierende Informationsinteresse sei nicht dazu in der Lage ein vorhandenes Geheimhaltungsinteresse zu verdrängen.[391] Zudem habe der Gesetzgeber in Kenntnis des Informationsinteresses auf Arbeitnehmerseite keine Kommunikationsbefugnisse des Betriebsrats normiert. Diese gesetzgeberische Wertung würde über die Interessenabwägung entwertet.[392] Hinzu komme, dass durch die Information der Mitarbeiter faktisch Öffentlichkeit hergestellt werde.[393] Weiterhin führe die

---

384 LAG Schleswig-Holstein v. 20.5.2015 – 3 TaBV 35/14, BB 2015, 2941 (2943).

385 LAG Schleswig-Holstein v. 20.5.2015 – 3 TaBV 35/14, BB 2015, 2941 (2943).

386 LAG Schleswig-Holstein v. 20.5.2015 – 3 TaBV 35/14, BB 2015, 2941 (2943) unter Verweis auf: BAG v. 9.6.1999 – 7 ABR 66/97, AP BetrVG 1972 § 40 Nr. 66.

387 *Oetker* in GK-BetrVG, § 79 BetrVG Rn. 18; *Krois* in MHdB ArbR, § 295 Rn. 207; *Rieble/Klebeck*, NZA 2006, 758 (765).

388 So noch unter Geltung von § 17 UWG a.F. *Thüsing* in Richardi, § 79 BetrVG Rn. 5.

389 *Nicolai* in HWGNRH, § 79 BetrVG Rn. 3; *Waskow* in NK-ArbR, § 79 BetrVG Rn. 6; *Krois* in MHdB ArbR, § 295 Rn. 207; *Müller*, BB 2013, 2293 (2294).

390 Siehe zur Situation bei § 17 UWG a.F. nur: *Ohly* in Ohly/Sosnitza, § 17 UWG Rn. 12.

391 *Weber*, Die Schweigepflicht des Betriebsrats, S. 45; *Krois* in MHdB ArbR, § 295 Rn. 207; für die Arbeitnehmervertreter im Aufsichtsrat: *Hueck*, RdA 1975, 35 (41).

392 *Weber*, Die Schweigepflicht des Betriebsrats, S. 45; *Oetker* in GK-BetrVG, § 79 BetrVG Rn. 22.

393 *Nicolai* in HWGNRH, § 79 BetrVG Rn. 6.

Gegenansicht zu einem dogmatischen Bruch. Offenlegungsinteressen können zur Bestimmung von Geheimhaltungsinteressen nicht herangezogen werden. Darin liege letztlich eine Verquickung von Tatbestand und Rechtswidrigkeit der Informationsweitergabe.[394] Als Folge bestünde mangels berechtigtem Geheimhaltungsinteresse schon tatbestandlich kein Geschäftsgeheimnis mehr, mit der Folge, dass die Information sowohl betriebsintern wie auch betriebsextern ungehindert zirkulieren könne.[395]

#### *bb. Stellungnahme*

##### *(1) Zweistufige Prüfung*

Die letztgenannte Ansicht kann überzeugen. Das berechtigte Geheimhaltungsinteresse ist allein aus Arbeitgebersicht anhand der wirtschaftlichen Aspekte zu ermitteln.[396] Gestützt wird dieses Verständnis auch durch den neu eingeführten § 5 GeschGehG. Dieser enthält einzelfallbezogene Ausnahmeregelungen von den Verletzungstatbeständen des § 4 GeschGehG.[397] Das GeschGehG – als Stammgesetz des Geheimnisschutzes – erkennt also Situationen an, in denen der Geheimnisschutz hinter konfligierenden Interessen zurücktreten muss. Durch die Ausgestaltung als einzelfallbezogene Ausnahmeregelung kann dieses Zurückweichen des Geheimnisschutzes erfolgen, ohne dass die Information ihre Eigenschaft als Geschäftsgeheimnis verliert. Das Merkmal der berechtigten Geheimhaltungsinteressen dient lediglich als Missbrauchskontrolle. Eine Interessenabwägung an dieser Stelle würde den Geheimnisschutz in unbilliger Weise verkürzen. Die konfligierenden Offenlegungsinteressen können nicht auf Tatbestandsebene berücksichtigt werden. Auch die Gesetzesbegründung zum GeschGehG stützt dieses Verständnis. Im Rahmen des berechtigten Offenlegungsinteresses wird dort explizit die Unterrichtung der Belegschaft über einen bevorstehenden Personalabbau durch den Betriebsrat als legitimes Gruppeninteresse genannt.[398] Dies impliziert, dass ein bevorstehender Personalabbau

---

394 *Brammsen*, Anm. zu LAG Schleswig-Holstein v. 20.5.2015 – 3 TaBV 35/14, NZA-RR 2016, 77 (82).

395 *Brammsen*, Anm. zu LAG Schleswig-Holstein v. 20.5.2015 – 3 TaBV 35/14, NZA-RR 2016, 77 (82).

396 So auch: *Schuth*, Neuregelung zum Schutz von Geschäftsgeheimnissen, S. 458 ff.

397 *Alexander* in Köhler/Bornkamm/Feddersen, § 5 GeschGehG Rn. 2; so auch für den besonders strittigen Fall illegaler Geheimnisse: *Harte-Bavendamm* in Harte-Bavendamm/Ohly/Kalbfus § 2 GeschGehG Rn. 67.

398 BT-Drs. 19/4724, S. 29.

grundsätzlich als Geschäftsgeheimnis einzuordnen ist. Die legitimen Gruppeninteressen sind erst auf Ebene des § 5 GeschGehG zu berücksichtigen. Durch dieses zweistufige Vorgehen werden dogmatische Brüche vermieden. Weitergehend kann die selektive Offenlegung von Insiderinformationen als verwandte Problematik zur Begründung herangezogen werden. Auch hier erfolgt ein zweistufiges Vorgehen, welches einzelfallbezogene Lösungen ermöglicht. Art. 10 Abs. 1 i.V.m. Art. 14 lit. c) MAR normiert das Verbot der unrechtmäßigen Offenlegung von Insiderinformationen. Allerdings kennt das Insiderrecht Ausnahmefälle in denen das Offenlegungsinteresse überwiegen kann. Das Überwiegen der Offenlegungsinteressen im Einzelfall führt indes nicht dazu, dass die fragliche Tatsache ihre Eigenschaft als Insiderinformation insgesamt verliert.[399]

### *(2) Allerdings: Fehlende Anknüpfung für konfligierende Offenlegungsinteressen*

Im Rahmen der betriebsverfassungsrechtlichen Verschwiegenheitspflicht der Betriebsratsmitglieder fehlt es allerdings an einem Anknüpfungspunkt für die Berücksichtigung entgegenstehender Interessen im Einzelfall. Daraus folgern Teile der Literatur, dass eine Informationsweitergabe durch den Betriebsrat immer ausscheiden müsse. § 79 Abs. 1 S. 3 und 4 BetrVG seien abschließende Ausnahmen von der Geheimhaltungspflicht.[400] Man würde diese Wertung konterkarieren, wenn unter Verneinung eines Geheimhaltungsinteresses durch die Hintertür eine Weitergabe der vertraulichen Information legitimiert würde.[401]

Dementgegen muss der Betriebsrat als gewähltes Repräsentationsorgan der Belegschaft mit seiner Wählerschaft kommunizieren können.[402] Die Aufgabe des Betriebsrats – die Wahrnehmung der Belegschaftsinteressen – erfordert eine Rückkoppelung an die Belegschaft, sodass dem Betriebsrat neben dem Arbeitgeber eine eigene Informationskompetenz gegenüber der Belegschaft zukommt.[403] Es besteht das akute Bedürfnis einer Abwägung der arbeitgeberseitigen Geheimhaltungsinteressen mit den Offenlegungsinteressen des Betriebsrats.[404]

---

399 Dazu ausführlich unter: Kapitel 2 0.

400 *Oetker* in GK-BetrVG, § 79 BetrVG Rn. 22, so auch: *Rieble/Klebeck*, NZA 2006, 758 (765).

401 *Oetker* in GK-BetrVG, § 79 BetrVG Rn. 22.

402 BAG v. 21.11.1978 – 6 ABR 85/76, AP BetrVG 1972 § 40 Nr. 15; *Weber*, Die Schweigepflicht des Betriebsrats, S. 106 f.; *Simitis/Kreuder*, NZA 1992, 1009 (1010).

403 BAG v. 21.11.1978 – 6 ABR 85/76, AP BetrVG 1972 § 40 Nr. 15; *Bruder*, Die Weitergabe von Insiderinformationen durch Arbeitnehmervertreter, S. 80 ff.

404 *Kania* in ErfK, § 79 BetrVG Rn. 4.

#### *(3) Analoge Anwendung von § 5 GeschGehG*

Mangels Anknüpfungspunktes für die Berücksichtigung der Offenlegungsinteressen des Betriebsrats im BetrVG besteht insoweit eine planwidrige Regelungslücke. Aufgrund der vergleichbaren Interessenlage kann die Regelungslücke über eine analoge Anwendung von § 5 GeschGehG geschlossen werden.[405] Die dort getroffenen Ausnahmen vom Offenlegungsverbot gelten nicht pauschal und sprechen einer Information ihre Eigenschaft als Geschäftsgeheimnis nicht ab. Vielmehr bleibt die Eigenschaft als Geschäftsgeheimnis grundsätzlich bestehen. Mittels einer Einzelfallabwägung sind der Schutz von Geschäftsgeheimnissen und die dahinterstehenden Grundrechte mit anderen Wertungen der Rechtsordnung in Einklang zu bringen.[406] Die Norm stellt die rechtliche Grundlage für den Ausgleich von miteinander in Konflikt stehenden Interessen dar.[407] Durch die analoge Anwendung von § 5 GeschGehG können die konfligierenden Interessen in Ausgleich gebracht werden, ohne dass es zu einem pauschalen Entfallen der Geheimniseigenschaft kommt.

#### *(4) Zwischenergebnis*

Der materielle Geheimnisbegriff des § 79 Abs. 1 BetrVG ist an die Legaldefinition in § 2 Nr. 1 GeschGehG anzupassen. Das Merkmal des „berechtigten Geheimhaltungsinteresses" kann nicht als Anknüpfungspunkt für konfligierende Offenlegungsinteressen dienen. Vielmehr ist ein zweistufiges Vorgehen geboten, um dogmatische Brüche zu vermeiden. Als Anknüpfungspunkt für die einzelfallbezogene Interessenabwägung auf zweiter Stufe dient § 5 GeschGehG analog.

### *2. Formelles Geheimnis*

Für das Eingreifen der betriebsverfassungsrechtlichen Verschwiegenheitspflicht muss daneben das weitergegebene Geschäftsgeheimnis vom Arbeitgeber ausdrücklich als geheimhaltungsbedürftig bezeichnet worden sein. Hierbei ist hinsichtlich der Art der Kenntniserlangung zu unterscheiden.

---

405 Für eine analoge Anwendung von § 5 GeschGehG im Rahmen von § 404 AktG explizit: *Oetker* in Schmidt/Lutter, § 404 AktG Rn. 5; für § 85 GmbHG: *Beurskens* in Noack/Servatius/Haas § 85 GmbHG Rn. 21; weitergehend *Schuth*, Neuregelung zum Schutz von Geschäftsgeheimnissen, S. 298 ff., 474, die § 5 GeschGehG eine allgemeine Ausstrahlungswirkung beimisst. Hiergegen: *Hiéramente* in BeckOK GeschGehG, § 5 GeschGehG Rn. 8.

406 *Alexander* in Köhler/Bornkamm/Feddersen, § 5 GeschGehG Rn. 2.

407 *Alexander* in Köhler/Bornkamm/Feddersen, § 5 GeschGehG Rn. 8.

### a. *Information kommt vom Arbeitgeber selbst*

Kommt die Information vom Arbeitgeber selbst, ergeben sich keine Schwierigkeiten. Die offengelegte Information muss von der Arbeitgeberseite ausdrücklich als Geschäftsgeheimnis bezeichnet werden. Erst der Hinweis auf die Verschwiegenheitspflicht begründet das Geschäftsgeheimnis in formeller Hinsicht.[408] Dieses Kriterium dient unter anderem dem Schutz der Betriebsratsmitglieder, die ansonsten das Abgrenzungsrisiko zwischen freien und geheimhaltungsbedürftigen Informationen zu tragen hätten.[409] Der Geheimhaltungswille muss für den Betriebsrat klar erkennbar sein.[410]

### b. *Informationserlangung im Rahmen der Amtstätigkeit durch andere Quellen*

Der Betriebsrat kann auch auf anderen Wegen Kenntnis von Geschäftsgeheimnissen erlangen, etwa durch arbeitnehmerseitige Offenlegung. Diese Offenlegung ist gemäß § 5 Nr. 3 GeschGehG von den Handlungsverboten des § 4 GeschGehG ausgenommen, soweit die Offenlegung zur Aufgabenerfüllung des Betriebsrats erforderlich ist.[411] Indes hat der Arbeitgeber in dieser Situation keine Kenntnis davon, dass gegenüber dem Betriebsrat ein Geschäftsgeheimnis offengelegt wurde. Es besteht die Gefahr, dass der Schutz des § 79 Abs. 1 BetrVG leerläuft, weil der Arbeitgeber mangels Kenntnis der Informationsweitergabe die Informationen nicht ausdrücklich als Geschäftsgeheimnis deklarieren kann. In der Folge könnte der Betriebsrat die Information ohne jegliche Restriktionen offenlegen.[412] Deshalb ist der Betriebsrat in diesen Fällen aufgrund der betriebsverfassungsrechtlichen Kooperationsmaxime nach § 2 Abs. 1 BetrVG verpflichtet, vor einer Informationsweitergabe, den Arbeitgeber darüber zu informieren,

---

408 LAG Hamm v. 22.7.2011 – 10 Sa 381/11, juris; LAG Schleswig-Holstein v. 4.3.2015 – 3 Sa 400/14, juris; *Fitting*, § 79 BetrVG Rn. 5; *Kania* in ErfK, § 79 BetrVG Rn. 7; *Lorenz* in Düwell, 79 BetrVG Rn. 10; *Oetker* in GK-BetrVG, § 79 BetrVG Rn. 27; *Thüsing* in Richardi, § 79 BetrVG Rn. 7.

409 *Waskow* in NK-ArbR, § 79 BetrVG Rn. 7; *Oetker* in GK-BetrVG, § 79 BetrVG, Rn. 31.

410 LAG Schleswig-Holstein v. 4.3.2015 – 3 Sa 400/14, juris; *Fitting*, § 79 BetrVG Rn. 5; *Kania* in ErfK, § 79 BetrVG Rn. 7; *Lorenz* in Düwell, 79 BetrVG Rn. 10; *Thüsing* in Richardi, § 79 BetrVG Rn. 8.

411 BT-Drs. 19/4724, S. 28; *Fuhlrott* in BeckOK GeschGehG, § 5 GeschGehG Rn. 50.

412 *Brammsen*, Anm. zu LAG Schleswig-Holstein v. 20.5.2015 – 3 TaBV 35/14, NZA-RR 2016, 77 (82).

welche Information ihm gegenüber offengelegt wurde, damit der Arbeitgeber die Möglichkeit hat, seinen Geheimhaltungswillen gegenüber dem Betriebsrat kundzutun.[413]

### 3. *Kenntnisnahme in Funktion als Betriebsratsmitglied*

Für das Eingreifen der Geheimhaltungspflicht muss die Kenntnisnahme vom Betriebs- oder Geschäftsgeheimnis in Eigenschaft der Stellung als Betriebsratsmitglied erfolgt sein.[414] Dabei muss die Information nicht zwangsläufig durch den Arbeitgeber übermittelt werden.[415] Eine Kenntnisnahme bei Wahrnehmung betriebsverfassungsrechtlicher Rechte ist dabei ausreichend.

## II. Erlaubte Offenlegung gegenüber der Gewerkschaft

Was bedeutet dies nun für die gewerkschaftliche Informationsbeschaffung im Zusammenhang mit Sanierungstarifvertragsverhandlungen? Ist die Weitergabe sensibler, tarifverhandlungsrelevanter Informationen vom Betriebsrat an die Gewerkschaft möglich? Im Folgenden wird beleuchtet, inwieweit der Betriebsrat als Informationsquelle für die Gewerkschaft tätig werden kann.

### 1. *Einschränkung der Informationsrechte des Betriebsrats in der Tarifauseinandersetzung*

Insbesondere die personelle Verflechtung zwischen betriebsverfassungsrechtlicher und gewerkschaftlicher Funktionsträgerschaft erscheint aus Arbeitgebersicht kritisch. Es besteht das Risiko, dass die Informationsansprüche des Betriebsrates in der Tarifauseinandersetzung gegen den Arbeitgeber missbraucht werden. Aus Angst vor der Instrumentalisierung der Betriebsräte und den damit einhergehenden Nachteilen in der Tarifauseinandersetzung versuchten Arbeitgeber, den Unterrichtungsanspruch des Betriebsrats nach § 80 Abs. 2 BetrVG für die Zeit der Tarifauseinandersetzung zu dispensieren. Indes hat das BAG diesem Versuch eine Absage erteilt.[416] Zwar habe die Tarifautonomie

---

413 *Kania* in ErfK, §79 BetrVG Rn. 8.

414 *Thüsing* in Richardi, § 79 BetrVG Rn. 9; *Fitting*, § 79 BetrVG Rn. 7; *Kania* in ErfK, §79 BetrVG Rn. 9; *Buschmann* in DKKW, §79 BetrVG Rn. 15.

415 *Fitting*, § 79 BetrVG Rn. 7; *Kania* in ErfK §79 BetrVG Rn. 8; a.A. *Buschmann* in DKKW, § 79 BetrVG Rn. 15.

416 BAG v. 10.12.2002 – 1 ABR 7/02, NZA 2004, 223; BAG v. 13.12.2011 – 1 ABR 2/10, NZA 2012, 571 (575); LAG Rheinland-Pfalz v. 21.3.2013 – 10 TaBV 41/12, NZA-RR

Vorrang vor Mitbestimmungsrechten des Betriebsrats die geeignet sind, die Tarifautonomie einzuschränken.[417] Allerdings seien die Informationsansprüche des Betriebsrats nicht dazu geeignet, die Verhandlungs- und Kampfparität des Arbeitgebers zu beeinträchtigen.[418] Es könne nicht davon ausgegangen werden, dass der Betriebsrat die erhaltenen Informationen zweckentfremde.[419] Insoweit stünde der Weitergabe an die Gewerkschaft das Neutralitätsgebot aus § 74 Abs. 2 BetrVG sowie § 79 Abs. 1 BetrVG entgegen.[420] Nach der Konzeption des BAG erfolgt der Schutz der arbeitgeberseitigen Tarifautonomie erst auf einer anderen Ebene. Der Arbeitgeber kann die Informationsweitergabe nicht präventiv durch die Einschränkung der betriebsverfassungsrechtlichen Informationsansprüche des Betriebsrats verhindern. Dies überzeugt, da andernfalls massiv in die betriebsverfassungsrechtlichen Rechte des Betriebsrats eingegriffen würde.

### *2. Grundsatz: § 79 BetrVG gilt auch gegenüber der Gewerkschaft*

Der Schutz des Arbeitgebers ist auf Ebene von § 79 Abs. 1 BetrVG zu verorten. Die Verschwiegenheitspflicht aus § 79 Abs. 1 BetrVG greift gegenüber jedermann. Die Geheimhaltungspflicht soll nach überwiegender Ansicht auch gegenüber denjenigen Gremien und Vertretern gelten, die nur in § 79 Abs. 2 BetrVG, nicht aber in Abs. 1 genannt sind.[421] Angesichts der klaren Gesetzessystematik besteht die Verschwiegenheitspflicht insbesondere auch gegenüber den Gewerkschaften.[422] Daran ändert sich auch nichts,

---

2013, 291 (293); LAG Hessen v. 10.3.2011 – 9 TaBV 173/10, juris; BAG v. 10.12.2002 – 1 ABR 7/02, NZA 2004, 223 (227).

417 BAG v. 10.12.2002 – 1 ABR 7/02, NZA 2004, 223 (226); so auch: *Fitting*, § 74 BetrVG Rn. 21a; *Maschmann* in Richardi, § 74 BetrVG Rn. 33; a.A. *Reichold*, NZA 2004, 247 (250).

418 BAG v. 10.12.2002 – 1 ABR 7/02, NZA 2004, 223 (227); *Thüsing* in Richardi, § 80 BetrVG Rn. 68.

419 BAG v. 10.12.2002 – 1 ABR 7/02, NZA 2004, 223; kritisch: *Reichold*, NZA 2004, 247 (250).

420 LAG Rheinland-Pfalz v. 21.3.2013 – 10 TaBV 41/12, NZA-RR 2013, 291 (293); LAG Hessen v. 10.3.2011 – 9 TaBV 173/10, juris; BAG v. 10.12.2002 – 1 ABR 7/02, NZA 2004, 223 (227).

421 *Thüsing* in Richardi, § 79 BetrVG Rn. 13, *Fitting*, § 79 BetrVG Rn. 25; *Kania* in ErfK, § 79 BetrVG Rn. 13; *Oetker* in GK-BetrVG, § 79 BetrVG Rn. 66.

422 *Kania* in ErfK, § 79 BetrVG Rn. 13; *Fitting*, § 79 BetrVG Rn. 25; *Oetker* in GK-BetrVG, § 79 BetrVG Rn. 66; a.A. *Lorenz* in Düwell, § 79 BetrVG Rn. 18; *Buschmann* in DKKW, § 79 BetrVG Rn. 26.

soweit ein Betriebsratsmitglied gleichzeitig ein gewerkschaftliches Amt innehat.[423]

Soweit die Voraussetzungen von § 79 Abs. 1 BetrVG erfüllt sind, greift die Schweigepflicht des Betriebsrats auch gegenüber der Gewerkschaft. Dies wird bezüglich der tarifverhandlungsrelevanten Informationen regelmäßig der Fall sein. Wie oben dargelegt, kann eine Berücksichtigung möglicher Offenlegungsinteressen des Betriebsrats nicht auf Tatbestandsebene erfolgen.[424] Diese sind vielmehr in einem zweiten Schritt auf Rechtfertigungsebene zu berücksichtigen. Mangels eines normativen Anknüpfungspunktes ist § 5 GeschGehG analog heranzuziehen.

### 3. *Erlaubte Offenlegung gegenüber der Gewerkschaft nach § 5 GeschGehG?*

§ 5 GeschGehG bietet die Möglichkeit die Offenlegungsinteressen des Betriebsrats zu berücksichtigen. So können die kollidierenden Interessen in einen schonenden Ausgleich gebracht werden.[425] Wie dargelegt ist § 5 GeschGehG im Rahmen von § 79 Abs. 1 BetrVG analog anzuwenden. Hinsichtlich der Informationsweitergabe des Betriebsrats an die Gewerkschaft ist ein Rückgriff auf den Auffangtatbestand des „Schutzes eines berechtigten Interesses" erforderlich.[426] Denn § 5 Nr. 3 GeschGehG erfasst nur den Informationsfluss des Arbeitnehmers an die Arbeitnehmervertretung und nicht die Informationstätigkeit der Arbeitnehmervertretung selbst.[427]

Da hier eine mögliche Ausnahme von § 79 Abs. 1 BetrVG im Raum steht, ist der Schutzzweck der Geheimhaltungspflicht maßgebend zu berücksichtigen. Konkret geht es darum, welche arbeitgeberseitigen Interessen durch die betriebsverfassungsrechtliche Verschwiegenheitspflicht geschützt werden, da nur diese Interessen im Rahmen der Abwägung berücksichtigungsfähig sind.

---

423 *v. Straelen*, Der Rollenkonflikt des Arbeitnehmervertreters, S. 65; Zur Unzulässigkeit von „Informationsflüssen" zwischen Betriebsrat und Aufsichtsrat bei Mehrfachmandatsträgern: *Redenius-Hövermann/Denecke*, AR 2019, 88 (89).

424 Dazu: Kapitel 2 0.

425 *Alexander* in Köhler/Bornkamm/Feddersen, § 5 GeschGehG Rn. 8.

426 *Schuth*, Neuregelung zum Schutz von Geschäftsgeheimnissen, S. 468 ff.

427 *Thüsing* in Richardi, § 79 BetrVG Rn. 11b; *Fuhlrott* in BeckOK GeschGehG, § 5 GeschGehG Rn. 51; *Schuth*, Neuregelung zum Schutz von Geschäftsgeheimnissen, S. 468 ff.

### a. *Offenlegungsinteressen des Betriebsrats*

Hinter dem Offenlegungsinteresse des Betriebsrats an die Gewerkschaft steht die individuelle Koalitionsfreiheit der einzelnen Betriebsratsmitglieder aus Art. 9 Abs. 3 GG. Die Weitergabe von Informationen an die Gewerkschaft stellt letztlich eine gewerkschaftliche Betätigung des einzelnen Betriebsratsmitglieds dar. § 74 Abs. 3 BetrVG erlaubt explizit auch eine Gewerkschaftsbetätigung von betriebsverfassungsrechtlichen Funktionsträgern. Die koalitionsmäßige Betätigung der betriebsverfassungsrechtlichen Funktionsträger ist im gleichen Umfang zulässig, in dem diese vom Grundrecht der Koalitionsfreiheit gem. Art. 9 Abs. 3 GG geschützt ist.[428]

Da zunächst jede Form der koalitionsmäßigen Betätigung in den Schutzbereich von Art. 9 Abs. 3 GG einbezogen wird, wird auch die Informationsweitergabe an die Gewerkschaft als Teil der koalitionsmäßigen Betätigung von der individuellen Koalitionsfreiheit aus Art. 9 Abs. 3 GG erfasst. Die Begrenzung der individuellen Koalitionsfreiheit erfolgt erst auf Rechtfertigungsebene. Taugliche Schranke für die Begrenzung der Koalitionsfreiheit stellt die Verschwiegenheitspflicht aus § 79 Abs. 1 BetrVG dar.

### b. *Arbeitgeberseitige Interessen*

Zunächst ist zu bestimmen, welche Interessen die betriebsverfassungsrechtliche Geheimhaltungspflicht schützt. Der Schutzzweck der Norm gibt vor, welche arbeitgeberseitigen Interessen in der Abwägung berücksichtigungsfähig sind.

Vorrangig dient die betriebsverfassungsrechtliche Verschwiegenheitspflicht der Wahrung der ungestörten Ausübung der unternehmerischen Tätigkeit und dem Schutz der Wettbewerbsfähigkeit des Betriebsinhabers.[429] Die Marktchancen des Arbeitgebers würden gegenüber seinen Konkurrenten empfindlich beeinträchtigt, wenn Betriebs- oder Geschäftsgeheimnisse nach außen bekannt würden.[430] Hinter dem Schutz von Betriebs- und Geschäftsgeheimnissen steht die Sicherung der aufgrund der Betriebs- und Geschäftsgeheimnisse bestehenden Wettbewerbslage.[431] In erster Linie dient sie dem Schutz der unternehmerischen Tätigkeit.

---

428 *Kania* in ErfK, § 74 BetrVG Rn. 36.

429 *Oetker* in GK-BetrVG, § 79 BetrVG Rn. 9; *Weber*, Die Schweigepflicht des Betriebsrats, S. 11; *Hitzfeld*, Geheimnisschutz im Betriebsverfassungsrecht, S. 32 ff.

430 *Krois* in MHdb ArbR, § 295 Rn. 203.

431 *Lukes*, Der betriebsverfassungsrechtliche Unterlassungsanspruch des Arbeitgebers gegen den Betriebsrat, S. 288 f.; *Weber*, Die Schweigepflicht des Betriebsrats, S. 13 f.;

Indes beschränkt sich der Schutzzweck der Norm nicht auf die unternehmerische Tätigkeit des Arbeitgebers. Der grundrechtliche Schutz von Geschäftsgeheimnissen ist nicht auf die wettbewerbsrechtliche Ebene beschränkt. Vielmehr werden Geschäftsgeheimnisse auch in eigentumsrechtlicher Dimension geschützt.[432] Schutzgut ist auch der Bestand des Geschäftsgeheimnisses als solches.

Strittig ist, ob § 79 Abs. 1 BetrVG darüber hinaus auch der Wahrung der Tarifautonomie des Arbeitgebers dient. Wäre dies der Fall, dann müsste eine Informationsweitergabe an die Gewerkschaft in aller Regel ausscheiden, da andernfalls der Schutzzweck der Geheimhaltungspflicht konterkariert würde.

Ein Teil der Literatur lehnt die Wahrung der Tarifautonomie als weiteren Schutzzweck der Schweigepflicht ab. Der Schutz von Unternehmen durch die Geheimhaltung gehe nur soweit, wie dadurch eine Beeinträchtigung bei der Teilnahme am Wirtschaftsverkehr möglich sei.[433] Dafür wird vielfach eine Entscheidung des BAG hinsichtlich der Unterrichtung des Wirtschaftsausschusses angeführt. Dort heißt es:

> *„Die Verschwiegenheitspflicht soll das Unternehmen bei seiner Teilnahme am Wirtschaftsverkehr schützen, nicht dagegen in seiner Rolle als (Mitglied einer) Tarifpartei. Es ist systemimmanent, dass im Wirtschaftsausschuss Personen tätig werden, die zugleich Funktionsträger oder Beauftragte von Gewerkschaften sind. Hierbei ist auch zu beachten, dass ein auf Tarifauseinandersetzungen ausgerichteter Schutz von Geschäftsgeheimnissen in § 109 BetrVG im Widerspruch stünde zu den vielfältigen Unterrichtungsmöglichkeiten der Arbeitnehmerseite, beispielsweise der Aufsichtsratsmitglieder der Arbeitnehmer (auch Gewerkschaftsvertreter).“*[434]

Indes stehen der Entscheidung tiefgreifende Bedenken entgegen, da sie den verfassungsrechtlichen Eigentumsschutz und die Tarifautonomie des Arbeitgebers nicht hinreichend berücksichtigt.[435] Überzeugenderweise führen Teile der Literatur an, dass § 79 Abs. 1 BetrVG umfassend vor der unbefugten Offenbarung und Verwertung von Geschäftsgeheimnissen schützt, unabhängig davon, zu welchem

---

*Hitzfeld*, Geheimnisschutz im Betriebsverfassungsrecht, S. 32 ff.; *Krois* in MHdb ArbR, § 295 Rn. 203.

432 *Beyerbach* in Hoeren/Münker, § 5 GeschGehG Rn. 24, ausführlich zum grundrechtlichen Schutz von Geschäftsgeheimnissen: *Gajeck*, Das Wirtschaftsgeheimnis in der Verfassung, S. 208.

433 *Mittag*, Anm. zu LAG Hessen v. 20.3.2017 – 16 TaBV 12/17, jurisPR-ArbR 29/2017 Anm. 3; *Buschmann* in DKKW, § 79 BetrVG Rn. 2.

434 BAG v. 11.7.2000 – 1 ABR 43/99, SAE 2002, 177 (180).

435 Überzeugend: *Kreßel*, Anm. zu BAG v. 11.7.2000 – 1 ABR 43/99, SAE 2002, 181 (183).

Zweck die Offenlegung der Information erfolgt.[436] Die Verschwiegenheitspflicht verbietet die Weitergabe gegenüber jedermann und unabhängig davon, ob es zu einem Missbrauch der Information kommt. Ohne die Geheimhaltungspflicht gegenüber der Gewerkschaft bestünde die Gefahr, dass die Gewerkschaft von Geschäftsgeheimnissen Kenntnis erlangt und so die Verhandlungsparität gestört wird.[437] Der Betriebsrat könnte durch die Informationsweitergabe zum Nachteil des Arbeitgebers in das Verhandlungsgeschehen eingreifen.[438]

§ 79 Abs. 1 BetrVG beschränkt sich nicht auf den Schutz der Wettbewerbsfähigkeit des Unternehmens. Daneben schützt die Norm auch die eigentumsrechtliche Dimension des Geschäftsgeheimnisses. Entgegen Teilen der Literatur und des BAG schützt § 79 Abs. 1 BetrVG auch die Tarifautonomie des Arbeitgebers. § 79 Abs. 1 BetrVG greift auch gegenüber der Gewerkschaft ein und sichert die Verhandlungsposition des Arbeitgebers in den Tarifverhandlungen ab. Allgemein formuliert verhindert die Schweigepflicht, dass die Gewerkschaft durch die Kenntnis von Geschäftsgeheimnissen einen Vorteil in den Tarifverhandlungen erhält. Durch die Unterbindung des Informationsflusses werden letztlich der Grundsatz der Chancengleichheit und die Tarifautonomie gewahrt.

### *c. Ergebnis: Überwiegen der Geheimhaltungsinteressen*

Dass § 79 Abs. 1 BetrVG neben der Wettbewerbsfähigkeit auch die eigentumsrechtliche Dimension des Geschäftsgeheimnisses, sowie die arbeitgeberseitige Tarifautonomie schützt, prädeterminiert letztlich das Abwägungsergebnis

436 *Lukes*, Der betriebsverfassungsrechtliche Unterlassungsanspruch des Arbeitgebers gegen den Betriebsrat, S. 290 f.; *Kreßel*, Anm. zu BAG v. 11.7.2000 – 1 ABR 43/99, SAE 2002, 181 (183).

437 *Oetker* in GK-BetrVG, § 79 BetrVG Rn. 8 f.; *Lukes*, Der betriebsverfassungsrechtliche Unterlassungsanspruch des Arbeitgebers gegen den Betriebsrat, S. 290 f; *Weber*, Die Schweigepflicht des Betriebsrats, S. 13 f.; *Hitzfeld*, Geheimnisschutz im Betriebsverfassungsrecht, S. 32 ff.; *Hartung*, DB 1975, 895 f.; *Kreßel* Anm. zu BAG v. 11.7.2000 – 1 ABR 43/99, SAE 2002, 181 (183).

438 So zur Einschränkung von betriebsverfassungsrechtlichen Mitbestimmungsrechten im Arbeitskampf: BAG v. 13.12.2011 – 1 ABR 2/10, NZA 2012, 571 (573); BAG v. 22.12.1980 – 1 ABR 2/79, NJW 1981, 937 (941); allerdings ablehnend hinsichtlich des Informationsanspruchs aus § 80 Abs. 2 BetrVG: BAG v. 10.12.2002 – 1 ABR 7/02, NZA 2004, 223; BAG v. 13.12.2011 – 1 ABR 2/10, NZA 2012, 571 (575); LAG Rheinland-Pfalz v. 21.3.2013 – 10 TaBV 41/12, NZA-RR 2013, 291 (293); LAG Hessen v. 10.3.2011 – 9 TaBV 173/10, juris; BAG v. 10.12.2002 – 1 ABR 7/02, NZA 2004, 223 (227).

zugunsten des Arbeitgebers. Auch wenn der Gewerkschaft in der Sanierungssituation ein direkter Informationsanspruch gegen die Arbeitgeberseite zusteht, rechtfertigt § 5 GeschGehG keine Ausnahme von § 79 Abs. 1 BetrVG. Denn diese Informationsweitergabe würde es dem Geheimnisinhaber nehmen seine Geheimhaltungsinteressen gegenüber der Gewerkschaft abzusichern und seine tarifliche Informationskompetenz verletzen. Durch die Unterbindung des Informationstransfers an die Gewerkschaft wird die Verhandlungsposition des Arbeitgebers gegenüber der Gewerkschaft abgesichert.[439] Insbesondere in der Sanierungssituation spielt die Informationspolitik eine herausragende Rolle. Hier fehlt es den Verhandlungspartnern an strategischen Alternativen. Der Einsatz von Arbeitskampfmitteln scheidet in aller Regel aufgrund der angespannten wirtschaftlichen Situation des Arbeitgebers aus.

Demnach überwiegt das Geheimhaltungsinteresse des Arbeitgebers das Interesse des Betriebsrats an der Offenlegung von Informationen gegenüber der Gewerkschaft. Folglich muss eine Informationsweitergabe von Geschäftsgeheimnissen an die Gewerkschaft ausscheiden.

### 4. *Zulässige Weitergabe außerhalb des Anwendungsbereichs von § 79 BetrVG?*

Weitergehend sind Situationen denkbar, in denen die Voraussetzungen der Verschwiegenheitspflicht nicht vorliegen, etwa bei einem fehlenden Verweis auf die Geheimhaltungsbedürftigkeit der weitergegebenen Information. Mangels formeller Geheimniseigenschaft greift § 79 Abs. 1 BetrVG in solchen Fällen nicht ein.[440] Entscheidend ist, inwieweit es dem Betriebsrat gestattet ist, mit der Gewerkschaft innerhalb der Tarifauseinandersetzung zu kommunizieren, wenn die Voraussetzungen der betriebsverfassungsrechtlichen Verschwiegenheitspflicht nicht erfüllt sind.

#### a. *Weitergehende Restriktion aus dem Gebot vertrauensvoller Zusammenarbeit?*

Als Anknüpfung für die weitergehenden Verhaltenspflichten der Betriebspartner kommt das Gebot der vertrauensvollen Zusammenarbeit in Betracht.

---

439 *Lukes*, Der betriebsverfassungsrechtliche Unterlassungsanspruch des Arbeitgebers gegen den Betriebsrat, S. 290 f.

440 LAG Hamm v. 22.7.2011 – 10 Sa 381/11, juris; LAG Schleswig-Holstein v. 4.3.2015 – 3 Sa 400/14, juris.

Die Verschwiegenheitspflicht aus § 79 Abs. 1 BetrVG stellt eine besondere Ausprägung des allgemeinen Gebots der vertrauensvollen Zusammenarbeit dar.[441] § 2 Abs. 1 BetrVG ist nicht nur ein unverbindlicher Programmsatz, sondern bestimmt unmittelbar die Rechtsbeziehungen zwischen Arbeitgeber und Betriebsrat. Das Gebot der vertrauensvollen Zusammenarbeit ist nach überwiegender Auffassung dazu in der Lage, weitergehende Verhaltenspflichten der Betriebspartner zu begründen.[442]

Daraus schließen Teile der Literatur, dass aus dem Gebot der vertrauensvollen Zusammenarbeit weitere Restriktionen für den Betriebsrat bei Offenlegung von Informationen hergeleitet werden können.[443]

Die Gegenansicht führt an, dass die tatbestandlichen Grenzen von § 79 BetrVG diesen Bereich abschließend regeln.[444] § 79 BetrVG sperre als spezielle Verbotsnorm den Rückgriff auf die allgemeine Regelung des § 2 Abs. 1 BetrVG. Man würde die tatbestandlichen Grenzen der speziellen Norm verkennen, wenn man über das Gebot der vertrauensvollen Zusammenarbeit dem Betriebsrat weitergehende Verpflichtungen auferlegen würde.[445]

Die Ansicht, welche aus § 2 Abs. 1 BetrVG weitergehende Restriktionen herleitet, überzeugt. § 79 BetrVG stellt eine Ausprägung der betriebsverfassungsrechtlichen Kooperationsmaxime dar. Die Verschwiegenheitspflicht gilt dabei nur für Geschäftsgeheimnisse und unterstellt diese dem besonderen strafrechtlichen Schutz durch § 120 BetrVG. So wird der Kernbereich der unternehmensbezogenen Vertraulichkeitssphäre abgesichert. Vorgaben für sonstige vertraulichen Angaben gibt die Norm nicht vor, sodass § 79 BetrVG den Rückgriff auf § 2 Abs. 1 BetrVG nicht versperrt. Diese sonstigen vertraulichen Angaben unterfallen indes nicht dem besonderen Schutz durch §§ 79, 120 BetrVG. Die genaue Reichweite der Verschwiegenheitspflicht außerhalb von § 79 BetrVG ist anhand einer wertenden Abwägung aller Umstände zu ermitteln.[446]

---

441 *Weber*, Die Schweigepflicht des Betriebsrats, S. 165 m.w.N.

442 *Weber*, Die Schweigepflicht des Betriebsrats, S. 165 m.w.N.

443 So *Thüsing* in Richardi, § 79 BetrVG Rn. 10; *Fuhlrott* in BeckOK GeschGehG, § 3 GeschGehG Rn. 20; auch *Werner* in BeckOK ArbR, § 79 BetrVG Rn. 12.

444 *Buschmann* in DKKW, § 79 BetrVG Rn. 17.

445 *Buschmann* in DKKW, § 79 BetrVG Rn. 17.

446 *Hitzfeld*, Geheimnisschutz im Betriebsverfassungsrecht, S. 74.

### *b. Neutralitätspflicht des Betriebsrats*

Weitergehende Schranken für die Informationsweitergabe von Betriebsrat an Gewerkschaft ergeben sich aus dem Arbeitskampfverbot zwischen den Betriebspartnern, § 74 Abs. 2 S. 1 BetrVG. Die Situation der Tarifverhandlungen setzt insoweit andere Vorzeichen. Hier besteht die Möglichkeit, dass der Betriebsrat durch eine Informationsweitergabe die Verhandlungsparität der Tarifparteien beeinträchtigen kann.

Die Norm enthält explizit nur ein direktes Kampfverbot für die Betriebspartner. Ihr wird darüber hinaus auch eine strikte Neutralitätspflicht des Betriebsrats innerhalb einer Tarifauseinandersetzung entnommen.[447] Diese Neutralitätspflicht dient mehreren Zwecken. Zum einen resultiert sie aus dem Umstand, dass der Betriebsrat Repräsentant aller Arbeitnehmer des Betriebes unabhängig von ihrer Gewerkschaftsangehörigkeit ist. Sie ist Ausfluss der Pflicht zur gewerkschaftsneutralen Amtsführung des Betriebsrats.[448] Zudem stellt die Norm eine Ausprägung des Gebots vertrauensvoller Zusammenarbeit dar.[449] Durch die Pflicht zur Neutralität in der Tarifauseinandersetzung wird das vertrauensvolle Verhältnis zwischen den Betriebspartnern als Grundlage für ihre Zusammenarbeit geschützt.[450]

Diese Neutralitätspflicht adressiert neben dem Betriebsrat als Organ auch seine einzelnen Mitglieder.[451] Augenscheinlich ergeben sich daraus Spannungen mit § 74 Abs. 3 BetrVG. Dieser gewährleistet den einzelnen Betriebsratsmitgliedern das Recht auf koalitionsmäßige Betätigung. Allerdings ist damit keine Erweiterung der Rechte gewerkschaftlich organisierter Betriebsratsmitglieder verbunden. Deutlich wird dies anhand der Gesetzesbegründung zu § 74 Abs. 3 BetrVG, wo es heißt: „[...] *dass Arbeitnehmer, die nach diesem Gesetz Aufgaben übernehmen, hierdurch – unbeschadet der sich aus ihrem Amt ergebenden Pflichten – nicht gehindert sind, als Gewerkschaftsmitglieder für ihre Gewerkschaft tätig zu werden.*“[452]

---

447 *Kania* in ErfK, § 74 BetrVG Rn. 11; *Reichold* NZA 2004, 247 (248); *Rolfs/Bütefisch* NZA 1996, 17.

448 *Kania* in ErfK, § 74 BetrVG Rn. 34.

449 BT-Drs. 6/1786, S. 46; BAG v. 15.10.2013 – 1 ABR 31/12, NZA 2014, 319 (321); *Maschmann* in Richardi, § 74 BetrVG Rn. 2.

450 *Rolfs/Bütefisch* NZA 1996, 17.

451 BAG v. 5.12.1975 – 1 AZR 94/74, AP BetrVG 1972 § 87 Nr. 1; BAG v. 21.2.1978 – 1 ABR 54/76, AP BetrVG 1972 § 74 Nr. 1.

452 BT-Drs. 6/1786, S. 46.

Ein Betriebsratsmitglied darf demnach zwar in seiner Eigenschaft als Arbeitnehmer, nicht aber bei der Ausübung seines Betriebsratsamts uneingeschränkt für seine Gewerkschaft tätig werden.[453] Die institutionelle Trennung zwischen betriebsverfassungsrechtlicher und gewerkschaftlicher Interessenvertretung setzt sich in der Pflicht zur gewerkschaftsneutralen Amtsführung fort. Dem Betriebsratsmitglied ist der Rückgriff auf jene Unterstützungsmaßnahmen zu Gunsten der Gewerkschaft verwehrt, die aus seiner Stellung als Betriebsratsmitglied resultieren.[454] Unzulässig in der „normalen Tarifauseinandersetzung" ist etwa die Verwendung von Betriebsratsmitteln zu Streikzwecken.[455] In der Sanierungssituation ergeben sich abweichende Schwerpunkte. Hier kann die unzulässige Unterstützungshandlung darin liegen, dass der Betriebsrat Informationen an die Gewerkschaft weiterleitet, die er aufgrund seiner betriebsverfassungsrechtlichen Informationsansprüche vom Arbeitgeber erhalten hat. Soweit diese Informationen geeignet sind, die Verhandlungsparität der Tarifparteien zu beeinflussen, stellt die Weitergabe in jedem Fall einen Verstoß gegen das Gebot gewerkschaftsneutraler Amtsführung dar. Dies gilt unabhängig von den Voraussetzungen des § 79 Abs. 1 BetrVG.

### 5. *Ergänzender Schutz über arbeitsvertragliche Schweigepflicht*

Zur Wahrung der Verhandlungsparität bei Tarifverhandlungen bestehen auf betriebsverfassungsrechtlicher Ebene vielfältige Schutzmechanismen. So wird eine Instrumentalisierung betriebsverfassungsrechtlicher Rechte für gewerkschaftliche Zwecke verhindert. Diese betriebsverfassungsrechtlichen Schutzmechanismen werden auf individualvertraglicher Ebene flankiert. Insbesondere entfaltet § 79 Abs. 1 BetrVG gegenüber der arbeitsvertraglichen Verschwiegenheitspflicht, den Handlungsverboten aus § 4 GeschGehG sowie dem insiderrechtlichen Weitergabeverbot keine Sperrwirkung.[456] Durch das betriebsverfassungsrechtliche Mandat wird das Betriebsratsmitglied seiner

---

453 *Kania* in ErfK, § 74 BetrVG Rn. 12; *Fitting*, § 74 BetrVG Rn. 64 f.; differenzierend: *Rolfs/Bütefisch*, NZA 1996, 17, die den Betriebsratsmitgliedern im Arbeitskampf die Übernahme leitender Funktionen versagen.

454 *Kania* in ErfK, § 74 BetrVG Rn. 34; *Reichold*, NZA 2004, 247 (249).

455 BAG v. 15.10.2013 – 1 ABR 31/12, NZA 2014, 319.

456 *Oetker* in GK-BetrVG, § 79 BetrVG Rn. 30; *Thüsing* in Richardi, § 79 BetrVG Rn. 3; *Kalbfus* in Harte-Bavendamm/Ohly/Kalbfus, Geheimnisschutz im Arbeitsrecht Rn. 126; *Schuth*, Neuregelung zum Schutz von Geschäftsgeheimnissen, S. 450.

Stellung als Arbeitnehmer nicht verlustig.[457] Wenn die Voraussetzungen dieser weiteren Verschwiegenheitspflichten vorliegen, muss das Betriebsratsmitglied eine Informationsweitergabe unterlassen. Deutlich wird dies anhand der arbeitsvertraglichen Verschwiegenheitspflicht. Diese ist nicht auf die Wahrung von Geschäftsgeheimnissen beschränkt. Sie hat demnach im Verhältnis zu § 79 Abs. 1 BetrVG einen überschießenden Anwendungsbereich.[458]

Die betriebsexterne Kommunikation des Betriebsrats mit der Gewerkschaft über tarifverhandlungsrelevante Informationen muss in der Regel ausscheiden. Die arbeitsvertragliche Verschwiegenheitspflicht erfasst uneingeschränkt auch Betriebsratsmitglieder und ist nicht an das Eingreifen der speziellen betriebsverfassungsrechtlichen Verschwiegenheitspflicht gekoppelt. Sie hat vielmehr einen überschießenden Anwendungsbereich, da sie nicht auf Geschäftsgeheimnisse im Sinne von § 2 Nr. 1 GeschGehG beschränkt ist. Insbesondere die betriebsexterne Weitergabe von Informationen an die Gewerkschaften in den Tarifverhandlungen würde aber, wie oben dargelegt, berechtigten Arbeitgeberinteressen entgegenlaufen.[459]

## III. Ergebnis: Betriebsrat darf Informationen nicht weitergeben

So attraktiv der Betriebsrat für die gewerkschaftliche Informationsbeschaffung auch sein mag, ist eine Weitergabe sensibler Unternehmensdaten an die Gewerkschaft unzulässig. Soweit die Voraussetzungen von § 79 Abs. 1 BetrVG erfüllt sind, setzt die Verschwiegenheitspflicht strikte Grenzen. Aber auch außerhalb des Anwendungsbereichs von § 79 Abs. 1 BetrVG bestehen Einschränkungen für die Informationsweitergabe bei Tarifverhandlungen. Den Betriebsrat trifft ein striktes Neutralitätsgebot in der Tarifauseinandersetzung. Dies verbietet es dem Betriebsrat, Informationen an die Gewerkschaft weiterzugeben, die geeignet sind, die Verhandlungsparität zuungunsten des Arbeitgebers zu verschieben. Flankierend steht auch die individualvertragliche Schweigepflicht einer solchen Informationsweitergabe entgegen. Im Ergebnis scheidet der Betriebsrat als Informationsquelle für die Gewerkschaft in den Tarifverhandlungen aus.

---

457 *Kania* in ErfK, § 79 BetrVG Rn. 1; *Oetker* in GK-BetrVG, § 79 BetrVG Rn. 26; *Fitting*, § 79 BetrVG Rn. 7.

458 *Oetker* in GK-BetrVG, § 79 BetrVG Rn. 88; *Kania* in ErfK, § 79 BetrVG Rn. 17; *Fitting*, § 79 BetrVG Rn. 39; a.A. *Buschmann* in DKKW, § 79 BetrVG Rn. 17.

459 Ausführlich zur Interessenabwägung: Kapitel 2. 0.

## C. Wirtschaftsausschuss

Eine weitere potentielle Informationsquelle für die Gewerkschaft stellt der in Unternehmen mit mehr als einhundert ständig beschäftigten Arbeitnehmern zu bildende Wirtschaftssauschuss dar. Ist ein Wirtschaftsausschuss installiert, trifft den Unternehmer eine weitgehende Informationsverpflichtung gegenüber dem Ausschuss. Gemäß § 106 Abs. 1 S. 2 BetrVG obliegt es dem Wirtschaftsausschuss, die wirtschaftlichen Angelegenheiten mit dem Unternehmer zu beraten und im Anschluss den Betriebsrat darüber zu unterrichten. Diese Beratungspflicht ist den Informationsansprüchen des Betriebsrats in zeitlicher Hinsicht vorgelagert. Wegen der möglichen Erörterung von Zielen und Wegen einer Maßnahme, kann bereits im Planungsstadium eine Unterrichtungspflicht entstehen.[460] Der Wirtschaftsausschuss hat also bereits zu einem sehr frühen Stadium Kenntnis von der wirtschaftlichen Situation des Unternehmens. § 106 Abs. 3 BetrVG normiert einen nichtabschließenden Katalog wirtschaftlicher Angelegenheiten, die der Arbeitgeber rechtzeitig mit dem Wirtschaftsausschuss zu beraten hat. Davon erfasst sind unter anderem die wirtschaftliche und finanzielle Lage des Unternehmens (Nr. 1), die Produktions- und Absatzlage (Nr. 2), das Produktions- und Investitionsprogramm (Nr. 3) sowie Rationalisierungsvorhaben (Nr. 4). Es handelt sich um höchst sensible Wirtschaftsdaten, sowie die strategische Ausrichtung des Unternehmens für die Zukunft. Gerade bei Verhandlung eines Sanierungstarifvertrags sind diese Informationen von besonderer Bedeutung für die Gewerkschaft.

### I. Umfang der Informationspflicht

Nach § 106 Abs. 2 S. 1 BetrVG hat der Unternehmer den Wirtschaftsausschuss rechtzeitig und umfassend über die wirtschaftlichen Angelegenheiten des Unternehmens unter Vorlage der erforderlichen Unterlagen zu unterrichten.

#### *1. Rechtzeitige und umfassende Unterrichtung*

Ziel der Unterrichtung ist es, dem Wirtschaftsausschuss die Möglichkeit der Einflussnahme auf die Entscheidungsfindung des Unternehmers zu geben.[461] Deshalb setzt die Rechtzeitigkeit der Unterrichtung voraus, dass sie vor der endgültigen unternehmerischen Entscheidung und der Beratung im Betriebsrat

---

460 *Fitting*, § 106 BetrVG Rn. 30.

461 BAG v. 20.11.1984 – 1 ABR 64/82, AP BetrVG 1972 § 106 Nr. 3; *Annuß* in Richardi, § 106 BetrVG Rn. 24; *Fitting*, § 106 BetrVG Rn. 30.

erfolgt.[462] Für eine umfassende Unterrichtung, müssen dem Wirtschaftsausschuss alle Informationen zur Verfügung gestellt werden, die er für seine Aufgabenerfüllung benötigt. Es muss eine sinnvolle Beratung im Ausschuss möglich sein.[463] Es gilt der Grundsatz der Informationsparität.[464]

### 2. *Unter Vorlage der erforderlichen Unterlagen*

Im Rahmen der Unterrichtung sind dem Wirtschaftsausschuss die erforderlichen Unterlagen vorzulegen. Zu diesen Unterlagen gehören beispielsweise, Wirtschaftsprüfungsberichte, Bilanzen, Betriebsstatistiken und Ähnliches.[465] Indes ist der Wirtschaftsausschuss nicht dazu befugt, ohne Zustimmung des Arbeitgebers die vorgelegten Unterlagen zu vervielfältigen.[466]

§ 106 BetrVG dient der Herstellung von Informationsparität zwischen Unternehmer und Wirtschaftsausschuss.[467] Der Arbeitgeber ist grundsätzlich dazu verpflichtet, den Wirtschaftsausschuss über Betriebs- und Geschäftsgeheimnisse zu informieren.[468] Dies ergibt sich schon daraus, dass die in § 106 Abs. 3 BetrVG exemplarisch aufgeführten unterrichtungspflichtigen wirtschaftlichen Angelegenheiten in aller Regel Betriebs- und Geschäftsgeheimnisse darstellen.[469] Die Unterrichtungspflicht des Wirtschaftsausschusses würde andernfalls ausgehöhlt und weitestgehend leerlaufen, die angestrebte Informationsparität im Ergebnis verfehlt. Der betriebsverfassungsrechtliche Informationsanspruch des Wirtschaftsausschusses kann nur in engen Ausnahmefällen suspendiert werden.[470]

### 3. *Begrenzung durch Geschäftsgeheimnisschutz*

Die weitgehende Informationsverpflichtung des Unternehmers besteht – anders als beim Betriebsrat – nicht unbegrenzt. Der Gesetzgeber hat erkannt, dass mit dem tiefgehenden Einblick in die wirtschaftlichen Angelegenheiten eines

---

462 *Kania* in ErfK, § 106 BetrVG Rn. 4; *Fitting*, § 106 BetrVG Rn. 30.

463 *Kania* in ErfK, § 106 BetrVG Rn. 5.

464 LAG v. Köln 14.1.2004 – 8 TaBV 72/03, NZA-RR 2005, 32; *Fitting*, § 106 BetrVG Rn. 34.

465 Siehe zu weiteren Beispielen und Nachweisen: *Fitting*, § 106 BetrVG Rn. 37; *Oetker* in GK-BetrVG, § 106 BetrVG Rn. 133.

466 BAG v. 20.11.1984 – 1 ABR 64/82, AP BetrVG 1972 § 79 Nr. 1.

467 *Schweibert* in WHSS Umstrukturierung, Teil C Rn. 493.

468 BAG v. 11.7.2000 – 1 ABR 43/99, SAE 2002, 177 (179).

469 *Fitting*, § 106 BetrVG Rn. 44; *Schweibert* in WHSS Umstrukturierung, Teil C Rn. 499.

470 BAG v. 11.7.2000 – 1 ABR 43/99, SAE 2002, 177 (179).

Unternehmens auch ein enormes Schädigungspotential einhergeht. Zudem muss der Unternehmer den Betriebsrat bereits in einem frühen Stadium von geplanten wirtschaftlichen Maßnahmen in Kenntnis setzen.[471] Aus dieser Pflicht zur frühzeitigen Einbindung des Wirtschaftsausschusses folgt ein erhöhtes arbeitgeberseitiges Geheimhaltungsinteresse.[472] § 106 Abs. 2 BetrVG beschränkt deshalb die Informationspflicht gegenüber dem Wirtschaftsausschuss, soweit durch die Informationsweitergabe Betriebs- und Geschäftsgeheimnisse gefährdet würden. Der Unternehmer kann die Weitergabe einer Information an den Wirtschaftsausschuss also nicht allein mit dem Argument ablehnen, dass es sich bei der Information um ein Betriebs- oder Geschäftsgeheimnis handelt. Der Unternehmer ist grundsätzlich dazu verpflichtet, den Wirtschaftsausschuss auch über Betriebs- und Geschäftsgeheimnisse zu informieren.[473] Indes lässt das Gesetz offen, wann eine relevante Gefährdung von Betriebs- oder Geschäftsgeheimnissen vorliegt.

In der Mitteilung an den Wirtschaftsausschuss kann jedenfalls noch keine hinreichende Gefährdung des Geschäftsgeheimnisses gesehen werden.[474] Zwar ist es richtig, dass jede Informationsweitergabe den Kreis der Mitwisser erweitert und dadurch abstrakt die Vertraulichkeit des Geheimnisses gefährdet.[475] So verstanden würde die Informationsverpflichtung letztlich ausgehöhlt, da es sich bei den meisten wirtschaftlichen Angelegenheiten um Geschäftsgeheimnisse handelt.[476]

Für eine Gefährdung müssen weitergehende, konkrete Anhaltspunkte vorliegen, die die Annahme rechtfertigen, dass ein Ausschussmitglied unter Verletzung der Verschwiegenheitspflicht aus § 79 Abs. 2 BetrVG Geschäftsgeheimnisse gegenüber einem Dritten offenlegt oder verwertet.[477] Zudem kann

---

471 BAG v. 5.2.1991 – 1 ABR 24/90, NZA 1991, 644 (646).

472 BAG v. 5.2.1991 – 1 ABR 24/90, NZA 1991, 644 (646).

473 BAG v. 11.7.2000 – 1 ABR 43/99, SAE 2002, 177 (180); *Spirolke* in NK-ArbR, § 106 BetrVG Rn. 11.

474 *Schweibert* in WHSS Umstrukturierung, Teil C Rn. 499; *Annuß* in Richardi, § 106 BetrVG Rn. 34.

475 *Oetker* in GK-BetrVG, § 106 BetrVG Rn. 144.

476 *Annuß* in Richardi, § 106 BetrVG Rn. 34; *Oetker* in GK-BetrVG, § 106 BetrVG Rn. 144.

477 BAG v. 11.7.2000 – 1 ABR 43/99, SAE 2002, 177; *Fitting*, § 106 BetrVG Rn. 45; *Kania* in ErfK § 106 BetrVG Rn. 6; *Annuß* in Richardi § 106 Rn. 34; *Schweibert* in WHSS Umstrukturierung, Teil C Rn. 499; *Spirolke* in NK-ArbR § 106 BetrVG Rn. 11; *Oetker* in GK-BetrVG, § 106 BetrVG Rn. 144; *Willemsen/Lembke* in HWK, § 106 BetrVG

sich die Gefährdung auch objektiv aus einem sachlichen Interesse an der völligen Geheimhaltung bestimmter Tatsachen ergeben. Das sachliche Interesse kann etwa in der sonst zu erwartenden Gefährdung des Bestands oder der Entwicklung des Unternehmens liegen.[478] Dies wird allerdings nur auf die „Kronjuwelen“ des Unternehmens zutreffen.

Daneben kann der Grund der Gefährdung subjektiv in der Sphäre eines oder mehrerer Mitglieder des Wirtschaftsausschusses begründet sein.[479] Aus der Tatsache, dass die Mitglieder im Wirtschaftsausschuss vielfach gewerkschaftlich organisiert sind, ergeben sich insoweit Spannungen. Der Arbeitgeber könnte aus Angst vor Indiskretionen versuchen Informationen zurückzuhalten. Es ist fraglich, ob der Unternehmer die Informationsweitergabe wegen der Möglichkeit verweigern darf, dass die im Wirtschaftsausschuss erlangten Kenntnisse im Rahmen von Tarifverhandlungen verwertet werden können. Mit anderen Worten: Stellt die Vereinigung von betrieblicher und gewerkschaftlicher Funktionsträgerschaft einen in der Person des Ausschussmitglieds liegenden Grund für die Gefährdung von Geschäftsgeheimnissen dar?

### *a. Arbeitgeber auch als Tarifpartei geschützt…*

Diese Frage hat das BAG im Ergebnis zurecht verneint. Das BAG sah allein in der Vereinigung von betrieblicher und gewerkschaftlicher Funktionsträgerschaft keine hinreichende Gefährdung der Betriebs- und Geschäftsgeheimnisse.[480] Allerdings schützt die Verschwiegenheitspflicht entgegen der Ansicht des BAG und Teilen der Literatur, grundsätzlich auch die Tarifautonomie des Arbeitgebers.[481] Wie dargelegt, verhindert die Verschwiegenheitspflicht die unbefugte Offenbarung und Verwertung von Geschäftsgeheimnissen, unabhängig davon zu welchem Zweck sie erfolgt.[482] Ohne die Geheimhaltungspflicht bestünde die Gefahr, dass die Gewerkschaft von Geschäftsgeheimnissen Kenntnis erlangt und

---

Rn. 51; a. A. *Däubler* in DKKW, § 106 BetrVG Rn. 62, der zusätzlich eine Gefährdung für Bestand und Entwicklung des Unternehmens verlangt.

478 BAG v. 11.7.2000 - 1 ABR 43/99, SAE 2002, 177 (180).

479 *Fitting*, § 106 BetrVG Rn. 45.

480 BAG v. 11.7.2000 -1 ABR 43/99, SAE 2002, 177.

481 Siehe dazu ausführlich: Kapitel 2 0.

482 *Lukes*, Der betriebsverfassungsrechtliche Unterlassungsanspruch des Arbeitgebers gegen den Betriebsrat, S. 290 f.; *Kreßel* Anm. zu BAG v. 11.7.2000 - 1 ABR 43/99, SAE 2002, 181 (183).

so die Verhandlungsparität gestört wird.[483] Durch die Kenntnis vertraulicher Unternehmensdaten erhielten die Gewerkschaften ein zusätzliches Druckmittel, welches den Grundsatz der Chancengleichheit verletzen würde.[484] *Hartung* führt dazu aus, dass die Verweigerung der Informationsweitergabe aus dem Grundsatz der Gegnerfreiheit resultiert, soweit es um die Vorbereitung, Zielsetzung und Verhandlung von Tarifverträgen geht.[485]

*b. … aber kein Verweigerungsrecht*

Der Schutz der arbeitgeberseitigen Tarifautonomie kann demnach nicht absolut verstanden werden. Dadurch würde die gesetzlich vorgesehene Information der Belegschaft in wirtschaftlichen Angelegenheiten massiv entwertet. Auch die über Art. 9 Abs. 3 GG geschützte Koalitionsfreiheit der Gewerkschaft muss hinreichend berücksichtigt werden. Würde allein der Umstand der Personalunion von betriebsverfassungsrechtlicher und gewerkschaftlicher Funktionsträgerschaft genügen, um den Auskunftsanspruch aus § 106 Abs. 2 BetrVG einzuschränken, dann würde dadurch ein erheblicher Druck auf die Gewerkschaftsmitglieder ausgeübt, entsprechende Ämter nicht mehr zu bekleiden. Auch die Belegschaft würde so den Anreiz verlieren, Gewerkschaftsmitglieder in die entsprechenden Ämter zu wählen.[486]

Darüber hinaus sieht das System des deutschen Arbeitsrechts keine Inkompatibilitätsregelung zwischen betrieblichen und gewerkschaftlichen Funktionsträgern vor.[487] Diese gesetzgeberische Grundwertung ist ebenfalls zu berücksichtigen. Regelmäßig werden betriebliche und gewerkschaftliche Ämter in Personalunion geführt, sodass sich die Kenntnisnahme bestimmter Informationen durch gewerkschaftliche Funktionsträger in ihrer Rolle als

---

483 *Oetker* in GK-BetrVG, § 79 BetrVG Rn. 8; *Lukes*, Der betriebsverfassungsrechtliche Unterlassungsanspruch des Arbeitgebers gegen den Betriebsrat, S. 290 f; *Weber*, Die Schweigepflicht des Betriebsrats, S. 13 f.; *Hitzfeld*, Geheimnisschutz im Betriebsverfassungsrecht, S. 32 ff.; *Hartung*, DB 1975, 895 f.; *Kreßel* Anm. zu BAG v. 11.7.2000 – 1 ABR 43/99, SAE 2002, 181 (183).

484 *Oetker* in GK-BetrVG, § 79 BetrVG Rn. 9; *Lukes*, Der betriebsverfassungsrechtliche Unterlassungsanspruch des Arbeitgebers gegen den Betriebsrat, S. 290 f.; *Weber*, Die Schweigepflicht des Betriebsrats, S. 13 f.; *Hitzfeld*, Geheimnisschutz im Betriebsverfassungsrecht, S. 32 ff.; *Hartung*, DB 1975, 885 (886); *Kreßel* Anm. zu BAG 11.7.2000 – 1 ABR 43/99, SAE, 2002 181 (183).

485 *Hartung*, DB 1975, 885 (886).

486 LAG Köln v. 13.7.1999 – 13 (10) TaBV 5/99, juris.

487 So zum Betriebsrat: *Reichold*, NZA 2004, 247 (250).

betriebsverfassungsrechtlicher Funktionsträger nicht vermeiden lässt. Allerdings kann dieser Umstand nicht genügen, um den als gesetzlicher Regelfall vorgesehenen Informationsfluss zwischen Unternehmer und Wirtschaftsausschuss zu unterbinden.

Der Schutz der Tarifautonomie des Arbeitgebers wird gesetzlich auf einer anderen Ebene gewährleistet. Der Wirtschaftsausschuss ist gemäß § 79 Abs. 2 BetrVG einer umfassenden Verschwiegenheitspflicht unterworfen. Diese erfasst insbesondere eine Informationsweitergabe an die Gewerkschaft.[488] Wegen der fehlenden Inkompatibilität zwischen betrieblicher und gewerkschaftlicher Funktionsträgerschaft ist eine gewisse Durchlässigkeit der Informationen im Falle der Personalunion systemimmanent und letztlich Folge des dualen Systems kollektiver Interessenvertretung.[489] Zwar ist es dem Wirtschaftsausschussmitglied versagt, die Informationen in die gewerkschaftlichen Gremien einzubringen. Jedoch lässt sich die Einhaltung dieser Pflicht nur schwer kontrollieren und in Tarifverhandlungen durchsetzen. Insoweit ist § 120 BetrVG zu berücksichtigen. Dieser sanktioniert die Verletzung von Geheimnissen durch die betriebsverfassungsrechtlichen Funktionsträger mit einer Freiheitsstrafe von bis zu einem Jahr. Der strafrechtlichen Verfolgung von Vertraulichkeitsverstößen kommt eine abschreckende und präventive Funktion zu, welche die Geheimnisinhaber zur Wahrung ihrer Geheimhaltungspflicht anhält.[490] Diese Sanktion erfasst unter anderem auch die Mitglieder des Wirtschaftsausschusses. Kombiniert mit organisatorischen und technischen Schutzmaßnahmen lassen sich Brüche der Verschwiegenheitspflicht zwar nicht gänzlich verhindern, jedoch deutlich einschränken.

Bestätigt wird dies durch einen Blick auf die verwandte Problematik des Verhältnisses zwischen der betrieblichen und der unternehmerischen Mitbestimmung. Auch hier hat der Gesetzgeber auf die Normierung von Inkompatibilitätsregelungen verzichtet.[491] Vielfach ist eine Personalunion von Betriebsratsmitglied und Arbeitnehmervertreter im Aufsichtsrat anzutreffen, obwohl es sich auch hier nicht vermeiden lässt, dass ein Betriebsratsmitglied aufgrund seiner Aufsichtsratsstellung Informationen erhält, die dem Betriebsrat

---

488 Siehe dazu ausführlich: Kapitel 2 0.

489 Ausführlich zum Verhältnis zwischen Gewerkschaft und Betriebsrat: *Däubler*, Gewerkschaftsrechte im Betrieb, Rn. 71 ff.

490 Treffend von einer „Schutzmannfunktion“ sprechend: *Mosbacher* in MüKoStGB, § 120 BetrVG Rn. 3; *Rengier* in Fezer/Büscher/Obergfell, § 17 UWG Rn. 6 zur generalpräventiven Wirkung des strafrechtlichen Geheimnisschutzes.

491 *Lutter*, Information und Vertraulichkeit im Aufsichtsrat, S. 149 f.

(noch) nicht zugeleitet wurden.[492] Aufgrund der gesellschaftsrechtlichen Kompetenzverteilung obliegt die Unterrichtung der betriebsverfassungsrechtlichen Organe dem Vorstand.[493] Es ist dem Arbeitnehmervertreter verwehrt, Erkenntnisse aus seiner Aufsichtsratstätigkeit in den Betriebsrat einzubringen und für seine betriebsverfassungsrechtliche Organtätigkeit zu verwenden.[494] Trotz der Personalunion scheidet die Weitergabe der Information an das Gremium aus, soweit und solange die Voraussetzungen der (aktienrechtlichen) Verschwiegenheitspflicht erfüllt sind.[495] Der Geheimnisschutz wird also auch hier auf einer anderen Ebene gewährleistet. Letztlich stellt die strikte Verschwiegenheit der Aufsichtsratsmitglieder das gesetzliche Lösungskonzept dieses Konflikts der Ämterhäufung dar.[496] Die strikte Verschwiegenheitspflicht stellt gegenüber der Aufstellung von Inkompatibilitätsregelungen das mildere Mittel dar. Nicht anders zu beurteilen ist die Situation, in der der Verhandlungsführer in den Tarifverhandlungen auch Mitglied des Wirtschaftsausschusses ist.

Der Unternehmer kann die Kenntnisnahme des Gewerkschaftsvertreters von den wirtschaftlichen Angelegenheiten, die in aller Regel Geschäftsgeheimnisse darstellen, nicht verhindern. Hier wird der Schutz der Geschäftsgeheimnisse und der arbeitgeberseitigen Geheimhaltungsinteressen über § 79 Abs. 2 BetrVG gewährleistet.[497] Die gewerkschaftlich organisierten Mitglieder des Wirtschaftsausschusses sind dazu verpflichtet, die ihnen wegen ihrer Zugehörigkeit zum Wirtschaftsausschuss bekannt gewordenen Tatsachen unter den Voraussetzungen von § 79 Abs. 1, 2 BetrVG auch gegenüber ihrer Gewerkschaft geheim zu halten.[498] Dies gilt auch für Fälle der Personalunion, wobei eine gewisse Informationsdurchlässigkeit systemimmanent ist. Diese systemimmanente Informationsdurchlässigkeit resultiert aus den fehlenden Inkompatibilitätsregelungen für betriebliche und gewerkschaftliche Ämter.

---

492 *Lutter*, Information und Vertraulichkeit im Aufsichtsrat, S. 229 f.; *Velten*, Arbeitnehmervertreter im Aufsichtsrat, S. 100.

493 *Velten*, Arbeitnehmervertreter im Aufsichtsrat, S. 100; *Lutter*, Information und Vertraulichkeit im Aufsichtsrat, S. 202, 235.

494 BAG v. 23.10.2008 – 2 ABR 59/07, NZG 2009, 669 (671); *Redenius-Hövermann/Denecke*, AR 2019, 88 (89).

495 *Velten*, Arbeitnehmervertreter im Aufsichtsrat, S. 100; *Keilich/Brummer*, BB 2012, 897 (899).

496 *Lutter*, Information und Vertraulichkeit im Aufsichtsrat, S. 151.

497 BAG v. 18.11.1980 – 1 ABR 31/78 – AP Nr. 2 zu § 108 BetrVG 1972; BAG v. 25.6.1987 – 6 ABR 45/85, AP BetrVG 1972 § 108 Nr. 6.

498 *Fitting*, § 106 BetrVG Rn. 46.

## II. Zwischenergebnis

Der Arbeitgeber ist nicht berechtigt, die Weitergabe von Geschäftsgeheimnissen zu verweigern, wenn ein Mitglied des Wirtschaftsausschusses auch ein gewerkschaftlicher Funktionsträger ist. Darin liegt keine hinreichende Gefährdung von Betriebs- und Geschäftsgeheimnissen. Dafür müssen weitere Anhaltspunkte hinzutreten, wie etwa die Missachtung der Geheimhaltungspflicht in der Vergangenheit. Indes ist auch der Wirtschaftsausschuss nicht dazu befugt, Informationen an die Gewerkschaft weiterzugeben, wenn die Voraussetzungen der Verschwiegenheitspflicht nach § 79 Abs. 2 BetrVG erfüllt sind. Trotz seines frühzeitigen und tiefen Einblicks in die wirtschaftlichen Angelegenheiten des Unternehmens scheidet der Wirtschaftsausschuss als Informationsquelle der Gewerkschaft aus.

# D. Gewerkschaftsvertreter im Betrieb

Während es sich bei den bisher untersuchten Informationsquellen stets um Arbeitnehmer des sanierungsbedürftigen Unternehmens handelte, kommt mit den Gewerkschaftsvertretern im Betrieb auch eine „externe" Quelle für die gewerkschaftliche Informationsbeschaffung in Betracht. Um dem Beratungsbedürfnis des Betriebsrats Rechnung zu tragen, hat der Gesetzgeber durch das Verfahren nach § 31 BetrVG die Möglichkeit der Teilnahme von Gewerkschaftsbeauftragten an Betriebsratssitzungen geschaffen.[499] In § 31 BetrVG wird das Recht statuiert, dass auf Antrag von einem Viertel der Mitglieder des Betriebsrats ein Beauftragter einer im Betrieb vertretenen Gewerkschaft an den Sitzungen beratend teilnehmen darf. Durch die unterstützende Tätigkeit der Gewerkschaft im Betrieb besteht die Gefahr, dass die Gewerkschaftsvertreter so Geschäftsgeheimnisse erlangen und diese an ihre Gewerkschaft weitergeben.

## I. Teilnahme und Beratung durch einen Gewerkschaftsvertreter

### *1. Antrag*

Die Teilnahme an Sitzungen des Betriebsrats setzt einen Antrag von einem Viertel der Mitglieder des Betriebsrats voraus. Den Gewerkschaften steht kein eigenes Recht auf Entsendung eines Beauftragten oder dessen Teilnahme zu.[500] Im Rahmen des § 31 BetrVG hat die Gewerkschaft lediglich eine

499 *Weber*, Die Schweigepflicht des Betriebsrats, S. 92.
500 *Raab* in GK-BetrVG, § 31 BetrVG Rn. 8.

Unterstützungsfunktion: Sie ist zur Teilnahme an der Betriebsratssitzung darauf angewiesen, dass die erforderliche Mehrheit im Betriebsrat einen entsprechenden Antrag stellt.

### 2. *Geheimhaltung*

Der Gewerkschaftsbeauftragte kann durch seine beratende Teilnahme Kenntnis von Geschäftsgeheimnissen erlangen. Allerdings unterliegt er gemäß § 79 Abs. 2 BetrVG der Verschwiegenheitspflicht. Voraussetzung für ihr Eingreifen ist die Kenntniserlangung im Rahmen der betriebsverfassungsrechtlichen Unterstützungsfunktion.[501]

Teilweise wird angeführt, dass der Arbeitgeber selbst das Geschäftsgeheimnis offenbaren müsse. Eine Offenbarung des Betriebsrats gegenüber dem Gewerkschaftsvertreter ohne Einwilligung des Arbeitgebers müsse ausscheiden, da § 79 Abs. 1 S. 3 und 4 BetrVG keine Ausnahmen im Verhältnis zu den Gewerkschaften normiert.[502]

Dieser Ansicht ist zu widersprechen. Sie führt letztlich dazu, dass der Arbeitgeber die Gewerkschaftsvertreter so vom gesetzlich gebilligten Informationsfluss ausschließen könnte.[503] Das Beratungsrecht aus § 31 BetrVG würde so massiv entwertet. Zudem kann die Ansicht in dogmatischer Hinsicht nicht überzeugen. § 79 BetrVG gilt nur für den Informationsfluss außerhalb der Betriebsratssitzungen.[504]

## II. … dennoch keine Weitergabe an die Gewerkschaft

Im Ergebnis kann der Arbeitgeber es nicht verhindern, dass der zugezogene Gewerkschaftsvertreter als außenstehender Dritter Kenntnis sensibelster Unternehmensinterna erlangt. Diese – aus Sicht des Geheimnisschutzes – prekäre Situation wird durch § 79 Abs. 2 BetrVG entschärft. Die zugezogenen Gewerkschaftsvertreter unterliegen auch gegenüber der entsendenden Gewerkschaft der Verschwiegenheitspflicht, sodass der Gewerkschaftsbeauftragte, dem ein Geschäftsgeheimnis i.S.d. § 79 Abs. 1 S. 1 BetrVG in der Betriebsratssitzung

---

501 *Oetker* in GK-BetrVG, § 79 BetrVG Rn. 39 f.; *Fitting*, § 79 BetrVG Rn. 7.

502 *Raab* in GK-BetrVG, § 31 Rn. 27; *Hitzfeld*, Geheimnisschutz im Betriebsverfassungsrecht, S. 63; a.A. *Däubler* Gewerkschaftsrechte im Betrieb, Rn. 139.

503 *Däubler*, Gewerkschaftsrechte im Betrieb, Rn. 139.

504 *Däubler*, Gewerkschaftsrechte im Betrieb, Rn. 139.

mitgeteilt worden ist, dieses nicht seiner eigenen Gewerkschaft offenlegen darf.[505] Zur Absicherung dieser – schwer zu kontrollierenden – Verschwiegenheitspflicht ordnet § 120 Abs. 1 Nr. 2 BetrVG die Strafbarkeit der Informationsweitergabe an, um die Geheimnisinhaber zur Wahrung ihrer Geheimhaltungspflicht anzuhalten.[506] Der innergewerkschaftliche Informationsfluss und die damit einhergehende Gefahr der Zweckentfremdung der Geschäftsgeheimnisse für gewerkschaftliche Ziele werden durch diese Abschreckung unterbunden.[507]

## E. Arbeitnehmervertreter im Aufsichtsrat

Wie aufgezeigt, unterliegen sowohl die gewerkschaftsangehörigen Arbeitnehmer wie auch die betriebsverfassungsrechtlichen Funktionsträger weitgehenden Verschwiegenheitspflichten. Selbst die von der Gewerkschaft entsandten Vertreter im Betrieb werden durch die Verschwiegenheitspflicht aus § 79 Abs. 2 BetrVG an der Informationsweitergabe gehindert. Die benannten Gruppen scheiden demnach als Informationsquellen der Gewerkschaft aus. Die dargestellten Schweigepflichten schützen den Arbeitgeber so auch in seiner Rolle als Tarifpartei.

Indes besteht die Möglichkeit, die Arbeitnehmervertreter im Aufsichtsrat für die gewerkschaftliche Informationsbeschaffung heranzuziehen. Häufig handelt es sich bei den Arbeitnehmervertretern im Aufsichtsrat auch um Gewerkschaftsmitglieder. Dies ergibt sich daraus, dass vielfach gewerkschaftliche Listen bei der Wahl der Arbeitnehmervertreter im Aufsichtsrat antreten. Im Anwendungsbereich des Mitbestimmungsgesetzes sieht § 7 Abs. 2 MitbestG sogar zwingend die Besetzung des Aufsichtsrats mit Gewerkschaftsvertretern vor.

### I. Aufgabe des Aufsichtsrats und weitgehende Informationsrechte

Dem Aufsichtsrat kommt eine enorme Informationskompetenz zu, welche aus seinen gesellschaftsrechtlichen Aufgaben resultiert. Kernaufgabe des Aufsichtsrats ist es, nach § 111 Abs. 1 AktG, die Geschäftsführung des Vorstands zu überwachen. Der Aufsichtsrat ist zunächst damit beauftragt, bereits vergangene Leitungs- und Führungsentscheidungen auf ihre Rechtmäßigkeit,

---

505 *Raab* in GK-BetrVG, § 31 BetrVG Rn. 8; *Waskow* in NK-ArbR, § 79 BetrVG Rn. 2; *Fitting*, § 31 BetrVG Rn. 24; *Hitzfeld*, Geheimnisschutz im Betriebsverfassungsrecht, S. 63; *Thüsing* in Richardi, § 31 BetrVG Rn. 23; § 79 BetrVG Rn. 29.

506 *Fitting*, § 31 BetrVG Rn. 24.

507 Kritisch hierzu: *Däubler*, Gewerkschaftsrechte im Betrieb, Rn. 140.

Zweckmäßigkeit und Wirtschaftlichkeit zu überprüfen.[508] Allerdings besteht neben der repressiven Kontrollaufgabe des Aufsichtsrats – wie § 90 Abs. 1 S.1 Nr. 1 und § 111 Abs. 4 S. 2 AktG zeigen – auch eine Pflicht zur präventiven Kontrolle der unternehmerischen Leitung. Diese erstreckt sich auf die zukünftige Geschäftspolitik, sowie weitere wesentliche Fragen der Unternehmensplanung und bevorstehende Geschäfte von herausragender Bedeutung.[509] Der Aufsichtsrat hat den Vorstand bei seinem Entscheidungsfindungsprozess zu begleiten.[510] Zum Zwecke der Erfüllung dieser Aufgaben hat der Vorstand den Aufsichtsrat gemäß § 90 Abs. 1 S. 1 Nr. 1 bis 4 AktG turnusmäßig und den Aufsichtsratsvorsitzenden gemäß § 90 Abs. 1 S. 3 AktG anlassabhängig zu informieren.[511] Aus der Stellung als Kontrollorgan für die unternehmerische Leitung folgt eine hohe Informationskompetenz des Aufsichtsrats. Dementsprechend haben auch die Arbeitnehmervertreter im Aufsichtsrat frühzeitigen Zugang zu sensibelsten Unternehmensdaten. Es ist offenkundig, dass die Gesellschaft an der vertraulichen Behandlung der Informationen ein überragendes Interesse hat.

## II. Kehrseite der weitgehenden Informationsrechte: Strenge Geheimhaltungspflicht

Kehrseite dieser weitgehenden Informationsbefugnisse ist die Verpflichtung der Aufsichtsratsmitglieder zur Geheimhaltung. Die Mitglieder des Aufsichtsrats sind nach §§ 116, 93 Abs. 1 S. 3 AktG zur Geheimhaltung bestimmter Informationen verpflichtet, die sie im Rahmen ihrer Tätigkeit als Mitglied des Aufsichtsrats erfahren haben. Diese Pflicht konkretisiert die allgemeinen organschaftlichen Treuepflichten der Aufsichtsratsmitglieder.[512] Als Organ der

---

508 BGH v. 25.3.1991 – II ZR 188/89, NJW 1991, 1830 (1831); *Wilsing/von der Linden*, ZHR 178 (2014), 419 (423); *Koch*, § 111 AktG Rn. 5 f.

509 BGH v. 25.3.1991 – II ZR 188/89, NJW 1991, 1830 (1831); *Hoffmann-Becking* in MHdB GesR IV, § 29 Rn. 29.

510 *Koch*, § 111 AktG Rn. 28; *Spindler* in BeckOGK, § 111 AktG Rn. 11; *Wilsing/von der Linden*, ZHR 178 (2014), 419 (423); *Veil*, ZHR 172 (2008), 239 (241); so auch ausdrücklich: Grundsatz 6 Deutscher Corporate Governance Codex (DCGK).

511 *Veil*, ZHR 172 (2008), 239 (251).

512 BGH v. 5.6.1975 – II ZR 156/73, NJW 1975, 1412; *Koch*, § 116 AktG Rn. 9; *Wilsing/von der Linden* ZHR 2014, 419 (425); *Hopt/Roth* in Großkomm AktG, § 116 AkG Rn. 190.

Gesellschaft sind der Aufsichtsrat und seine Mitglieder an die Interessen der Gesellschaft gebunden.[513]

Diese Geheimhaltungspflicht ist letztlich unverzichtbare Voraussetzung für eine vertrauensvolle Zusammenarbeit zwischen Vorstand und Aufsichtsrat.[514] Der aktienrechtliche Geheimnisschutz bezweckt den Schutz der Gesellschaft.[515] Dabei liegt der Fokus auf der Sicherung der aufgrund der Betriebs- und Geschäftsgeheimnisse bestehenden Wettbewerbslage.[516] Daneben schützt die Geheimhaltungspflicht auch die Integrität des Geschäftsgeheimnisses als solches.[517] Sie dient darüber hinaus der Funktionsfähigkeit des Zusammenspiels der innergesellschaftlichen Organe und der Vertraulichkeit der Informationspolitik des Vorstands.[518] Durch die Normierung der Verschwiegenheitspflicht soll ein möglichst ungehemmter Informationsfluss zwischen Vorstand und Aufsichtsrat gewährleistet sein. Die zögerliche Informationsweitergabe seitens des Vorstands, aus Angst der Aufsichtsrat könnte die Information an Dritte weitergeben, soll so verhindert werden.[519] Zum anderen soll die Einflussnahme Dritter auf die Entscheidungsprozesse im Aufsichtsrat unterbunden werden.[520]

### *1. Gegenstand der Geheimhaltungspflicht: Geheimnisse und vertrauliche Angaben*

Der Aufsichtsrat hat demnach tiefe Einblicke in den Kernbereich des Unternehmens. Diese Einblicke gehen deutlich tiefer als die der betriebsverfassungsrechtlichen Organe und der normalen Arbeitnehmer. Die hervorgehobene Stellung des Aufsichtsrats führt zu Unterschieden im Verhältnis

---

513 *Lutter*, Information und Vertraulichkeit im Aufsichtsrat, S. 146.

514 BGH v. 26.4.2016 – XI ZR 108/15; NZG 2016, 910 (912); *Spindler* in BeckOGK, § 116 AktG Rn. 106; *Lutter*, Information und Vertraulichkeit im Aufsichtsrat, S. 153; *Koch*, § 116 AktG Rn. 9; *Schuth*, Neuregelung zum Schutz von Geschäftsgeheimnissen, S. 477; so auch RegBegr. (BT-Drs. 14/8769, 24 f.) und D. II 1 DCGK.

515 *Veil*, ZHR 172 (2008), 239 (243).

516 *Fleischer* in BeckOGK, § 93 AktG Rn. 206.

517 *v. Schenck* in Semler/v. Schenck, § 116 AktG Rn. 501.

518 *v. Schenck* in Semler/v. Schenck, § 116 AktG Rn. 501.

519 *Veil*, ZHR 172 (2008), 239 (245).

520 *Veil*, ZHR 172 (2008), 239 (245).

zu den bisher dargestellten Geheimhaltungspflichten. Die Geheimhaltungspflicht des Aufsichtsrats ist weiter gefasst.

### *a. Aktienrechtlicher Geheimnisbegriff*

#### *aa. Abweichend von § 17 UWG a.F. rein objektiv zu bestimmen*

Gegenständlich erfasst die Geheimhaltungspflicht neben Geheimnissen der Gesellschaft auch vertrauliche Angaben. Eine Definition für diese Begriffe liefert das AktG indes nicht. In Ermangelung einer Legaldefinition wurde der aktienrechtliche Geheimnisbegriff in weiten Teilen übereinstimmend mit § 17 UWG a.F. definiert.[521] Ein Geheimnis im Sinne von § 93 Abs. 1 S. 3 AktG setzt voraus, dass die Tatsache nicht offenkundig ist, und dass an ihrer Geheimhaltung ein objektives Interesse der Gesellschaft besteht.[522] Unsicherheiten bestehen hinsichtlich des Erfordernisses eines subjektiven Geheimhaltungselements.

Das OLG Stuttgart forderte – in Übereinstimmung mit der Geheimnisdefinition von § 17 UWG – zusätzlich eine Manifestation des Geheimhaltungswillens der Gesellschaft, wobei sich dieser bereits aus der Natur der geheimzuhaltenden Information ergeben kann.[523] Der BGH wiederum hat das Erfordernis eines Geheimhaltungswillens für § 93 Abs. 1 S. 3 AktG nicht aufgegriffen.[524] Der BGH spricht der Verschwiegenheitspflicht den Charakter als „zwingendes Recht" zu.[525] Die Verschwiegenheitspflicht soll nicht nach dem Belieben der Parteien ausgehöhlt, abgemildert, ergänzt oder verschärft werden können.[526] Eine Abweichung von der gesetzlich vorgesehenen Reichweite, etwa durch Satzung oder Geschäftsordnung, scheidet aus.[527] Demnach ist auch der Verzicht

521 *Lutter*, Information und Vertraulichkeit im Aufsichtsrat, S. 155 f.; *Fleischer* in BeckOGK, § 93 AktG Rn. 204; ausführlich zur historischen Entwicklung: *Oetker* in FS Hopt, 901 (902 f.).

522 BGH v. 5.6.1975 – II ZR 156/73, NJW 1975, 1412 (1413); *Spindler* in MüKoAktG, § 93 AktG Rn. 134; *Lutter*, Information und Vertraulichkeit im Aufsichtsrat, S. 158 f.; *Lutter/Krieger/Verse*, Rechte und Pflichten des Aufsichtsrats, Rn. 259; *Mertens/Cahn* in KölnKomm, § 116 AktG, Rn. 47; *Oetker* in ErfK, § 116 AktG Rn. 6, *Breuer/Faune* in Heidel, § 116 AktG Rn. 14.

523 OLG Stuttgart v. 28.5.2013 – 20 U 5/12, NZG 2013, 1101.

524 BGH v. 26.4.2016 – XI ZR 108/15, NZG 2016, 910; *Ries/Haimerl*, NZG 2018, 621 (622).

525 BGH v. 5.6.1975 – II ZR 156/73, NJW 1975, 1412; BGH v. 26.4.2016 – XI ZR 108/15, NZG 2016, 910 (912).

526 BGH v. 26.4.2016 – XI ZR 108/15, NZG 2016, 910 (912); *Fleischer* in BeckOGK, § 93 AktG Rn. 204; *Ries/Haimerl*, NZG 2018, 621 (622).

527 *Fleischer* in BeckOGK, § 93 AktG Rn. 202; *Spindler* in MüKoAktG, § 93 AktG Rn. 131.

auf ein subjektives Geheimhaltungselement konsequent, da andernfalls der objektiv zu verstehende Geheimnisschutz subjektiviert würde. Das Erfordernis eines Geheimhaltungswillens würde dazu führen, dass beim Vorstand die Reichweite der Geheimhaltungspflicht in Teilen zur Disposition des Verpflichteten gestellt würde. Aus dieser Besonderheit rechtfertigt sich die Abweichung von der Geheimnisdefinition des § 17 UWG a.F. Das Interesse an der Geheimhaltung ist rein objektiv aus Sicht eines ordentlichen und gewissenhaften Organmitglieds zu bestimmen.[528]

### *bb. Dennoch Anpassung an die Legaldefinition des GeschGehG?*

Trotz dieser von § 17 UWG a.F. abweichenden Definition stellt sich die Frage, welchen Einfluss das Inkrafttreten des GeschGehG auf den aktienrechtlichen Geheimnisbegriff hat. Ähnlich wie im Rahmen von § 79 Abs. 1 BetrVG könnte auch hier eine Anpassung an die Legaldefinition aus § 2 Nr. 1 GeschGehG geboten sein.[529]

Gegen eine Anpassung spricht bereits der Wortlaut von § 93 Abs. 1 S. 3 AktG. Der Wortlaut von § 93 Abs. 1 S. 3 AktG nennt neben den Geheimnissen der Gesellschaft ausdrücklich und beispielhaft auch Geschäftsgeheimnisse. Betriebs- und Geschäftsgeheimnisse stellen lediglich einen Unterfall von Geheimnissen der Gesellschaft dar.[530] Die möglichen Anforderungen des GeschGehG würden die beiden Oberbegriffe „vertrauliche Angabe" und „Geheimnis der Gesellschaft" nicht erfassen, sondern nur für den Teilbereich der Betriebs- und Geschäftsgeheimnisse gelten.[531]

Darüber hinaus würde durch die Verengung des Geschäftsgeheimnisbegriffes die Gefahr der Disponibilität gefördert.[532] Durch das Unterlassen angemessener

---

528 *Lutter/Krieger/Verse*, Rechte und Pflichten des Aufsichtsrats, Rn. 259, 262; *Mertens/Cahn* in KölnKomm, § 116 AktG Rn. 47; *Wilsing/von der Linden*, ZHR 178 (2014), 419 (429); *Fleischer* in BeckOGK, § 93 AktG Rn. 204; *Fleischer/Pendl*, ZIP 2020, 1321 (1324); *Habersack* in Habersack/Henssler, § 25 MitbestG Rn. 103; *Ziemons*, AG 1999, 492 (493); *Koch*, § 93 AktG Rn. 64; a.A. *Hoffmann-Becking* in MHdB GesR IV, § 25 Rn. 51.

529 Siehe zur Anpassung der Geheimnisdefinition von § 79 BetrVG ausführlich: Kapitel 2 0.

530 *Schuth*, Neuregelung zum Schutz von Geschäftsgeheimnissen, S. 478; *Spindler* MüKo-AktG, § 93 AktG Rn. 134; *v. Schenck* in Semler/v. Schenck, § 116 AktG Rn. 412; *Koch*, § 93 AktG Rn. 64; *Ries/Haimerl*, NZG 2018, 621 (622).

531 So im Hinblick auf ein eventuelles Durchschlagen von § 5 GeschGehG auf die aktienrechtliche Verschwiegenheitspflicht: *Oetker* in ErfK, § 116 AktG Rn. 6a.

532 *Ries/Haimerl*, NZG 2018, 621 (622); so auch: *Fleischer/Pendl*, ZIP 2020, 1321 (1324); *Höfer*, GmbHR 2018, 1195 (1197).

Geheimhaltungsmaßnahmen könnte der Vorstand selbst über die Reichweite seiner Geheimhaltungspflicht disponieren.[533] So würde die Reichweite des Geheimnisschutzes in die Hände des Organs gelegt und gewissermaßen „subjektiviert". Dies widerspricht dem Grundsatz, dass der Geheimnisbegriff objektiv zu verstehen ist. Der Vorstand müsste überdies im Bereich der Geschäftsgeheimnisse höhere Anforderungen erfüllen, um sich auf seine Geheimhaltungspflicht zu berufen als bei sonstigen Geheimnissen der Gesellschaft.[534] Damit wäre im Ergebnis eine Absenkung des Schutzniveaus verbunden.[535] Dies würde erkennbar dem Zweck des GeschGehG widersprechen. Dieses strebt ausdrücklich eine Verbesserung des Geheimnisschutzes an.[536] Die Weitergeltung führt Verhältnis zur Geschäftsgeheimnis-RL zu einem höheren Schutzniveau im Bereich des Aktienrechts. Denn durch die Fortgeltung der tradierten Geheimnisdefinition werden auch solche Informationen geschützt, für die keine angemessenen Geheimhaltungsmaßnahmen getroffen wurden. Dies ist durchaus mit den Vorgaben der Geschäftsgeheimnis-RL vereinbar, da diese nicht vollharmonisierend wirkt. Die Mitgliedstaaten können nach Art. 1 Abs. 1 UAbs. 1 Geschäftsgeheimnis-RL einen weitergehenden Schutz vorschreiben.

Die Reichweite der Verschwiegenheitspflicht im Bereich des Aktienrechts richtet sich weiterhin nach der Definition der Rechtsprechung und wird nicht durch § 2 Nr. 1 GeschGehG beeinträchtigt.[537] Ein Geheimnis im aktienrechtlichen Sinn liegt vor, wenn die Tatsache nicht offenkundig ist und an ihrer Geheimhaltung ein objektives Interesse der Gesellschaft besteht.

### *b. Vertrauliche Angabe*

Neben den Geheimnissen der Gesellschaft sind vertrauliche Angaben von der Schweigepflicht erfasst. Eine vertrauliche Angabe kann jede Information sein, die ein Vorstands- oder Aufsichtsratsmitglied in seiner Eigenschaft als Organmitglied erlangt hat.[538] Keine Voraussetzung ist, dass die Tatsache nicht offenkundig ist. Eine vertrauliche Angabe kann auch vorliegen, wenn sie kein Geheimnis

---

533 *Ries/Haimerl*, NZG 2018, 621 (622); *Fleischer* in BeckOGK, § 93 AktG Rn. 205; *Fleischer/Pendl*, ZIP 2020, 1321 (1324).

534 *Ries/Haimerl*, NZG 2018, 621 (622).

535 *Oetker* in FS Hopt, 901 (917).

536 BT-Drs. 19/4724, S. 19.

537 *Schuth*, Neuregelung zum Schutz von Geschäftsgeheimnissen, S. 488; *Hopt/Roth* in Großkomm AktG, § 116 AkG Rn. 195; *Schubert* in EuArbRK, Art. 2 RL (EU) 2016/943 Rn. 32; so im Ergebnis auch: *Oetker* in FS Hopt, 901 (917).

538 *Spindler* in MüKoAktG, § 93 AktG Rn. 137; *Koch*, § 93 AktG Rn. 63.

(mehr) ist.[539] Ebenso wenig muss die Angabe ausdrücklich als „geheim" bezeichnet werden.[540] Entscheidend ist allein eine am objektiven Interesse der AG ausgerichtete Beurteilung, ob die Weitergabe der Information nachteilig sein kann.[541]

### *2. Grenzen der Geheimhaltungspflicht*

Die Geheimhaltungspflicht des Aufsichtsrates besteht allerdings nicht zum Selbstzweck und auch nicht grenzenlos. Die Informationsoffenlegung gegenüber einem Dritten kann für die ordnungsgemäße Aufsichtsratstätigkeit erforderlich sein. Zu denken ist etwa an die Zuziehung eines Beraters.[542] Die Verschwiegenheitspflicht und der damit einhergehende Geheimnisschutz treten – neben den Fällen gesetzlicher Auskunfts- und Berichtspflichten – dann zurück, wenn im konkreten Einzelfall das Interesse der Gesellschaft an der Offenbarung der Information das Interesse an der Wahrung der Vertraulichkeit überwiegt.[543] Das objektiv zu bestimmende Unternehmensinteresse bildet Grund und Grenze für die Pflicht zur Verschwiegenheit.[544] Der Verschwiegenheitspflicht wird durch das objektive Geheimhaltungsinteresse der Gesellschaft eine konkrete Grenze gezogen.[545]

## III. Informationsweitergabe an die Gewerkschaft durch die Arbeitnehmervertreter im Aufsichtsrat?

### *1. Einschränkung der Geheimhaltungspflicht?*

Es stellt sich die Frage, inwieweit diese Verschwiegenheitspflicht einer Informationsweitergabe an die Gewerkschaft entgegensteht. Die Arbeitnehmervertreter im Aufsichtsrat sind zur Loyalität gegenüber der Gesellschaft verpflichtet.[546]

---

539 *Koch*, § 93 AktG Rn. 63.

540 *Spindler* in MüKoAktG, § 93 AktG Rn. 135.

541 *Schmidt* in Heidel, § 93 AktG Rn. 63; *Spindler* in MüKoAktG, § 93 AktG Rn. 137.

542 Zu den Voraussetzungen der Zuziehung von Beratern: *Habersack* in Habersack/Henssler, § 25 MitbestG Rn. 107. Indes muss die Einschaltung der Gewerkschaft in aller Regel ausscheiden. Hier besteht aufgrund der Interessenkonflikte keine volle Gewähr für die Beachtung der Vertraulichkeit.

543 *Mertens/Cahn* in KölnKomm, § 93 AktG Rn. 120, § 116 AktG Rn. 41; *Wilsing/von der Linden*, ZHR 178 (2014), 419 (430); *Spindler* in MüKoAktG, § 93 AktG Rn. 150.

544 *Spindler* in MüKoAktG, § 93 AktG Rn. 150; *Wilsing/von der Linden*, ZHR 178 (2014), 419 (430).

545 *Koch*, § 116 AktG Rn. 10.

546 *Spindler* in BeckOGK, § 116 AktG Rn. 100.

Allerdings tritt bei ihnen ein weiterer Aspekt zu tage. Sie sind als entsandte Vertreter der Arbeitnehmer und als Mitglieder der Gewerkschaften diesen gegenüber verpflichtet. Sie sind also Diener zweier Herren. Daraus resultiert ein erhebliches Potential für Interessenkonflikte, welches strukturell im System der unternehmerischen Mitbestimmung angelegt ist.[547] Die Interessen der Gewerkschaften und des Unternehmens können in bestimmten Situationen – wie beispielsweise dem Arbeitskampf – diametral zueinander liegen. Dies führt zu einer Pflichtenkollision bei den Arbeitnehmervertretern. In ihrer Stellung als Aufsichtsratsmitglied haben sie Zugriff auf vertrauliche Informationen, deren Nutzung insbesondere bei Verhandlung eines Tarifvertrags von erheblicher Bedeutung sein kann. Dies gilt im besonderen Maße für die Sanierungssituation, da es hier um eine unternehmensspezifische Sonderregelung geht. Einerseits sind sie durch ihre Treuepflicht zur Geheimhaltung verpflichtet, andererseits besteht auch eine Loyalitätspflicht gegenüber der Gewerkschaft.[548]

Diese Ausgangslage führte zu einer Diskussion über die Einschränkung der Verschwiegenheitspflicht für bestimmte Aufsichtsratsmitglieder.[549] Teile der Literatur führten an, dass die aktienrechtliche Schweigepflicht nicht für den Informationsfluss zwischen Arbeitnehmervertreter im Aufsichtsrat und Gewerkschaft gelten solle. Für eine eingeschränkte Schweigepflicht der Arbeitnehmervertreter wurde insbesondere angeführt, dass die Arbeitnehmervertreter unter einem erheblichen Legitimationsdruck gegenüber der Gewerkschaft und auch der Belegschaft stünden.[550] Dementgegen würde eine eingeschränkte Verschwiegenheitspflicht dem Grundsatz der Parallelität bei Ausgestaltung der Rechte und Pflichten des Aufsichtsrats widersprechen.[551] Für die Arbeitnehmervertreter im Aufsichtsrat gilt die Pflicht zur Verschwiegenheit in genau der gleichen Weise wie für Vertreter der Anteilseigner. Eine wie auch immer geartete

547 *Keilich/Brummer*, BB 2012, 897.

548 *Keilich/Brummer*, BB 2012, 897; indes genügt dieser Interessenkonflikt nicht, um ein Ruhen des Aufsichtsratsmandats für die Zeit der Tarifauseinandersetzung anzunehmen. Dazu ausführlich mit zahlreichen Nachweisen: *Annuß* in MüKoAktG, § 25 MitbestG Rn. 14.

549 *Lutter/Krieger/Verse*, Rechte und Pflichten des Aufsichtsrats, Rn. 255 mit zahlreichen Nachweisen.

550 Hierzu: *Velten*, Gewerkschaftsvertreter im Aufsichtsrat, S. 95 mit ausführlichen Nachweisen.

551 *Velten*, Gewerkschaftsvertreter im Aufsichtsrat, S. 95; *Hoffmann-Becking* in MHdB GesR IV, § 33 Rn. 1, 58; *Koch*, § 116 AktG Rn. 11; *Veil*, ZHR 172 (2008), 239 (244); *Habersack* in MüKoAktG § 116 AktG Rn. 59.

gespaltene Vertraulichkeit existiert nicht.[552] Die Arbeitnehmervertreter im Aufsichtsrat agieren auch nicht als Repräsentanten ihrer Interessengruppe.[553] Der Verweis des § 25 MitbestG auf die Geltung der aktienrechtlichen Verschwiegenheitspflicht zeigt, dass die Interessenkollision der Arbeitnehmervertreter im Aufsichtsrat zugunsten der organschaftlichen Treubindung aufgelöst werden soll. Die unternehmerische Mitbestimmung dient nicht dazu, dem Informationsbedürfnis auf Arbeitnehmerseite gerecht zu werden. Die Aufgabe der Arbeitnehmervertreter im Aufsichtsrat beschränkt sich darauf, den Vorstand im Rahmen ihrer Gremienarbeit zu überwachen. Auch der mitbestimmte Aufsichtsrat ist ein Überwachungsorgan des Unternehmens.[554] Die Wahl der Arbeitnehmervertreter in den Aufsichtsrat dient dem Zweck, Einfluss auf die unternehmenspolitischen Entscheidungen zu nehmen, nicht jedoch, einem Informationsbedürfnis der Arbeitnehmer oder der Gewerkschaft gerecht zu werden.[555] Die Befriedigung des Informationsbedürfnisses der Belegschaft wird vielmehr auf anderer Ebene durch Instrumente der betrieblichen Mitbestimmung, wie die Informationsrechte von Wirtschaftsausschuss und Betriebsrat, sichergestellt.[556]

Durch die umfassende Geltung der Verschwiegenheitspflicht – auch gegenüber der Gewerkschaft – wird die Gesellschaft in ihrer Rolle als Tarifpartei geschützt. Die Ausnutzung dieser Information zur effektiveren Streik- oder Tarifverhandlungsführung, würde das über Art. 12 und 14 GG geschützte Unternehmensinteresse verletzen.[557] Andernfalls hätte die Gewerkschaft Einblicke in den Kernbereich der unternehmerischen Geheimnissphäre. Daraus würde gerade in der Sanierungssituation eine Verlagerung der Chancengleichheit zulasten des Arbeitgebers resultieren.[558] Die Gewerkschaft säße quasi am Tisch

---

552 Ganz herrschende Meinung: *Koch*, § 116 AktG Rn. 11; *Veil*, ZHR 172 (2008), 239 (244); *Hoffmann-Becking* in MHdB GesR IV, § 33 Rn. 58; *Habersack* in MüKoAktG, § 116 AktG Rn. 59; *Annuß* in MüKoAktG, § 25 MitbestG Rn. 18; *Habersack* in Habersack/Henssler, § 25 MitbestG Rn. 100.

553 *Annuß* in MüKoAktG, § 25 MitbestG Rn. 18.

554 *Oetker* in ErfK, § 25 MitbestG Rn. 9; *Keilich/Brummer*, BB 2012, 897 (899).

555 *Veil*, ZHR 172 (2008), 239 (271); *Edenfeld/Neufang*, AG 1999, 49 (52).

556 *Keilich/Brummer*, BB 2012, 897 (899).

557 *Spindler* in BeckOGK, § 116 AktG Rn. 101.

558 In der „normalen" Tarifverhandlung ist dementgegen insbesondere das Verhalten der Aufsichtsratsmitglieder im Arbeitskampf kritisch zu beurteilen. Exemplarisch hierfür steht der Fall Bsirske. Dieser hatte als Vorsitzenden der Vereinten Dienstleistungsgewerkschaft (ver.di), im Dezember 2002 zu Streiks an den Flughäfen München und Frankfurt aufgerufen, obgleich er stellvertretender Vorsitzender des Aufsichtsrats der Lufthansa AG war.

der Arbeitgeberseite, woraus sich Zweifel an der Gegnerfreiheit des Arbeitgebers bzw. der Gewerkschaft ergeben.[559] Diese genuin gesellschaftsrechtliche Frage ist durch die dahinterstehenden Grundrechte und letztlich durch die konkrete Ausgestaltung des deutschen Tarifsystems prädeterminiert.

Die Verschwiegenheitspflicht erfasst jede Informationsweitergabe gegenüber Personen, die nicht zu den Organmitgliedern der AG gehören.[560] Die Verschwiegenheitspflicht greift in personeller Hinsicht für alle Aufsichtsratsmitglieder, unabhängig davon, von wem sie entsandt oder gewählt werden. Es gelten für alle Mitglieder die gleichen Voraussetzungen für eine Informationsweitergabe. Eine Weitergabe kann nur zulässig sein, wenn sie im Unternehmensinteresse liegt und der Aufsichtsrat für die Informationserteilung zuständig ist. Verstöße gegen diese Verschwiegenheitspflicht sind nach § 404 AktG strafbewehrt. § 404 AktG stellt ein abstraktes Gefährdungsdelikt dar.[561] Die Tatbestandsverwirklichung tritt mit der unbefugten Offenlegung oder Verwertung ein. Ein Schadenseintritt ist insofern keine Voraussetzung für die Strafbarkeit.[562] Diese Pönalisierung soll bereits generalpräventiv Verstöße gegen die aktienrechtliche Verschwiegenheitspflicht verhindern.[563]

## 2. *Informationsweitergabe an die Gewerkschaft im Unternehmensinteresse?*

Die für die Gewerkschaft relevanten Informationen stellen in aller Regel Geheimnisse der Gesellschaft dar und werden von §§ 116, 93 Abs. 1 S. 3 AktG erfasst. Die Informationsweitergabe muss demnach im Unternehmensinteresse liegen um zulässig zu sein. Das Unternehmensinteresse setzt sich dabei aus einem Bündel vielfacher, verschiedener Interessen zusammen.[564] In jedem Fall sind auch

559 Indes hat das BVerfG seinerseits festgestellt, dass die personelle Verflechtung von Aufsichtsratsmandat und gewerkschaftlicher Funktionsträgerschaft für sich genommen nicht ausreicht, um Zweifel an der Gegnerunabhängigkeit zu begründen: BVerfG v. 1.3.1979 – 1 BvR 532/77 u.a. – BVerfGE 50, 290, (371 ff.) In der Sanierungssituation erscheint die strikte Geltung der Verschwiegenheitspflicht gegenüber der Gewerkschaft zwingend, um dieses Dogma der Gegnerfreiheit aufrechtzuerhalten.

560 BGH v. 5.6.1975 – II ZR 156/73, NJW 1975, 1412, *Koch*, § 116 AktG Rn. 9; *Lutter/Krieger/Verse*, Rechte und Pflichten des Aufsichtsrats, Rn. 276.

561 *Wittig* in MüKoAktG, § 404 AktG Rn. 6; *Hefendehl* in BeckOGK, § 404 AktG Rn. 10.

562 *Wittig* in MüKoAktG, § 404 AktG Rn. 6; *Hefendehl* in BeckOGK, § 404 AktG Rn. 10.

563 *Weiß* in MüKoStGB, § 404 AktG Rn. 1; zweifelnd hinsichtlich der Wirksamkeit: *Hefendehl* in BeckOGK, § 404 AktG Rn. 3.

564 Ausführlich hierzu: *Spindler* in MüKoAktG, § 76 AktG Rn. 67.

die Interessen der Belegschaft als Teil des Unternehmensinteresses zu berücksichtigen.[565] Das Informationsinteresse der Belegschaft kann dazu führen, dass die fragliche Tatsache nicht der Geheimhaltungspflicht unterfällt.[566]

Im Ergebnis liegt die selektive Weitergabe von Informationen an die Gewerkschaft durch die Arbeitnehmervertreter im Aufsichtsrat nicht im Unternehmensinteresse. Zwar ist das gewerkschaftliche Interesse an unternehmensspezifischen Informationen bei Verhandlung eines Sanierungstarifvertrags besonders ausgeprägt und Informationen über die finanzielle Aufstellung oder die Planung der zukünftigen Unternehmensstrategie haben durchaus das Potential der Gewerkschaft erhebliche Vorteile zu bringen.[567] Allerdings sind lediglich berechtigte Arbeitnehmerinteressen in das Unternehmensinteresse einzubeziehen, aber keinesfalls partikulare Gewerkschaftsinteressen.[568]

Zudem bildet bei Verhandlung eines Sanierungstarifvertrags die selektive und aufgearbeitete Weitergabe von Informationen durch den Vorstand ein wesentliches strategisches Element. Daneben ist es für die Eigenschaft als Geheimnis maßgebend, dass die Gesellschaft als Geheimnisinhaberin den Kreis der Mitwisser beschränkt halten kann.[569] Im Fall der Weitergabe durch die Arbeitnehmervertreter im Aufsichtsrat an die Gewerkschaft kann die Gesellschaft den innergewerkschaftlichen Informationsfluss weder nachvollziehen noch kontrollieren. Die Geheimniseigenschaft – und der daraus resultierende Wettbewerbsvorteil – sind so gefährdet. Darüber hinaus würde so auch die Tarifautonomie des Arbeitgebers beeinträchtigt.[570] Die Ausnutzung dieser Information zur effektiveren Streik- oder Tarifverhandlungsführung, würde das über Art. 12 und 14 GG geschützte Unternehmensinteresse verletzen.[571] Die Informationsweitergabe an die Gewerkschaft durch die Arbeitnehmervertreter im Aufsichtsrat muss demnach ausscheiden.

565 *Habersack* in Habersack/Henssler, § 25 MitbestG Rn. 100.

566 *Habersack* in Habersack/Henssler, § 25 MitbestG Rn. 100.

567 *Velten*, Gewerkschaftsvertreter im Aufsichtsrat, S. 99.

568 *Velten*, Gewerkschaftsvertreter im Aufsichtsrat, S. 98; *Lutter/Krieger/Verse*, Rechte und Pflichten des Aufsichtsrats, Rn. 256; *Lutter*, Information und Vertraulichkeit im Aufsichtsrat, S. 232 f.

569 *Lutter*, Information und Vertraulichkeit im Aufsichtsrat, S. 157.

570 Ausführlich hierzu unter: Kapitel 2 0.

571 *Spindler* in BeckOGK, § 116 AktG Rn. 101.

### 3. *Kompetenz zur Informationsweitergabe?*

Selbst wenn die Voraussetzungen der Verschwiegenheitsverpflichtung nicht (mehr) vorliegen sollten, fehlt dem Aufsichtsrat die Kompetenz für die Weitergabe von Informationen gegenüber der Gewerkschaft. Die Informationspolitik der Gesellschaft obliegt als Teil der Geschäftsführungsbefugnis grundsätzlich dem Vorstand als Leitungsorgan der AG.[572] Gerade die Offenlegung von Informationen im Rahmen von Vertragsverhandlungen liegt im Kompetenzbereich des Vorstands.[573] Nichts anderes kann für die Verhandlung eines Tarifvertrags gelten. Die Vertretung der Gesellschaft gegenüber der Gewerkschaft ist als Teil der Geschäftsführung Aufgabe des Vorstandes.[574] Dem Aufsichtsrat – und erst recht nicht dem einzelnen Aufsichtsratsmitglied – kommt keine dahingehende Kompetenz zu. Dies zeigt ein Umkehrschluss zur Spezialvorschrift des § 112 AktG. Diese normiert ausnahmsweise eine Vertretungsbefugnis des Aufsichtsrats für die Gesellschaft. Weitergehend verbietet § 111 Abs. 4 S. 1 AktG die Übertragung von Geschäftsführungsmaßnahmen auf den Aufsichtsrat.[575] Die eigenständige Informationskompetenz des Aufsichtsrats beschränkt sich auf die originären Sachkompetenzen des Aufsichtsrats.[576] Dies darf allerdings nicht so verstanden werden, als dass darunter alle Angelegenheiten fallen, die dem Aufsichtsrat zur Überwachung der Geschäftsführung durch den Vorstand mitgeteilt werden, wie etwa die strategische Ausrichtung der Gesellschaft und die Unternehmensentwicklung.[577] Durch eine so verstandene Sachkompetenz des Aufsichtsrats würde die Entscheidungskompetenz des Vorstands über Informationspolitik als Teil seiner Geschäftsführungsbefugnis letztlich ausgehöhlt.[578]

## IV. Aufsichtsratsmitglieder scheiden als Informationsquelle aus

Die Arbeitnehmervertreter im Aufsichtsrat scheiden als mögliche Informationsquelle der Gewerkschaft aus. Die aktienrechtliche Schweigepflicht greift für alle Aufsichtsratsmitglieder in gleicher Weise. Eine eingeschränkte Schweigepflicht für die Arbeitnehmervertreter im Aufsichtsrat ist abzulehnen. Zudem

---

572 *Lutter/Krieger/Verse*, Rechte und Pflichten des Aufsichtsrats, Rn. 284; *v. Schenck* in Semler/v. Schenck, § 116 AktG Rn. 412.

573 So ausdrücklich: *Habersack* in MüKoAktG, § 116 AktG Rn. 59.

574 *Löwisch/Rieble*, § 1 TVG Rn. 1506.

575 *Keilich/Brummer*, BB 2012, 897 (899).

576 *Lutter/Krieger/Verse*, Rechte und Pflichten des Aufsichtsrats, Rn. 284.

577 *Lutter/Krieger/Verse*, Rechte und Pflichten des Aufsichtsrats, Rn. 284.

578 *Lutter/Krieger/Verse*, Rechte und Pflichten des Aufsichtsrats, Rn. 284.

entspricht die Offenlegung gegenüber der Gewerkschaft durch die Aufsichtsratsmitglieder nicht dem Unternehmensinteresse. Auch außerhalb des Anwendungsbereichs der Verschwiegenheitspflicht aus §§ 116, 93 Abs. 1 S. 3 AktG muss die Informationsweitergabe an die Gewerkschaft durch den Aufsichtsrat mangels Weitergabekompetenz ausscheiden. Die verhandlungsbedingte Weitergabe von Informationen obliegt vielmehr dem Vorstand als Teil seiner Geschäftsführungsbefugnis.

## F. Restriktion des Informationsflusses durch die Marktmissbrauchsverordnung

Handelt es sich beim Arbeitgeber um ein börsennotiertes Unternehmen, können neben diesen allgemeinen Verschwiegenheitspflichten auch kapitalmarktrechtliche Restriktionen für die Informationsweitergabe an die Gewerkschaft treten. Seit Inkrafttreten der VO (EU) 596/2014 (Marktmissbrauchsverordnung; engl. *Market abuse regulation*, im Folgenden: MAR) am 3.7.2016 finden sich die maßgeblichen kapitalmarktrechtlichen Vorgaben auf der Ebene einer europäischen Verordnung mit unmittelbarer Geltung, Art. 288 Abs. 3 AEUV. Insbesondere das Verbot der unbefugten Offenlegung von Insiderinformationen ist im Rahmen einer selektiven Informationsweitergabe zu berücksichtigen. Dieses Verbot findet sich in Art. 10 Abs. 1 i.V.m. Art. 14 lit. c) MAR.

Vor Überführung des Insiderrechts auf Verordnungsebene fand sich eine weitgehend inhaltsgleiche Regelung bereits in Art. 3 lit. a) der Richtlinie 2003/6/EG (im Folgenden: Insider-RL).[579] Art. 3 lit. a) Insider-RL wurde durch § 14 WpHG a.F. in deutsches Recht umgesetzt. Art. 10 Abs. 1 i.V.m. Art. 14 lit. c) MAR entspricht seinem Regelungsgehalt nach Art. 3 lit. a) Insider-RL und der deutschen Umsetzung in § 14 Abs. 1 Nr. 2 WpHG a.F.[580]

### I. Art. 10 i.V.m. Art. 14 lit. c) MAR

Im Kern verbietet Art. 10 Abs. 1 i.V.m. Art. 14 lit. c) MAR, dass eine Person ihr Insiderwissen einer anderen Person unbefugt offenlegt.[581] Durch das

---

579 Ursprünglich Richtlinie 89/592/EWG vom 13.11.1989; aufgehoben mit Wirkung zum 11.4.2003 durch die Richtlinie 2003/6/EG des Europäischen Parlaments und des Rates vom 28. Januar 2003 über Insider-Geschäfte und Marktmanipulation.

580 *Assmann* in Assmann/Schneider/Mülbert, Art. 10 MAR Rn. 1; *Klöhn* in Klöhn, Art. 10 MAR Rn. 8.

581 *Assmann* in Assmann/Schneider/Mülbert, Art. 10 MAR Rn. 5.

grundsätzliche Verbot der selektiven Offenlegung von Insiderinformation wird das Insiderhandelsverbot nach Art. 8 MAR unterstützt.[582] Bei dem Offenlegungsverbot handelt es sich um ein Verbot im Vorfeld des eigentlichen Insidertatbestands.[583] Ziel der Regelung ist es, den Kreis der Insider möglichst klein zu halten und so die Gefahr von Insiderdelikten zu minimieren.[584] Das Verbot der unbefugten Offenlegung von Insiderinformationen dient so dem Schutz des Vertrauens der Anleger in die Funktionsfähigkeit der Kapitalmärkte.[585] Dieses Vertrauen der Anleger resultiert aus der informationellen Gleichbehandlung aller Anleger.[586] Die informationelle Gleichbehandlung ist unerlässliche Voraussetzung für die Chancengleichheit aller Anleger am Kapitalmarkt.[587] Diese fundamentale Voraussetzung wird durch die selektive Weitergabe von Insiderinformationen gefährdet, da die Insider über Informationsvorteile gegenüber dem Kapitalmarkt verfügen. Zweck des Weitergabeverbots ist es, einer Gefährdung dieses Schutzguts bereits in einem möglichst frühen Stadium entgegenzuwirken, indem es den Kreis der Insider möglichst klein hält.[588] Das Weitergabeverbot soll die ungehinderte Verbreitung der Insiderinformation verhindern. Denn mit einer größeren Zahl von Insidern geht ein erhöhtes Missbrauchsrisiko einher und die Gefahr von Insiderdelikten steigt.[589]

### *1. Verbotsadressat: Insider*

Das Verbot der unbefugten Weitergabe von Insiderinformationen gilt nach Art. 10 Abs. 1 S. 2, 8 Abs. 4 lit. c) MAR zunächst für Primärinsider. Primärinsider sind Personen, die über Insiderinformationen verfügen. Der Grund für die

---

582 *Meyer* in Meyer/Veil/Rönnau, § 8 Rn. 1; zur Vorgängernorm: *Mennicke* in Fuchs, § 14 WpHG Rn. 181.

583 *Mennicke* in Fuchs, § 14 WpHG Rn. 182.

584 *Buck-Heeb* in Assmann/Schütze/Buck-Heeb, § 8 Rn. 230.

585 So zur Vorgängernorm § 14 WpHG: *Federlin*, Informationsflüsse in der Aktiengesellschaft, S. 87; *Veil*, ZHR 172 (2008), 239 (259 f.); *Sethe*, ZBB 2006, 243 (244); so auch die Erwägungsgründe 1, 23 zur MAR.

586 So zur Vorgängernorm § 14 WpHG: *Federlin*, Informationsflüsse in der Aktiengesellschaft, S. 87.

587 *Kumpan/Grütze* in Schwark/Zimmer, Art. 10 MAR Rn. 9.

588 *Kumpan* in Hopt, Art. 10 MAR Rn. 1; *Mennicke* in Fuchs, § 14 WpHG Rn. 187.

589 *Meyer* in Meyer/Veil/Rönnau, § 8 Rn. 1; so zur Vorgängernorm § 14 WpHG: *Federlin*, Informationsflüsse in der Aktiengesellschaft, S. 91.

Kenntnisnahme muss dann in eine der Fallgruppen von Art. 8 Abs. 4 UAbs. 1 MAR eingeordnet werden können.[590]

Sekundärinsider hingegen sind nach Art. 8 Abs. 4 UAbs. 2 MAR Personen, die über Insiderinformationen verfügen, ohne unter eine der Fallgruppen in Art. 8 Abs. 4 UAbs. 1 MAR zu fallen. Einschränkend gilt, dass die Person weiß oder wissen müsste, dass es sich bei der Information um eine Insiderinformation handelt.

Insoweit sind alle hier betrachteten potentiell weitergebenden Personen als Insider anzusehen: Die Arbeitnehmervertreter im Aufsichtsrat werden von Art. 8 Abs. 4 UAbs. 1 lit. a) MAR erfasst und sind als Primärinsider einzuordnen. Gem. Art. 8 Abs. 4 UAbs. 1 lit. c) MAR ist Primärinsider, wer aufgrund der Ausübung einer Arbeit oder eines Berufs oder der Erfüllung von Aufgaben Zugang zu den Insiderinformationen hat. Dies ist sowohl bei den Arbeitnehmern wie auch bei den betriebsverfassungsrechtlichen Funktionsträgern der Fall. Demnach erfasst das Verbot der unbefugten Weitergabe von Insiderinformationen alle aufgezeigten potentiellen Informationsquellen der Gewerkschaft.[591]

### 2. *Begriff der Insiderinformation*

Art. 10 Abs. 1 MAR setzt die Weitergabe einer Insiderinformation voraus. Der Begriff ist dabei übereinstimmend mit der Legaldefinition in Art. 7 MAR zu verstehen.[592] Demnach umfasst der Begriff „Insiderinformationen“ gem. Art. 7 Abs. 1 lit. a) MAR insbesondere alle *„nicht öffentlich bekannten präzisen Informationen, die direkt oder indirekt einen oder mehrere Emittenten oder ein oder mehrere Finanzinstrumente betreffen und die, wenn sie öffentlich bekannt würden, geeignet wären, den Kurs dieser Finanzinstrumente oder den Kurs damit verbundener derivativer Finanzinstrumente erheblich zu beeinflussen“*. Auch selbstgeschaffene Informationen können Insiderinformationen darstellen. Insoweit ist selbst die Weitergabe von Insiderinformationen durch den Urheber nur unter den Voraussetzungen von Art. 10 Abs. 1 MAR zulässig.[593] Ein Drittbezug ist nicht

590 *Kumpan/Grütze* in Schwark/Zimmer, Art. 10 MAR Rn. 4.

591 *Bruder*, Die Weitergabe von Insiderinformationen durch Arbeitnehmervertreter, S. 40; *Assmann* in Assmann/Schneider/Mülbert, Art. 10 MAR Rn. 8; *Meyer* in Meyer/Veil/Rönnau, § 8 Rn. 6.

592 *Assmann* in Assmann/Schneider/Mülbert, Art. 10 MAR Rn. 8; *Hopt/Kumpan* in Schimansky/Bunte/Lwowski, § 107 Rn. 102.

593 *Hopt/Kumpan*, ZGR 2017, 765 (779); *Kumpan* in Hopt, Art. 10 MAR Rn. 1.

erforderlich.[594]

Die Informationen, die bei Verhandlung eines Sanierungstarifvertrags maßgebend sind, erfüllen in aller Regel die Voraussetzungen der Insiderinformationen nach Art. 7 MAR. Dies ergibt sich aus dem dargelegten atypischen Interesse der Gewerkschaft an der wirtschaftlichen Situation des notleidenden Emittenten in der Sanierungssituation.[595] Um eine hinreichende Informationsgrundlage zu erlangen, muss der Gewerkschaft ein tiefgehender Einblick in das Unternehmen gewährt werden. Darüber hinaus wird die Gewerkschaft nur dann zum Abschluss eines Sanierungstarifvertrags bereit sein, wenn ein valides Sanierungskonzept und die Chance besteht, dass das notleidende Unternehmen erfolgreich saniert und zurück an den Flächentarifvertrag geführt werden kann. Vielfach werden die aktuellen unveröffentlichten Kennzahlen des Unternehmens maßgeblich sein. Diese unveröffentlichten sensiblen Informationen sind weit überwiegend als Insiderinformationen zu klassifizieren.[596]

### 3. *Offenlegung gegenüber einer anderen Person*

Während unter Geltung der Insider-RL und § 14 Abs. 1 Nr. 2 WpHG a.F. die Mitteilung und die Zugänglichmachung von Insiderinformationen verboten waren, verbietet Art. 10 Abs. 1 MAR die Offenlegung. Die Literatur geht übereinstimmend davon aus, dass damit keine Änderungen einhergehen: Vielmehr wird der Begriff der Offenlegung als ein Oberbegriff für Mitteilung und Zugänglichmachung eingeordnet.[597]

Das Verbot von Art. 10 Abs. 1 MAR erfasst die Offenlegung der Insiderinformation gegenüber jeder anderen natürlichen oder juristischen Person.[598]

594 EuGH v. 10.5.2007 – Rs. C-391/04 (Georgakis), EuZW 2007, 572; *Assmann* in Assmann/Schneider/Mülbert, Art. 10 MAR Rn. 8; *Klöhn* in Klöhn, Art. 10 MAR Rn. 19.

595 Siehe dazu ausführlich: Kapitel 1 0.

596 So ausdrücklich der Emittentenleitfaden der BaFin Modul C, S. 15.

597 *Assmann* in Assmann/Schneider/Mülbert, Art. 10 MAR Rn. 11; *Meyer* in Meyer/Veil/Rönnau, § 8 Rn. 4; *Klöhn* in Klöhn, Art. 10 MAR Rn. 6; *Hopt/Kumpan* in Schimansky/Bunte/Lwowski, § 107 Rn. 103.

598 *Kumpan/Grütze* in Schwark/Zimmer, Art. 10 MAR Rn. 20; *Assmann* in Assmann/Schneider/Mülbert, Art. 10 MAR Rn. 15.

Insbesondere erfasst das Verbot auch die Offenlegung von Insiderinformationen innerhalb desselben Unternehmens.[599]

Zu beachten ist, dass der Verbotstatbestand bereits die Weitergabe der Information als solche erfasst. Es ist nicht erforderlich, dass der Empfänger der Insiderinformation diese für ein Erwerbs- oder Veräußerungsgeschäft oder eine Empfehlung oder Verleitung gebraucht oder sie selbst unrechtmäßig weitergibt.[600] Der Verbotstatbestand sanktioniert die unberechtigte Erweiterung des Insiderkreises und die damit einhergehende Erhöhung der Gefahr eines Insiderdelikts. Das Unrecht erschöpft sich in der unbefugten Weitergabe der Insiderinformation und der damit einhergehenden erhöhten Missbrauchsgefahr.[601] Es ist demnach völlig unerheblich, was bspw. die Gewerkschaft mit der offengelegten Insiderinformation anfängt. Auch die Weitergabe an die Gewerkschaft zum Zwecke der Stärkung ihrer Verhandlungsposition in der Tarifverhandlung erweitert den Kreis der Insider und erhöht das Risiko eines Insidergeschäfts.

### 4. *Befugnis zur Offenlegung*

#### a. *Offenlegung im normalen Rahmen der Ausübung einer Beschäftigung oder eines Berufs oder der normalen Erfüllung von Aufgaben*

Art. 10 Abs. 1 MAR verbietet die selektive Offenlegung von Insiderinformationen nicht vollständig. Es sind durchaus Situationen denkbar, in denen die selektive Offenlegung von Insiderinformationen zur Wahrnehmung hochrangiger Interessen erforderlich ist. Deshalb verbietet Art. 10 Abs. 1 MAR nur die unrechtmäßige Offenlegung von Insiderinformationen. Eine befugte Offenlegung von Insiderinformationen fällt hingegen nicht unter den Verbotstatbestand des Art. 10 Abs. 1 MAR. Eine befugte Offenlegung ist anzunehmen, soweit die Offenlegung im normalen Rahmen der Ausübung einer Beschäftigung oder eines Berufs oder der normalen Erfüllung von Aufgaben geschieht. Dieses Merkmal entspricht hinsichtlich seines Regelungsgehalts Art. 3 lit. a)

---

599 EuGH v. 22.11.2005 – Rs. C-384/02 (Grøngaard/Bang), ZIP 2006, 123 (126); *Kumpan/Grütze* in Schwark/Zimmer, Art. 10 MAR Rn. 11; *Klöhn* in Klöhn, Art. 10 MAR Rn. 21; *Hopt/Kumpan* in Schimansky/Bunte/Lwowski, § 107 Rn. 106.

600 *Assmann* in Assmann/Schneider/Mülbert, Art. 10 MAR Rn. 14; *Meyer* in Meyer/Veil/Rönnau, § 8 Rn. 5.

601 *Klöhn* in Klöhn, Art. 10 MAR Rn. 17.

Insider-RL, sowie der deutschen Umsetzungsnorm des § 14 Abs. 1 Nr. 2 WpHG a.F.[602] Durch die Beschränkung auf unbefugte Offenlegungen erkennt der europäische Verordnungsgeber an, dass das Weitergabeverbot in zahlreichen Fällen mit den berechtigten Interessen des Weitergebenden konfligiert.[603]

### *b. Konkretisierung der Anforderungen durch Grøngaard/ Bang-Entscheidung*

Die Anforderungen an eine befugte Informationsweitergabe hat der EuGH in seiner *Grøngaard/Bang* Entscheidung präzisiert. Diese erging noch unter Geltung der Insiderrichtlinie zu Art. 3 lit. a) Insider-RL. Aufgrund des parallelen Regelungsgehalts zwischen Art. 3 lit. a) Insider-RL und Art. 10 Abs. 1 MAR können die dort aufgestellten Kriterien auch unter Geltung der MAR im Rahmen der Auslegung berücksichtigt werden.[604]

Der EuGH hatte in einem Vorabentscheidungsverfahren auf Vorlage des dänischen *Højesteret* (Oberster Gerichtshof Dänemark) darüber zu entscheiden, ob ein Arbeitnehmervertreter in Unternehmensorganen bzw. -ausschüssen im Rahmen seiner Tätigkeit erlangte Insiderinformationen an den Vorsitzenden der Arbeitnehmerorganisation weitergeben darf, die ihn in das betreffende Gremium gewählt hat. Im streitigen Fall hatte der von der Gewerkschaft als Arbeitnehmervertreter in den Konzernverbindungsausschuss eines börsennotierten Emittenten entsandte Grøngaard Insiderinformationen an den Gewerkschaftsvorsitzenden Bang weitergegeben. Dieser wieder rum hat die Informationen innerhalb der Gewerkschaft an seine Mitarbeiter weitergegeben.[605]

Der EuGH beantwortete die Vorlagefrage des dänischen *Højesteret* dahin, dass die Informationsweitergabe selbst dann gegen das Weitergabeverbot aus Art. 3 lit. a) Insider-RL verstoßen könne, wenn sie nach nationalem Recht erlaubt sei. Die Informationsweitergabe sei nur ausnahmsweise befugt und zwar, wenn:

- ein enger Zusammenhang zwischen der Weitergabe und der Ausübung ihrer Arbeit oder ihres Berufes oder der Erfüllung ihrer Aufgaben besteht und

---

602 *Assmann* in Assmann/Schneider/Mülbert, Art. 10 MAR Rn. 17.

603 *Klöhn* in Klöhn, Art. 10 MAR Rn. 36.

604 Erneuter Verweis auf die Entscheidung in EuGH v. 15.3.2022 – Rs. C-302/20, NZG 2022, 961 (967); *Hopt/Kumpan* in Schimansky/Bunte/Lwowski, § 107 Rn. 105; *Assmann* in Assmann/Schneider/Mülbert, Art. 10 MAR Rn. 17; *Kumpan/Grütze* in Schwark/Zimmer, Art. 10 MAR Rn. 24; *Meyer* in Meyer/Veil/Rönnau, § 8 Rn. 12; a.A. *Zetzsche*, NZG 2015, 817 (820 f.).

605 EuGH v. 22.11.2005 – Rs. C-384/02 (Grøngaard/Bang), ZIP 2006, 123 (124).

- diese Weitergabe für die Ausübung dieser Arbeit oder dieses Berufes oder für die Erfüllung dieser Aufgaben unerlässlich ist.[606]

Zudem müsse das nationale Gericht im Lichte der anwendbaren nationalen Vorschriften insbesondere Folgendem Rechnung tragen:

- dem Umstand, dass diese Ausnahme vom Verbot der Weitergabe von Insiderinformationen eng auszulegen ist;
- dem Umstand, dass jede zusätzliche Weitergabe die Gefahr vergrößern kann, dass diese Informationen mit einem der Richtlinie 89/592 zuwiderlaufenden Ziel ausgenutzt werden, und
- der Sensibilität der Insiderinformation.[607]

Darüber hinaus sei bei mehreren aufeinanderfolgenden Weitergabevorgängen jede einzelne Weitergabe darauf zu überprüfen, ob sie die oben skizzierten Ausnahmevoraussetzungen erfüllt.[608]

Zusammenfassend ist nach den Vorgaben des EuGHs die Weitergabe einer Insiderinformation nur dann gerechtfertigt, wenn sie für die Ausübung einer Arbeit oder eines Berufes oder für die Erfüllung einer Aufgabe unerlässlich ist und den Grundsatz der Verhältnismäßigkeit beachtet. Wesentlich ist, dass sich die Ausnahme an den Adressatenkreis des Verbotstatbestands richtet, sodass es auf Beschäftigung, Beruf bzw. Aufgabe des Weitergebenden ankommt.[609] Ob der Empfänger die Information zum Zwecke der normalen Erfüllung seiner Aufgaben benötigt, ist dementgegen unerheblich.[610]

### c. *Interessenabwägung*

Den Kriterien der Grøngaard/Bang-Entscheidung folgend, muss im Rahmen der Befugnis der Weitergabe eine Interessenabwägung erfolgen.[611] Die Beschränkung des Offenlegungsverbots bestätigt, dass es zahlreiche Fälle geben kann, in denen die berechtigten Interessen des Weitergebenden das Informationseindämmungsinteresse des Kapitalmarktes überwiegen.[612] Die Vorgaben der

---

606 EuGH v. 22.11.2005 – Rs. C-384/02 (Grøngaard/Bang), ZIP 2006, 123 (126).

607 EuGH v. 22.11.2005 – Rs. C-384/02 (Grøngaard/Bang), ZIP 2006, 123 (126).

608 EuGH v. 22.11.2005 – Rs. C-384/02 (Grøngaard/Bang), ZIP 2006, 123 (126).

609 *Meyer* in Meyer/Veil/Rönnau, § 8 Rn. 4; *Kumpan/Grütze* in Schwark/Zimmer, Art. 10 MAR Rn. 30.

610 *Kumpan/Grütze* in Schwark/Zimmer, Art. 10 MAR Rn. 30.

611 Emittentenleitfaden der BaFin Modul C, S. 62 f.; *Mennicke* in Fuchs, § 14 WpHG Rn. 203.

612 Emittentenleitfaden der BaFin Modul C, S. 62 f.; *Klöhn* in Klöhn, Art. 10 MAR Rn. 36.

europäischen MAR konkretisieren und harmonisieren das Informationseindämmungsinteresse innerhalb der Union. Dementgegen bestehen mannigfaltige Interessen des Weitergebenden, in denen die Union aufgrund des Prinzips der begrenzten Einzelermächtigungen keinerlei Kompetenzen hat. Deutlich wird dies etwa für den hier zu untersuchenden Fall der Informationsweitergabe an die Gewerkschaft anhand von Art. 153 Abs. 5 AEUV, der explizit das Koalitionsrecht aus dem Kompetenzkatalog der Union hinausnimmt. Die Weitergabeinteressen, die mit dem Informationseindämmungsinteresse des Kapitalmarktes abgewogen werden müssen, lassen sich nur unter Rückgriff auf die nationalen Rechtsordnungen bestimmen.[613] Wie nun die Abwägung nationaler Weitergabeinteressen gegen das unionale Informationseindämmungsinteresse vorzunehmen ist, beschreibt das von *Klöhn* verwendete Bild treffend:

> *„Was als Offenlegungsinteresse auf die linke Seite der Waage zu stellen ist und wie schwer dieses Interesse wiegt, bestimmt sich nach nationalem Recht. Was als Marktinteresse auf die rechte Seite der Waage zu stellen ist, folgt hingegen ebenso aus dem Europarecht wie die Regeln, nach denen die Waage funktioniert."*[614]

Anknüpfungspunkt für die Abwägung der konfligierenden Interessen im Einzelfall ist das unbestimmte Tatbestandsmerkmal der „normalen" Ausübung einer Beschäftigung oder eines Berufs bzw. der „normalen" Erfüllung von Aufgaben.[615] Diese ist anhand der Verhältnismäßigkeitsprüfung vorzunehmen. Dem folgend ist die selektive Offenlegung von Insiderinformationen befugt, wenn sie zur Förderung eines legitimen Offenlegungsinteresses geeignet, erforderlich und angemessen ist.[616]

### *aa. Legitimer Zweck*

Die Weitergabe muss einem legitimen Zweck dienen. Grundsätzlich ist jeder rechtlich zulässige Zweck geeignet, das Offenlegungsinteresse zu rechtfertigen.[617]

---

613 *Klöhn* in Klöhn, Art. 10 MAR Rn. 38; *Kumpan/Grütze* in Schwark/Zimmer, Art. 10 MAR Rn. 29.

614 *Klöhn* in Klöhn, Art. 10 MAR Rn. 42.

615 *Meyer* in Meyer/Veil/Rönnau, § 8 Rn. 10; so schon: *Federlin*, Informationsflüsse in der Aktiengesellschaft, S. 100.

616 *Assmann* in Assmann/Schneider/Mülbert, Art. 10 MAR Rn. 20; *Klöhn* in Klöhn, Art. 10 MAR Rn. 42.

617 Emittentenleitfaden der BaFin Modul C, S. 63; *Kumpan/Grütze* in Schwark/Zimmer, Art. 10 MAR Rn. 29; *Klöhn* in Klöhn, Art. 10 MAR Rn. 42.

### *bb. Geeignetheit*

Die Weitergabe der Insiderinformation muss zur Erreichung des Offenlegungszwecks geeignet sein. Sie muss also die Erreichung des mit der Offenlegung verfolgten Zwecks fördern können.[618] Maßgebend dafür ist die Perspektive eines objektiven Dritten zum Zeitpunkt der Informationsweitergabe.[619]

### *cc. Erforderlichkeit*

Die Weitergabe der Insiderinformation ist dann erforderlich, wenn es keine Handlung gibt, die zur Erreichung des konkreten Offenlegungszwecks, also zur Förderung des Weitergabeinteresses, ebenso geeignet ist, aber das Informationseindämmungsinteresse des Marktes stärker berücksichtigt.[620] Auch im Rahmen der Erforderlichkeit für die Aufgabenerfüllung kommt es allein auf den weitergebenden Insider an. Ob die Informationen für die Aufgabenerfüllung des Informationsempfängers erforderlich bzw. unerlässlich sind, ist unbeachtlich.[621] Dabei ist auf den konkreten Weitergabezweck abzustellen, und alternative Handlungen zur Erreichung des Fernzwecks sind auf dieser Ebene noch nicht zu berücksichtigen.[622]

Zu Unsicherheiten im Rahmen der Erforderlichkeit führte die Wendung „unerlässlich" in der Grøngaard/Bang-Entscheidung. Teilweise sieht die Literatur darin eine Verengung des Erforderlichkeitsmaßstabs.[623] So postulieren *Kumpan/Grütze*, dass im Sinne der Entscheidung Unerlässlichkeit vorliege, wenn es für die Erreichung des Offenlegungszwecks keine gleichgeeignete Alternative zu dem gewählten Mittel gibt.[624] Dementgegen führt *Klöhn* überzeugend aus, dass der Erforderlichkeitsmaßstab durch die Entscheidung nicht verengt wurde. Insbesondere habe der EuGH in der Entscheidung selbst keine einheitliche Terminologie verwendet.[625] In dogmatischer Hinsicht stelle die Verengung des

---

618 *Kumpan/Grütze* in Schwark/Zimmer, Art. 10 MAR Rn. 33.

619 *Kumpan/Grütze* in Schwark/Zimmer, Art. 10 MAR Rn. 33; *Klöhn* in Klöhn, Art. 10 MAR Rn. 64.

620 *Kumpan/Grütze* in Schwark/Zimmer, Art. 10 MAR Rn. 34; *Klöhn* in Klöhn, Art. 10 MAR Rn. 66 f.

621 *Bruder*, Die Weitergabe von Insiderinformationen durch Arbeitnehmervertreter, S. 48.

622 *Kumpan/Grütze* in Schwark/Zimmer, Art. 10 MAR Rn. 35; *Klöhn* in Klöhn, Art. 10 MAR Rn. 69.

623 *Schwintek*, Anm. zu EuGH v. 22.11.2005 – Rs. C-384/02 (Grøngaard/Bang), EWiR 2006, 155 (156); *Kumpan/Grütze* in Schwark/Zimmer, Art. 10 MAR Rn. 38 f.

624 *Kumpan/Grütze* in Schwark/Zimmer, Art. 10 MAR Rn. 38 f.

625 *Klöhn* in Klöhn, Art. 10 MAR Rn. 73 f.

Erforderlichkeitsbegriffs lediglich eine Beschränkung des Offenlegungszwecks dar. Dieser würde so objektiviert, indem Alternativhandlungen zur Erreichung des Fernziels miteinbezogen würden.[626]

Auch *Meyer* formuliert, dass das Merkmal der Unerlässlichkeit im Ergebnis nur bedeute, dass die Offenlegung dann rechtmäßig sei, wenn sie an Personen erfolge, deren Kenntnisse erforderlich sind, um den mit der Offenlegung verfolgten Zweck erreichen zu können (sog. need-to-know-Prinzip).[627] Wenn zur Erreichung des mit ihr verfolgten Zwecks eine ebenso wirksame, aber im Hinblick auf die Erhöhung der Gefahr des Insiderhandels weniger gefährliche Vorgehensweise möglich erscheint, sei die Weitergabe unrechtmäßig.[628] Dieser Auffassung hat sich jüngst auch die BaFin in ihrem Emittentenleitfaden angeschlossen.[629]

### *dd. Angemessenheit*

#### *(1) Weitergabeinteresse des Emittenten*

In einem letzten Schritt ist die Verhältnismäßigkeit zwischen dem Zweck der Weitergabe und dem Markteindämmungsinteresse zu bewerten.[630] Dafür ist die Situation der Weitergabe der Insiderinformation mit der Situation, in der der Emittent die das Informationseindämmungsinteresse des Marktes weniger stark beeinträchtigende Handlung vornimmt, ins Verhältnis zu setzen.[631] Anders als bei der Bestimmung der Erforderlichkeit sind an dieser Stelle alle Alternativhandlungen zu berücksichtigen, die zur Erreichung des mit der Weitergabe verfolgten Fernziels geeignet sind.[632] Als weniger stark belastende Handlung ist etwa die Zwischenschaltung von Berufsgeheimnisträgern möglich. Allerdings wird auch ein vollständiges Unterlassen der Informationsweitergabe als mögliche Alternativhandlung erfasst.

#### *(2) Informationseindämmungsinteresse des Marktes*

Auf der anderen Seite ist insbesondere die *ratio legis* des Weitergabeverbots und das Informationseindämmungsinteresse des Kapitalmarkts in der Abwägung zu

626 *Klöhn* in Klöhn, Art. 10 MAR Rn. 73 f.
627 *Meyer* in Meyer/Veil/Rönnau, § 8 Rn. 11.
628 *Meyer* in Meyer/Veil/Rönnau, § 8 Rn. 11.
629 Emittentenleitfaden der BaFin Modul C, S. 63.
630 *Klöhn* in Klöhn, Art. 10 MAR Rn. 81.
631 *Klöhn* in Klöhn, Art. 10 MAR Rn. 83.
632 *Klöhn* in Klöhn, Art. 10 MAR Rn. 85.

berücksichtigen. Das Verbot schützt die informationelle Gleichbehandlung aller Anleger.[633] Diese informationelle Gleichbehandlung ist unerlässliche Voraussetzung für die Chancengleichheit aller Anleger am Kapitalmarkt. Das Weitergabeverbot soll die ungehinderte Verbreitung der Insiderinformation verhindern. Denn mit einer größeren Zahl von Insidern geht ein erhöhtes Missbrauchsrisiko einher.[634] Zur Bestimmung und Gewichtung des Informationseindämmungsinteresses ist insbesondere das konkrete Risiko des verbotenen Insiderhandels bzw. der verbotenen Empfehlung oder Verleitung aufgrund der Offenlegung der Insiderinformation zu berücksichtigen.[635]

Darüber hinaus ist auch der Gegenstand der Insiderinformation in die Abwägung mit einzubeziehen. Dies ergibt sich aus dem zweistufigen Prüfungsaufbau, den der EuGH in *Grøngaard/Bang* den nationalen Gerichten an die Hand gegeben hat. Bei sensiblen Insiderinformationen ist danach eine besonders strenge Beurteilung der Weitergabe einer Insiderinformation geboten. Hinsichtlich der Beschaffenheit der Insiderinformation ist das maßgebende Kriterium die Sensibilität, sprich die Kursrelevanz der fraglichen Insiderinformation.[636]

Daneben kann auch die Person des Empfängers in zweierlei Hinsicht Einfluss auf die Interessenabwägung haben.[637] Zum einen ist die Verlässlichkeit des Empfängers ein maßgebendes Kriterium.[638] Ist davon auszugehen, dass dieser die Insiderinformation nur zum Zwecke der Erfüllung seiner Aufgaben verwenden wird, spricht dies für die Zulässigkeit der Weitergabe. Indes ist nicht erforderlich, dass der Empfänger einer besonderen gesetzlichen oder vertraglichen Verschwiegenheitspflicht unterliegt.[639] Dieser Aspekt ist jedoch im Rahmen der Abwägung zu berücksichtigen.[640] Zum anderen ist auch die Kontrollierbarkeit

---

633 *Federlin*, Informationsflüsse in der Aktiengesellschaft, S. 87; *Klöhn* in Klöhn, Art. 10 MAR Rn. 13.

634 *Meyer* in Meyer/Veil/Rönnau, § 8 Rn. 1; *Klöhn* in Klöhn, Art. 10 Rn. 13; so zur Vorgängernorm § 14 WpHG: *Federlin*, Informationsflüsse in der Aktiengesellschaft, S. 91.

635 Emittentenleitfaden der BaFin Modul C, S. 63.

636 EuGH v. 22.11.2005 – Rs. C-384/02 (Grøngaard/Bang), ZIP 2006, 123 (126).

637 Emittentenleitfaden der BaFin Modul C, S. 63; *Mennicke* in Fuchs, § 14 WpHG Rn. 210.

638 *Klöhn* in Klöhn, Art. 10 MAR Rn. 90.

639 *Hopt/Kumpan* in Schimansky/Bunte/Lwowski, § 107 Rn. 107; *Mennicke* in Fuchs, § 14 WpHG Rn. 210.

640 Emittentenleitfaden der BaFin Modul C, S. 63; *Mennicke* in Fuchs, § 14 WpHG Rn. 214.

des Informationsflusses durch den Weitergebenden im Rahmen des Informationseindämmungsinteresses zu berücksichtigen.[641]

### 5. *Zulässigkeit der Informationsweitergabe an die Gewerkschaft*

Vor dem Hintergrund dieser weiteren Restriktionen für die selektive Informationsweitergabe stellt sich die Frage, wann und ob eine Weitergabe von Insiderinformationen durch die oben genannten Informationsquellen an die Gewerkschaft zulässig sein kann. Dabei spielen insbesondere auch die oben dargestellten nationalen Verschwiegenheitspflichten eine entscheidende Rolle. Dies ergibt sich aus den Vorgaben der Verhältnismäßigkeitsprüfung: Aus der Beschränkung auf rechtliche zulässige Zwecke folgt, dass die Informationsweitergabe in insiderrechtlicher Hinsicht nur dann als „befugt" angesehen werden kann, soweit sie nicht durch andere gesetzliche Verschwiegenheitspflichten verboten ist.[642] Andernfalls dient sie keinem legitimen Zweck. Das europäische Weitergabeverbot folgt den Grenzen, welche die nationalen Verschwiegenheitspflichten ziehen.[643]

#### *a. Gleichlauf mit arbeitsvertraglicher Verschwiegenheitspflicht*

Wie dargestellt, erfasst die arbeitsvertragliche Verschwiegenheitspflicht nicht nur Geschäftsgeheimnisse.[644] Die Verschwiegenheitspflicht bezieht sich vielmehr auf alle Informationen, an deren Geheimhaltung der Arbeitgeber ein legitimes Interesse hat. Das sind in aller Regel – aber nicht ausschließlich – Geschäftsgeheimnisse im Sinne von § 2 Nr. 1 GeschGehG.[645] Sie kann im Einzelfall über den bloßen Geheimnisschutz hinausgehen und jedes schützenswerte, subjektive Arbeitgeberinteresse erfassen.

Im Ergebnis steht die arbeitsvertragliche Verschwiegenheitspflicht der Weitergabe von Insiderinformationen an die Gewerkschaft entgegen. Die

---

641 Grundsätzlich kann der betriebsinterne Informationsfluss besser kontrolliert werden als der betriebsexterne, siehe dazu: *Klöhn* in Klöhn, Art. 10 MAR Rn. 90.

642 *Mennicke* in Fuchs, § 14 WpHG Rn. 207; *Klöhn* in Klöhn, Art. 10 MAR Rn. 48; *Lutter/Krieger/Verse*, Rechte und Pflichten des Aufsichtsrats, Rn. 299.

643 Indes hat der EuGH ausdrücklich festgestellt, dass eine Weitergabe auch dann gegen Art. 10 MAR verstoßen kann, wenn sie nach nationalem Recht zulässig ist, EuGH v. 22.11.2005 – Rs. C-384/02 (Grøngaard/Bang), ZIP 2006, 123 (126).

644 Dazu ausführlich: Kapitel 2 0.

645 *McGuire*, WRP 2019, 679 (681); *Harte-Bavendamm* in Harte-Bavendamm/Henning-Bodewig, § 17 UWG Rn. 51.

Verschwiegenheitspflicht erfasst – unabhängig von der Geheimniseigenschaft der Tatsachen – auch Insiderinformationen. Das berechtigte Geheimhaltungsinteresse des Arbeitgebers resultiert aus den kapitalmarkrechtlichen Pflichten des Unternehmens.[646] Wie an anderer Stelle noch aufzuzeigen ist[647], müsste das notleidende Unternehmen die weitergegebene Insiderinformation nach Art. 17 Abs. 1,7 und 8 MAR sobald es Kenntnis von der Offenlegung durch den Arbeitnehmer erlangt ad-hoc-publizieren. Daraus resultiert ein erhebliches Schädigungspotential, da so sensible Unternehmensdaten dem Kapitalmarkt zugänglich gemacht werden müssten. Die Weitergabe von Insiderinformationen an die Gewerkschaft durch den Arbeitnehmer begründet deshalb regelmäßig einen Verstoß gegen die arbeitsvertragliche Verschwiegenheitspflicht. Damit geht auch ein Verstoß gegen das Verbot der unbefugten Offenlegung von Insiderinformationen aus Art. 10 Abs. 1 i.V.m Art. 14 lit. c) MAR einher. Aus der Beschränkung auf rechtlich zulässige Zwecke folgt, dass insiderrechtlich nur Informationsweitergaben als „befugt" angesehen werden, die nicht durch andere gesetzliche Verschwiegenheitspflichten verboten sind. Die Linien der arbeitsvertraglichen Verschwiegenheitspflicht und des insiderrechtlichen Offenlegungsverbots verlaufen hinsichtlich der Weitergabe an die Gewerkschaft parallel.

### *b. Weitergabe von Insiderinformationen durch den Betriebsrat*

#### *aa. Weitgehende Parallelität zwischen Offenlegungsverbot und Schweigepflicht des Betriebsrats*

Unstreitig ist das kapitalmarktrechtliche Weitergabeverbot auch an Mitglieder des Betriebsrates adressiert, wenn sie aufgrund ihrer Amtsausübung Zugang zu einer Insiderinformation erlangen.[648] Wie dargestellt, hat der Betriebsrat durch die allgemeinen und besonderen betriebsverfassungsrechtlichen Informationsansprüche frühzeitig Kenntnis von den wesentlichen wirtschaftlichen Daten des Unternehmens. Die Unterrichtung des Betriebsrats muss so rechtzeitig erfolgen, dass er sich mit dem Gegenstand noch ausreichend befassen und auf die Entscheidung des Arbeitgebers Einfluss nehmen kann.[649] Der Betriebsrat ist folglich zu einem frühen Zeitpunkt in die unternehmerische Planung mit einzubeziehen, sodass er in aller Regel kursrelevante Unternehmensdaten vor Veröffentlichung einer entsprechenden Ad-hoc-Mitteilung erhält.

646 *Bruder*, Die Weitergabe von Insiderinformationen durch Arbeitnehmervertreter, S. 19.
647 Instruktiv zur Ad-hoc-Publizitätspflicht: Kapitel 3 0.
648 *Oetker* in GK-BetrVG, § 79 BetrVG Rn. 94.
649 *Waskow* in NK-ArbR, BetrVG § 80 BetrVG Rn. 23.

Hinsichtlich der Verschwiegenheitspflicht des Betriebsrats ist von einer weitgehenden Parallelität mit dem insiderrechtlichen Weitergabeverbot auszugehen. Insbesondere handelt es sich auch bei Insiderinformationen in aller Regel um Geschäftsgeheimnisse im Sinne von § 79 Abs. 1 BetrVG. Unabhängig vom genauen Inhalt der Insiderinformation resultiert das berechtigte Geheimhaltungsinteresse des Arbeitgebers allein aus der Eigenschaft einer Tatsache als Insiderinformation.[650] Könnte der Betriebsrat Insiderinformationen weitergeben, würde aus der sich daran anschließend Ad-hoc-Publizitätspflicht des Unternehmens ein massives Schädigungspotential resultieren. Das Geheimhaltungsinteresse ergibt sich zum einen aus dem potentiellen Schaden, der mit der Veröffentlichung der Insiderinformation einhergehen würde und zum anderen aus den kapitalmarktrechtlichen Pflichten des Emittenten.

Es handelt sich in aller Regel bei Insiderinformationen um Geschäftsgeheimnisse im Sinne von § 79 Abs. 1 BetrVG. Die betriebsverfassungsrechtlichen Grenzen der Informationsweitergabe setzen sich auf Ebene des unionalen Insiderrechts fort. Eine Weitergabe, die gegen § 79 Abs. 1 BetrVG verstößt, verfolgt keinen legitimen Zweck und erfolgt unbefugt im Sinne von Art. 10 Abs. 1 i.V.m. Art. 14 lit. c) MAR.

#### *bb. … auch außerhalb des Anwendungsbereichs von § 79 BetrVG keine befugte Offenlegung*

Auch außerhalb des Anwendungsbereichs von § 79 Abs. 1 BetrVG muss eine Offenlegung von Insiderinformationen an die Gewerkschaft durch den Betriebsrat ausscheiden. Voraussetzung für die insiderrechtliche Zulässigkeit einer Informationsweitergabe ist, dass sie im Sinne von Art. 10 Abs. 1 MAR unerlässlich für die Aufgabenerfüllung des Weitergebenden ist. Indes gehört die selektive Offenbarung von Insiderinformationen gegenüber der Gewerkschaft nicht zur Aufgabenerfüllung des Betriebsrats. Vielmehr begründet die Weitergabe von Insiderinformationen während laufender Sanierungstarifvertragsverhandlungen einen Verstoß gegen die Pflicht zur gewerkschaftsneutralen Amtsführung.[651] In jedem Fall sind zusätzlich die Grenzen der arbeitsvertraglichen Nebenpflicht zu beachten. Diese wird von der betriebsverfassungsrechtlichen Schweigepflicht nicht verdrängt und erfasst auch Insiderinformationen.

---

650 LAG Hessen v. 12.3.2015 – 9 TaBV 188/14, juris.

651 Ausführlich unter: Kapitel 2 0.

### cc. *Einschränkungen hinsichtlich der Zuziehung von Gewerkschaftsvertretern?*

Daneben stellt sich die Frage, inwieweit die insiderrechtlichen Bestimmungen der sonstigen Zusammenarbeit von Gewerkschaft und Betriebsrat entgegenstehen. Insbesondere das in § 31 BetrVG normierte Recht auf Zuziehung eines Gewerkschaftsvertreters zu den Sitzungen des Betriebsrats erscheint kritisch. Wie dargelegt, besteht im Rahmen von § 79 Abs. 1 BetrVG gerade kein Recht des Arbeitgebers darauf, bei Gefährdung von Betriebs- und Geschäftsgeheimnissen eine Informationsweitergabe an den Betriebsrat zu unterlassen. Diese Verpflichtung besteht vielmehr unbedingt und unabhängig davon, ob ein Gewerkschaftsvertreter an der Betriebsratssitzung teilnimmt.[652] Es bestehen keine nationalen Grenzen für die Erläuterung von Insiderinformationen in einer Betriebsratssitzung im Beisein eines Gewerkschaftsvertreters.

Indes zieht ein Teil der Literatur aus dem insiderrechtlichen Offenlegungsverbot engere Grenzen. Insbesondere *Bruder* steht der Weitergabe von Insiderinformationen an den nach § 31 BetrVG zugezogenen Gewerkschaftsvertreter kritisch gegenüber. Die Weitergabe der Information an den Gewerkschaftsvertreter müsse unerlässlich sein, um eine sachgerechte Aufgabenwahrnehmung des Betriebsrats zu ermöglichen.[653] Sie führt aus, dass die *Grøngaard/Bang*-Kriterien der Unerlässlich- und Verhältnismäßigkeit einer Erörterung in der Regel im Wege stehen.[654]

Dem ist allerdings zu widersprechen. Zum einem wäre die Beratungsfunktion der Gewerkschaft im börsennotierten Unternehmen massiv entwertet. Die Regelung bezweckt, dass die Gewerkschaften die Möglichkeit haben, ihr Expertenwissen und ihren Standpunkt in die Arbeit des Betriebsrats einbringen zu können und konkretisiert das allgemeine Gebot der Zusammenarbeit zwischen Betriebsrat und Gewerkschaft.[655] Zum anderen wird den Gewerkschaften eine Teilnahme an der Betriebsverfassung grundrechtlich gewährleistet.[656] Gerade in den Fällen, in denen Betriebs- und Geschäftsgeheimnisse

---

652 *Weber*, Schweigepflicht des Betriebsrats, S. 92 f.; a.A. *Hitzfeld*, Geheimnisschutz im Betriebsverfassungsrecht, S. 64.

653 *Bruder*, Weitergabe von Insiderinformationen durch Arbeitnehmernehmervertreter, S. 105.

654 *Bruder*, Die Weitergabe von Insiderinformationen durch Arbeitnehmervertreter, S. 105.

655 *Fitting*, § 31 BetrVG Rn. 1.

656 *Thüsing* in Richardi, § 31 BetrVG Rn. 1.

bzw. Insiderinformationen betroffen sind, wird der Betriebsrat auf den Expertenrat angewiesen sein. Eine Abstimmung zwischen gewerkschaftlicher und betriebsverfassungsrechtlicher Ebene scheint für eine effektive Vertretung der Arbeitnehmerinteressen erforderlich. In der Abwägung mit dem Informationseindämmungsinteresse ist zudem zu berücksichtigen, dass der Gewerkschaftsvertreter gegenüber seiner eigenen Organisation nach § 79 Abs. 2 BetrVG zur Verschwiegenheit verpflichtet ist. Eine unkontrollierte Verbreitung der Insiderinformation wird durch die strafrechtliche Sanktionsmöglichkeit vermieden. Die Erörterung mit einem zugezogenen Gewerkschaftsvertreter nach § 31 BetrVG in der Betriebsratssitzung stellt keine unbefugte Offenlegung nach Art. 10 Abs. 1 i.V.m Art. 14 lit. c) MAR dar.

### *c. Weitergabe von Insiderinformationen durch den Aufsichtsrat*

Daneben hat auch der Aufsichtsrat massive Einblicke ins Innenleben der Gesellschaft. Bei dem Aufsichtsrat handelt es sich um ein Binnenorgan der Gesellschaft, sodass die Arbeitnehmervertreter aufgrund ihrer Überwachungs- und Beratungsfunktion in aller Regel vor der Öffentlichkeit mit sensiblen Unternehmensdaten in Berührung kommen. Im Falle der Börsennotierung der Gesellschaft kommen Aufsichtsräte dabei naturgemäß mit Insiderinformationen in Kontakt. Die *Grøngaard/Bang*-Entscheidung illustriert dabei mustergültig den bestehenden Konflikt zwischen Informationseindämmungsinteresse des Marktes und Weitergabeinteresse der Arbeitnehmervertreter.[657] Das *Højesteret* (Oberster Gerichtshof Dänemark) ging in seiner Entscheidung zur Umsetzung der *Grøngaard/Bang*-Entscheidung des EuGH davon aus, dass die Weitergabe von Arbeitnehmervertreter *Grøngaard* an seinen Gewerkschaftsvorsitzenden *Bang* sachlich begründet und ein normaler Bestandteil der Funktion als Arbeitnehmervertreter war.[658] Dies legt den Schluss nahe, dieses Ergebnis für das deutsche Recht zu übernehmen.[659]

Zweifel daran ergeben sich vor dem Hintergrund der Verschwiegenheitspflicht der Aufsichtsratsmitglieder aus §§ 93 Abs. 1 S. 3, 116 S. 1 AktG.[660]

---

657 EuGH v. 22.11.2005 – Rs. C-384/02 (Grøngaard/Bang), ZIP 2006 123 (126).

658 Højesteret (Oberster Gerichtshof Dänemark) v. 14.5.2009 – 219/2008, EWiR 2009, 687 (m. Anm. *Widder*).

659 *Köstler*, Arbeitshilfen für Aufsichtsräte Nr. 8 Insiderrecht, S. 12.

660 *Bruder*, die Weitergabe von Insiderinformationen durch Arbeitnehmervertreter, S. 79; *Lutter/Krieger/Verse*, Rechte und Pflichten des Aufsichtsrats, Rn. 299.

Hinsichtlich der gesellschaftsrechtlichen Verschwiegenheitspflicht der Aufsichtsratsmitglieder aus §§ 93 Abs. 1 S. 3, 116 S. 1 AktG hat die Insiderinformation mit der aktienrechtlichen Geheimnisdefinition gemeinsam, dass die Information nicht allgemein bekannt sein darf.[661] Maßgebender Unterschied zwischen aktienrechtlichem Geheimnis und Insiderinformation ist das Kriterium der Kursrelevanz bei Bestimmung der Eigenschaft als Insiderinformation und des objektiv festzustellenden Interesses der Gesellschaft an der Geheimhaltung als wesensbestimmendes Merkmal des Geheimnisses im Sinne von § 93 Abs. 1 S. 3 AktG. Die Weitergabebeschränkungen aus §§ 116 S. 1, 93 Abs. 1 S. 3 AktG und aus Art. 10 Abs. 1 i.V.m Art. 14 lit. c) MAR verlaufen nicht deckungsgleich.[662] Allerdings besteht eine erhebliche Schnittmenge. In aller Regel wird eine Insiderinformation bis zum Zeitpunkt ihrer Ad-hoc-Meldung ein Geheimnis im Sinne der aktienrechtlichen Verschwiegenheitspflicht darstellen.[663] Aus der gesellschaftsrechtlichen Verschwiegenheitspflicht folgt demnach die Unzulässigkeit der Informationsweitergabe vom Arbeitnehmervertreter im Aufsichtsrat an seine Gewerkschaft.[664] Die Weitergabe von Insiderinformationen von Arbeitnehmervertretern im Aufsichtsrat an die Gewerkschaft erfolgt demnach „unbefugt" im Sinne von Art. 10 Abs. 1 MAR. Sie verstößt gegen die aktienrechtliche Verschwiegenheitspflicht der Aufsichtsratsmitglieder aus §§ 93 Abs. 1 S. 3, 116 S. 1 AktG.[665]

## II. Zwischenergebnis

Für den Fall, dass es sich bei dem Arbeitgeber um einen börsennotierten Akteur am Kapitalmarkt handelt, tritt neben die oben dargelegten Verschwiegenheitspflichten das Verbot der unbefugten Offenlegung von Insiderinformationen gemäß Art. 10 Abs. 1 i.V.m. Art. 14 lit. c) MAR. Wie aufgezeigt besteht zwischen den Verschwiegenheitspflichten und dem kapitalmarktrechtlichen Weitergabeverbot trotz divergierender Schutzgüter eine weitestgehende Kongruenz. Dies folgt dem Umstand, dass das unionale Weitergabeverbot den Grenzen der nationalen Verschwiegenheitspflichten folgt.

---

661 *Lutter/Krieger/Verse*, Rechte und Pflichten des Aufsichtsrats, Rn. 294.

662 *Liekefett*, Due Diligence bei M&A Transaktionen, S. 162; *Veil*, ZHR 172 (2008), 239 (260).

663 *Veil*, ZHR 172 (2008), 239 (261); *Hopt/Roth* in Großkomm AktG, § 116 AkG Rn. 192.

664 So *Widder*, EWiR 2009, 687 (688).

665 Dazu näher: Kapitel 2 0.

## G. Quintessenz

Die eingangs aufgeworfene Frage, ob die Gewerkschaft in den Sanierungstarifverhandlungen darauf angewiesen ist, dass ihr die verhandlungsrelevanten Informationen von der Gegenseite zur Verfügung gestellt werden, kann somit bejaht werden. Der Gewerkschaft steht zwar ein direkter Informationsanspruch gegen die Arbeitgeberseite zu. Sie kann allerdings nicht zusätzlich auf die weiteren potentiellen Informationsquellen im Unternehmen zurückgreifen. Einem derartigen Rückgriff stehen die dargestellten Verschwiegenheitspflichten entgegen.

Als Quintessenz der dargestellten Verschwiegenheitspflichten potentieller Informationsquellen der Gewerkschaft lässt sich eine prägende Gemeinsamkeit erkennen. Immer dann, wenn Arbeitnehmern und Arbeitnehmervertretern tiefgehende Einblicke in ein Unternehmen eingeräumt werden, korrelieren damit weitgehende Verschwiegenheitspflichten. Diese Verschwiegenheitspflichten dienen in erster Linie der ungestörten Ausübung der unternehmerischen Tätigkeit und dem Schutz der Wettbewerbsfähigkeit des Betriebsinhabers.[666] Sie schützen die aufgrund der Betriebs- und Geschäftsgeheimnisse bestehende Wettbewerbslage.[667] Vordergründig schützen sie also die unternehmerische Tätigkeit. Daneben schützen die Verschwiegenheitspflichten aber auch das Geschäftsgeheimnis als solches.[668]

Freilich erschöpft sich der Schutzzweck der Verschwiegenheitspflichten nicht in der Sicherung der unternehmerischen Freiheit. Die dargestellten Geheimhaltungspflichten dienen vielmehr auch dem Schutz der Tarifautonomie. Indem sie die Informationsweitergabe der Arbeitnehmer an die Gewerkschaft unterbinden, schützen sie die strukturelle Kompetenzverteilung bei Tarifverhandlungen. Es ist nach der Konzeption des deutschen Tarifrechts Sache des jeweiligen Leitungsorgans, als gesetzlicher Vertreter der Tarifpartei „Arbeitgeber" sensible verhandlungsrelevante Informationen an die Gewerkschaft weiterzugeben. Gerade die Situation der Verhandlung eines Sanierungstarifvertrags zeigt dies besonders deutlich. Hier werden sensibelste Informationen, insbesondere die aktuellen Kennzahlen, sowie die zukünftige Marktstrategie des Unternehmens

---

666 *Oetker* in GK-BetrVG, § 79 BetrVG Rn. 9; *Weber*, Die Schweigepflicht des Betriebsrats, S. 11; *Hitzfeld*, Geheimnisschutz im Betriebsverfassungsrecht, S. 32 ff.

667 *Lukes*, Der betriebsverfassungsrechtliche Unterlassungsanspruch des Arbeitgebers gegen den Betriebsrat, S. 288 f.; *Weber*, Die Schweigepflicht des Betriebsrats, S. 11; *Hitzfeld*, Geheimnisschutz im Betriebsverfassungsrecht, S. 32 ff.; *Krois* in MHdb ArbR, § 295 Rn. 203.

668 *Gajeck*, Das Wirtschaftsgeheimnis in der Verfassung, S. 239.

mit Gewerkschaftsvertretern erörtert. Die Modalitäten der Weitergabe derart sensibler Informationen muss der Geheimnisinhaber bestimmen können.

Indes ist dieser Schutz nicht absolut zu verstehen. Wie dargestellt hat das deutsche Recht auf die Normierung von Inkompatibilitätsregelungen für gewerkschaftliche Funktionsträger verzichtet. Häufig kommt es zu einer Vereinigung betriebsverfassungsrechtlicher, mitbestimmungsrechtlicher und gewerkschaftlicher Funktionsträgerschaft. Eine gewisse Informationsdurchlässigkeit in Fällen der Führung verschiedener Ämter in Personalunion ist systemimmanent und rechtfertigt es nicht Informationen zurückzuhalten.[669] Allerdings sind die Doppelmandatsträger nicht dazu befugt ihre Mandate miteinander zu verquicken. Sie unterliegen den Verschwiegenheitspflichten im gleichen Maße wie die anderen Mandatsträger.

Bestätigt wird dies durch die kapitalmarktrechtlichen Restriktionen der selektiven Offenlegung von Insiderinformationen. Aus der Beschränkung auf rechtlich zulässige Zwecke im Rahmen der Verhältnismäßigkeit folgt, dass die Informationsweitergabe in insiderrechtlicher Hinsicht nur dann als „befugt" angesehen werden kann, soweit sie nicht durch andere gesetzliche Verschwiegenheitspflichten verboten ist.[670] Das europäische Weitergabeverbot folgt insoweit den Grenzen, welche die nationalen Verschwiegenheitspflichten bereits ziehen.[671]

Trotz des erheblichen Interesses der Gewerkschaft an der Informationsbeschaffung durch die dargestellten Quellen, ist eine Weitergabe sensibler Unternehmensdaten „am Arbeitgeber vorbei" regelmäßig unzulässig. Eine Informationsweitergabe geheimer sensibler Informationen – insbesondere von Geschäftsgeheimnissen – muss ausscheiden. Für die Informationsbeschaffung hat sich die Gewerkschaft an den Arbeitgeber oder seinen Verband als Verhandlungspartner zu halten. Die Gewerkschaft ist also – vergleichbar dem

---

669 Für die Zulässigkeit der Teilnahme an Tarifverhandlung von Betriebsratsmitgliedern: BAG v. 10.12.2002 – 1 ABR 7/02, NZA 2004, 223; BAG v. 13.12.2011 – 1 ABR 2/10, NZA 2012, 571 (575); LAG Rheinland-Pfalz v. 21.3.2013 – 10 TaBV 41/12, NZA-RR 2013, 291 (293); LAG Hessen v. 10.3.2011 – 9 TaBV 173/10, juris; BAG v. 10.12.2002 – 1 ABR 7/02, NZA 2004, 223 (227); BAG v. 11.7.2000 – 1 ABR 43/99, SAE 2002, 177; für die Teilnahme von Aufsichtsratsmitgliedern: *Korth*, ZIP 2008, 717 (721).

670 *Mennicke* in Fuchs, § 14 WpHG Rn. 207; *Klöhn* in Klöhn, Art. 10 MAR Rn. 48.

671 Indes hat der EuGH ausdrücklich festgestellt, dass eine Weitergabe auch dann gegen Art. 10 MAR verstoßen kann, wenn sie nach nationalem Recht zulässig ist, EuGH 22.11.2005 – Rs. C-384/02 (Grøngaard/Bang), ZIP 2006, 123 (126).

Kaufinteressenten in einer M&A-Transaktion darauf angewiesen, dass ihr die wesentlichen Informationen von der Gegenseite zur Verfügung gestellt werden.

Jedoch ist zu berücksichtigen, dass auch die unternehmerischen Leitungsorgane ihrerseits Geheimhaltungspflichten unterliegen. Im folgenden Kapitel wird untersucht, unter welchen Voraussetzungen die unternehmerische Leitung Informationen an die Gewerkschaft und den Arbeitgeberverband im Rahmen von Tarifverhandlungen weitergeben können. Aufgrund der bereits skizzierten vergleichbaren Interessenlage bietet hier die Situation einer Due Diligence beim Unternehmenskauf einen Erkenntnisgewinn. Wie dargestellt, werden auch hier sensible Informationen im Rahmen von Vertragsverhandlungen offengelegt, um bestehende Informationsasymmetrien aufzulösen.

# Kapitel 3: Weitergabebeschränkungen des Arbeitgebers gegenüber der Gewerkschaft und gegenüber dem Arbeitgeberverband

Wie dargelegt, unterliegen die „arbeitnehmerseitigen" Informationsquellen der Gewerkschaft weitgehenden Verschwiegenheitspflichten, sodass die Gewerkschaft zur Informationsbeschaffung maßgebend auf die Gegenseite bei den Tarifverhandlungen angewiesen ist. Dies ist entweder der Arbeitgeber selbst im Falle der Verhandlung eines Firmentarifvertrags, oder der Arbeitgeberverband bei Verhandlung eines unternehmensbezogenen Verbandstarifvertrags. Ob und welchen Restriktionen der Informationsfluss zwischen Arbeitgeberseite und Gewerkschaft bei Verhandlung eines Tarifvertrags unterliegen, ist in der Praxis bisher nicht beleuchtet worden. Indes sind Informationsansprüche der Gewerkschaft gegenüber der Arbeitgeberseite gesetzlich nicht kodifiziert, und die Gewerkschaft ist – anders als die betriebsverfassungsrechtlichen Mitbestimmungsorgane – nicht in den Betrieb integriert. Es handelt sich bei den Gewerkschaften um unabhängige, rechtlich selbstständige juristische Personen. Die Weitergabe sensibler Informationen an betriebsexterne Dritte wird in anderen Fällen nur unter restriktiven Voraussetzungen zugelassen. Ein Paradebeispiel dafür ist die Zulassung einer Due Diligence durch das Leitungsorgan der Zielgesellschaft eines Unternehmenskaufs. Ein wesentlicher Aspekt für die Zulässigkeit der Informationsweitergabe im Falle der Fremdorganschaft ist die Rechtsform des weitergebenden Arbeitgebers. Im Folgenden werden die Voraussetzungen einer Informationsoffenlegung im Rahmen einer Due Diligence in GmbH und Aktiengesellschaft dargestellt. Anschließend wird beleuchtet, welche Rückschlüsse für die Informationsoffenlegung im Rahmen eines Firmensanierungstarifvertrags gegenüber der Gewerkschaft gezogen werden können. Daran schließt sich die Betrachtung an, welche Besonderheiten zu beachten sind, wenn der Arbeitgeberverband in den Verhandlungen beteiligt ist und ein firmenbezogener Verbandstarifvertrag angestrebt wird.

# A. Restriktionen bei Zulassung einer Due Diligence

## I. Arbeitgeber ist in Rechtsform einer GmbH organisiert

### 1. *Zulassung der Due Diligence als außergewöhnliche Geschäftsführungsmaßnahme*

Handelt es sich bei dem Arbeitgeber um eine GmbH, ist im Außenverhältnis der Geschäftsführer als gesetzlicher Vertreter der GmbH gem. § 35 GmbHG für die Informationsweitergabe zuständig.[672] Auch im Innenverhältnis steht die Verfügungsbefugnis über Geschäftsgeheimnisse zunächst dem Geschäftsführer zu.[673] Er unterliegt indes – ebenso wie der Vorstand der Aktiengesellschaft – einer Verschwiegenheitspflicht.[674] Diese ist gesetzlich zwar nicht explizit normiert, wird aber in § 85 GmbHG vorausgesetzt.[675] Diese Verschwiegenheitspflicht des Geschäftsführers besteht nicht unbeschränkt. Sie tritt dann zurück, wenn das Gesellschaftsinteresse an der Informationsweitergabe das Geheimhaltungsinteresse überwiegt.[676]

Hinsichtlich der internen Zuständigkeit fehlt es hingegen an einer klaren Kompetenzzuweisung für die Informationsweitergabe bei der GmbH. Daraus resultiert ein Spannungsverhältnis zwischen den Zuständigkeiten der Gesellschafter und der Geschäftsführer hinsichtlich der internen Geschäftsführungsbefugnis.[677] Das Spannungsverhältnis zeigt sich deutlich bei außergewöhnlichen Geschäftsführungsmaßnahmen. Hier besteht ein ungeschriebener Zustimmungsvorbehalt der Gesellschafter.[678] Die Geschäftsführungskompetenz des GmbH-Geschäftsführers erfasst keine außergewöhnlichen Maßnahmen, die wegen ihrer Relevanz oder ihres unternehmerischen Risikos Ausnahmecharakter

---

672 Ganz h.M. siehe zur Vertretung im Außenverhältnis nur: *Stephan/Tieves* in MüKoGmbHG, § 35 GmbHG Rn. 95 m.z.w.N.

673 *Paefgen* in Habersack/Casper/Löbbe, § 43 GmbHG Rn. 157; *Verse* in Scholz, § 43 GmbHG Rn. 239.

674 Allgemein anerkannt, siehe nur: BGH v. 26.3.1984 – II ZR 229/83, BGHZ 91, 1, 5; *Fleischer* in MüKoGmbHG, § 43 GmbHG Rn. 199; *Paefgen* in Habersack/Casper/Löbbe, § 43 GmbHG Rn. 149.

675 BGH v. 26.3.1984 – II ZR 229/83, BGHZ 91, 1 (5); *Fleischer* in MüKoGmbHG, § 43 GmbHG Rn. 199; *Paefgen* in Habersack/Casper/Löbbe, § 43 GmbHG Rn. 149.

676 *Paefgen* in Habersack/Casper/Löbbe, § 43 GmbHG Rn. 157; *Ziemons* in Michalski, § 43 GmbHG Rn. 305.

677 *Stephan/Tieves* in MüKoGmbHG, § 37 GmbHG Rn. 5.

678 BGH v. 5.12.1983 – II ZR 56/82, NJW 1984, 1461 (1462); *Stephan/Tieves* in MüKoGmbHG, § 37 GmbHG Rn. 65.

haben.[679] Dies folgt aus der Weisungsgebundenheit des Geschäftsführers in der personalistisch strukturierten GmbH.[680] Aufgrund der besonderen Risiken bzw. der Relevanz der Maßnahme und der engeren personalistischen Verfasstheit der GmbH im Vergleich zur Aktiengesellschaft muss der Geschäftsführer den Gesellschaftern die Möglichkeit verschaffen, Weisungen zu erteilen. In anderen Worten muss die Relevanz der geplanten Geschäftsführungsmaßnahme die Information und Willensbildung der Gesellschafter erforderlich machen.[681] Dabei handelt es sich um Geschäfte, die einen erheblichen Einfluss auf die Interessen der Gesellschaft und der Gesellschafter haben.[682] Der Geschäftsführer ist bei außergewöhnlichen Geschäftsführungsmaßnahmen auf die Zustimmung der Gesellschafter, als wirtschaftliche Eigentümer der Gesellschaft, angewiesen, wenn dies im Interesse der Gesellschaft erforderlich erscheint.[683]

Bezüglich der internen Zuständigkeit für die Informationsoffenlegung bei der Due Diligence ist zwischen verschiedenen Konstellationen zu unterscheiden, in denen es aus Sicht des Käufers erforderlich ist, die Zulassung einer Due Diligence von der Zielgesellschaft zu verlangen.[684] Eine grobe Aufteilung kann danach erfolgen, wer in der jeweiligen Konstellation als Verkäufer auftritt. Hier zu verorten ist zum einen der Fall eines klassischen *share deals*, in dem ein oder mehrere Gesellschafter ihre Gesellschaftsanteile an der Zielgesellschaft verkaufen. Zum anderen kommt auch die Veräußerung von Unternehmensteilen im Wege eines *asset deals* in Betracht. In letzterem Fall kommt es nicht zu einer Übertragung der Gesellschaftsanteile durch einen oder mehrere Gesellschafter. Stattdessen werden die einzelnen Vermögenswerte der Gesellschaft übertragen. Bei der Übertragung bedeutsamer Vermögenswerte, wie etwa beim Verkauf einer Unternehmenssparte, ist die Durchführung einer Due Diligence aus Sicht des Leitungsorgans des Erwerbsinteressenten ebenfalls obligatorisch.[685]

---

679 *Geyrhalter/Zirngibl* in Jesch/Striegel/Boxberger, § 10 Rn. 35; *Körber*, NZG 2002, 263 (268); *Ziegler*, DStR 2000, 249 (251 f.); *Götze*, ZGR 1999, 202 (225).

680 *Schindler* in BeckOK GmbHG, § 49 GmbHG Rn. 39; *Engelhardt*, GmbHR 2009, 237 (240).

681 *Altmeppen* in Roth/Altmeppen, § 49 GmbHG Rn. 14.

682 *Liebscher* in MüKoGmbHG, § 49 GmbHG Rn. 51; *Römermann* in Michalski, § 49 GmbHG Rn. 91; *Seibt* in Scholz, § 49 GmbHG Rn. 22; *Ziegler*, DStR 2000, 249 (251 f.).

683 *Seibt* in Scholz, § 49 GmbHG Rn. 22.

684 Zu anderen Due Diligence Konstellationen: *Mertens*, AG 1997, 541 (546).

685 Zur Pflicht zur Durchführung einer Due Diligence aus Sicht des käuferseitigen Leitungsorgans nur: *Stoffels*, ZHR 165 (2001), 362 (368); *Böttcher*, NZG 2005, 49 (52 f.); *Bauer/Wenzel*, ZGR 2020, 502 (504).

Maßgebender Unterschied zwischen diesen beiden Konstellationen ist, dass beim *share deal* nicht die Gesellschaft, sondern ein oder mehrere Gesellschafter als Verkäufer auftreten, während beim *asset deal* die Gesellschaft selbst als Verkäuferin auftritt.

Es handelt sich bei der Informationsweitergabe in beiden Konstellationen um außergewöhnliche Geschäftsführungsmaßnahmen, die im Innenverhältnis der Zustimmung der Gesellschafter bedürfen. Die Informationsweitergabe bei Verhandlung eines *share deals* – der einen Wechsel im Bestand der Gesellschafter mit sich bringt – stellt aufgrund ihrer Bedeutung für die personalistisch geprägte GmbH eine außergewöhnliche Geschäftsführungsmaßnahme dar, sodass die Entscheidungskompetenz über die Zulassung und den Informationsfluss im Rahmen einer Due Diligence bei den Gesellschaftern zu verorten ist.[686] Auch bei Veräußerung wesentlicher Unternehmenssparten im Wege des *asset deals* kann kaum von einer gewöhnlichen Geschäftsführungsmaßnahme gesprochen werden.[687] In beiden Situationen steigt mit der Weitergabe spezifischer, sensibler Unternehmensinterna an außenstehende Dritte bereits abstrakt das Risiko der Indiskretion.[688] Handelt es sich auf Käuferseiten um einen potentiellen oder tatsächlichen Wettbewerber, verschärft sich dieses Indiskretions- und Missbrauchsrisiko. Im Falle des Scheiterns der Transaktion besteht die Gefahr, dass der Erwerbsinteressent die erlangten Informationen zum Nachteil des Zielunternehmens strategisch einsetzt.[689] Die Einblicke des Kaufinteressenten können sich so maßgeblich auf die Wettbewerbsstellung des Unternehmens auswirken. Aufgrund der Relevanz der Maßnahme sowie des damit verbundenen unternehmerischen Risikos ist die Frage über die Zulassung der Due Diligence als außergewöhnliche Geschäftsführungsmaßnahme einzustufen. Die Entscheidung über die Zulassung einer Due Diligence ist in aller Regel dem Zuständigkeitsbereich des Geschäftsführers entzogen.[690] Fehlt dem Geschäftsführer im Innenverhältnis

686 *Verse* in Scholz, § 43 GmbHG Rn. 240.

687 *Liebscher* in MüKoGmbHG, § 49 GmbHG Rn. 51; *Paefgen* in Habersack/Casper/Löbbe, § 43 GmbHG Rn. 158; *Ziemons* in Michalski, § 43 GmbHG Rn. 310; Anders: *Stephan/Tieves* in MüKoGmbHG, § 37 GmbHG Rn. 136, die eine Zustimmungspflicht nur in Ausnahmefällen annehmen.

688 *Stoffels*, ZHR 165 (2001), 362 (367); *Mertens*, AG 1997, 541 (544).

689 *Liekefett*, Due Diligence bei M&A Transaktionen, S. 113 f.; *Mertens*, AG 1997, 541 (544).

690 *Geyrhalter/Zirngibl* in Jesch/Striegel/Boxberger, § 10 Rn. 35; *Fleischer* in MüKoGmbHG, § 43 GmbHG Rn. 208; *Verse* in Scholz, § 43 GmbHG, Rn. 240; *Körber*, NZG 2002,

die Entscheidungskompetenz, ist er verpflichtet, gemäß § 49 Abs. 2 GmbHG die Gesellschafterversammlung einzuberufen.[691]

## 2. *Gesellschafterbeschluss erforderlich*

Erforderlich für die Zulassung der Due Diligence ist im Innenverhältnis demnach ein Beschluss der Gesellschafterversammlung.[692]

In materieller Hinsicht ist die Frage, ob dem Erwerbsinteressenten gestattet werden soll, eine Due Diligence durchzuführen, über eine Interessenabwägung zu beantworten. Dabei ist das kollektive Geheimhaltungsinteresse der Gesellschafter mit dem kollektiven Interesse der Gesellschafter an einer Offenbarung der betreffenden Information gegeneinander abzuwägen.[693] Den Gesellschaftern als wirtschaftlichen Eigentümern der Gesellschaft steht im Rahmen der Abwägung ein erheblicher Ermessensspielraum zu.[694] Lediglich wenn der Mehrheitsbeschluss aufgrund ausschließlich sachfremder Erwägungen beruht, kann ausnahmsweise eine Verletzung der Treuepflicht vorliegen.[695]

Strittig ist – im Falle eines *share deals* –, ob eine einfache Mehrheit der abgegebenen Stimmen für die Zulassung einer Due Diligence ausreichend ist. Einige Stimmen in der Literatur verlangen in Anlehnung an die §§ 53 Abs. 2, 60 Abs. 1 Nr. 2 GmbHG wegen eines vorgeblich vergleichbaren Gefährdungspotenzials eine qualifizierte Mehrheit.[696] Dafür fehlt jedoch eine gesetzliche Grundlage. Zudem ist die Vergleichbarkeit zwischen Zulassung einer Due Diligence und strukturändernden Maßnahmen zweifelhaft.[697] Für die Situation eines *share deals* forderte das OLG Köln sowie Stimmen der Literatur gar eine einstimmige Beschlussfassung der Gesellschafterversammlung.[698] Indes würde das

---

263 (268); *Ziegler*, DStR 2000, 249 (251 f.); *Götze*, ZGR 1999, 202 (225); a.A. *Meurer* in Beck'sches M&A Hdb, § 9 Rn. 32 f.

691 *Liebscher* in MüKoGmbHG, § 49 GmbHG Rn. 49.

692 *Geyrhalter/Zirngibl* in Jesch/Striegel/Boxberger, § 10 Rn. 35; *Körber*, NZG 2002, 263 (268); *Ziegler*, DStR 2000, 249 (251 f.); *Götze*, ZGR 1999, 202 (225).

693 *Ziegler*, DStR 2000, 249 (252); *Götze*, ZGR 1999, 202 (228).

694 *Ziegler*, DStR 2000, 249 (252); *Götze*, ZGR 1999, 202 (229).

695 *Ziegler*, DStR 2000, 249 (252); *Götze*, ZGR 1999, 202 (229).

696 *Oppenländer*, GmbHR 2000, 535 (540).

697 *Geyrhalter/Zirngibl* in Jesch/Striegel/Boxberger, § 10 Rn. 35 ff.;

698 Einstimmigkeit fordernd: OLG Köln v. 31.10.2013 – 18 W 66/13, EWiR 2014, 415, mit abl. Anm. v. *Wachter*; LG Köln v. 26.3.2008 – 90 O 11/08, GmbHR 2009, 261 (262); *Ziemons* in Michalski, § 43 GmbHG Rn. 309; *Kleindiek* in Lutter/Hommelhoff § 43 GmbHG Rn. 21 m.w.N.

Erfordernis der Einstimmigkeit zu einer faktischen Vinkulierung der Geschäftsanteile ohne entsprechende Satzungsregelung führen.[699] Überdies ist der Grundsatz der Einstimmigkeit dem GmbHG fremd, und eine gesetzliche Grundlage sucht man auch für diesen Ansatz vergebens.[700] Vorbehaltlich abweichender gesellschaftsvertraglicher Regelungen muss ein Beschluss mit einfacher Mehrheit für die Zulassung der Due Diligence im Falle eines *share deals* genügen.[701]

Ist hingegen nicht der Verkauf von Geschäftsanteilen – mit dem damit einhergehenden Gesellschafterwechsel – beabsichtigt, sondern tritt auf Verkäuferseiten die Gesellschaft selbst auf, ist die Zulassung der Due Diligence vorbehaltlich abweichender Satzungsregelungen mit einfacher Mehrheit möglich. Anders als im Rahmen eines *share deals* ist das Risiko eines Interessenkonflikts hier deutlich geringer ausgeprägt, da in diesem Fall strukturell alle Gesellschafter gleichgerichtete Interessen verfolgen.[702] Hier besteht die Gefahr eines missbräuchlichen Verhaltens seitens eines verkaufswilligen Gesellschafters nicht, sodass die Bildung des Gesellschaftsinteresses im Wege des einfachen Mehrheitsbeschlusses möglich ist.[703]

### 3. *Zwischenergebnis*

Die Gestattung einer transaktionsbezogenen Due Diligence stellt eine außergewöhnliche Geschäftsführungsmaßnahme dar. Daraus folgt, dass dem Geschäftsführer im Innenverhältnis die Entscheidungskompetenz fehlt. Er ist verpflichtet, gemäß § 49 Abs. 2 GmbHG die Gesellschafterversammlung einzuberufen. In formeller Hinsicht ist nach überzeugender Auffassung ein Beschluss mit einfacher Mehrheit erforderlich. Dies gilt unabhängig davon, ob es sich um einen *share* oder einen *asset deal* handelt. In materieller Hinsicht müssen die Gesellschafter das kollektive Offenlegungsinteresse gegen das kollektive Geheimhaltungsinteresse abwägen.

---

699 *Meurer* in Beck'sches M&A Hdb, § 9 Rn. 34; der allerdings das Erfordernis eines Gesellschafterbeschlusses generell ablehnt.

700 *Beurskens* in Noack/Servatius/Haas, § 85 GmbHG Rn. 14.

701 *Wachter*, Anm. zu OLG Köln v. 31.10.2013 – 18 W 66/13, EWiR 2014, 415; *Beurskens* in Noack/Servatius/Haas, § 85 GmbHG Rn. 14; *Paefgen* in Habersack/Casper/Löbbe, § 43 GmbHG Rn. 158; *Fleischer* in MüKoGmbHG § 43 GmbHG Rn. 208; *Götze*, ZGR 1999, 202 (230); *Fleischer* in Due Diligence bei Unternehmensakquisitionen, S. 210; *Verse* in Scholz, § 43 GmbHG Rn. 240.

702 *Paefgen* in Habersack/Casper/Löbbe, § 43 GmbHG Rn. 158.

703 *Paefgen* in Habersack/Casper/Löbbe, § 43 GmbHG Rn. 158.

## II. Arbeitgeber ist in Rechtsform einer Aktiengesellschaft organisiert

### 1. *Zuständigkeit des Vorstands*

Die Situation in einer Aktiengesellschaft stellt sich gänzlich anders dar. Die Geschäftsführungskompetenz des Vorstands divergiert zu der eines GmbH-Geschäftsführers. Der Vorstand übt seine Leitungsaufgaben unter eigener Verantwortung aus, § 76 Abs. 1 AktG. Er ist nicht weisungsgebunden.[704] Der Vorstand der Aktiengesellschaft ist auch für außergewöhnliche Geschäftsführungsfragen – und damit für die Zulassung der Due Diligence – zuständig.[705] Der Vorstand entscheidet eigenständig über die Weitergabe von Informationen. Als Ausfluss der ihm obliegenden Treue- und Sorgfaltspflicht gegenüber der Gesellschaft, ist der Vorstand gleichwohl verpflichtet, über vertrauliche Angaben und Geheimnisse der Gesellschaft, die ihm durch die Tätigkeit im Vorstand bekannt geworden sind, Stillschweigen zu bewahren.[706] Trotz seiner Stellung als „Herr der Geschäftsgeheimnisse" unterliegt der Vorstand gemäß § 93 Abs. 1 S. 3 AktG einer weitreichenden Verschwiegenheitspflicht.

Gerade in der transaktionsbezogenen Due Diligence, die die Aufgabe hat bestehende Informationsasymmetrien aufzulösen, betreffen die käuferseitig nachgefragten Informationen Unternehmensinterna, die in aller Regel von § 93 Abs. 1 S. 3 AktG erfasst werden.[707] Dem Wortlaut nach kollidiert daher die Weitergabe entsprechender Informationen mit der Verschwiegenheitspflicht des Vorstands.[708] Fraglich ist, wie das Spannungsverhältnis von Informationsoffenlegung und Geheimhaltung im Rahmen der Due Diligence aufzulösen ist. Konkret geht es um die Frage, wann der Vorstand zur Informationsweitergabe

---

704 BGH v. 5.5.2008 – II ZR 108/07, DStR 2008, 1448 (1450); *Koch*, § 76 AktG Rn. 25.

705 *Liekefett*, Due Diligence bei M&A Transaktionen, S. 88; *Hemeling*, ZHR 169 (2005), 274 (282); *Geyrhalter/Zirngibl* in Jesch/Striegel/Boxberger, § 10 Rn. 15; *Körber*, NZG 2002, 263 (268); *Meurer* in Beck'sches M&A HdB, § 9 Rn. 15; *Bauer/Wenzel*, ZGR 2020, 502 (506); allgemein für die Offenbarungsbefugnis des Vorstands: *v. Stebut*, Geheimnisschutz und Verschwiegenheitspflicht im Aktienrecht, S. 98; *Habersack* in Habersack/Henssler, § 25 MitbestG Rn. 111.

706 Zur sachlichen Reichweite der Geheimhaltungspflicht siehe ausführlich: Kapitel 2 0.

707 *Liekefett*, Due Diligence bei M&A Transaktionen, S. 90; *Zumbansen/Lachner*, BB, 2006, 613 (615); *Körber*, NZG 2002, 263, (266); *Rittmeister*, NZG 2004, 1032 (1033); zum aktienrechtlichen Geheimnisbegriff: Kapitel 2 0.

708 *Liekefett*, Due Diligence bei M&A Transaktionen, S. 92 f.

an Erwerbsinteressenten im Rahmen der Due Diligence nach den aktienrechtlichen Vorschriften berechtigt ist.

### 2. *Unternehmensinteresse als Grund und Grenze der Verschwiegenheitspflicht*

Wie bereits oben dargelegt, bildet das Unternehmensinteresse Grund und Grenze für die Verschwiegenheitspflicht des Vorstands als Leitungsorgan. Die Verschwiegenheitspflicht des Vorstands gilt also nicht unbegrenzt und existiert nicht zum Selbstzweck.[709] Sie muss dann zurückweichen, wenn das Unternehmensinteresse an der Informationsweitergabe das Geheimhaltungsinteresse überwiegt.[710] Dabei obliegt es dem Vorstand, das Unternehmensinteresse zu konkretisieren, sodass ihm die Entscheidung zufällt festzustellen, ob es (noch) im Unternehmensinteresse liegt, eine Information geheim zu halten.[711]

Der Vorstand hat seine Entscheidung über das „Ob" und „Wie" der Informationsweitergabe anhand der *business judgement rule* nach § 93 Abs. 1 S. 2 AktG auszurichten.[712] Das Interesse der Gesellschaft an der Geheimhaltung ist mit den konfligierenden Offenlegungsinteressen der Gesellschaft in Ausgleich zu bringen.[713] Der Vorstand hat im Rahmen seiner Ermessensentscheidung diese gegenläufigen Interessen zu gewichten und gegeneinander abzuwägen.[714]

#### a. *Geheimhaltungsinteresse der Gesellschaft*

##### aa. *Besondere Gewichtung?*

Vor der Offenlegung muss der Vorstand das Geheimhaltungsinteresse der Gesellschaft ermitteln und gewichten. Insbesondere *Lutter* spricht sich im Rahmen der Due Diligence für eine besondere Gewichtung der aktienrechtlichen Verschwiegenheit aus.[715] Gerade bei der Offenlegung von globalen Unternehmensdaten,

---

709 *Liekefett*, Due Diligence bei M&A Transaktionen, S. 93; *Rittmeister* NZG 2004, 1032 (1033); *Fleischer* in BeckOGK, § 93 AktG Rn. 211.

710 *Bauer/Wenzel*, ZGR 2020, 502 (507); *Rittmeister* NZG 2004, 1032 (1033).

711 *Liekefett*, Due Diligence bei M&A Transaktionen, S. 94; *Spindler* in MüKoAktG, § 93 AktG Rn. 135, 136.

712 *Meurer* in Beck'sches M&A HdB, § 9 Rn. 17; *Körber*, NZG 2002, 263 (269); *Koch*, § 93 AktG Rn. 66.

713 *Spindler* in MüKoAktG, § 93 AktG Rn. 154.

714 *Spindler* in MüKoAktG, § 93 AktG Rn. 154; *Rittmeister* NZG 2004, 1032 (1033).

715 *Lutter*, ZIP 1997, 613 (617); in diese Richtung auch: *Liekefett*, Due Diligence bei M&A Transaktionen, S. 107 f.; *Ziemons*, AG 1999, 492 (494 f.)

die den gesamten Unternehmenswert betreffen, müsse ein ungewöhnliches und überragendes, anders nicht erreichbares, eigenes unternehmerisches Interesse der Gesellschaft vorliegen, um die Due Diligence im Ausnahmefall zuzulassen.[716] Im Kern postuliert *Lutter* so ein Primat des Geheimnisschutzes.

Indes kann diese restriktive Auffassung nicht überzeugen. Wie oben dargelegt, existiert die aktienrechtliche Geheimhaltungspflicht nicht zum Selbstzweck und die Geheimhaltungsverpflichtung wird durch das Unternehmensinteresse begrenzt. Der Geheimhaltungspflicht kann insoweit keine Vorrangstellung eingeräumt werden.[717] § 93 Abs. 1 S. 3 AktG ist keine gesetzliche Vermutung für ein absolutes Geheimhaltungsbedürfnis zu entnehmen.[718] Die Geheimhaltungspflicht stellt nur einen Posten in einer grundsätzlich offenen Abwägung dar.[719] Andernfalls würden die Handlungsmöglichkeiten des Vorstands in dieser Situation – zulasten der Gesellschaft – in erheblichem Umfang eingeschränkt.[720] Bei Überwiegen der Offenlegungsinteressen gibt es keinen Grund, dem Geheimhaltungsinteresse den Vorrang einzuräumen. Dennoch sind die Risiken der Informationsweitergabe vom Vorstand zu ermitteln und angemessen zu gewichten.

### *bb. Bestimmung der Geheimhaltungsinteressen*

Ein wesentlicher Umstand ist die konkrete Gefahr der nachteiligen Verwendung der offengelegten Informationen zu Lasten des Zielunternehmens. Der Vorstand gibt die Informationen sehenden Auges aus der Hand. Je wahrscheinlicher der Informationsmissbrauch ist, desto eher ist die Offenlegung der Information unzulässig.[721] Freilich reicht die abstrakte Gefahr, die mit der Erweiterung des Kreises der Wissenden einhergeht, nicht aus, um die Zulässigkeit der Due Diligence von vornherein abzulehnen. Es müssen weitere Umstände daneben treten. Eine wesentliche Rolle spielt etwa die Art und Zuverlässigkeit des

716 *Lutter*, ZIP 1997, 613 (617).

717 *Koch*, § 93 AktG Rn. 66; *Körber*, NZG 2002, 263 (268).

718 *Spindler* in MüKoAktG, § 93 AktG Rn. 154; *v. Stebut*, Geheimnisschutz im Aktienrecht, S. 89 f.

719 *Zumbansen/Lachner*, BB 2006, 613 (618); *Fleischer* in Due Diligence bei Unternehmensakquisitionen, S. 201; vermittelnd: *Liekefett*, Due Diligence bei M&A Transaktionen, S. 107 f. der § 93 Abs. 1 S. 3 AktG als widerlegliche, gesetzliche Vermutung zugunsten des Geheimnisschutzes einordnet.

720 *Liekefett*, Due Diligence bei M&A Transaktionen, S. 107 f.

721 *Körber*, NZG 2002, 263 (270); *Bauer/Wenzel*, ZGR 2020 502 (512).

Informationsempfängers.[722] Die Missbrauchsgefahr bzw. das Schädigungspotential im Falle des Scheiterns der Transaktion variiert je nach Informationsempfänger. Die Offenlegung gegenüber einem aktuellen Wettbewerber ist deutlich kritischer zu beurteilen als die gegenüber einem neutralen Investor, der noch keine Beteiligungen in der Branche des Zielunternehmens hat.[723] Das Verbleiben der Geheimnisse der Informationen beim potentiellen Erwerber ist besonders gravierend, wenn es sich um einen direkten Konkurrenten des Weitergebenden handelt. Gerade hier besteht ein besonders hohes Risiko, dass die weitergebenen Geschäftsgeheimnisse zweckentfremdet und für die Unternehmensplanung des Konkurrenten verwendet werden.[724]

### b. *Offenbarungsinteresse der Gesellschaft*

Andererseits muss der Vorstand auch die Gründe für die Zulassung der Due Diligence ermitteln und gewichten. Gerade bei einem *asset deal*, also wenn die Gesellschaft selbst als Verkäuferin auftritt, ist wesentlich zu berücksichtigen, dass die Informationsoffenlegung untrennbar mit der Transaktionsdurchführung verbunden ist.[725] Dies ergibt sich daraus, dass die Vermögenswerte im Wege der Individualsukzession übertragen werden sollen.[726] Die zu übertragenden Vermögenswerte müssen angesichts des sachenrechtlichen Bestimmtheitsgrundsatzes aufgelistet und benannt werden. Überdies stellt die Nichtdurchführung einer Due Diligence grundsätzlich einen preisreduzierenden und transaktionshemmenden Faktor im Rahmen der Verhandlungen dar.[727] Aufgrund der eingangs dargelegten Informationsasymmetrie läuft der Käufer ohne Durchführung einer Due Diligence Gefahr, „die Katze im Sack zu kaufen".[728] Vielfach wird ein Erwerbsinteressent – und die finanzierenden Investoren – ohne Durchführung einer Due Diligence nicht zum Abschluss eines Unternehmenskaufs bereit sein.

Für die Bestimmung des Offenlegungsinteresses sind begründete Zukunftserwartungen, die mit dem erfolgreichen Abschluss der Transaktion einhergehen,

---

722 *Fleischer* in Due Diligence bei Unternehmensakquisitionen, S. 203; *Meurer* in Beck'sches M&A HdB, § 9 Rn. 24.

723 *Körber*, NZG 2002, 263 (270).

724 *Mertens*, AG 1997, 541 (544).

725 *Geyrhalter/Zirngibl* in Jesch/Striegel/Boxberger, § 10 Rn. 25; *Liekefett*, Due Diligence bei M&A Transaktionen, S. 144.

726 Siehe nur *Wilhelmi* in BeckOGK, § 453 BGB Rn. 317 ff. m.w.N.

727 *Spindler* in MüKoAktG, § 93 AktG Rn. 154.

728 *Fleischer* in Due Diligence bei Unternehmensakquisitionen, S. 196; *Böttcher*, NZG 2005, 49.

zu berücksichtigen.[729] Der Vorstand hat diese unternehmerischen Chancen zu bewerten und mit den Geheimhaltungsinteressen abzuwägen. Wichtige strategische Aspekte der Transaktionen können etwa Synergieeffekte, die Stärkung der Marktstellung, die Verbesserung der Kapitalausstattung oder die Reduktion von Kosten sein.[730] Sind diese potentiellen Vorteile für die Gesellschaft bedeutsamer als die drohenden Nachteile aus der Informationsweitergabe, ist die Gewährung der Due Diligence zulässig. Gerade in einer wirtschaftlich angespannten Lage können überragende Gesellschaftsinteressen für die Zulassung der Due Diligence sprechen.[731] Dies kann im Einzelfall sogar dazu führen, dass der Vorstand verpflichtet ist, die Due Diligence zu gestatten, um bspw. eine unwirtschaftliche Unternehmenssparte abzustoßen.[732] Dem Vorstand verbleibt dann lediglich ein Ermessensspielraum hinsichtlich der konkreten Ausgestaltung des Verfahrens.

### c. *Abgestufte Vorstandsentscheidung*

Bei genauerem Hinsehen zeigt sich, dass es sich im Rahmen der Due Diligence nicht um eine einzelne „alles oder nichts"-Entscheidung des Vorstands handelt.[733] Der Vorstand hat eine Vielzahl von Einzelentscheidungen zu treffen, insbesondere wem, wann, wie und in welchem Umfang Informationen weitergegeben werden sollen.[734] Vor dem Hintergrund der Interessenabwägung ist eine vollumfängliche Due Diligence, inklusive Preisgabe von Geschäftsgeheimnissen möglich, soweit dem Geheimhaltungsinteresse bei Ausgestaltung des Prozesses Rechnung getragen werden kann.[735] Zu diesem Zweck hat der Vorstand Risikobegrenzungsmechanismen und organisatorische Maßnahmen zu implementieren. Das Bestehen einer Missbrauchsgefahr zulasten des Zielunternehmens schließt die Informationsweitergabe nur aus, wenn sie nicht durch die konkrete

---

729 *Körber*, NZG 2002, 263 (268).

730 *Körber*, NZG 2002, 263 (268 f.); *Stoffels*, ZHR 165 (2001), 362 (374); *Müller*, NJW 2000, 3452 (3454) m.w.N.

731 *Fleischer* in BeckOGK, § 93 AktG Rn. 212.

732 *Fleischer* in BeckOGK, § 93 AktG Rn. 212; bspw. kann den Vorstand eine Pflicht zur Zulassung der Due Diligence bei einer existenzbedrohlichen Situation für die Gesellschaft treffen: *Koch*, § 93 AktG Rn. 67.

733 *Fleischer* in BeckOGK, § 93 AktG Rn. 213.

734 *Fleischer* in BeckOGK, § 93 AktG Rn. 213; *Müller*, NJW 2000, 3452 (3454); *Sailer-Coceani* in Schmidt/Lutter, § 93 AktG Rn. 27; *Bauer/Wenzel*, ZGR 2020 502 (511) sprechen von einem kontinuierlichen Abwägungsprozess.

735 *Sailer-Coceani* in Schmidt/Lutter, § 93 AktG Rn. 27.

Ausgestaltung des Due Diligence-Prozesses minimiert oder gar ausgeschlossen werden kann.[736]

Zuvörderst darf der Vorstand sensible Unternehmensdaten nicht grundlos offenlegen.[737] Die zulässige Weitergabe beschränkt sich stets nur auf die für den jeweiligen Verhandlungsstand erforderlichen Informationen.[738] Überdies ist es erforderlich, dass seitens des Erwerbers ein ernsthaftes Erwerbsinteresse besteht. Andernfalls ist die Informationsoffenbarung im Rahmen der Due Diligence schon nicht dazu geeignet, die Transaktion als angestrebtes Fernziel zu fördern.[739] In der Praxis wird dies in aller Regel durch den Abschluss einer Absichtsbekundung (*Letter of Intent*) nachgewiesen.[740]

Daneben sind die Geheimhaltungsinteressen sowohl bei der vertraglichen Gestaltung wie auch bei Gestaltung der Abläufe der Due Diligence zu berücksichtigen. Insbesondere ein gestuftes Vorgehen bei Offenlegung sensibler Informationen erscheint erforderlich.[741] Die Offenlegung von besonders sensiblen Informationen sollte erst in einem fortgeschrittenen Stadium der Due Diligence erfolgen, wenn sich die Erwerbsabsicht manifestiert hat und eine Verschwiegenheitserklärung abgeschlossen wurde.[742]

In Fällen, bei denen die Informationsweitergabe besonders sensibel ist, wie etwa dann, wenn der potentielle Erwerber ein Konkurrenzunternehmen ist, muss eventuell eine abweichende Gestaltung erfolgen, um den Geheimhaltungsinteressen der Gesellschaft gerecht zu werden.[743] Dies kann die Einschaltung unabhängiger Dritter für die Due Diligence erforderlich machen. Eine mögliche Gestaltung stellt etwa die Weitergabe besonders sensibler Informationen an Personen, die einer beruflichen Verschwiegenheitspflicht unterliegen, dar.[744] Dem

---

736 *Körber*, NZG 2002, 263 (270); ähnlich: *Fleischer* in Due Diligence bei Unternehmensakquisitionen, S. 205.

737 *Körber*, NZG 2002, 263 (270).

738 *Liekefett*, Due Diligence bei M&A Transaktionen, S. 117 ff.; *Hopt/Roth* in GK-AktG, § 93 Rn. 304; *Müller*, NJW 2000, 3452 (3454).

739 *Liekefett*, Due Diligence bei M&A Transaktionen, S. 113 f.

740 *Bauer/Wenzel*, ZGR 2020 502 (511).

741 *Fleischer* in Due Diligence bei Unternehmensakquisitionen, S. 204; *Meurer* in Beck'sches M&A HdB, § 9 Rn. 25; *Hemeling*, ZHR 169 (2005), 274 (280); *Bauer/Wenzel*, ZGR 2020 502 (512).

742 *Mertens*, AG 1997, 541 (544); *Spindler* in MüKoAktG, § 93 AktG Rn. 154; *Bauer/Wenzel*, ZGR 2020 502 (511); *Koch*, § 93 AktG Rn. 67 m.w.N.

743 *Liekefett*, Due Diligence bei M&A Transaktionen, S. 124 f.; *Bauer/Wenzel*, ZGR 2020 502 (512).

744 *Spindler* in MüKoAktG, § 93 AktG Rn. 154; *Müller*, NJW 2000, 3452 (3455).

Erwerber kann dann ein gekürzter Due Diligence Report mit den Prüfungsergebnissen zur Verfügung gestellt werden. Auf diesem Weg wird eine direkte Offenlegung an den Erwerbsinteressenten vermieden, sodass das Missbrauchsrisiko bzgl. der offengelegten Information erheblich verringert werden kann.[745] Alternativ kann auch eine Anonymisierung und Aggregation der besonders sensiblen Informationen erfolgen.[746]

### *d. Neuer Aspekt: Implementierung eines Geheimnis-Managements*

Zudem ist bei der Offenlegung von sensiblen Unternehmensinformationen in Rahmen der Due Diligence das GeschGehG zu berücksichtigen. Wie bereits dargelegt, fordert die Legaldefinition aus § 2 Nr. 1 GeschGehG als wesentliche Neuerung das Vorliegen „angemessener Geheimhaltungsmaßnahmen" zur Begründung der Geschäftsgeheimniseigenschaft von Informationen, § 2 Nr. 1 lit. b) GeschGehG.[747] Durch dieses Merkmal gibt das Gesetz zu erkennen, dass nur derjenige den Schutz durch die Rechtsordnung genießt, der die geheime Information aktiv schützt.[748] Es handelt sich folglich um eine Obliegenheit: Unterlässt es der Geheimnisinhaber, angemessene Geheimhaltungsmaßnahmen im Verhältnis zum Informationsempfänger zu errichten, dann verliert die Information den Schutz durch das GeschGehG.[749]

#### *aa. Geheimnis-Management als Teil der Sorgfaltspflicht des Vorstands*

Mit der Ausgestaltung des Geheimnisschutzes als Obliegenheit korreliert die Pflicht des Vorstands, angemessene Geheimhaltungsmaßnahmen zu errichten. Als dogmatischer Anknüpfungspunkt für die Implementierung angemessener Geheimhaltungsmaßnahmen scheidet die Legalitätspflicht des Vorstands aus, da nur der eigene Rechtskreis der Gesellschaft betroffen ist.[750] Allerdings lässt sich eine dahingehende Pflicht aus dem allgemeinen Sorgfaltsgebot gem. § 93 Abs. 1

---

745 *Liekefett*, Due Diligence bei M&A Transaktionen, S. 125; *Körber*, NZG 2002, 263 (271); *Müller*, NJW 2000, 3452 (3455).

746 *Meurer* in Beck'sches M&A HdB, § 9 Rn. 23.

747 Ausführlich zum neuen Geschäftsgeheimnisbegriffs: Kapitel 2 0.

748 LAG Düsseldorf v. 3.6.2020 – 12 SaGa 4/20, MMR 2021, 181 (184).

749 *Ohly*, GRUR 2019, 441 (443); *Pöschke* in BeckOK GmbHG, § 43 GmbHG Rn. 124a.

750 *Fleischer/Pendl*, ZIP 2020, 1321 (1327); demnach ist die Einordnung der Pflicht zur Implementierung als Compliance-Aufgabe ungenau, so etwa: *Reinfeld*, Das neue Gesetz zum Schutz von Geschäftsgeheimnissen, § 1 Rn. 89.

S. 1 AktG herleiten.[751] Für die Sorgfaltspflicht des Vorstands gilt der Maßstab des ordentlichen und gewissenhaften Geschäftsleiters, der nicht eigenes Vermögen, sondern wie ein Treuhänder, fremde Vermögensinteressen verwaltet.[752] Der Vorstand ist generell dazu verpflichtet, Vorteile der Gesellschaft zu wahren und Schäden von ihr abzuwenden.[753] Dem folgend hat der Vorstand in geeigneter Weise dafür zu sorgen, dass die Geschäftsgeheimnisse des Unternehmens in angemessener Weise geschützt sind.[754] Daraus entspringt letztlich die Verpflichtung zum Geheimnismanagement.[755]

#### *bb. Angemessene Geheimhaltungsmaßnahmen bei Offenlegung von Geschäftsgeheimnissen innerhalb der Due Diligence*

Für die Due Diligence folgt daraus die Pflicht des Vorstands gegenüber dem Erwerbsinteressenten, angemessene Geheimhaltungsmaßnahmen zu implementieren. Für die Beurteilung der Angemessenheit der Geheimhaltungsmaßnahmen kommt es konkret darauf an, ob gegenüber dem potentiellen Rechtsverletzer Geheimhaltungsmaßnahmen getroffen wurden. Es ist insoweit eine Einzelfallbetrachtung vorzunehmen. Bei der Ausgestaltung des Geheimnismanagements handelt es sich um eine zukunftsbezogene Entscheidung unter Unsicherheit. Die Entscheidung ist durch Prognosen und Einschätzungen geprägt, gerade weil nicht mit Sicherheit ermittelbar ist, ob die errichteten Maßnahmen ausreichen, um ein angemessenes Geheimhaltungsniveau zu implementieren. Folglich ist hinsichtlich der Ausgestaltung des Geheimnismanagements der Anwendungsbereich der *business judgement rule* aus § 93 Abs. 1 S. 2 AktG eröffnet, und dem Vorstand steht ein weites unternehmerisches Ermessen zu.

Für die Due Diligence bietet sich als Geheimhaltungsmaßnahme die technische Gestaltung des Datenraums an. Dieser sollte passwortgeschützt und gegen

---

751 *Fleischer/Pendl*, ZIP 2020, 1321 (1327); *Sailer-Coceani* in Schmidt/Lutter, § 93 AktG Rn. 9a, *Pöschke* in BeckOK GmbHG, § 43 GmbHG Rn. 124a.

752 Zur GmbH: BGH v. 20.2.1995 – II ZR 143/93, ZIP 1995, 591 (592); zur AG: OLG Köln v. 28.2.2013 – 18 U 298/11, AG 2013, 570 (571); OLG Köln v. 20.2.2019 – 18 W 62/18, AG 2019, 695; *Sailer-Coceani* in Schmidt/Lutter, § 93 AktG Rn. 6, *Koch*, § 93 AktG Rn. 6.

753 BGH v. 28.4.2008 – II ZR 264/06, ZIP 2008, 1232 (1237); *Spindler* in MüKoAktG, § 93 AktG Rn. 26.

754 Im Ergebnis auch: *Reinfeld*, Das neue Gesetz zum Schutz von Geschäftsgeheimnissen, § 1 Rn. 89.

755 *Fleischer/Pendl*, ZIP 2020, 1321 (1327); *Sailer-Coceani* in Schmidt/Lutter, § 93 AktG Rn. 9a; *Pöschke* in BeckOK GmbHG, § 43 GmbHG Rn. 124a.

Cyber-Attacken abgesichert sein. Weitergehend bietet sich die Unterteilung des Datenraums in einen sog. grünen und einen sog. roten Datenraum an.[756] Während im grünen Datenraum weniger sensible Daten hinterlegt sind, enthält der rote Datenraum sensibelste Informationen. Zu diesem roten Datenraum sollte die Zahl der Zugangsberechtigten weiter reduziert werden. Als technische Sicherungsmaßnahme kann zudem die Druckfunktion im Datenraum deaktiviert werden. Daneben ist insbesondere der Abschluss einer Vertraulichkeitsvereinbarung als rechtliche Geheimhaltungsmaßnahme möglich.[757] Vertraulichkeitsvereinbarungen enthalten in der Regel folgende Elemente: Zunächst wird festgelegt, welche der offengelegten Informationen als vertraulich zu klassifizieren sind. Daneben definiert die Vereinbarung den Kreis der zugangsberechtigten Personen. Weiterhin enthält die Vereinbarung ein Nutzungsverbot der Informationen für andere als die vereinbarten Zwecke.[758]

Der Abschluss einer Vertraulichkeitsvereinbarung ist in aller Regel erforderlich, um ein angemessenes Geheimhaltungsniveau gegenüber dem Erwerbsinteressenten zu errichten. Der Abschluss einer Vertraulichkeitsvereinbarung verursacht keine Kosten und gehört bei Offenlegung von Geschäftsgeheimnissen innerhalb einer Due Diligence zur marktüblichen *best practice*.[759] Dies gilt ob der Tatsache, dass durch die Aufnahme von Vertragsverhandlungen eine Pflicht zur Wahrung der Vertraulichkeit aus § 241 Abs. 2 BGB entsteht.[760] Insoweit kann eine Parallele zur Verschwiegenheitspflicht der Arbeitnehmer aus § 241 Abs. 2 BGB gezogen werden.[761] Wie dargelegt, genügt das alleinige Bestehen der arbeitsvertraglichen Verschwiegenheitspflicht aus § 241 Abs. 2 BGB nicht für die Implementierung eines angemessenen Geheimhaltungsniveaus. Vor dem

756 *Hensel/Dörstling*, DStR 2021, 170 (171); *Polley/Kuhn*, CFL 2012, 117 (125 f.); *Hopt*, ZHR 186 (2022), 7 (21 f.).

757 *Mursa/Simon*, CCZ 2022, 109 (110); *Leister/Wallitsch*, Deutscher Anwaltsspiegel 19/2020, 11 (12); *Hohn-Hein/Barth* in BeckOK UWG, § 2 GeschGehG Rn. 22; *Harte-Bavendamm* in Harte-Bavendamm/Ohly/Kalbfus, § 2 GeschGehG Rn. 64; den Abschluss einer Vertraulichkeitsvereinbarung als „Minimum“ einstufend: *Fuhlrott* in BeckOK GeschGehG, § 2 GeschGehG Rn. 65.

758 Zusammenfassend: *Jansen/Hofmann*, BB 2020, 259 (261).

759 *Maaßen*, GRUR 2019, 352 (360); den Abschluss einer Vertraulichkeitsvereinbarung als Rechtspflicht einordnend: *Hopt*, ZHR 186 (2022), 7 (22).

760 *Jansen/Hofmann*, BB 2020, 259 (262); *Fleischer/Pendl*, ZIP 2020, 1321 (1329 f.); zum entstehend der Pflicht bei M&A Verhandlungen: *Gran*, NJW 2008, 1409 (1410); *Bergjan*, ZIP 2004, 395 (398).

761 Siehe ausführlich: Kapitel 2 0.

Hintergrund der Warnfunktion des Merkmals der angemessenen Geheimhaltungsmaßnahmen[762] muss eine weitere Präzisierung bezüglich der geschützten Informationen erfolgen.[763] Die Ausfüllung des abstrakten Rechtsrahmens ist erforderlich, um die Pflichten zu konkretisieren und dem Arbeitnehmer seine Verpflichtung angemessen vor Augen zu führen. Bei der Offenlegung von sensiblen Informationen gegenüber einem Erwerbsinteressenten innerhalb einer Due Diligence besteht, wie bei den Arbeitnehmern ein Bedürfnis nach klaren Regelungen.[764] Die Konkretisierung schafft Rechtssicherheit für beide Seiten. Die Benennung der geheimzuhaltenden Informationen beugt dem Risiko einer fahrlässigen Verwechslung von Geschäftsgeheimnissen und „freien" Informationen vor und verbessert den Geheimnisschutz. Im Ergebnis stellt der Abschluss einer Vertraulichkeitsvereinbarung vor Offenlegung von Geschäftsgeheimnissen innerhalb der Due Diligence einen maßgebenden Teil des angemessenen Geheimhaltungsniveaus dar.[765] Je nach der Bedeutung der Informationen sind weitere Schutzmaßnahmen erforderlich, um ein angemessenes Geheimhaltungsniveau zu implementieren.

### 3. *Zwischenergebnis: Zulässigkeit der Due Diligence*

Die Offenlegung von Geschäftsgeheimnissen innerhalb einer Due Diligence durch den Vorstand einer Aktiengesellschaft ist also zulässig, soweit die Offenlegungsinteressen der Gesellschaft die Geheimhaltungsinteressen überwiegen. Auch bei Überwiegen der Offenlegungsinteressen hat der Vorstand die Geheimhaltungsinteressen im Rahmen der Ausgestaltung der Due Diligence zu berücksichtigen. Überdies trifft den Vorstand die Pflicht zur Implementierung angemessener Geheimhaltungsmaßnahmen gegenüber dem Erwerbsinteressenten, um seiner Sorgfaltspflicht gegenüber der Gesellschaft gerecht zu werden. Erforderlich ist in aller Regel der Abschluss einer Verschwiegenheitsvereinbarung, welche die geschützten Informationen konkret beschreibt und den Pflichtenkatalog des Informationsempfängers klar definiert. Für die Angemessenheit ist das Geheimhaltungsniveau je nach Sensibilität der Informationen über flankierende organisatorische und technische Maßnahmen zu komplettieren.

762 Ausführlich zur Herkunft und Zweck des Merkmals: Kapitel 2 0.

763 Ähnlich auch: *Mursa/Simon*, CCZ 2022, 109 (110).

764 *Fleischer/Pendl*, ZIP 2020, 1321 (1329 f.).

765 *Jansen/Hofmann*, BB 2020, 259 (262); *Maaßen*, GRUR 2019, 352 (360).

### 4. *Kapitalmarktrechtliche Restriktionen*

Handelt es sich bei der Zielgesellschaft um eine börsennotierte Gesellschaft, so kann sich eine weitere, kapitalmarktrechtliche Grenze für die Informationsweitergabe im Rahmen der Due Diligence ergeben. Angesichts der Risikoermittlungs- und Bewertungsfunktion der Due Diligence bezieht sich das Informationsinteresse des Erwerbers regelmäßig auch auf Insiderinformationen im Sinne von Art. 7 Abs. 1 MAR.[766] Diese sind zwar grundsätzlich gem. Art. 17 Abs. 1 MAR ad-hoc zu publizieren, allerdings werden dem Erwerbsinteressenten regelmäßig solche Insiderinformationen offengelegt, bei denen sich der Emittent nach Art. 17 Abs. 4 MAR von der Ad-hoc-Pflicht befreit hat (dazu sogleich). Dem Erwerbsinteressenten wird so im Rahmen der Due Diligence ein Informationsvorsprung gegenüber dem Kapitalmarkt eingeräumt. Folglich muss die Informationsweitergabe von Insiderinformationen „befugt" im Sinne von Art. 10 Abs. 1 i.V.m. Art. 14 lit. c) MAR sein.

#### a. *Befugte Offenlegung von Insiderinformationen im Rahmen einer Due Diligence*

Nach den Vorgaben des EuGHs ist die selektive Weitergabe einer Insiderinformation nur dann gerechtfertigt, wenn sie für die Ausübung einer Arbeit oder eines Berufes oder für die Erfüllung einer Aufgabe unerlässlich ist und den Grundsatz der Verhältnismäßigkeit beachtet.[767] Wie oben dargestellt, muss im Wege der Abwägung zwischen dem Weitergabeinteresse des Insiders und dem Informationseindämmungsinteresse des Kapitalmarkts die Zulässigkeit der Informationsweitergabe ermittelt werden.[768] Die Zulässigkeit der Weitergabe von Insiderinformationen richtet sich vorrangig nach dem unternehmerischen Interesse der Zielgesellschaft.[769] Der Vorstand kann im Korridor der *business judgement rule* das Unternehmensinteresse konkretisieren und damit den Zweck der Informationsweitergabe festlegen. Der Vorstand, der sich in Ausübung seines Leitungsermessens für die Durchführung einer Due Diligence entscheidet, handelt in Erfüllung seiner Leitungsaufgaben.[770]

---

766 *Liekefett*, Due Diligence bei M&A Transaktionen, S. 165 f.; *Klöhn* in Klöhn, Art. 10 MAR Rn. 149; *Körber*, NZG 2002, 263 (267); *Hemeling*, ZHR 169 (2005), 274 (283); *Stoffels*, ZHR 165 (2001), 362 (379 f.).

767 Siehe ausführlich zur befugten Weitergabe von Insiderinformationen unter: Kapitel 2 0.

768 *Klöhn* in Klöhn, Art. 10 MAR Rn. 81.

769 *Zumbansen/Lachner*, BB 2006, 613 (618).

770 *Hemeling*, ZHR 169 (2005), 274 (283); *Koch*, § 93 AktG Rn. 67; *Spindler* in MüKoAktG, § 93 AktG Rn. 156; *Ziemons*, AG 1999, 492 (498); *Bauer/Wenzel*, ZGR 2020, 502

Durch die Zulassung der Due Diligence wird das Informationseindämmungsinteresse des Marktes auch nicht übermäßig beeinträchtigt, soweit die Grenzen der aktienrechtlichen Verschwiegenheitspflicht gewahrt sind. Zwar variieren die Schutzgüter der aktienrechtlichen Verschwiegenheitspflicht und des insiderrechtlichen Weitergabeverbots.[771] Durch die zwingende Berücksichtigung der Geheimhaltungsinteressen der Gesellschaft bei Ausgestaltung des Due Diligence Prozesses wird auch das kapitalmarktseitige Informationseindämmungsinteresse weitestgehend befriedigt. Da sich eine gesellschaftsrechtlich zulässige Weitergabe stets nur auf die für den jeweiligen Stand der Verhandlungen erforderlichen Informationen beschränkt, wird bereits faktisch ein „need to know“ System installiert. Um dem Informationseindämmungsinteresse des Marktes gerecht zu werden, wird die Weitergabe erst zulässig sein, wenn sich das Erwerbsinteresse des potentiellen Käufers in einem Letter of Intent manifestiert hat und der Interessent zur strikten Wahrung der Verschwiegenheit verpflichtet wurde.[772]

Gleiches gilt, wenn die Gesellschaft selbst im Rahmen eines *asset deals* als Verkäuferin von Vermögenswerten auftritt. Der Vorstand ist auch hier – unter Wahrung der gesellschaftsrechtlichen Voraussetzungen – zur Weitergabe von Insiderinformationen im Rahmen des Due Diligence Prozesses befugt.[773] Bewegt sich die Offenlegung in den Grenzen der aktienrechtlichen Verschwiegenheitspflicht, dann ist die Offenlegung vor dem Hintergrund der *Grøngaard/Bang* Kriterien als „befugt“ einzuordnen.[774] Das Offenlegungsverbot aus Art. 10 Abs. 1 i.V.m. Art. 14 lit. c) MAR ist insoweit in Zusammenschau mit dem Aktienrecht zu sehen.

---

(516); *Brellochs* in Habersack/Mülbert/Schlitt, § 1 Rn. 202; enger: *Bachmann*, ZHR 172 (2008), 597 (625).

771 *Bachmann*, ZHR 172 (2008), 597 (626).

772 *Brandi/Süßmann*, AG 2004, 642 (648).

773 *Liekefett*, Due Diligence bei M&A Transaktionen, S. 177; *Mennicke* in Fuchs, § 14 WpHG Rn. 313.

774 *Assmann* in Assmann/Schneider/Mülbert, Art. 10 MAR Rn. 56; *Spindler* in MüKo-AktG, § 93 AktG Rn. 156; *Meyer* in Meyer/Veil/Rönnau, § 8 Rn. 35; *Hopt/Kumpan* in Schimansky/Bunte/Lwowski § 107, Rn. 108; *Hopt/Kumpan*, ZGR 2017, 765 (802); *Bauer/Wenzel*, ZGR 2020, 502 (516); *Sethe*, ZBB 2006, 243 (252); a.A. *Schulte*, Insiderrechtliche Probleme bei der Due Diligence, S. 66 ff., der wenig überzeugend dem Merkmal der „Unbefugtheit“ die tatbestandsbegrenzende Funktion abspricht.

### *b. Zwischenergebnis*

Das insiderrechtliche Offenlegungsverbot folgt den Grenzen, die die gesellschaftsrechtliche Verschwiegenheitspflicht zieht. Die Weitergabe von Insiderformationen ist regelmäßig zulässig, soweit die gesellschaftsrechtlichen Grenzen gewahrt sind. Hat der Vorstand hinreichende Sicherungsmaßnahmen ergriffen, reduziert sich auch das Missbrauchsrisiko der Insiderinformationen. Demnach wird das kapitalmarktrechtliche Informationseindämmungsinteresse durch die Informationsweitergabe nur in geringem Umfang tangiert.

### *c. Ad-hoc-Publizitätspflicht*

Neben dem Insiderrecht besteht im Falle der Börsennotierung des Unternehmens mit der Ad-hoc-Publizitätspflicht eine weitere kapitalmarktrechtliche Besonderheit. Zusätzlich zum Verbot der unbefugten Weitergabe von Insiderinformationen dient auch die in Art. 17 MAR normierte Ad-hoc-Publizitätspflicht dem Schutz des Kapitalmarkts vor Insiderhandel.[775] Es besteht ein enger systematischer Zusammenhang zwischen beiden Regimen: Eine ad-hoc-publizierte Information verliert ihre Eigenschaft als Insiderinformation.[776] Die Ad-hoc-Pflicht stellt das vorgesehene Instrument zur anlassbezogenen Herstellung von Publizität am Kapitalmarkt dar.

Während der Abschluss einer Vertraulichkeitsvereinbarung im Rahmen der gesellschaftsrechtlichen Verschwiegenheitspflicht eines von mehreren möglichen Risikobegrenzungsinstrumenten des Vorstands ist, kann der Abschluss einer Vertraulichkeitsvereinbarung zur Vermeidung der Pflicht zur unmittelbaren Veröffentlichung von Insiderinformationen gemäß Art. 17 MAR im Rahmen der Zulassung einer Due Diligence zwingend erforderlich sein. Die Ad-hoc-Publizitätspflicht stellt zwar kein rechtliches Hindernis der Informationsweitergabe dar, ist allerdings faktisch – aufgrund der weitreichenden Folgen für den Offenbarenden – dazu geeignet, die Informationsweitergabe zu beeinträchtigen.

#### *aa. Ad-hoc-Publizitätspflicht nach Art. 17 Abs. 1 MAR*

Grundsätzlich muss der Emittent ihn unmittelbar betreffende Insiderinformationen über eine Ad-hoc-Mitteilung ihre Eigenschaft als Insiderinformation

---

775 Erwägungsgründe Nr. 2 u. 49 MAR; *Klöhn* in Klöhn, Art. 17 MAR Rn. 6; *Frowein/Berger* in Habersack/Mülbert/Schlitt, § 10 Rn. 3; *Veil/Brüggemeier* in Meyer/Veil/Rönnau, § 10 Rn. 1.

776 *Frowein/Berger* in Habersack/Mülbert/Schlitt, § 10 Rn. 3.

nehmen. Der unmittelbare Emittentenbezug ist regelmäßig für Informationen begründet, die im Tätigkeitsbereich des Emittenten entstanden sind.[777] Dies trifft in aller Regel für die Informationen zu, die im Rahmen von M&A Transaktionen bei der Due Diligence weitergegeben werden. Da die Pflicht zur Veröffentlichung der Ad-hoc-Mitteilung bereits mit der Insiderinformation selbst entsteht und auch wesentliche Zwischenschritte in gestreckten Sachverhalten erfasst, sieht Art. 17 Abs. 4 MAR die Möglichkeit des Aufschubs der Ad-hoc-Pflicht vor. Die Aufschubsmöglichkeit dient dem Schutz berechtigter Interessen des Emittenten an der Geheimhaltung bestimmter Informationen. Die Integrität des Kapitalmarktes und die Prävention von Insiderhandel dürfen allerdings nicht durch den Aufschub gefährdet werden. Zuständig für die Entscheidung über den Aufschub ist der Vorstand.[778]

### *(a) Berechtigtes Interesse*

Art. 17 Abs. 4 UAbs. 1 lit. a) MAR fordert das Vorliegen eines berechtigten Aufschubsinteresses des Emittenten. Das Aufschubsinteresse ist gegeben, wenn die Veröffentlichung der Information unternehmerische Ziele oder Entwicklungen vereiteln, gefährden oder erheblich beeinträchtigen würde.[779] In Erwägungsgrund 50 MAR findet sich ein nicht abschließender Katalog an Beispielen, welcher durch die MAR-Leitlinien der ESMA zum Aufschub der Offenlegung von Insiderinformationen konkretisiert wurden.[780] Davon erfasst sind unter anderem laufende Verhandlungen oder damit verbundene Umstände, wenn das Ergebnis oder der normale Ablauf dieser Verhandlungen durch die Ad-hoc-Mitteilung beeinträchtigt werden würde.[781]

### *(b) Keine Irreführung des Markts*

Daneben ist nach Art. 17 Abs. 4 UAbs. 1 lit. b) MAR erforderlich, dass der Aufschub der Ad-hoc-Pflicht nicht dazu geeignet ist die Öffentlichkeit irrezuführen. Dafür reicht allein das durch den Aufschub eingetretene Informationsungleichgewicht

---

777 Emittentenleitfaden der BaFin Modul C, S. 33; *Frowein/Berger* in Habersack/Mülbert/Schlitt, § 10 Rn. 12; *Hopt/Kumpan*, ZGR 2017, 765 (781).

778 Emittentenleitfaden der BaFin Modul C, S. 36; *Veil/Brüggemeier* in Meyer/Veil/Rönnau, § 10 Rn. 92.

779 *Hopt/Kumpan*, ZGR 2017, 765 (783).

780 ESMA/2016/1478DE.

781 *Frowein/Berger* in Habersack/Mülbert/Schlitt, § 10 Rn. 64.

nicht aus.[782] Maßgeblich ist, ob sich Markterwartung und Informationsgehalt der Insiderinformation decken.[783] Dies ist nach den MAR-Leitlinien der ESMA beispielsweise dann abzulehnen, wenn die zurückgehaltene Information sich wesentlich von einer in diesem Zusammenhang bereits veröffentlichten Information unterscheidet.[784]

#### (c) *Sicherstellung der Geheimhaltung für die Dauer, in der der Emittent von der Publizitätspflicht befreit ist*

Um die Interessen des Kapitalmarkts zu wahren, normiert Art. 17 Abs. 4 lit. c) MAR, dass der Emittent für die Dauer des Aufschubs die Geheimhaltung der Information sicherstellen können muss.[785] Welche Vorkehrungen zu treffen sind, richtet sich nach den konkreten Umständen des Aufschubs, wobei die Kursrelevanz der Information, die Anzahl der Personen, die von der Information wissen und Zugang zu ihr erhalten, die Größe des Emittenten, die Länge des Zeitraums, in dem die Information geheim gehalten werden sollen und ähnlichen Faktoren eine maßgebende Bedeutung zukommt.[786] Art. 17 Abs. 7 MAR ordnet eine Offenlegungspflicht an, wenn die Vertraulichkeit der aufgeschobenen Insiderinformationen nicht mehr gewährleistet ist. Während der Aufschubszeit soll die Missbrauchsgefahr der zurückgehaltenen Information minimiert werden, vor allem da die Zahl der Kenntnisträger während der Befreiung stetig zunimmt.[787]

### bb. *Ad-hoc-Pflicht bei Offenlegung gegenüber Dritten*

Art. 17 Abs. 8 S. 1 MAR normiert darüber hinaus eine eigenständige Offenlegungspflicht bei der berechtigten selektiven Weitergabe von Insiderinformationen.[788] Die Norm dient in erster Linie der Verwirklichung der informationellen Chancengleichheit der Marktteilnehmer.[789] Art. 17 Abs. 8 MAR steht in einem

---

782 Emittentenleitfaden der BaFin Modul C, S. 38; *Frowein/Berger* in Habersack/Mülbert/Schlitt, § 10 Rn. 82; *Kumpan/Schmidt* in Schwark/Zimmer, Art. 17 MAR Rn. 249.

783 *Frowein/Berger* in Habersack/Mülbert/Schlitt, § 10 Rn. 82.

784 ESMA 2016/1130 EN, Rn. 82 lit. a; Annex IV, Rn. 140; ESMA/2016/1478DE, S. 5.

785 *Klöhn* in Klöhn, Art. 17 MAR Rn. 267, *Kumpan/Grütze/Schmidt/Grübler* in Schwark/Zimmer, Art. 17 MAR Rn. 257.

786 *Klöhn* in Klöhn, Art. 17 MAR Rn. 269; *Assmann* in Assmann/Schneider/Mülbert, Art. 17 MAR Rn. 128.

787 *Frowein/Berger* in Habersack/Mülbert/Schlitt, § 10 Rn. 85.

788 *Frowein/Berger* in Habersack/Mülbert/Schlitt, § 10 Rn. 41.

789 *Assmann* in Assmann/Schneider/Mülbert, Art. 17 MAR Rn. 285; *Veil/Brüggemeier* in Meyer/Veil/Rönnau, § 10 Rn. 183.

engen systematischen Zusammenhang mit Art. 10 Abs. 1 MAR und sichert den gleichberechtigten Marktzugang über ein zweistufiges Regelungskonzept: Ist eine selektive Offenlegung von Insiderinformationen aufgrund eines überwiegenden Offenlegungsinteresses erlaubt, muss die Information öffentlich bekannt gemacht werden, es sei denn, der Empfänger ist zur Vertraulichkeit verpflichtet.[790] Eine Selbstbefreiung von der Ad-hoc-Publizitätspflicht ist nur möglich, wenn der Informationsempfänger zur Verschwiegenheit verpflichtet ist, wobei sich die Verschwiegenheitspflicht aus Rechts- oder Verwaltungsvorschriften, einer Satzung, oder aus bestehenden vertraglichen Regelungen ergeben kann.[791]

Strittig ist, ob nicht bereits das Verbot der unbefugten Offenlegung von Insiderinformation nach Art. 10 Abs. 1 MAR als ausreichende Verschwiegenheitspflicht anzusehen ist.[792] Dafür spricht, dass Art. 10 Abs. 1 MAR – wie gefordert – den Insider zur Verschwiegenheit verpflichtet. Jedoch würde so der eigenständige Anwendungsbereich von Art. 17 Abs. 8 MAR vollständig beseitigt.[793] Überdies spricht auch die Entstehungsgeschichte gegen eine derartige Lesart. Art. 17 Abs. 8 MAR ist an die US-amerikanische Regulation FD angelehnt.[794] Diese fordert in Rule 100(b)(2) Regulation FD für die Offenlegung ein „*express agreement*“[795], also die ausdrückliche Zustimmung zur Wahrung der Vertraulichkeit seitens des Informationsempfängers. Zudem führt das allgemein adressierte Offenlegungsverbot dem Informationsempfänger die Sensibilität der Insiderinformationen und seine damit korrelierende Pflicht zur Geheimhaltung nicht hinreichend deutlich vor Augen.[796] Vor diesem Hintergrund ist das Offenlegungsverbot aus Art. 10 Abs. 1 MAR nicht adressatenspezifisch genug, um als hinreichende Vertraulichkeitsvereinbarung angesehen zu werden.[797]

---

790 *Klöhn* in Klöhn, Art. 10 MAR Rn. 37; *Assmann* in Assmann/Schneider/Mülbert, Art. 17 MAR Rn. 294.

791 *Meyer* in Meyer/Veil/Rönnau, § 8 Rn. 11.

792 So *Veil* ZHR 172 (2008), 239 (258); *Assmann* in Assmann/Schneider/Mülbert, Art. 17 MAR Rn. 294, m.z.w.N. zum Streitstand.

793 *Frowein/Berger* in Habersack/Mülbert/Schlitt, § 10 Rn. 47; *Veil/Brüggemeier* in Meyer/Veil/Rönnau, § 10 Rn. 193.

794 *Klöhn* in Klöhn, Art. 17 MAR Rn. 485.

795 Der Wortlaut von Rule 100(b)(2) Regulation FD: […] *To a person who expressly agrees to maintain the disclosed information in confidence*“.

796 *Veil/Brüggemeier* in Meyer/Veil/Rönnau, § 10 Rn. 193.

797 *Kumpan/Grütze* in Schwark/Zimmer, Art. 17 MAR Rn. 339; *Leuering*, NZG 2005, 12 (15); *Pfüller* in Fuchs, § 15 WpHG Rn. 384; *Klöhn* in Klöhn, Art. 17 MAR Rn. 485 a.A. *Veil*, ZHR 172 (2008), 239 (258); *Assmann* in Assmann/Schneider/Mülbert, Art. 17 MAR Rn. 294.

Unklarheiten bestehen darüber hinaus bezüglich der Anforderungen an eine vertragliche Vertraulichkeitsvereinbarung. Teilweise wird bereits eine entsprechende Nebenpflicht zu Wahrung der Vertraulichkeit aus § 241 Abs. 2 BGB für ausreichend erachtet[798], während andere Stimmen eine ausdrückliche, konkrete Abrede fordern.[799] Für das Ausreichen der vertraglichen Nebenpflicht aus § 241 Abs. 2 BGB spricht, dass sich in rechtlicher Hinsicht keine unterschiedlichen Wirkungen im Verhältnis zu einer ausdrücklich vereinbarten Geheimhaltungsvereinbarung ergeben. Indes führt die unkonkretisierte, unspezifische Nebenpflicht zur Wahrung der Vertraulichkeit dem Informationsempfänger die besondere Sensibilität der offengelegten Insiderinformationen nicht deutlich genug vor Augen.[800]

Es bietet sich eine Parallelbetrachtung zum GeschGehG und dem Tatbestandsmerkmal der angemessenen Geheimhaltungsmaßnahmen an. Wie oben dargelegt, genügt für die Implementierung eines angemessenen Geheimhaltungsniveaus das alleinige Bestehen der Verschwiegenheitspflicht aus § 241 Abs. 2 BGB nicht.[801] Dieser abstrakte Rahmen muss durch eine Konkretisierung ausgefüllt werden und dem potentiellen Geheimnisverletzer seine Pflicht, sowie die Folgen eines Verstoßes aufzeigen.[802]

Diese Wertung lässt sich auf Art. 17 Abs. 8 MAR übertragen. Beide Regelungen zielen darauf ab, die Geheimhaltung bestimmter Informationen sicherzustellen. Demnach ist eine Konkretisierung der Geheimhaltungspflicht zu fordern, die sich explizit auf die weitergegebenen Insiderinformationen bezieht und dem Informationsempfänger so seine Verschwiegenheitspflicht und die Rechtsfolgen bei einem Verstoß deutlich vor Augen führt. Bestätigt wird dies in systematischer Hinsicht durch die Anforderungen, die in Art. 11 Abs. 5 MAR aufgestellt werden. Für die Zwecke einer Marktsondierung muss der Empfänger der Insiderinformation in vielfacher Hinsicht belehrt werden. Würde man das bloße Bestehen einer unspezifischen Geheimhaltungspflicht genügen lassen, würden erhebliche Wertungswidersprüche zu den Anforderungen aus Art. 11 Abs. 5 MAR entstehen.[803] Die Pflicht zur Vertraulichkeit muss sich

798 *Frowein/Berger* in Habersack/Mülbert/Schlitt, § 10 Rn. 49; *Leuering*, NZG 2005, 12 (16).

799 *Pfüller* in Fuchs, § 15 WpHG Rn. 385; in diese Richtung: *Kumpan/Grütze* in Schwark/Zimmer, Art. 17 MAR Rn. 339; *Hopt/Kumpan*, ZGR 2017, 765 (813).

800 *Veil/Brüggemeier* in Meyer/Veil/Rönnau, § 10 Rn. 195.

801 Dazu: Kapitel 2 0.

802 *Jansen/Hofmann*, BB 2020, 259 (261).

803 *Veil/Brüggemeier* in Meyer/Veil/Rönnau, § 10 Rn. 195.

überzeugenderweise ausdrücklich und spezifisch auf die weitergegebenen Insiderinformationen beziehen.[804]

### *cc. Verhältnis von Art. 17 Abs. 8 und Art. 17 Abs. 1 MAR*

Die beiden Verpflichtungen zur Ad-hoc-Publizität sind nebeneinander anwendbar, es findet keine Verdrängung statt.[805] Während Art. 17 Abs. 1 MAR bereits greift, wenn eine den Emittenten unmittelbar betreffende Insiderinformation vorliegt, ist der Anwendungsbereich von Art. 17 Abs. 8 MAR erst bei der Offenlegung einer Insiderinformation gegenüber einem Dritten eröffnet.[806] Bei der Weitergabe von Insiderinformationen an Dritte müssen die Voraussetzungen beider Normen erfüllt sein, um eine Ad-hoc-Publizitätspflicht bezüglich der offenbarten Insiderinformationen abzuwenden. Im Ergebnis folgt daraus eine Begrenzung des Anwendungsbereichs von Art. 17 Abs. 8 MAR. Das Geheimhaltungsprivileg des Emittenten entfällt nach Art. 17 Abs. 4 MAR bereits dann, wenn er die Wahrung der Vertraulichkeit nicht (mehr) gewährleisten kann, sodass es dann nicht mehr auf die speziellen Voraussetzungen von Art. 17 Abs. 8 MAR ankommt.[807]

### *dd. Bedeutung für den Informationsfluss innerhalb der Due Diligence*

Die im Rahmen einer Due Diligence offengelegten Informationen müssen in aller Regel nicht ad-hoc-publiziert werden, da sowohl die Voraussetzungen von Art. 17 Abs. 1 MAR wie auch von Art. 17 Abs. 8 MAR erfüllt sind. Zunächst hat der Emittent während der schwebenden Verhandlungen über den Abschluss eines Unternehmenskaufs ein berechtigtes Aufschubsinteresse. Die Due Diligence stellt einen Teil umfangreicher Vertragsverhandlungen dar. Müsste der Emittent die dort offengelegten Informationen ad-hoc-publizieren, würde dies den Ablauf der Vertragsverhandlungen erheblich beeinflussen, wenn nicht sogar gänzlich verhindern.[808] Für die rechtmäßige Inanspruchnahme der Aufschubsmöglichkeit muss der Emittent berücksichtigen, dass die Zurückhaltung nicht zu einer Irreführung des Marktes führt. Die offenzulegende Insiderinformation darf sich von einer anderen, in diesem Zusammenhang veröffentlichten

---

804 *Veil/Brüggemeier* in Meyer/Veil/Rönnau, § 10 Rn. 195.

805 *Kumpan/Grütze* in Schwark/Zimmer, Art. 17 MAR Rn. 327; *Klöhn* in Klöhn, Art. 17 MAR Rn. 454.

806 *Kumpan/Grütze* in Schwark/Zimmer, Art. 17 MAR Rn. 327.

807 *Klöhn* in Klöhn, Art. 17 MAR Rn. 453.

808 *Liekefett*, Due Diligence bei M&A Transaktionen, S. 233.

früheren Information nicht wesentlich unterscheiden.[809] Überdies muss der Emittent für die Gewährleistung der Vertraulichkeit sorgen. Wie oben dargelegt, erfolgt die Offenlegung der Insiderinformation im Rahmen der Due Diligence berechtigt, soweit sich die Ermessensentscheidung des Vorstands im Rahmen der *business judgement rule* bewegt. Während der Abschluss einer Vertraulichkeitsvereinbarung grundsätzlich nur eine von mehreren möglichen Risikobegrenzungsmaßnahmen des Vorstands ist, ist der Abschluss einer konkreten, insiderinformationsspezifischen Geheimhaltungsvereinbarung obligatorisch, um den Eintritt der Ad-hoc-Publizitätspflicht abzuwenden.[810] Nur dann sind sowohl die Voraussetzungen des Art. 17 Abs. 4 sowie Abs. 8 MAR erfüllt.

## B. Restriktionen bei der Informationsweitergabe an die Gewerkschaft bei Verhandlung eines Firmensanierungstarifvertrags

### I. Übertragung auf die Informationsweitergabe bei Verhandlung eines Tarifvertrags?

Nachdem dargestellt wurde, welchen Restriktionen die Weitergabe von Geschäftsgeheimnissen und Insiderinformationen im Rahmen einer Due Diligence in GmbH und Aktiengesellschaft unterliegen, stellt sich die Frage, ob die dort getroffenen Aussagen auf die Informationsweitergabe an die Gewerkschaft bei Verhandlung eines Haussanierungstarifvertrags übertragen werden können. Wie dargestellt, ist im Rahmen von M&A Transaktionen zwischen einem *asset deal* und einem *share deal* zu unterscheiden. Vergleichbar mit der Situation der Verhandlung eines Firmensanierungstarifvertrags ist dabei lediglich die des *asset deals*. Grund dafür ist, dass bei einem *asset deal* die Gesellschaft selbst die Stellung als Vertragspartei innehat. Dementgegen treten beim *share deal* ein oder mehrere Gesellschafter als Verkäufer auf, sodass die Ausgangslage und damit auch die Interessenlage divergiert.

#### *1. Arbeitgeber ist in Rechtsform der GmbH organisiert*

##### *a. Informationsweitergabe an die Gewerkschaft*

Wie die Entscheidung über die Zulassung einer Due Diligence obliegen auch die Verhandlung und der Abschluss eines Firmensanierungstarifvertrags als

809 *Hopt/Kumpan*, ZGR 2017, 765 (784).
810 *Hopt/Kumpan*, ZGR 2017, 765 (813).

Akte der Geschäftsführung grundsätzlich dem Geschäftsführer.[811] Gleiches gilt für die Offenlegung von Informationen als wesentlicher Teil des Verhandlungsprozesses. Indes handelt es sich – sowohl bei Abschluss und Verhandlung des Tarifvertrags – wie auch bei der Informationsweitergabe an die Gewerkschaft um außergewöhnliche Geschäftsführungsmaßnahmen.

Dies folgt aus den vielfachen Entsprechungen zur Zulassung einer Due Diligence. Prägende Gemeinsamkeit ist der tiefgehende Einblick des potentiellen Vertragspartners in das Innenleben des Unternehmens. Zur Verhandlung über den Sanierungstarifvertrag benötigt die Gewerkschaft vielfach sensible Unternehmensinterna. Freilich erfolgt die Information bei M&A Prozessen ganzheitlicher und deckt regelmäßig mehr Teilbereiche ab. Für die Bereiche, die für die Verhandlung des Sanierungstarifvertrags maßgeblich sind, also in aller Regel die Darstellung der Vermögens-, Bilanz- und Ertragslage der Gesellschaft, deckt sich gleichwohl das Informationsinteresse von Gewerkschaft und Erwerbsinteressent.

An die Gewerkschaft müssen also sensibelste Unternehmensinterna weitergegeben werden. Dies geht mit der Erweiterung des Kreises von Personen, die die konkreten Kennzahlen des Unternehmens kennen einher. Dadurch steigt die abstrakte Indiskretions- und Missbrauchsgefahr. Die Informationsweitergabe berührt die Geheimhaltungsinteressen der Gesellschaft. Überdies wird auch die künftige Ausrichtung des Unternehmens Gegenstand der Gespräche sein. Der notleidende Arbeitgeber muss sich in aller Regel die Sanierungsopfer der gewerkschaftsangehörigen Mitglieder erkaufen.

Weitergehend haben die Verhandlung des Firmensanierungstarifvertrags bzw. die Folgen des Scheiterns der Verhandlungen, enorme Bedeutung für die Gesellschaft. Der Ausgang der Verhandlungen hat nachhaltigen Einfluss auf die finanzielle Situation und den Bestand des Unternehmens und damit auf die Interessen der Gesellschafter. Im Ergebnis handelt es sich dabei um außergewöhnliche Geschäftsführungsmaßnahmen. Der Geschäftsführer ist im Innenverhältnis auf die Zustimmung der Gesellschafterversammlung angewiesen.

Unabhängig vom Streit über die erforderliche Mehrheit des zulassenden Beschlusses zur Durchführung einer Due Diligence im Rahmen eines *share deals* genügt hier – in Ermangelung des aufgezeigten strukturellen Interessenkonflikts – eine einfache Gesellschaftermehrheit. Die Situation gleicht derjenigen eines *asset deals*. Auch hier tritt nicht etwa ein Gesellschafter, sondern die Gesellschaft selbst als Vertragspartnerin der Gewerkschaft auf. Aus der Stellung

---

811 *Löwisch/Rieble*, § 1 TVG Rn. 1506; allgemein für den Verein: *Diekmann* in MHdB GesR III, § 44 Rn. 3.

der Gesellschaft als Vertragspartei folgt, dass die loyale Artikulation des Gesellschaftsinteresses mit einfacher Mehrheit möglich ist.

#### *b. Ergebnis*

Die Informationsweitergabe an die Gewerkschaft im Rahmen von Firmensanierungstarifverhandlungen ist bei einer GmbH als außerordentliche Geschäftsführungsmaßnahme einzuordnen. Im Innenverhältnis ist die Gesellschafterversammlung zuständig.

### *2. Arbeitgeber ist in Rechtsform der Aktiengesellschaft organisiert*

#### *a. Gesellschaftsrechtliche Verschwiegenheitspflicht*

Die Verhandlung eines Tarifvertrags stellt auch innerhalb der Aktiengesellschaft einen Akt der Geschäftsführung dar. Sie fällt in den Zuständigkeitsbereich des Vorstands.[812] Wie bereits dargelegt, decken sich das Informationsinteresse von Gewerkschaft und Erwerbsinteressent bezüglich der Darstellung der Vermögens-, Bilanz- und Ertragslage der Gesellschaft. Demnach greift auch hier die Geheimhaltungspflicht des Vorstands aus § 93 Abs. 1 S. 3 AktG. Das Interesse der Gesellschaft an der Geheimhaltung ist mit den konfligierenden Offenlegungsinteressen in Ausgleich zu bringen.[813] Der Vorstand hat im Rahmen seiner Ermessensentscheidung diese gegenläufigen Interessen zu gewichten und gegeneinander abzuwägen.[814]

#### *aa. Geheimhaltungsinteresse der Gesellschaft*

Bei Gewichtung der Geheimhaltungsinteressen ergeben sich Abweichungen im Vergleich zur Informationsweitergabe bei einer Due Diligence. Der Vorstand muss die Risiken der Informationsweitergabe ermitteln und gewichten. Das Missbrauchsrisiko der weitergegebenen Information zum Nachteil der Gesellschaft ist bei der Weitergabe an die Gewerkschaft geringer ausgeprägt. Zum einen ist die Gewerkschaft selbst nicht auf dem Markt tätig. Das Gefährdungspotential für die Wettbewerbsposition des Unternehmens durch die Informationsweitergabe an einen nicht-wirtschaftlich tätigen Akteur ist geringer einzustufen, als das Risiko bei der Weitergabe in einer transaktionsbezogenen Due Diligence. Weitergehend wird durch die Einbeziehung der Gewerkschaft in den

---

812 *Löwisch/Rieble*, § 1 TVG Rn. 1506.

813 *Spindler* in MüKoAktG, § 93 AktG Rn. 154.

814 *Spindler* in MüKoAktG, § 93 AktG Rn. 154; *Rittmeister* NZG 2004, 1032 (1033).

Sanierungsprozess die Verantwortung für das beschäftigungspolitische Problem des notleidenden Unternehmens mit auf die Gewerkschaft übertragen.[815] Die Gewerkschaft ist auch den Interessen der organisierten Arbeitnehmer des notleidenden Unternehmens verpflichtet. Der daraus resultierende Binnendruck auf die Gewerkschaft senkt das Missbrauchsrisiko der weitergegebenen Informationen zum Nachteil des notleidenden Unternehmens. Dies stellt einen maßgeblichen Unterschied zur transaktionsbezogenen Due Diligence dar, wo eine entsprechende Interessenbindung fehlt.

### *bb. Offenlegungsinteresse der Gesellschaft*

Seitens der Gesellschaft besteht ein erhebliches Unternehmensinteresse daran, der Gewerkschaft eine angemessene Informationsgrundlage zu bieten. Dies ist für den Abschluss des Sanierungstarifvertrags letztlich unumgänglich. Je wichtiger das gesellschaftliche Interesse an dem Abschluss des Sanierungstarifvertrags ist, desto mehr treten die Geheimhaltungsinteressen zurück.[816] Insoweit ist die Absenkung der tariflichen Arbeitsbedingungen „an der Gewerkschaft vorbei" nicht möglich. Das notleidende Unternehmen hat keine „walk away"-Option und kann nicht auf alternative Vertragspartner zurückgreifen. Die Abweichung vom normativ geltenden Flächentarifvertrag setzt auf Seiten der Gewerkschaft Parteiidentität voraus.[817] Zudem scheidet auch der Betriebsrat aufgrund des Burda-Beschlusses als Verhandlungspartner aus.[818] Faktisch ist das notleidende Unternehmen auf die Mitwirkung der Gewerkschaft angewiesen. Dies führt zu einer besonders hohen Gewichtung der Offenlegungsinteressen.

### *cc. Implementierung von Risikobegrenzungsmechanismen*

Vor dem Hintergrund dieser Gewichtung der widerstreitenden Interessen ist die Informationsoffenlegung gegenüber der Gewerkschaft zulässig. Der Vorstand kann im Rahmen der *business judgement rule* die konkrete Verhandlungsstrategie und die damit verbundene Informationsoffenlegung festlegen. Innerhalb dieser Entscheidung ist den Geheimhaltungsinteressen der Gesellschaft Rechnung zu tragen. Denn es darf nicht unberücksichtigt bleiben, dass die

---

815 *Bezani/Richter*, Hdb-Unternehmensrestrukturierung, S.1096; so auch: *Höpfner*, RdA 2020, 129 (148).

816 So zur Due Diligence: *Geyrhalter/Zirngibl* in Jesch/Striegel/Boxberger, § 10 Rn. 30.

817 *Löwisch/Rieble*, § 1 TVG Rn. 2362; *Beck*, Der Sanierungstarifvertrag, S.19; *Henssler* in HWK, § 1 TVG Rn. 5.

818 *Kania*, NZA 2020, 846 (847).

sensiblen Informationen die Sphäre des Unternehmens verlassen und der Kreis der Wissenden erweitert wird. Das Unternehmen kann die Informationsflüsse außerhalb der Unternehmenssphäre in der Regel nicht genau überwachen und steuern, sodass die Gefahr von Indiskretionen steigt. Auch hier trifft den Vorstand also die Pflicht, das Informationsmissbrauchsrisiko durch die Implementierung von Risikobegrenzungsmechanismen zu minimieren. Der Umstand, dass die Gesellschaft auf die Mitwirkung der Gewerkschaft zur Abweichung vom Flächentarifvertrag angewiesen ist, bedingt im Ergebnis die Zulässigkeit der Informationsweitergabe.

#### *dd. Geheimnis-Management-Pflicht*

Als weiterer Aspekt ist die aus der allgemeinen Sorgfaltspflicht herzuleitende Pflicht zum Geheimnis-Management zu berücksichtigen[819]: Der Vorstand ist bei der Offenlegung von sensiblen Informationen gegenüber der Gewerkschaft als betriebsexternen Vertragspartner zur Implementierung angemessener Geheimhaltungsmaßnahmen verpflichtet, um die Informationen unter den besonderen Schutz des GeschGehG zu stellen. Aufgrund der vergleichbaren Tiefe und Dichte der offengelegten Informationen lassen sich die Wertungen zur Due Diligence übertragen. Zur effektiven zivil- und strafrechtlichen Absicherung der offengelegten Geschäftsgeheimnisse bietet sich der Abschluss einer Verschwiegenheitsvereinbarung an, welche die geheimzuhaltenden Informationen konkret beschreibt und den Pflichtenkatalog der Gewerkschaft klar definiert. Je nach Wert der weitergegebenen Informationen können weitere Maßnahmen erforderlich sein, um ein angemessenes Schutzniveau zu schaffen.

#### *ee. Zwischenergebnis*

Die oben getroffenen Wertungen bezüglich der Zulassung einer Due Diligence durch den Vorstand im Rahmen einer M&A Transaktion lassen sich auf die tarifverhandlungsbedingte Informationsweitergabe übertragen. Im Rahmen der Interessenabwägung ist zu berücksichtigen, dass das notleidende Unternehmen faktisch auf die Mitwirkung der Gewerkschaft angewiesen ist. Zudem handelt es sich bei der Gewerkschaft nicht um einen wirtschaftlich tätigen Akteur. Weitergehend hat die Gewerkschaft ein eigenes Interesse daran, Schäden des Unternehmens durch Indiskretionen zu vermeiden. Beide Verhandlungspartner eint das Ziel, das wirtschaftliche Überleben des Unternehmens sicherzustellen. Im

---

819 Dazu ausführlich: Kapitel 3 0.

Ergebnis überwiegt das Offenlegungsinteresse, sodass die Informationsweitergabe gegenüber der Gewerkschaft in aller Regel zulässig ist.

### *b. Befugte Weitergabe von Insiderinformationen?*

Im Falle der Börsennotierung tritt neben die gesellschaftsrechtliche Verschwiegenheitspflicht das Verbot der unberechtigten Offenlegung von Insiderinformationen gem. Art. 10 Abs. 1 i.V.m. Art. 14 lit. c) MAR. Es stellt sich die Frage, wann eine Offenlegung von Insiderinformationen gegenüber der Gewerkschaft als „befugt" einzuordnen ist.

#### *aa. Vorliegen von Insiderinformationen?*

Bei den gegenüber der Gewerkschaft offenzulegenden Informationen handelt es sich in aller Regel um Insiderinformationen. Dies ergibt sich aus der Nähe zum Informationsfluss im Rahmen einer transaktionsbezogenen Due Diligence.

#### *bb. Gesetzliche Informationspflichten*

Die Befugnis zur Weitergabe kann sich zunächst aus einer gesetzlichen Offenbarungspflicht ergeben.[820] In diesem Kontext ist unstreitig, dass zwischen den Tarifvertragsparteien ein vorvertragliches Schuldverhältnis entsteht: Auf der Grundlage von § 311 Abs. 2 Nr. 1 BGB ergeben sich bereits mit Aufnahme von Tarifverhandlungen Rechtspflichten in Gestalt von Rücksichtnahme- und Schutzpflichten gem. § 241 Abs. 2 BGB.[821] Wie bereits dargestellt ist die Arbeitgeberseite zur Weitergabe der verhandlungsrelevanten sensiblen Informationen über die wirtschaftliche Lage des Unternehmens verpflichtet.[822]

Zweifelhaft ist, ob eine derartige Aufklärungspflicht nach § 241 Abs. 2 BGB als gesetzliche Auskunftspflicht im Rahmen des insiderrechtlichen Weitergabeverbots eingeordnet werden kann. Dafür spricht, dass die Pflichten bereits im vorvertraglichen Stadium durch die Aufnahme von Vertragsverhandlungen entstehen und folglich ein gesetzliches Schuldverhältnis darstellen.[823]

---

820 Emittentenleitfaden der BaFin Modul C, S. 63; *Mennicke* in Fuchs, § 14 WpHG Rn. 223; *Klöhn* in Klöhn, Art. 10 MAR Rn. 98 m.z.w.N.

821 Dazu ausführlich: Kapitel 1 0.

822 Hierzu: Kapitel 1 0.

823 *Klöhn* in Klöhn, Art. 10 MAR Rn. 100; zur Einordnung des vorvertraglichen Schuldverhältnisses als gesetzliches Schuldverhältnis nur: *Emmerich* in MüKoBGB, § 311 BGB Rn. 40; weiter: *Süßmann*, AG 1999, 162 (164), der aus einer schuldrechtlichen Verpflichtung eine Weitergabebefugnis ableitet.

Allerdings genügen (vor)vertragliche Aufklärungspflichten nicht, um eine Weitergabe als „befugt“ einzustufen. Zwar entsteht die Aufklärungspflicht qua Gesetz, allerdings würde so der Zweck des kapitalmarktrechtlichen Weitergabeverbots – der Schutz informationeller Chancengleichheit – konterkariert. Wie bei einer vertraglichen Pflicht zur Offenbarung der Insiderinformation stünde auch bei vorvertraglichen Aufklärungspflichten das Entstehen dieser Pflichten faktisch zur privatautonomen Disposition der Parteien.[824] Die Parteien könnten so nach Belieben den Kreis der Insider erweitern.[825]

### *cc. Offenlegung gegenüber der Gewerkschaft nach Grøngaard/Bang Kriterien*

Demnach richtet sich die Informationsweitergabe gegenüber der Gewerkschaft nach den allgemeinen Grundsätzen. Die selektive Weitergabe einer Insiderinformation gegenüber der Gewerkschaft muss für die Ausübung einer Arbeit oder eines Berufes oder für die Erfüllung einer Aufgabe erforderlich sein und den Grundsatz der Verhältnismäßigkeit beachten, wobei eine Abwägung zwischen dem Weitergabeinteresse des Insiders und dem Informationseindämmungsinteresse des Kapitalmarkts vorzunehmen ist.[826] Hinsichtlich der befugten Informationsweitergabe an die Gewerkschaft fehlt es weitestgehend an Stellungnahmen innerhalb der Literatur. Lediglich *Kumpan/Grütze* äußern sich beiläufig zur Zulässigkeit der Weitergabe von Insiderinformationen an die Gewerkschaft.

#### *(1) Ansicht von* Kumpan/Grütze

*Kumpan/Grütze* gehen davon aus, dass die Offenlegung von Insiderinformationen gegenüber Gewerkschaften aus insiderrechtlicher Sicht grundsätzlich unzulässig sei.[827] Dies gelte auch für Tarifverhandlungen. Lediglich im Einzelfall sei es möglich, dass das Unternehmenswohl das Informationseindämmungsinteresse des Kapitalmarkts überwiegen könne.[828] Denkbar sei dies etwa, wenn durch die Offenlegung von Insiderinformationen ein für das Unternehmen günstigerer Tarifabschluss möglich erscheine bzw. wenn durch die Offenlegung die Verhandlung voranschreite.[829]

---

824 Emittentenleitfaden der BaFin Modul C, S. 63, *Klöhn* in Klöhn, Art. 10 MAR Rn. 101; *Kumpan/Grütze* in Schwark/Zimmer, Art. 10 MAR Rn. 47.

825 Emittentenleitfaden der BaFin Modul C, S. 63.

826 Siehe ausführlich zur befugten Weitergabe von Insiderinformationen unter: Kapitel 2 0.

827 *Kumpan/Grütze* in Schwark/Zimmer, Art. 10 MAR Rn. 71.

828 *Kumpan/Grütze* in Schwark/Zimmer, Art. 10 MAR Rn. 71.

829 *Kumpan/Grütze* in Schwark/Zimmer, Art. 10 MAR Rn. 71.

### *(2) Bewertung und eigene Ausführungen*

Überzeugenderweise ist bereits die Geeignetheit der Offenlegung von Insiderinformationen für die Erreichung des angestrebten Fernziels bei Verhandlung eines Flächentarifvertrags zweifelhaft. Bei Flächentarifvertragsverhandlungen geht es um die Gestaltung der Arbeitsbedingungen in einer Vielzahl von Unternehmen innerhalb einer ganzen Branche oder Region. Die Offenlegung von Insiderinformationen durch ein singuläres Unternehmen ist zur Erreichung des damit angestrebten Fernziels, namentlich dem Abschluss eines vorteilhaften Tarifvertrags für den Emittenten, regelmäßig nicht geeignet, da sie für die verhandelnden Tarifparteien des Flächentarifvertrags nur von untergeordneter Bedeutung sind.

Dieser restriktive Ansatz kann für den hier untersuchten Sonderfall der Verhandlung eines Sanierungstarifvertrags nicht überzeugen. Die Situation der Verhandlung eines Sanierungstarifvertrags unterscheidet sich maßgeblich von Flächentarifvertragsverhandlungen. Anders als beim Flächentarifvertrag steht hier ein einzelnes Unternehmen im Fokus der Tarifverhandlungen. Diese Situation ähnelt weniger den Verhandlungen eines Flächentarifvertrags, als vielmehr der Zulassung einer Due Diligence bei einer M&A Transaktion.[830] In dieser Situation ist der Zusammenhang zwischen Verhandlungsfortschritt und Weitergabe der Insiderinformationen deutlich größer als bei Verhandlung eines Flächentarifvertrags. Hier ist die Offenlegung nicht nur dazu geeignet, einen günstigeren Tarifvertrag abzuschließen, sondern essentielle Voraussetzung für die Absenkung der tariflichen Arbeitsbedingungen. Dies resultiert aus dem deutlich gesteigerten Informationsbedürfnis der Gewerkschaft an den Kennzahlen des konkreten Unternehmens. Wie der Erwerbsinteressent ist auch die Gewerkschaft auf die Informationen der Zielgesellschaft angewiesen, um die – für die Tarifverhandlung erforderliche – Bewertungsgrundlage zu erlangen. Verstärkt wird dies dadurch, dass der Verhandlungsstrategie bei einem Sanierungstarifvertrag erhebliche Bedeutung zukommt: Wegen der angespannten wirtschaftlichen Lage wird in aller Regel kein Arbeitskampf gegen das notleidende Unternehmen geführt. Deshalb spielen bei der Informationsweitergabe Zeitpunkt, Art der Aufbereitung und Ähnliches eine erhebliche Rolle in den Tarifverhandlungen.

Darüber hinaus nimmt die *Grøngaard/Bang* Ausnahme hinsichtlich der Bestimmung und Gewichtung des Offenlegungsinteresses explizit auf das nationale Recht Bezug.[831] Der EuGH selbst spricht davon, dass sich die

830 Zur Vergleichbarkeit der Interessenlage ausführlich: Kapitel 1 0.
831 EuGH v. 22.11.2005 – Rs. C-384/02 (Grøngaard/Bang), ZIP 2006, 123 (126).

Unerlässlichkeit der Informationsweitergabe nach den Regelungen der Mitgliedsstaaten richtet.[832] Bei Auslegung dieses unbestimmten Rechtsbegriffs ist die grundrechtliche Gewährleistung von Art. 9 Abs. 3 GG zu berücksichtigen. Würde man die Offenlegung von Insiderinformationen an die Gewerkschaft als unbefugt einstufen, würde man die durch Art. 9 Abs. 3 GG geschützten Kollektivverhandlungen zum Zwecke der singulären Unternehmenssanierung massiv erschweren. Dies würde zu erheblichen Wertungswidersprüchen in Bezug auf die Due Diligence führen, wo die Offenlegung von Insiderinformationen in aller Regel als zulässig angesehen wird.[833]

Überdies sind auch die denkbaren Alternativhandlungen weit weniger dazu geeignet, den Tarifabschluss zu fördern, als die direkte Offenlegung der Insiderinformation. Vorliegend käme als Alternativhandlung bspw. in Betracht, dass das notleidende Unternehmen analog einer „vendors due diligence" den Sanierungsbedarf zunächst selbst ggf. mit Hilfe eines Wirtschaftsprüfers bestimmt. In dieser Situation käme die Gewerkschaft nicht unmittelbar mit den sensiblen Insiderinformationen in Kontakt, sodass das Informationseindämmungsinteresse weniger stark beeinträchtigt würde. Dies ergibt sich insbesondere daraus, dass das notleidende Unternehmen seinen unternehmens- und betriebsinternen Informationsfluss besser steuern und überblicken kann, als den Informationsfluss innerhalb der Gewerkschaft. Ein hinzugezogener Wirtschaftsprüfer ist zwar eine unternehmensexterne Partei, allerdings ist ein Wirtschaftsprüfer über § 203 StGB strafrechtlich zur Wahrung der Geschäftsgeheimnisse verpflichtet. Aufgrund dieser besonderen Pflichtenstellung wird man trotz der Eigenschaft des Wirtschaftsprüfers als „Externem" von einer erhöhten Zuverlässigkeit ausgehen können.[834] Indes ist fraglich, ob so das Informationsbedürfnis der Gewerkschaft befriedigt werden kann. Die Gewerkschaft erlangt auf diesem Weg einen deutlich oberflächlicheren Blick in die wirtschaftliche Situation des Unternehmens, woraus eine verhandlungshemmende Unsicherheit auf Seiten der Gewerkschaft resultieren kann. Auch eine vertragliche Absicherung bietet keinen Ersatz für eine eigenständige Untersuchung der Unternehmensdaten durch die Gewerkschaft.[835] Die Gewerkschaft wird entweder höhere Gegenleistungen fordern oder die Höhe der Sanierungsopfer an die verbleibenden Unsicherheiten anpassen. Dieser Unsicherheitsabschlag kann die Sanierung des notleidenden

832 EuGH v. 22.11.2005 – Rs. C-384/02 (Grøngaard/Bang), ZIP 2006, 123 (126).
833 Zur insiderrechtlichen Behandlung einer Due Diligence: Kapitel 3 0.
834 *Klöhn* in Klöhn, Art. 10 Rn. 90.
835 So zur Due Diligence: *Hörmann* in FS Pöllath und Partners, 135 (142).

Unternehmens empfindlich behindern. Letztlich würde durch den Verweis auf diese weniger einschneidenden Alternativhandlungen die grundrechtlich geschützte Tarifverhandlung zur Sanierung eines singulären börsennotierten Unternehmens lahmgelegt. Vor dem Hintergrund der Bedeutung der Informationsweitergabe für die Wahrnehmung der Tarifautonomie aus Art. 9 Abs. 3 GG ist das Offenlegungsinteresse des Emittenten besonders hoch zu gewichten.

Dementgegen wird durch die Weitergabe an die Gewerkschaft das Informationseindämmungsinteresse des Kapitalmarkts nicht über die Gebühr belastet. Zwar kann der Arbeitgeber den Informationsfluss innerhalb der Gewerkschaft nicht überwachen. Allerdings sind die involvierten Gewerkschaftsmitglieder zur Verschwiegenheit verpflichtet, und der Kreis der Insider bleibt überschaubar.

Aufgrund dieser grundrechtlichen Implikation der Informationsweitergabe, der Rolle der Gewerkschaften im Rahmen der Sozialpartnerschaft, sowie den weitreichenden Parallelen zur Weitergabe von Insiderinformationen an den Erwerbsinteressenten bei einer Due Diligence, ist die Offenlegung von Insiderinformationen an die Gewerkschaft im Rahmen der Verhandlung eines Sanierungstarifvertrags als „befugt“ einzuordnen, soweit sie in gesellschaftsrechtlicher Hinsicht zulässig ist. Um dem Informationseindämmungsinteresse des Kapitalmarkts hinreichend Rechnung zu tragen, muss der Emittent durch die konkrete Ausgestaltung der Informationsweitergabe das Insiderrisiko minimieren. Analog zur Situation bei der Due Diligence ist die Weitergabe erst in einem fortgeschrittenen Verhandlungsstadium zulässig, wenn die Gewerkschaft zur strikten Wahrung der Verschwiegenheit verpflichtet wurde. Unter diesen Voraussetzungen ist die Offenlegung von Insiderinformationen bei Verhandlung eines Sanierungstarifvertrags unerlässlich und verhältnismäßig im Sinne der *Grøngaard/Bang* Kriterien.

### c. *Ad-hoc-Publizitätspflicht*

Im Hinblick auf die Ad-hoc-Publizitätspflicht des Emittenten bezüglich der weitergegebenen Insiderinformationen an die Gewerkschaft bei Sanierungstarifvertragsverhandlungen ergeben sich keine Unterschiede zum transaktionsbedingten Informationsfluss einer Due Diligence. Die im Rahmen der Tarifverhandlungen offengelegten Insiderinformationen müssen in aller Regel nicht ad-hoc-publiziert werden, da sowohl die Voraussetzungen von Art. 17 Abs. 1 MAR, wie auch von Art. 17 Abs. 8 MAR erfüllt sind. Zunächst hat der Emittent während der schwebenden Verhandlungen über den Abschluss eines Firmensanierungstarifvertrags ein berechtigtes Aufschubsinteresse: Müsste der notleidende Emittent die in den Tarifverhandlungen offengelegten Insiderinformationen ad-hoc-publizieren, würde dies den Ablauf der Vertragsverhandlungen erheblich beeinflussen. Für die rechtmäßige Inanspruchnahme der Aufschubsmöglichkeit darf die Zurückhaltung nicht zu einer Irreführung des Marktes führen. Insbesondere darf sich die offenzulegende Insiderinformation nicht von einer anderen in diesem Zusammenhang veröffentlichten früheren Information wesentlich unterscheiden. Daneben muss der Emittent die Wahrung der Vertraulichkeit gewährleisten. Wie oben dargelegt, ist die Offenlegung der Insiderinformation im Rahmen der Tarifverhandlungen zulässig, soweit sich die Ermessensentscheidung des Vorstands im Rahmen der *business judgement rule* bewegt. Während der Abschluss einer Vertraulichkeitsvereinbarung grundsätzlich nur eine von mehreren möglichen Risikobegrenzungsmaßnahmen des Vorstands ist, ist der Abschluss einer konkreten, insiderinformationsspezifischen Geheimhaltungsvereinbarung obligatorisch, um den Eintritt der Ad-hoc-Publizitätspflicht abzuwenden.[836] Nur dann sind sowohl die Voraussetzungen des Art. 17 Abs. 4 sowie Abs. 8 MAR erfüllt.

## II. Ergebnis

Wie dargelegt, weisen die Sanierungstarifverhandlungen vielfache Überschneidungen zur Informationsoffenlegung im Rahmen einer Due Diligence auf. Daraus folgt, dass die Grundsätze der Informationsoffenlegung im Rahmen der Due Diligence auf die Situation der Sanierungstarifverhandlung übertragbar sind.

Für die Fälle der Fremdorganschaft ist eine Unterscheidung nach der Rechtsform des Arbeitgebers erforderlich. Bei der Entscheidung über die Informationsweitergabe an die Gewerkschaft bei der GmbH handelt es sich um eine außergewöhnliche Geschäftsführungsmaßnahme. Die Situation ähnelt der eines *asset deals* bei der die Gesellschaft selbst als Verkäuferin auftritt. Da die Gesellschafter bei Sanierungstarifverhandlungen strukturell gleichgerichtete Interessen verfolgen, ist eine loyale Artikulation des Gesellschaftsinteresses mit einfacher Mehrheit möglich. In materieller Hinsicht ist das kollektive Geheimhaltungsinteresse der Gesellschafter gegen das kollektive Offenlegungsinteresse abzuwägen.

Abweichend davon, obliegt diese Entscheidung bei der Aktiengesellschaft dem Vorstand. Die gewerkschaftlich angeforderten Informationen sind in aller Regel Geheimnisse der Gesellschaft, sodass die aktienrechtliche Verschwiegenheitspflicht aus § 93 Abs. 1 S. 3 AktG greift. Für eine zulässige Informationsweitergabe

836 So zur Due Diligence: *Hopt/Kumpan*, ZGR 2017, 765 (813).

durch den Vorstand muss das Offenlegungsinteresse das Geheimhaltungsinteresse überwiegen. Dass die Gesellschaft auf die Mitwirkung der Gewerkschaft zur Abweichung vom Flächentarifvertrag angewiesen ist, ist besonders zu gewichten. Die Informationsweitergabe an die Gewerkschaft ist regelmäßig in dem Umfang zulässig, indem sie für den Abschluss des Tarifvertrags erforderlich ist, bzw. in dem Umfang indem die Preisgabe geeignet ist, den Inhalt des Tarifvertrags zugunsten des Unternehmens zu gestalten. Dies hat der Vorstand im Rahmen der *business judgement rule* aus § 93 Abs. 1 S. 2 AktG zu beachten. Bei der verfahrensmäßigen Ausgestaltung hat der Vorstand die Geheimhaltungsinteressen der Gewerkschaft in angemessener Weise zu berücksichtigen und Risikobegrenzungsmechanismen zu installieren.

Im Falle der Börsennotierung steht das insiderrechtliche Weitergabeverbot der Offenlegung von Insiderinformationen an die Gewerkschaft im Rahmen der Verhandlung eines Sanierungstarifvertrags nicht entgegen. Bewegt sich die Informationsweitergabe an die Gewerkschaft innerhalb der aktienrechtlichen Grenzen, dient sie einem legitimen Zweck. Anders als beim Flächentarifvertrag ist bei einem Sanierungstarifvertag die Informationsweitergabe zur Erreichung des angestrebten Fernziels – namentlich dem Sanierungstarifabschluss – geeignet und erforderlich. Aufgrund der angespannten wirtschaftlichen Situation und des grundrechtlichen Schutzes der Kollektivverhandlungen zum Zwecke der singulären Unternehmenssanierung sind die Weitergabe und die damit verbundene Erweiterung des Insiderkreises zur Förderung des Tarifabschlusses auch verhältnismäßig. Der Emittent muss jedoch durch die konkrete Ausgestaltung der Informationsweitergabe das Insiderrisiko minimieren, um dem Informationseindämmungsinteresse des Kapitalmarkts hinreichend Rechnung zu tragen. Daneben hat der Vorstand die Voraussetzungen von Art. 17 Abs. 4 und Art. 17 Abs. 8 MAR zu berücksichtigen, um der Ad-hoc-Publizitätspflicht in Bezug auf die offengelegten Insiderinformation zu entgehen.

## C. Restriktionen bei der Informationsweitergabe an den Arbeitgeberverband bei Verhandlung eines unternehmensbezogenen Verbandssanierungstarifvertrags

Neben der Verhandlung eines Firmensanierungstarifvertrags ist die Verhandlung eines unternehmensbezogenen Verbandssanierungstarifvertrags als weiteres mögliches Sanierungsinstrument zu untersuchen. Welchen Grenzen unterliegt das Leitungsorgan des notleidenden Unternehmens bei der Informationsweitergabe in dieser Situation? Abweichend vom Haustarifvertrag sind hier der Arbeitgeberverband und die Gewerkschaft die Parteien des Tarifvertrags.[837] Dabei beschränken die Tarifvertragsparteien den betrieblichen, personellen und räumlichen Geltungsbereich des geschlossenen Tarifvertrags auf die Geltung nur für das notleidende Unternehmen. Neben dem Arbeitgeber tritt also der Arbeitgeberverband als weiterer Akteur in die Verhandlungen ein.

## I. Gesetzliche Restriktionen bei Informationsbeschaffung durch den Arbeitgeberverband vom Arbeitgeber

Neben der Frage, ob die Leitungsorgane des notleidenden Unternehmens Informationen an den Arbeitgeberverband trotz ihrer gesellschaftsrechtlichen Verschwiegenheitspflichten weitergeben dürfen, ist insbesondere eine Vereinbarkeit mit den kartellrechtlichen Regelungen aus Art. 101 Abs. 1 AEUV bzw. § 1 GWB zu untersuchen. Weiter verschärft wird diese Situation, wenn es sich bei dem notleidenden Arbeitgeber um ein börsennotiertes Unternehmen handelt. In diesem Fall ist die Weitergabe der Informationen an den Arbeitgeberverband auch hinsichtlich ihrer insiderrechtlichen Zulässigkeit zu untersuchen.

Im Folgenden wird zunächst die gesellschaftsrechtliche Geheimhaltungspflicht des GmbH-Geschäftsführers und des Vorstands einer Aktiengesellschaft bezüglich der Informationsweitergabe an den Arbeitgeberverband beleuchtet. Daran schließt sich die Untersuchung potentieller kartellrechtlicher Grenzen der Informationsübermittlung an. Schließlich folgt die insiderrechtliche Sicht auf die Informationsweitergabe an den Arbeitgeberverband.

### *1. Gesellschaftsrechtliche Verschwiegenheitspflichten*

Gerade bei der Weitergabe an den Arbeitgeberverband können die gesellschaftsrechtlichen Geheimhaltungspflichten der unternehmerischen Leitungsorgane wieder von Bedeutung sein. Der Umstand, dass durch den Arbeitgeberverband ein weiterer Akteur in den Tarifverhandlungen beteiligt ist, macht eine Neubewertung der zu berücksichtigenden Risiken erforderlich. Dabei ändert die Beteiligung des Arbeitgeberverbands nichts an dem gewerkschaftlichen Informationsinteresse. Zur Ermittlung und Bewertung der wirtschaftlichen Situation ist der Einblick in sensibelste Unternehmensinterna erforderlich. Dass auch der Arbeitgeberverband und die darin organisierten Unternehmen ein eigenes Informationsinteresse haben, verschärft die Situation.

---

837 *Beck*, Der Sanierungstarifvertrag, S. 22; *Oetker* in Wiedemann, § 2 TVG Rn. 249.

### *a. GmbH*

Für die GmbH ergeben sich an dieser Stelle keine Abweichungen zur Rechtslage bezüglich der Verhandlung eines Haussanierungstarifvertrags.[838] Die Informationsweitergabe an den Arbeitgeberverband stellt als wesentlicher Teil der Tarifverhandlungen eine außergewöhnliche Geschäftsführungsmaßnahme dar. Demnach ist im Innenverhältnis ein Gesellschafterbeschluss – mit einfacher Mehrheit – erforderlich. In materieller Hinsicht müssen die Gesellschafter das kollektive Geheimhaltungsinteresse mit dem kollektiven Interesse an einer Offenbarung der betreffenden Information gegeneinander abwägen, wobei den Gesellschaftern ein weiter Ermessenspielraum zusteht.

### *b. Aktiengesellschaft*

Wie bereits dargestellt, ist die Frage der Zulässigkeit der Informationsweitergabe durch den Vorstand einer AG anhand einer offenen Interessenabwägung zu beantworten. Der Vorstand hat im Rahmen der *business judgement rule* die Chancen und Risiken der Informationsoffenbarung gegeneinander abzuwägen. Überwiegt das Unternehmensinteresse an der Informationsweitergabe das Geheimhaltungsinteresse, so muss die aktienrechtliche Verschwiegenheitspflicht des Vorstands aus § 93 Abs. 1 S. 3 AktG zurückweichen.

Bei der direkten Weitergabe von Informationen an die Gewerkschaft im Rahmen der Verhandlung über einen Haussanierungstarifvertrag bestanden wenig Bedenken bezüglich der gesellschaftsrechtlichen Verschwiegenheitspflicht. Die grundsätzliche Zulässigkeit der Informationsweitergabe resultiert daraus, dass die Hauptgründe für die Verschwiegenheit beim Haussanierungstarifvertrag eine untergeordnete Rolle spielen. Eine Gefährdung der Wettbewerbssituation ist eher unwahrscheinlich, da weder Gewerkschaft noch die organisierten Arbeitnehmer wirtschaftlich tätige Akteure sind. Darüber hinaus trifft die Gewerkschaft auch die Verantwortung für den Erhalt der Arbeitsplätze ihrer organisierten Mitglieder, woraus ein erheblicher Binnendruck auf die Gewerkschaft entsteht, welcher das Missbrauchsrisiko senkt. Überdies ist das Unternehmensinteresse an der Informationsweitergabe aufgrund der angespannten wirtschaftlichen Situation besonders hoch zu gewichten, da die Gesellschaft auf die Mitwirkung der Gewerkschaft angewiesen ist. Nichtsdestotrotz ist der Vorstand verpflichtet, angemessene Geheimhaltungsmaßnahmen gegenüber der

---

838 Siehe dazu ausführlich: Kapitel 3 0.

Gewerkschaft zu implementieren und die Geheimhaltungsinteressen bei der verfahrensmäßigen Ausgestaltung der Offenlegung zu berücksichtigen.

### *aa. Neubewertung der Missbrauchsrisiken beim unternehmensbezogenen Verbandstarifvertrag*

Während das gesellschaftliche Offenlegungsinteresse und das gewerkschaftliche Informationsbedürfnis hier ungebrochen hoch sind, erfordert die Einbeziehung des Arbeitgeberverbands eine Neubewertung der Geheimhaltungsinteressen des notleidenden Unternehmens. Beim unternehmensbezogenen Verbandstarifvertrag tritt durch die Beteiligung des Arbeitgeberverbands ein weiterer Aspekt hinzu: Auch der Verband und die mitorganisierten Wettbewerber haben ein Interesse an den Kennzahlen des notleidenden Unternehmens. Dieses Informationsinteresse speist sich daraus, dass dem notleidenden Unternehmen ein Vorteil gegenüber den mitorganisierten Arbeitgebern eingeräumt werden soll.

Wendet sich der Arbeitgeber für die Verhandlung eines unternehmensbezogenen Verbandssanierungstarifvertrags an seinen Arbeitgeberverband, dann benötigt das für die Verhandlung zuständige Verbandsorgan Zugang zu den sensiblen Informationen, um mit den gewerkschaftlichen Vertretern zu verhandeln. Abseits der faktischen Notwendigkeit der Informationsweitergabe trifft den notleidenden Arbeitgeber regelmäßig eine korrespondierende verbandsrechtliche Verpflichtung, dem Arbeitgeberverband die für die Verhandlungen nötigen Informationen weiterzugeben.[839] Die interne Zuständigkeit für die Verhandlung eines Tarifvertrags richtet sich dabei nach dem Binnenrecht des Arbeitgeberverbands.[840] Dabei kann eine entsprechende Verhandlungskommission mit der Führung der Verhandlungsgespräche betraut werden.[841] Dieses verhandlungsführende Gremium des Arbeitgeberverbands setzt sich gewöhnlich aus Mitgliedern der organisierten, tarifgebundenen

---

839 So etwa: § 6 Abs. 1 Nr. 4 Satzung der Vereinigung der kommunalen Arbeitgeberverbände (VKA), abrufbar unter: https://www.vka.de/assets/media/docs/0/VKA%20Satzungen/Satzung_2009_Stand_28052019.pdf, (zuletzt abgerufen am 15.12.2022).

840 *Nebe* in Däubler, § 1 TVG Rn. 136.

841 So zum Beispiel sog. „sozialpolitische Ausschüsse" in § 10 Nr. 2 der Satzung des AGV Nordostchemie e.V. abrufbar unter: https://docplayer.org/62069192-Satzung-des-arbeitgeberverbandes-nordostchemie-e-v.html; (zuletzt abgerufen am 13.6.2022); siehe auch die Einsetzung einer Tarifkommission in: § 11 Satzung für den Arbeitgeberverband und Industrieverband Textil Service – Intex e.V. abrufbar unter: https://www.intex-verband.de/fileadmin/intex-verband/Documents/Satzung_intex_22.08.19.pdf (zuletzt abgerufen am 15.12.2022).

Unternehmen zusammen.[842] Spätestens in dieser Situation lässt es sich nicht mehr vermeiden, dass Vertreter der mitorganisierten Unternehmen innerhalb des verhandlungsführenden Gremiums Kenntnis von den sensiblen Informationen des notleidenden Arbeitgebers erhalten.

Ähnlich zur Zulassung einer Due Diligence eines Wettbewerbers ist hier das Missbrauchsrisiko und damit die Gefährdung der Stellung des Unternehmens am Markt stärker ausgeprägt. Dies ergibt sich aus dem Empfängerkreis der offengelegten Informationen. Innerhalb des Arbeitgeberverbands bestehen Bedenken dahingehend, dass die gewerkschaftlich angeforderten höchstsensiblen Informationen über das notleidende Unternehmen im Arbeitgeberverband zirkulieren können. Die so gewonnenen Erkenntnisse könnten die mitorganisierten Unternehmen für die eigene unternehmerische Planung zweckentfremden und so letztlich die Wettbewerbsstellung des notleidenden Unternehmens weiter schwächen. Demnach ist bereits in der Struktur des unternehmensbezogenen Verbandstarifvertrags ein erhöhtes Missbrauchsrisiko angelegt.

Anders liegen die Dinge nur, wenn eine abweichende interne Zuständigkeit für die Verhandlung eines unternehmensbezogenen Verbandssanierungstarifvertrags besteht. Insbesondere können die Verhandlung und der Abschluss von unternehmensbezogenen Verbandstarifverträgen verbandsintern als Teil der „allgemeinen Beratung" eingeordnet werden. Folge ist, dass der Arbeitgeber selbst, unterstützt durch einen oder mehrere hauptamtlich beschäftigte Vertreter des Arbeitgeberverbands, mit der Gewerkschaft verhandelt. So wird eine Zirkulation der Informationen im Arbeitgeberverband verhindert.[843] In dieser Situation besteht kein erhöhtes Missbrauchsrisiko im Verhältnis zur direkten Informationsweitergabe. Eine Neubewertung der Risiken ist in dieser Situation mithin entbehrlich.

842 § 10 Nr. 2 der Satzung des AGV Nordostchemie e.V. abrufbar unter: https://docplayer.org/62069192-Satzung-des-arbeitgeberverbandes-nordostchemie-e-v.html (zuletzt abgerufen am 13.6.2022); § 11 Satzung für den Arbeitgeberverband und Industrieverband Textil Service – Intex e.V. abrufbar unter: https://www.intex-verband.de/fileadmin/intex-verband/Documents/Satzung_intex_22.08.19.pdf (zuletzt abgerufen am 15.12.2022).

843 Siehe zur Verschwiegenheitspflicht der beteiligten Verbandsvertreter: Kapitel 4 0.

### *bb. Rückschlüsse für die Ermessensentscheidung des Vorstands*

Der Vorstand hat das mit der Einbeziehung der Verbandsebene verbundene Missbrauchsrisiko in seiner Entscheidungsfindung angemessen zu berücksichtigen. Hierzu gehört insbesondere auch die Zuverlässigkeit des Empfängers. Zwar handelt es sich – wie auch bei der Gewerkschaft – beim Arbeitgeberverband nicht um einen selbständigen wirtschaftlichen Akteur am Markt. Allerdings sind die im Arbeitgeberverband organisierten Unternehmen wirtschaftliche Akteure. Ist der Arbeitgeberverband nach dem Branchenprinzip organisiert, sind die mitorganisierten Unternehmen vielfach potentielle oder aktuelle Wettbewerber des notleidenden Unternehmens. Daraus folgt zwar keine absolute Unzulässigkeit der Informationsweitergabe, allerdings hat der Vorstand des notleidenden Unternehmens diesen Umstand bei Ausgestaltung des konkreten Informationsoffenlegungsprozesses zu berücksichtigen.[844]

Bei Bestimmung der Geheimhaltungsinteressen tritt verschärfend hinzu, dass eine erhebliche Nähe zu den Risiken einer Due Diligence bei Scheitern der Verhandlungen besteht: Im Falle des Scheiterns einer Transaktion erhält der potentielle Erwerber im Rahmen der Due Diligence tiefe Einblick in das Unternehmen. Indes bleiben beide Beteiligten nach dem Scheitern der Verhandlungen als eigenständige Akteure auf dem Markt bestehen. Daraus resultiert für das offenlegende Unternehmen die Gefahr, dass der potentielle Erwerber die erlangten Informationen im Wettbewerb nutzt und sich so erhebliche Vorteile verschafft.[845] Auch bei der Weitergabe an den Verband besteht ein ähnlich ausgeprägtes Missbrauchsrisiko hinsichtlich der offengelegten Informationen. Die Vertreter der mitorganisierten Arbeitgeber können – in den für die Tarifverhandlung wesentlichen Unternehmensbereichen – ebenso tiefe Einblicke in den Geschäftsbetrieb erhalten, wie der Erwerbsinteressent im Rahmen einer Due Diligence. Analog zur Situation einer gescheiterten Unternehmenstransaktion bleiben die mitorganisierten Arbeitgeber als selbstständige Unternehmen auf dem Markt bestehen. Sie können ihr künftiges Marktverhalten anhand der gewonnenen Einblicke ausrichten und so die Wettbewerbsposition des notleidenden Unternehmens weiter schwächen.

---

844 Auch im Rahmen einer Due Diligence ist eine Informationsweitergabe an potentielle oder aktuelle Wettbewerber mit der gesellschaftsrechtlichen Verschwiegenheitspflicht des Vorstands vereinbar; *Liekefett*, Due Diligence bei M&A Transaktionen, S. 132 f.; *Geyrhalter/Zirngibl* in Jesch/Striegel/Boxberger, § 10 Rn. 30.

845 *Wilhelmi* in BeckOGK, § 453 BGB Rn. 394.

Darüber hinaus ist auch der Kreis der Informationsempfänger im Verhältnis zur Due Diligence deutlich größer. Während im Rahmen von M&A Transaktionen die Weitergabe besonders sensibler Informationen nur gegen Ende der Verhandlungsphase gegenüber einer kleinen Zahl von Empfangsberechtigten zulässig ist, ist bei den Tarifverhandlungen der Empfängerkreis der Informationen vergleichsweise hoch. Die Involvierung des Arbeitgeberverbands bedingt, dass die Informationen an die Vertreter beider Verhandlungskommissionen weitergegeben werden müssen. Allein aus der quantitativen Erhöhung des Empfängerkreises steigt das Indiskretions- und Missbrauchsrisiko.

#### *cc. Risikobegrenzungsmaßnahmen*

Dem folgend ist das Offenlegungsinteresse des notleidenden Unternehmens ungebrochen hoch, während die Geheimhaltungsinteressen stärker ausgeprägt sind. Aufgrund der Neubewertung der gesellschaftlichen Geheimhaltungsinteressen muss für die Entscheidung des Vorstands bei Weitergabe an den Arbeitgeberverband ein restriktiverer Maßstab gelten, als bei der direkten Informationsoffenlegung gegenüber der Gewerkschaft.

Als weitergehende Risikobegrenzungsmaßnahme kommt insbesondere die Aggregation von Daten bzw. die Schwärzung sensibler Passagen in Dokumenten in Betracht. Sind diese hochsensiblen Daten für die Verhandlung erforderlich, kann das gesteigerte Missbrauchsrisiko einer direkten Weitergabe von Informationen an den Arbeitgeberverband entgegenstehen und die Einschaltung unabhängiger Dritter erforderlich machen.[846]

Dem Arbeitgeberverband und der Gewerkschaft kann dann ein gekürzter Due DiligenceReport mit den Prüfungsergebnissen zur Verfügung gestellt werden, den sie zur Grundlage ihrer Verhandlungen machen müssen. Diese Gestaltung hat den Nachteil, dass sie das Informationsbedürfnis der Gewerkschaft nicht vollständig befriedigen kann und somit gewisse Unsicherheiten verbleiben. Dies wird die Gewerkschaft regelmäßig im Rahmen der Verhandlung mit einem Unsicherheitsabschlag bei den Sanierungsopfern bestrafen.[847]

---

846 Auch dies zeigt ein Seitenblick auf die Due Diligence: Wenn schon die Offenlegung besonders sensibler Informationen gegenüber einem einzelnen potentiellen oder aktuellen Wettbewerber die Einschaltung eines unabhängigen Dritten erforderlich machen kann, dann kann bei der Offenlegung gegenüber einer mit aktuellen oder potentiellen Wettbewerbern besetzten Verhandlungskommission nichts anderes gelten. So etwa für die Due Diligence: *Rieckers* in Beck'sches M&A-Handbuch, § 23 Rn. 99; *Meurer* in Beck'sches M&A-Handbuch, § 9 Rn. 26; *Hemeling*, ZHR 2001, 274 (282).

847 Siehe etwa zur Due Diligence: *Stoffels*, ZHR 165 (2001), 362 (373).

Eine andere – weniger einschneidende – Möglichkeit kann der Einsatz von sog. Clean Team Strukturen darstellen. Diese werden häufig bei M&A Transaktionen zwischen Wettbewerbern implementiert, um kartellrechtliche Risiken der Due Diligence zu minimieren.[848] Im Transaktionskontext besteht ein Clean Team aus Mitarbeitern des Erwerbsinteressenten, die nicht im operativen Geschäft des Erwerbsinteressenten tätig sind, bzw. ihre Tätigkeit im operativen Geschäft ruhen lassen und ausschließlich mit der Durchführung der Due Diligence befasst sind.[849] Die Mitglieder des Clean Teams werden vertraglich einer besonders strengen Pflicht zur Wahrung der Vertraulichkeit unterworfen.[850] Die erlangten Informationen über die Zielgesellschaft dürfen nicht im Detail an die operativen Abteilungen der Unternehmen weitergegeben werden, sondern nur in aggregierter Form.[851] Eine Übertragung dieses Konzeptes auf die Tarifverhandlung erscheint dabei durchaus möglich: Hier kann etwa die Verhandlungskommission so zusammengesetzt werden, dass die Mitglieder nicht im operativen Bereich potentieller oder aktueller Wettbewerber tätig sind. Als weitere Gestaltung kommt die Bevollmächtigung des notleidenden Unternehmens und eines hauptamtlich beschäftigten Vertreters in Betracht. In jedem Fall bietet sich der Abschluss einer gesonderten – ggf. vertragsstrafebewehrten – Vertraulichkeitsvereinbarung für die Mitglieder der Verhandlungskommission an. Auf diesem Weg kann das Missbrauchsrisiko der weitergebebenen Information erheblich verringert werden.[852]

#### *dd. Zwischenergebnis*

Bei der Informationsweitergabe an die Verhandlungskommission des Arbeitgeberverbands kann ein erhöhtes Missbrauchsrisiko bestehen, soweit in den Verhandlungsprozess Vertreter der mitorganisierten Unternehmen einbezogen werden. Dies ergibt sich aus den strukturellen Schwächen des unternehmensbezogenen Verbandstarifvertrags in der Sanierungssituation. Demnach muss den

---

848 Zur Funktion des Clean Teams als wettbewerbsrechtlicher Filter in der Due Diligence: Kapitel 3 0.

849 *Wittig*, ZGR 2020, 525 (530); *Bauer/Wenzel*, ZGR 2020 502 (514); *Brinker/Benedikt-Buckenleib* in Jesch/Striegel/Boxberger, § 23 Rn. 441 ff.; *Besen/Gronemeyer*, CCZ 2009, 67 (70).

850 *Brinker/Benedikt-Buckenleib* in Jesch/Striegel/Boxberger, § 23 Rn. 446; *Besen/Gronemeyer*, CCZ 2009, 67 (70).

851 *Wittig*, ZGR 2020, 525 (530); *Brinker/Benedikt-Buckenleib* in Jesch/Striegel/Boxberger, § 23 Rn. 447.

852 So zur Due Diligence: *Körber*, NZG 2002, 263 (271); *Müller*, NJW 2000, 3452 (3455).

gesteigerten Geheimhaltungsinteressen der Gesellschaft bei der verfahrensmäßigen Ausgestaltung des Offenlegungsprozesses Rechnung getragen werden. Kann durch die Implementierung von Risikobegrenzungsmechanismen das Geheimhaltungsinteresse der Gesellschaft befriedigt werden, ist im Ergebnis auch die Informationsoffenlegung gegenüber der Verhandlungskommission des Arbeitgeberverbands in Bezug auf die gesellschaftsrechtliche Verschwiegenheitspflicht des Vorstands als zulässig einzuordnen.

### 2. *Kartellrechtliche Grenzen: Informationsübermittlung innerhalb des Arbeitgeberverbands als Verstoß gegen § 1 GWB / Art. 101 AEUV?*

Weiterhin bestehen Bedenken hinsichtlich der Vereinbarkeit der Informationsoffenlegung gegenüber der Verhandlungskommission des Arbeitgeberverbands mit den wettbewerbsrechtlichen Vorschriften. Dies resultiert aus der Gefahr, dass die dort vertretenen organisierten potentiellen und aktuellen Wettbewerber des notleidenden Unternehmens ihr künftiges Marktverhalten anhand der offengelegten Informationen abstimmen können. Im Folgenden werden zunächst die wettbewerbsrechtlichen Grundsätze dargestellt. Anschließend erfolgt eine Betrachtung der wettbewerbsrechtlichen Bewertung des Informationsflusses im Rahmen einer Due Diligence. In einem letzten Schritt wird dann überprüft, welche Rückschlüsse daraus für die Informationsweitergabe an den Arbeitgeberverband zwecks Verhandlung eines unternehmensbezogenen Verbandssanierungstarifvertrags gezogen werden können.

#### a. *Offenlegung der Unternehmensinformation als „abgestimmte Verhaltensweise“*

##### aa. *Verbotene Verhaltensweisen*

Art. 101 Abs. 1 AEUV und der inhaltsgleich ausgestaltete § 1 GWB verbieten neben Vereinbarungen zwischen Unternehmen und Beschlüssen von Unternehmensvereinigungen die eine Verhinderung, Einschränkung oder Verfälschung des Wettbewerbs bezwecken oder bewirken, auch jegliche sonstigen aufeinander abgestimmten Verhaltensweisen. Seit der 7. GWB Novelle – mit der der Gesetzgeber das europäische und deutsche Kartellrecht harmonisieren wollte – sind beide Regelungen identisch auszulegen.[853] Aus diesem Grund beschränkt sich die folgende Darstellung vorrangig auf die primärrechtliche Ebene des Art. 101

853 BT-Drs. 15/3460, S. 21; *Serr*, Privative Tariftreue, S. 86; *Ackermann* in ZAAR Schriftenreihe Band 16, S. 22 f.

AEUV, dessen Auslegung – aufgrund der gesetzgeberisch gewollten Angleichung des GWB – mittelbar auch für das nationale Recht maßgebend ist.

Eine Vereinbarung im Sinne von Art. 101 Abs. 1 AEUV setzt nach ständiger Rechtsprechung des EuGH eine Willensübereinkunft über das zukünftige Marktverhalten voraus.[854] Eine aufeinander abgestimmte Verhaltensweise liegt nach der Rechtsprechung des EuGH bereits bei jeder Koordinierung zwischen Unternehmen, die zwar noch nicht bis zum Abschluss eines „Vertrags" im eigentlichen Sinn gediehen ist, jedoch bewusst eine praktische Zusammenarbeit an die Stelle des mit Risiken verbundenen Wettbewerbs treten lässt, vor.[855] Der Tatbestand der abgestimmten Verhaltensweise ist offen formuliert und stellt einen Auffangtatbestand dar.[856]

Diesen Auffangtatbestand legt der EuGH in seiner Rechtsprechung denkbar weit aus: Die Voraussetzungen einer aufeinander abgestimmten Verhaltensweise sind nach der Rechtsprechung bereits dann erfüllt, wenn es zu einer unmittelbaren oder mittelbaren Fühlungnahme zwischen Unternehmen kommt, die bezweckt oder bewirkt, das Marktverhalten eines Wettbewerbers zu beeinflussen oder ihn über das eigene beabsichtigte Marktverhalten in Kenntnis zu setzen.[857] Den Grund für dieses weite Verständnis stellt das Selbstständigkeitspostulat als Kern des Wettbewerbsschutzes dar.[858] Dem Selbstständigkeitspostulat liegt die Prämisse zugrunde, dass der Wettbewerb nur dann funktionsfähig ist, wenn eine dezentrale Entscheidungsautonomie der Marktteilnehmer gegeben ist.[859] Das

---

854 EuGH v. 6.1.2004 – Rs. C-2/01 P und C-3/01 P, BB 2004, 286 (288 f.); EuGH v. 13.7.2006 – Rs. C-74/04 P, Slg. 2006, I-6602 Rn. 37; *Zimmer* in Immenga/Mestmäcker, Art. 101 Abs. 1 AEUV Rn. 68; *Polley/Kuhn*, CFL 2012, 117 (118); *Besen/Gronemeyer*, CCZ 2013, 137 (138).

855 EuGH v. 16.12.1975 – Rs. 40/73 u.a. (Suiker Unie), NJW 1976, 470 (471); EuGH v. 4.6.2009 – Rs. C-8/08 (T-Mobile Netherlands BV), EuZW 2009, 505 (506); ABl. (2011) C-11/12 Rn. 62.

856 *Stockenhuber* in Grabitz/Hilf/Nettesheim, Art. 101 AEUV Rn. 106; *Polley/Kuhn*, CFL 2012, 117 (118).

857 EuGH v. 28.5.1998 – Rs. C-7/95 (John Deere), Slg. 1998 I-3111 Rn. 87; *Besen/Gronemeyer*, CCZ 2013, 137 (138); *Stockenhuber* in Grabitz/Hilf/Nettesheim, Art. 101 AEUV Rn. 106.

858 EuGH v. 4.6.2009 – Rs. C-8/08 (T-Mobile Netherlands BV), EuZW 2009, 505 (506); *Polley/Kuhn*, CFL 2012, 117 (118); *Brinker/Benedikt-Buckenleib* in Jesch/Striegel/Boxberger, § 23 Rn. 408, *Rahlmeyer* in Frankfurter Kommentar, Art. 101 AEUV, 6. Informationsaustausch zwischen Wettbewerbern, Rn. 10; *Stockenhuber* in Grabitz/Hilf/Nettesheim, Art. 101 AEUV Rn. 106.

859 *Ellger* in Immenga/Mestmäcker, Art. 101 AEUV Rn. 6.

Selbstständigkeitspostulat setzt insbesondere Unsicherheit über das Verhalten der anderen Wettbewerber im Markt, mithin den Geheimwettbewerb voraus.[860]

### *bb. Informationsoffenlegung als partielle Aufhebung des Geheimwettbewerbs*

Es stellt sich die Frage, wie die einseitige Offenlegung von Informationen vor diesem Hintergrund einzuordnen ist. Kann darin bereits eine kartellrechtlich bedenkliche Verhaltensweise liegen?

#### *(1) Abgestimmte Verhaltensweise*

Während durch die einseitige Offenlegung von Informationen keine Willensübereinstimmung der Beteiligten bezüglich ihres zukünftigen Marktverhaltens zum Ausdruck gebracht wird, kann die Weitergabe von Informationen vom Auffangtatbestand der „abgestimmten Verhaltensweise" erfasst werden.[861]

Nach der Rechtsprechung des EuGH und den Horizontalleitlinien der Kommission kann ein Informationsaustausch zwischen Wettbewerbern unter das Kartellverbot fallen, wenn er den Grad der Ungewissheit über das Marktgeschehen verringert oder beseitigt und dadurch zu einer Beschränkung des Wettbewerbs zwischen den Unternehmen führt.[862] Aus der Alternativformulierung der Formel des EuGH *„bezweckt oder bewirkt"* wird deutlich, dass die Absicht eine Wettbewerbsbeeinträchtigung hervorzurufen keine notwendige Voraussetzung für die Annahme einer abgestimmten Verhaltensweise ist.[863]

Das Vorliegen einer abgestimmten Verhaltensweise setzt immer das Tätigwerden von mindestens zwei Wettbewerbern voraus.[864] Dies macht eine Abgrenzung zur kartellrechtlich nicht erfassten einseitigen Maßnahme erforderlich. Bei einseitigen Maßnahmen handelt es sich um ein kartellrechtlich zulässiges Parallelverhalten, bei dem mehrere Marktteilnehmer ohne Fühlungnahme

---

860 *Wittig*, ZGR 2020, 525 (526); *Besen/Gronemeyer*, CCZ 2013, 137 (138); *Andritzky* NZA 2009, 990 (991).

861 *Besen/Gronemeyer*, CCZ 2013, 137 (138); *Polley/Kuhn*, CFL 2012, 117 (119); a.A. *Rahlmeyer* in Frankfurter Kommentar, Art. 101 AEUV, 6. Informationsaustausch zwischen Wettbewerbern, Rn. 10, der darin eine Vereinbarung sehen.

862 ABl. (2011) C-11/12 Rn. 61; EuGH v. 4.6.2009 – Rs. C-8/08 (T-Mobile Netherlands BV), EuZW 2009, 505 (507).

863 EuGH v. 4.6.2009 – Rs. C-8/08 (T-Mobile Netherlands BV), EuZW 2009, 505 (506).

864 *Rahlmeyer* in Frankfurter Kommentar Art. 101, Teil 6 Informationsaustausch zwischen Wettbewerbern Rn. 13.

gleichförmig agieren.[865] Allerdings kann allein aus dem Umstand einer einseitigen Informationsoffenlegung nicht gefolgert werden, dass es sich dabei um eine kartellrechtlich unbedenkliche einseitige Maßnahme handelt.[866] Im Kontext des Informationsaustauschs genügt nach den Horizontalleitlinien der Kommission für die Annahme einer abgestimmten Verhaltensweise zwischen Wettbewerbern vielmehr, dass ein Wettbewerber Informationen offenlegt und die anderen Wettbewerber dies akzeptieren.[867]

### *(2) Bezweckte oder bewirkte Wettbewerbsbeschränkung*

Weiterhin setzt Art. 101 Abs. 1 AEUV voraus, dass mit der abgestimmten Verhaltensweise eine Wettbewerbsbeschränkung bezweckt oder bewirkt wird.

### *(a) Bezweckte Wettbewerbsbeschränkung*

Eine bezweckte Wettbewerbsbeschränkung im Rahmen von Informationsaustauschprozessen ist nach der *T-Mobile Netherlands BV* Entscheidung des EuGH bereits dann anzunehmen, wenn der Informationsaustausch zwischen Wettbewerbern aufgrund seines Inhalts oder Zwecks dazu geeignet ist, zu einer Einschränkung oder Verfälschung des gemeinsamen Markts zu führen.[868] Dabei ist die Offenlegung von wettbewerbsrelevanten Informationen grundsätzlich dazu geeignet, eine praktische Zusammenarbeit und gegenseitige Beeinflussung der Wettbewerber zu verursachen oder zu fördern.[869] Die Gefährdung des Wettbewerbs resultiert insbesondere daraus, dass durch die Informationspreisgabe die Erwartungen der beteiligten Wettbewerber an die Entwicklung des Marktes angeglichen werden können. Folglich kann die Informationsweitergabe zu einer Angleichung des Marktverhaltens führen, ohne dass die Koordinierung ausdrücklich vereinbart werden müsste.[870]

---

865 *Polley/Kuhn*, CFL 2012, 117 (118).

866 *Rudowicz*, Gun-Jumping Verstöße gegen Art. 7 FKVO und Art. 101 AEUV durch den vorzeitigten Vollzug anmeldepflichtiger Zusammenschlüsse, S. 277.

867 So ABl. (2011) C-11/12 Rn. 62; *Wittig*, ZGR 2020, 525 (527); *Rudowicz*, Gun-Jumping Verstöße gegen Art. 7 FKVO und Art. 101 AEUV durch den vorzeitigten Vollzug anmeldepflichtiger Zusammenschlüsse, S. 277.

868 EuGH v. 4.6.2009 – Rs. C-8/08 (T-Mobile Netherlands BV), EuZW 2009, 505 (507).

869 So ausdrücklich für die Due Diligence: *Liese/Theusinger* in Hauschka/Moosmayer/Lösler, § 27 Rn. 42; zweifelnd: *Schubert*, ZWeR 2013, 54 (58).

870 So überzeugend: *Besen/Gronemeyer*, CCZ 2013, 137 (140).

In inhaltlicher Hinsicht wird insbesondere ein Austausch von strategischen Daten über individuelle Absichten eines Unternehmens bezüglich seines zukünftigen Preis- oder Mengenverhaltens in den Horizontalleitlinien der Kommission kritisch beurteilt.[871] Dem liegt die Prämisse zugrunde, dass ein Informationsaustausch über zukünftige Absichten mit höherer Wahrscheinlichkeit bereits eine bezweckte Wettbewerbsbeschränkung darstellt, als der Austausch vergangenheitsbezogener Informationen.[872] Diese strategischen Daten können Aufschluss über das künftige Marktverhalten des Unternehmens geben. Die Kenntnis des zukünftigen Marktverhaltens kann sich wettbewerbsbeschränkend auswirken, da sie die Entscheidungsfreiheit der Wettbewerber einschränkt, indem sie den Geheimwettbewerb partiell aufhebt und so das Selbstständigkeitspostulat beeinträchtigt.[873] Die Kommission geht davon aus, dass es sich in diesem speziellen Fall um eine bezweckte Wettbewerbsbeschränkung handelt und regelmäßig ein Verstoß gegen das Kartellverbot vorliegt.[874] Bei bezweckten Wettbewerbsbeschränkungen ist eine tatsächliche negative Auswirkung der Verhaltensweise auf den Wettbewerb nicht erforderlich.[875] Insoweit verzichtet die europäische Rechtsprechung auf den tatsächlichen Nachweis der Berücksichtigung der Informationen für das Marktverhalten. Vielmehr wird diese Berücksichtigung der Informationen durch den Informationsempfänger vermutet.[876] Das kartellrechtliche Verbot bezweckter Wettbewerbsbeschränkungen stellt einen abstrakten Gefährdungstatbestand dar.[877] Demnach kann bereits die einseitige Offenbarung von strategischen Daten über das zukünftige Preis- und Mengenverhalten eines Unternehmens gegenüber einem oder mehreren Wettbewerbern als

---

871 ABl. (2011) C-11/12 Rn. 73 f.; *Besen/Gronemeyer*, CCZ 2013, 137 (140).

872 ABl. (2011) C-11/12 Rn. 73 f.; *Brinker/Benedikt-Buckenleib* in Jesch/Striegel/Boxberger, § 23 Rn. 412 ff.

873 ABl. (2011) C-11/12 Rn. 90; *Polley/Kuhn*, CFL 2012, 117 (123); *Rudowicz*, Gun-Jumping Verstöße gegen Art. 7 FKVO und Art. 101 AEUV durch den vorzeitigten Vollzug anmeldepflichtiger Zusammenschlüsse, S. 300.

874 ABl. (2011) C-11/12 Rn. 73.

875 ABl. (2011) C-11/12 Rn. 77; EuGH v. 4.6.2009 – Rs. C-8/08 (T-Mobile Netherlands BV), EuZW 2009, 505 (507); *Brinker/Benedikt-Buckenleib* in Jesch/Striegel/Boxberger, § 23 Rn. 412; *Besen/Gronemeyer*, CCZ 2013, 137 (140).

876 EuG v. 24.10.1991 – T-1/89 (Rhône-Poulenc), Slg. 1991, II-867 Rn. 123; *Stockenhuber* in FS Aicher, 745 (751); *Stockenhuber* in Grabitz/Hilf/Nettesheim, Art. 101 AEUV Rn. 113.

877 *Mohr* in MüKo WettbR, Grundlagen Rn. 1285; *Bourazeri*, Tarifautonomie und Wirtschaftskrise, S. 329.

abgestimmte Verhaltensweise, die eine Wettbewerbsbeschränkung bezweckt, eingeordnet werden.

### *(b) Bewirkte Wettbewerbsbeschränkung*

Neben dem Austausch über das künftige Preis- und Mengenverhalten können auch andere Informationen wettbewerbsbeschränkende Auswirkungen haben. Voraussetzung ist, dass es infolge des Informationsaustauschs zu spürbaren negativen Auswirkungen auf mindestens einen Wettbewerbsparameter kommen wird. Dazu zählen Preis, Produktionsmenge, Produktqualität, Produktvielfalt oder Innovation.[878] Maßgebliche Faktoren dafür sind einerseits die wirtschaftlichen Bedingungen auf den relevanten Märkten und andererseits die konkrete Beschaffenheit der ausgetauschten Informationen.

#### *(aa) Marktbezogene Kriterien*

Ob die einseitige Informationsoffenlegung zu einer Wettbewerbsbeschränkung führen kann, hängt unter anderem von den Strukturen auf dem betroffenen Markt ab.[879] Hinreichende Transparenz, hohe Konzentration und fehlende Komplexität sowie Stabilität und Symmetrie der relevanten Märkte sind Faktoren, die eine Wettbewerbsbeschränkung begünstigen können.[880] Diese Markbedingungen führen dazu, dass bei einem Informationsaustausch auf diesem Markt die beteiligten Unternehmen einfacher Rückschlüsse über das zukünftige Verhalten der Unternehmen ziehen können.[881]

#### *(bb) Informationsbezogene Merkmale*

Neben dem spezifischen Markt ist hinsichtlich der wettbewerbsbeschränkenden Wirkung auch die konkrete Beschaffenheit der Information maßgeblich. Handelt es sich um Daten, die die strategische Ungewissheit auf dem Markt verringern, fällt dies wahrscheinlich eher unter den Art. 101 Abs. 1 AEUV als der Austausch anderer Datenarten.[882] Ob die Daten geeignet sind, die Strategie der Wettbewerber zu beeinträchtigen, hängt von Aggregation, Alter, dem

---

878 ABl. (2011) C-11/12 Rn. 75.

879 So allgemein zur bewirkten Wettbewerbsbeschränkung: *Polley/Kuhn*, CFL 2012, 117 (122).

880 *Brinker/Benedikt-Buckenleib* in Jesch/Striegel/Boxberger, § 23 Rn. 416.

881 *Besen/Gronemeyer*, CCZ 2013, 137 (140).

882 ABl. (2011) C-11/12 Rn. 86; *Polley/Kuhn*, CFL 2012, 117 (122).

Marktkontext und der Häufigkeit des Austauschs ab.[883] Indes stehen auch diese Parameter in gegenseitiger Abhängigkeit. So hängt die erforderliche Häufigkeit des Informationsaustausches von Art, Alter und Aggregation der Daten ab.[884] In der Entscheidung *T-Mobile Netherlands BV* stellte der EuGH klar, dass für die Annahme einer abgestimmten Verhaltensweise bereits ein einmaliger Informationsaustausch ausreiche.[885]

*(cc) Marktanteile*

Überdies spielen auch die Marktanteile der beteiligten Unternehmen eine maßgebende Rolle. Eine Marktpräsenz der beteiligten Wettbewerber von unter 10 % ist, soweit es sich nicht um eine beabsichtigte Wettbewerbsbeschränkung handelt, in aller Regel unbedenklich, da daraus keine Wettbewerbsbeschränkung resultieren kann.[886]

*cc. Zwischenergebnis*

Die einseitige Informationspreisgabe eines notleidenden Unternehmens gegenüber seinem Arbeitgeberverband ist folglich aus kartellrechtlicher Sicht bedenklich, soweit Vertreter von mitorganisierten potentiellen oder aktuellen Wettbewerbern in den Verhandlungsprozess involviert sind. Wie dargestellt, reicht für die Annahme einer abgestimmten Verhaltensweise im Sinne von Art. 101 Abs. 1 AEUV bereits die einseitige Offenlegung marktsensibler Daten.

Die Situation bei der einseitigen Informationspreisgabe an den Arbeitgeberverband ist hinsichtlich der Beschaffenheit der weitergegebenen Informationen mit der transaktionsbezogenen Due Diligence vergleichbar.[887] Auch hier legt die Zielgesellschaft einem, oder im Fall eines Bieterverfahrens, mehreren Unternehmen gegenüber Unternehmensinformationen offen. Handelt es sich dabei um einen potentiellen oder aktuellen Wettbewerber konfligiert das Informationsbedürfnis des Erwerbsinteressenten mit den wettbewerbsrechtlichen Schranken für den Informationsaustausch.[888] Eine Ausnahme von den oben genannten Grundsätzen existiert nicht, sodass sich der Informationsfluss im Rahmen einer

---

883 ABl. (2011) C-11/12 Rn. 86.

884 ABl. (2011) C-11/12 Rn. 91.

885 EuGH 4.6.2009 – Rs. C-8/08 (T-Mobile Netherlands BV), EuZW 2009, 505 (510).

886 ABl. (2001) C-368/13 Rn. 7a; *Besen/Gronemeyer*, CCZ 2013, 137 (140); *Schubert*, ZWeR 2013, 54 (62).

887 Ausführlich hierzu: Kapitel 1 0.

888 *Stockenhuber* in FS Aicher, 745 (750).

Due Diligence innerhalb der oben aufgezeigten Grenzen bewegen muss.[889] Eine Analyse der kartellrechtlichen Fallstricke in dieser Situation bietet die Möglichkeit, Rückschlüsse auf die kartellrechtliche Beurteilung der Preisgabe von Informationen an den Arbeitgeberverband zu ziehen.

### b. *Informationsaustausch im Transaktionskontext als vergleichbare Situation*

#### aa. *Offenlegung wettbewerbsrechtlich sensibler Informationen?*

Im Verlauf einer Due Diligence erhält der potentielle Erwerber vielfach neben Geschäftsgeheimnissen auch Einblick in wettbewerblich sensible Informationen.[890] Insoweit ist eine hohe Schnittmenge festzustellen. Regelmäßig werden wettbewerblich sensible Informationen Geschäftsgeheimnisse im Sinne von § 2 Nr. 1 GeschGehG darstellen. Diese Offenlegung der Informationen ist für die Kaufentscheidung des Erwerbers und für die Bestimmung des Kaufpreises unabdingbar.[891] Für den Fall, in dem der Erwerbsinteressent kein institutioneller Finanzinvestor, sondern ein potentieller oder aktueller Wettbewerber ist, werden intensive Einblicke in die strategischen Daten des Zielunternehmens nötig sein, um das Potential möglicher Synergieeffekte bewerten zu können.[892] Insbesondere die Offenlegung aktueller Kennzahlen und Verträge, sowie der Unternehmensplanung für die Zukunft inklusive Wachstumsprognosen erscheint vor dem Hintergrund der Wertermittlungsfunktion der Due Diligence vielfach geboten.[893]

---

889 *Brinker/Benedikt-Buckenleib* in Jesch/Striegel/Boxberger, § 23 Rn. 421; *Bischke/Röhrig* in Beck'sches M&A Hdb, § 35 Rn. 66; *Lochen*, CCZ 2018, 234 (235).

890 *Baron/Trebing*, BB 2016, 131; *Polley/Kuhn*, CFL 2012, 117 (125); *Brinker/Benedikt-Buckenleib* in Jesch/Striegel/Boxberger, § 23 Rn. 407; *Stockenhuber* in FS Aicher, 745 (751 f.); beispielhafte Aufzählung bei: *Bischke/Röhrig* in Beck'sches M&A Hdb, § 35 Rn. 69; *Besen/Gronemeyer*, CCZ 2009, 67 (69).

891 *Rudowicz*, Gun-Jumping Verstöße gegen Art. 7 FKVO und Art. 101 AEUV durch den vorzeitigten Vollzug anmeldepflichtiger Zusammenschlüsse, S. 303; *Gran*, NJW 2008, 1409 (1410).

892 *Rudowicz*, Gun-Jumping Verstöße gegen Art. 7 FKVO und Art. 101 AEUV durch den vorzeitigten Vollzug anmeldepflichtiger Zusammenschlüsse, S. 295; *Besen/Gronemeyer*, CCZ 2013, 137 (142); siehe auch die umfangreiche Checkliste der bei einer Financial Due Diligence anzufordernden Informationen: *Störk/Hummitzsch* in Beck'sches Mhdb Due Diligence, § 37 Rn. 5.

893 So auch: *Lochen*, CCZ 2018, 234 (235); *Besen/Gronemeyer*, CCZ 2009, 67 (69).

Allerdings beinhaltet insbesondere der Austausch solcher Informationen die Gefahr, dass Unternehmen die Marktstrategien ihrer Wettbewerber verstehen und sich deren erwartetem Verhalten anpassen könnten, falls die Transaktion scheitert.[894] Die offengelegten Informationen weisen regelmäßig einen unmittelbaren strategischen Bezug auf und betreffen das zukünftige Preis- und Mengenverhalten des Unternehmens. Demnach besteht eine Nähe zu den Fällen, in denen vom EuGH eine bezweckte Wettbewerbsbeschränkung angenommen wird.[895] Indes kann nicht in Abrede gestellt werden, dass die Preisgabe sensibler Informationen für den ungestörten Transaktionsablauf unerlässlich ist. Daraus resultiert ein Konflikt zwischen den wettbewerbsrechtlichen Schranken einerseits und der faktischen Notwendigkeit der Due Diligence für die Durchführung der Transaktion andererseits.[896]

Es stellt sich die Frage, wie dieser Zielkonflikt zwischen wettbewerbsrechtlichen Schranken und dem legitimen Informationsbedürfnis des potentiellen Erwerbers aufgelöst werden kann. Insoweit kommt eine Lösung über die sog. Nebenabrededoktrin oder auch Immanenztheorie in Betracht.[897]

### *bb. Teleologische Reduktion des Kartellverbots / Nebenabrededoktrin*

Der Nebenabredendoktrin oder auch Immanenztheorie liegt der Gedanke zugrunde, dass kartellrechtliche Verstöße von Nebenabreden unbeachtlich sind, wenn die Hauptabrede der Gesamtvereinbarung nicht gegen Art. 101 Abs. 1 AEUV verstößt.[898] Einschränkend muss die Nebenabrede für die Durchführung eines kartellrechtsneutralen Hauptgegenstandes erforderlich und angemessen sein.[899] Die kartellrechtsneutrale Hauptvereinbarung darf ohne die wettbewerbsbeschränkende Nebenabrede nur schwer oder gar nicht durchführbar sein, mit anderen Worten muss die Nebenabrede für die Durchführung der Hauptabrede

---

894 *Stockenhuber* in FS Aicher, 745 (752).

895 *Rudowicz*, Gun-Jumping Verstöße gegen Art. 7 FKVO und Art. 101 AEUV durch den vorzeitigten Vollzug anmeldepflichtiger Zusammenschlüsse, S. 295.

896 *Bischke/Brack*, NZG 2018, 696 (697); *Lochen*, CCZ 2018, 234 (235).

897 *Besen/Gronemeyer*, CCZ 2013, 137 (142); *Schubert*, ZWeR 2013, 54 (58); einen Rückgriff auf die Nebenabrededoktrin als unnötig ablehnend: *Rudowicz*, Gun-Jumping Verstöße gegen Art. 7 FKVO und Art. 101 AEUV durch den vorzeitigten Vollzug anmeldepflichtiger Zusammenschlüsse, S. 316.

898 EuG v. 18.9.2001 – T-112/99 (M6), juris; *Säcker/Zorn* in MüKo WettbR, Art. 101 AEUV Rn. 222; *Grave/Nyberg* in LMRKM, Art. 101 Abs. 1 AEUV Rn. 279 m.z.w.N.

899 EuGH v. 11.7.1985 – Rs. 42/84 (Remia/Nutricia), Slg. 1985, 2566, 2571 ff.; *Besen/Gronemeyer*, CCZ 2013, 137 (142).

funktionsnotwendig sein.[900] Die Voraussetzungen für die Anwendbarkeit der Nebenabredendoktrin auf Unternehmenszusammenschlüsse werden durch die „Bekanntmachung der Kommission über Einschränkungen des Wettbewerbs, die mit der Durchführung von Unternehmenszusammenschlüssen unmittelbar verbunden und für diese notwendig sind" (Nebenabrede-Bekanntmachung)[901] konkretisiert. In dogmatischer Hinsicht stellt die Nebenabredendoktrin nach wohl überwiegender Auffassung eine teleologische Reduktion des tatbestandlichen Verbots wettbewerbsbeschränkender Abreden und Maßnahmen dar.[902]

### *cc. Übertragbarkeit auf Transaktionskontext?*

#### *(1) Anwendbarkeit der Nebenabrededoktrin auf die Due Diligence?*

Auf den ersten Blick ergeben sich Zweifel bzgl. der Anwendbarkeit der Nebenabredendoktrin auf die Due Diligence. Zum einen kann die Informationsweitergabe im Rahmen einer Due Diligence auch an solche Unternehmen erfolgen, die nicht spätere Vertragspartei werden. Dies ist etwa bei der Weitergabe von Informationen im Rahmen eines Bieterverfahrens der Fall. Zudem wurde zum Zeitpunkt der Informationsoffenlegung im Rahmen der Due Diligence die Transaktion als kartellrechtsneutrale Hauptabrede noch nicht abgeschlossen. Es besteht also ein gewisses Risiko, dass die Transaktion scheitert und der Informationsaustausch alleine, ohne eine sie legitimierende Hauptabrede, stehen bleiben könnte.[903] Die gewonnenen Erkenntnisse des Erwerbsinteressenten über das Unternehmen sind dann geeignet, das Selbstständigkeitspostulat zu verletzen, indem sie die Unsicherheiten über zukünftiges Marktverhalten reduzieren.[904] Überdies bestehen dogmatische Bedenken dahingehend, dass der spätere Vertragsschluss einen bereits vollendeten kartellrechtlich zu beanstandenden Sachverhalt rückwirkend legitimieren soll.[905]

Diese Bedenken finden sich auch in der Nebenabreden-Bekanntmachung der Kommission in Rn. 14. Dort heißt, dass: *„im Rahmen stufenweise*

---

900 EuG v. 18.9.2001 – T-112/99 (M6), juris; *Stockenhuber* in Grabitz/Hilf/Nettesheim, Art. 101 AEUV Rn. 151.

901 ABl. (2005) C-56/31.

902 *Säcker/Zorn* in MüKo WettbR, Art. 101 AEUV Rn. 222 mit Nachweisen zum Streitstand.

903 *Besen/Gronemeyer*, CCZ 2013, 137 (141).

904 *Rüppel* in Beck'sches Mhdb Due Diligence, § 18 Rn. 122; *Stockenhuber* in FS Aicher, 745 (751 f.).

905 *Besen/Gronemeyer*, CCZ 2013, 137 (141).

*durchgeführter Zusammenschlüsse, soweit sie sich auf Vorgänge* ***vor*** (Hervorhebung durch den Verfasser) *Begründung des Kontrolltatbestandes im Sinne von Artikel 3 Absätze 1 und 2 der Fusionskontrollverordnung beziehen, normalerweise nicht als mit der Durchführung des Zusammenschlusses unmittelbar verbundene und für diese notwendige Einschränkungen angesehen werden.*“[906]

Überdies bezieht sich die Nebenabrede-Bekanntmachung der Kommission auf gängige Nebenabreden zu einer Unternehmensübernahme wie Lizenzvereinbarungen, Wettbewerbsverbote sowie Bezugs- und Lieferpflichten.[907] Diese als zulässig eingeordneten Nebenabreden prägt die Gemeinsamkeit, dass sie Regelungen für den Zeitraum nach der Durchführung des Unternehmenszusammenschlusses beinhalten.[908]

Indes ergibt sich aus der Wendung „*normalerweise*“ in Rn. 14 der Nebenabrede-Bekanntmachung, dass die Anwendbarkeit der Nebenabrededoktrin nicht von vornherein auf Vereinbarungen, die sich auf Umstände nach Erfüllung des Kontrolltatbestands beziehen, beschränkt ist.[909] Eine Ausnahme bei Unternehmenszusammenschlüssen wird beispielsweise auch für sog. „*ordinary cause of business*“ Klauseln angenommen.[910] Inhalt dieser Klausel ist die Verpflichtung der Zielgesellschaft bis Vollendung des Zusammenschlusses keine wesentlichen Änderungen am Geschäftsbetrieb vorzunehmen.[911] Auch diese Abrede ist für den Vollzug der Unternehmenszusammenführung notwendig und bezieht sich auf einen Zeitpunkt zwischen „*signing*“ (Vertragsschluss) und „*closing*“ (Vollzug) und damit auf einen Zeitraum vor Vollendung des Unternehmenszusammenschlusses. Daraus folgt, dass die Nebenabrededoktrin nicht auf den Zeitraum nach Vollzug des Zusammenschlusses beschränkt ist, sondern grundsätzlich auf den Due Diligence bedingten Informationsfluss im Vorfeld einer Transaktion anwendbar ist, soweit die Voraussetzungen der Nebenabrededoktrin erfüllt sind.[912]

---

906 ABl. (2005) C-56/31 Rn. 14.

907 ABl. (2005) C-56/31.

908 *Stockenhuber* in FS Aicher, 745 (751 f.).

909 *Stockenhuber* in FS Aicher, 745 (751 f.).

910 ABl. (2005) C-56/31 Rn. 14; Kommission v. 2.10.1997 – IV/M.984 Rn. 55 – Dupont/ICI; *Schubert*, ZWeR 2013, 54 (59).

911 *Schubert*, ZWeR 2013, 54 (59).

912 *Stockenhuber* in FS Aicher, 745 (751 f.); *Schubert*, ZWeR 2013, 54 (59).

### (2) *Erfüllt die Due Diligence die Voraussetzungen der Nebenabrededoktrin?*

Insoweit erfüllt die Due Diligence regelmäßig die Voraussetzungen der Nebenabrededoktrin. Die Informationsoffenlegung ist für die Durchführung des Unternehmenskaufs als Hauptabrede funktionsnotwendig. Wie von Rn. 12 der Nebenabrede-Bekanntmachung gefordert, ist der Informationsfluss in wirtschaftlicher Hinsicht mit der Hauptabrede verbunden und dient der Gewährleistung eines reibungslosen Übergangs zur neuen Unternehmensstruktur.[913] Die Due Diligence schafft zum einen die wesentliche Informationsgrundlage, aufgrund derer die Vertragsverhandlungen stattfinden können und eine Unternehmensbewertung zum Zwecke der Kaufpreisfindung ermöglicht wird. Zum anderen bilden die Erkenntnisse aus der Due Diligence regelmäßig die Grundlage für die spätere Integration der übernommenen Gesellschaft.[914]

Des Weiteren ist die Durchführung einer Due Diligence für den Unternehmenskaufvertrag als Hauptabrede auch notwendig.[915] Nach Rn. 13 der Nebenabrede-Bekanntmachung ist für das Vorliegen der Notwendigkeit maßgebend, ob ohne die fragliche Nebenabrede die Hauptabrede entweder gar nicht oder nur unter deutlich ungewisseren Voraussetzungen, zu wesentlich höheren Kosten, über einen spürbar längeren Zeitraum oder mit erheblich geringeren Erfolgsaussichten durchgeführt werden könnte.[916] Wie bereits dargelegt stellt die Nichtdurchführung einer Due Diligence grundsätzlich einen transaktionshemmenden Faktor dar.[917] Vielfach wird ein Erwerbsinteressent – und die finanzierenden Investoren – ohne Durchführung einer Due Diligence nicht zum Abschluss eines Unternehmenskaufs bereit sein, sodass ohne die Möglichkeit einer Due Diligence ein Unternehmenskauf in aller Regel nicht durchgeführt werden kann. Niemand will die sprichwörtliche „Katze im Sack" kaufen.

---

913 ABl. (2005) C-56/31 Rn. 12; *Stockenhuber* in FS Aicher, 745 (751 f.).

914 *Stockenhuber* in FS Aicher, 745 (751 f.).

915 *Stockenhuber* in FS Aicher, 745 (751 f.).

916 ABl. (2005) C-56/31 Rn. 13.

917 *Spindler* in MüKoAktG, § 93 AktG Rn. 154; *Rudowicz*, Gun-Jumping Verstöße gegen Art. 7 FKVO und Art. 101 AEUV durch den vorzeitigten Vollzug anmeldepflichtiger Zusammenschlüsse, S. 295.

### (3) Zwischenergebnis

Dem folgend ist die Nebenabrededoktrin auf die Due Diligence anwendbar. Die Anwendung von Art. 101 Abs. 1 AEUV auf bestimmte wettbewerbsbeschränkende Verhaltensweisen ist im Wege der teleologischen Reduktion abzuwenden, wenn dies unter dem Gesichtspunkt des Wettbewerbsschutzes nicht zu rechtfertigen ist. Ein Austausch der Informationen, die für die Wertermittlung des Unternehmens und damit für die Durchführung der Transaktion unerlässlich und verhältnismäßig sind, muss als notwendige Nebenabrede zulässig sein.[918] Die Durchführung der Due Diligence ist für die Kaufentscheidung des Erwerbers und für die Bestimmung des Kaufpreises unabdingbar und muss folglich in gewissen Grenzen möglich sein.

Dieser Einschätzung hat sich die Kommission in ihrer *Altice* Entscheidung angeschlossen.[919] Die Kommission äußert sich dort erstmalig zum Austausch kartellrechtlich sensibler Informationen im Rahmen einer Due Diligence und führt aus: „*[…] dass der Austausch von geschäftsbezogenen Informationen zwischen einem potenziellen Erwerber und einem Verkäufer bei ordnungsgemäßer Durchführung als normaler Teil des Erwerbsprozesses betrachtet werden könnte, wenn Art und Zweck dieses Austauschs direkt mit der Notwendigkeit des potenziellen Erwerbers zusammenhängen, den Wert des Unternehmens zu ermitteln*“.[920]

### dd. Folgen für die Transaktionspraxis

### (1) Beschränkung der Immanenzausnahme durch das Verhältnismäßigkeitsprinzip

Die Immanenzausnahme für das kartellrechtlich bedenkliche Verhalten ist allerdings nur insoweit zulässig, wie es für die Durchführung der Hauptabrede

---

918 *Stockenhuber* in FS Aicher, 745 (751 f.); *Schubert*, ZWeR 2013, 54 (58); *Polley/Kuhn*, CFL 2012, 117 (125); *Brinker/Benedikt-Buckenleib* in Jesch/Striegel/Boxberger, § 23 Rn. 423; *Körber* in Immenga/Mestmäcker, Art. 7 FKVO Rn. 15; *Ablasser-Neuhuber* in LMRKM, Art. 7 FKVO Rn. 6; *Wessely* in MüKo WettbR, Art. 7 FKVO Rn. 61; *Baron/Trebing*, BB 2016, 131; *Rüppel* in Beck'sches Mhdb Due Diligence, § 18 Rn. 121; für eine großzügige Handhabung auch: *Besen/Gronemeyer*, CCZ 2013, 137 (142).

919 Kommission v. 24.4.2018 – M.7993 Rn. 437 – Altice.

920 Übersetzt aus dem Englischen durch den Verfasser der Originaltext lautet: „[…] *the Commission considers that exchanges of business-related information between a potential acquirer and a vendor could be considered as, if properly conducted, a normal part of the acquisition process, if the nature and purpose of such exchanges are directly related to the potential acquirer's need to assess the value of the business.*“ Kommission v. 24.4.2018 – M.7993 Rn. 437 – Altice.

erforderlich ist und in einem angemessenen Verhältnis zu dieser kartellrechtsneutralen Hauptabrede steht. Der Ausnahmetatbestand wird also durch das Verhältnismäßigkeitsprinzip in mehrfacher Hinsicht begrenzt.[921]

Erforderlich und angemessen ist zunächst nur die Offenlegung solcher Informationen, die eine wesentliche Bedeutung für die Kaufentscheidung der Erwerbsinteressenten haben.[922] Eine Offenlegung über das Maß des Erforderlichen hinaus wird nicht von der Nebenabrededoktrin erfasst. Zudem setzt die Verhältnismäßigkeit dem Informationsaustausch auch in zeitlicher Hinsicht Grenzen. Während am Anfang einer Transaktion häufig ein Bieterverfahren durchgeführt wird und demnach noch eine Vielzahl von Bietern „im Rennen" ist, verringert sich die Zahl der Erwerbsinteressenten mit Fortschritt der Transaktion stetig. Angepasst daran, muss die Informationsweitergabe gestaffelt erfolgen.[923] Je kleiner der Kreis der Informationsempfänger ist, desto eher ist ein Einblick in detaillierte Unternehmensdaten gerechtfertigt. Besonders sensible Informationen dürfen folglich erst gegenüber dem Unternehmen offengelegt werden, welches voraussichtlich in die Vertragsverhandlungen mit dem Zielunternehmen einsteigt.[924] Auch hinsichtlich der verfahrensmäßigen Ausgestaltung des Informationsoffenlegungsprozesses beschränkt das Verhältnismäßigkeitsprinzip die Gestaltungsmöglichkeiten der Parteien. Um wettbewerbsbeeinträchtigende Auswirkungen des Informationsaustauschs zu vermeiden, muss das Weitergabeverfahren so ausgestaltet sein, dass eine möglichst vertrauliche Behandlung dieser Daten gewährleistet wird.[925]

#### *(2) Implementierung kartellrechtlicher Risikobegrenzungsmaßnahmen*

Der Vorstand muss Risikobegrenzungsmechanismen installieren, um die kartellrechtlichen Risiken des Informationsaustauschs abzumildern. Dafür stehen dem Vorstand im Rahmen seines Leitungsermessens verschiedene Instrumente zur Verfügung.

---

921 *Wessely* in MüKo WettbR, Art. 7 FKVO Rn. 81; *Stockenhuber* in FS Aicher, 745 (751 f.).

922 *Stockenhuber* in FS Aicher, 745 (751 f.)

923 *Liese/Theusinger* in Hauschka/Moosmayer/Lösler, § 27 Rn. 44; *Brinker/Benedikt-Buckenleib* in Jesch/Striegel/Boxberger, § 23 Rn. 436; *Wessely* in MüKo WettbR, Art. 7 FKVO Rn. 81; *Hensel/Dörstling*, DStR 2021, 170 (174); *Polley/Kuhn*, CFL 2012, 117 (125).

924 *Wessely* in MüKo WettbR, Art. 7 FKVO Rn. 82.

925 *Wessely* MüKo WettbR, Art. 7 FKVO Rn. 82; Kommission v. 24.4.2018 – M.7993 Rn. 437 – Altice.

Zunächst besteht die Möglichkeit der Datenaggregierung und Anonymisierung, sodass konkrete Rückschlüsse auf das Marktverhalten erschwert werden.[926] Für besonders sensible Informationen kann es erforderlich sein, den Informationszugang zu beschränken oder die Daten vollständig zurückzuhalten. Als besonders sensibel sind Informationen über die Pläne und Strategien des Unternehmens, Angaben zu Lieferanten und Kunden, sonstige Angaben zur Kostenstruktur sowie die Berechnungsgrundlage von Einkaufs- und Verkaufspreisen anzusehen, da hier das zukünftige Verhalten des Unternehmens am Markt betroffen ist.[927]

Um dem Informationsinteresse des Erwerbsinteressenten dennoch Rechnung zu tragen, besteht die Möglichkeit, die Daten gegenüber externen Beratern des Erwerbers oder einem Clean Team zugänglich zu machen.[928] Diese Zwischenschaltung eines Clean Teams bzw. von externen Beratern fungiert als eine Art wettbewerbsrechtlicher Filter zwischen den beteiligten Unternehmen: An den Erwerbsinteressenten werden nur um strategische Daten bereinigte Informationen weitergegeben.[929] So kann die Weitergabe von wettbewerblich sensiblen Informationen verhindert werden. Dies führt dazu, dass bei den operativen Entscheidungen die strategische Ungewissheit über das Marktverhalten des Wettbewerbers weiterbesteht und der Geheimwettbewerb so aufrechterhalten bleibt.[930] Im Ergebnis verhindert diese Gestaltung, dass die Kenntnis der kartellrechtlich sensiblen Informationen dem Erwerbsinteressenten zugerechnet werden kann.[931] Die Europäische Kommission hat zuletzt in ihrer *Altice*-Entscheidung ausdrücklich das Konzept des Clean Teams als mögliche kartellrechtliche Risikobegrenzungsmaßnahme anerkannt.[932]

---

926 *Polley/Kuhn*, CFL 2012, 117 (125); *Hensel/Dörstling*, DStR 2021, 170 (174); *Rudowicz*, Gun-Jumping Verstöße gegen Art. 7 FKVO und Art. 101 AEUV durch den vorzeitigten Vollzug anmeldepflichtiger Zusammenschlüsse, S. 314.

927 *Meuer* in Beck'sches M&A-Hdb, § 9 Rn. 51.

928 *Polley/Kuhn*, CFL 2012, 117 (125); *Rudowicz*, Gun-Jumping Verstöße gegen Art. 7 FKVO und Art. 101 AEUV durch den vorzeitigten Vollzug anmeldepflichtiger Zusammenschlüsse, S. 311 f.

929 *Rudowicz*, Gun-Jumping Verstöße gegen Art. 7 FKVO und Art. 101 AEUV durch den vorzeitigten Vollzug anmeldepflichtiger Zusammenschlüsse, S. 311 f.

930 *Wittig*, ZGR 2020, 525 (531 f.).

931 *Wittig*, ZGR 2020, 525 (532); *Göpfert/Horstkotte/Rottmeier*, ZIP 2015, 1269 (1271).

932 Kommission v. 24.4.2018 – M.7993 Rn. 438 – Altice. Die Kommission kritisierte, dass im streitigen Fall die Parteien ohne Vertraulichkeitsvereinbarungen, oder Clean Team Strukturen an das Management der Gegenseite offengelegt wurden. Dazu: *Bischke/Brack*, NZG 2018, 696; *Wessely* in MüKo WettbR, Art. 7 FKVO Rn. 82.

*ee. Zwischenergebnis*

Auch die einseitige Offenlegung von kartellrechtlich sensiblen Informationen kann demnach als abgestimmte Verhaltensweise unter das Kartellverbot des § 1 GWB bzw. Art. 101 Abs. 1 AEUV fallen. Indes ist die Anwendung von Art. 101 Abs. 1 AEUV auf bestimmte wettbewerbsbeschränkende Verhaltensweisen im Wege der teleologischen Reduktion abzuwenden, wenn dies unter dem Gesichtspunkt des Wettbewerbsschutzes nicht zu rechtfertigen ist. Eine Offenlegung der Informationen, die für die Wertermittlung des Unternehmens – und damit für die Durchführung der Transaktion unerlässlich und verhältnismäßig sind – ist als notwendige Nebenabrede zulässig.[933]

*c. Rückschlüsse für die Situation bei Tarifverhandlungen*

Bevor die Zulässigkeit der Offenbarung von Informationen gegenüber dem Arbeitgeberverband beantwortet werden kann, muss das generelle Verhältnis zwischen Kartellrecht und Tarifvertragsrecht näher beleuchtet werden.

*aa. Verhältnis von Kartellrecht und Tarifvertrag*

Art. 101 AEUV enthält von seinem Wortlaut her keine Ausnahme vom unionalen Kartellverbot für den Arbeitsmarkt.[934] Unternehmen und ihre Vereinigungen sind auch in ihrer Rolle als Nachfrager auf dem Arbeitsmarkt Adressaten des Kartellrechts.[935] Allerdings ist durch Art. 28 GrCh, der nach Art. 6 Abs. 1 EUV ebenfalls europäisches Primärrecht darstellt, das Recht der Arbeitnehmer und Arbeitgeber auf Kollektivverhandlungen und Kollektivregelungen nach den mitgliedsstaatlichen Gepflogenheiten geschützt. Eine Unterwerfung von Tarifverträgen unter das europäische Wettbewerbsrecht steht mit dieser unionalen Gewährleistung, sowie der primärrechtlich vorgesehenen Förderung

---

933 *Stockenhuber* in FS Aicher, 745 (751 f.); *Schubert*, ZWeR 2013, 54 (58); *Polley/Kuhn*, CFL 2012, 117 (125); *Brinker/Benedikt-Buckenleib* in Jesch/Striegel/Boxberger, § 23 Rn. 423; *Körber* in Immenga/Mestmäcker, Art. 7 FKVO Rn. 15; *Ablasser-Neuhuber* in LMRKM, Art. 7 FKVO Rn. 6; *Wessely* MüKo WettbR, Art. 7 FKVO Rn. 61; *Baron/Trebing*, BB 2016, 131; *Rüppel* in Beck'sches Mhdb Due Diligence, § 18 Rn. 121; für eine großzügige Handhabung auch: *Besen/Gronemeyer*, CCZ 2013, 137 (142); Kommission v. 24.4.2018 – M.7993 Rn. 437 – Altice.

934 *Höpfner*, Tarifgeltung im Arbeitsverhältnis, S. 562; *Serr*, Privative Tariftreue; *Mamerow*, BLJ 2019, 25 (26).

935 *Reichold*, in ZAAR Schriftenreihe Band 16, S. 64.

der Sozialpartnerschaft, Art. 151 ff. AEUV in Widerspruch.[936] Dies ergibt sich daraus, dass durch die Kartellierungsfunktion des Tarifvertrags der Wettbewerb zwischen den tarifgebundenen Arbeitgebern eingeschränkt wird.[937] Der Tarifvertrag normiert zwischen den Tarifgebundenen den Mindestinhalt der Arbeits- und Wirtschaftsbedingungen und verhindert insoweit einen Unterbietungswettbewerb unter den Tarifgebundenen auf dem Arbeitsmarkt.[938] Das kollektivarbeitsrechtliche Gegenmachtsmodell, mit dem die überlegene Verhandlungsmacht der Arbeitgeber bekämpft werden soll, steht in einem offenen Widerspruch zum Verbot wettbewerbsbeschränkender Vereinbarungen nach Art. 101 Abs. 1 AEUV.[939] Dieses Verbot schlägt einen anderen Weg ein als das Gegenmachtsmodell und zielt auf einen freien Wettbewerb ab, welcher die Bildung wettbewerbsbeschränkender Marktmacht grundsätzlich verhindern soll.[940]

*(1) Grundlegend: Die Albany Entscheidung des EuGHs*

Mit diesem Konflikt zwischen Kartell- und Tarifrecht hat sich der EuGH in der Entscheidung *Albany* erstmalig beschäftigt.[941] Im Rahmen eines Vorabentscheidungsverfahrens hatte der EuGH die Vereinbarkeit eines kollektivvertraglich begründeten Betriebsrentenfonds sowie der staatlich angeordneten Pflichtmitgliedschaft in diesem Betriebsrentenfond in den Niederlanden mit dem europäischen Wettbewerbsrecht zu klären.

Der EuGH erkannte das Problem, dass mit Tarifverträgen zwangsläufig wettbewerbsbeschränkende Wirkungen verbunden sind. Allerdings geht er davon aus, dass die europäischen sozialpolitischen Ziele ernsthaft gefährdet wären, wenn die Sozialpartner sich bei der gemeinsamen Suche nach Maßnahmen zur Verbesserung der Beschäftigungs- und Arbeitsbedingungen am Kartellverbot des Art. 101 Abs. 1 AEUV messen lassen müssten.[942]

Zur Auflösung dieses Spannungsverhältnisses zweier Ordnungssysteme postulierte der EuGH – unter Berücksichtigung der sozialpolitischen Ziele des EG Vertrags – eine Bereichsausnahme für arbeitsrechtliche Kollektivverträge. Der

---

936 *Höpfner*, Tarifgeltung im Arbeitsverhältnis, S. 562; *Mohr* in MüKo WettbR, Grundlagen Rn. 1263.

937 *Höpfner*, Tarifgeltung im Arbeitsverhältnis, S. 522; *Rieble* in MHdB ArbR, § 221 Rn. 6.

938 *Rieble* in MHdB ArbR, § 221 Rn. 6.

939 *Löwisch/Rieble*, Grundlagen TVG Rn. 46, *Mohr* in MüKo WettbR, Grundlagen Rn. 1256, m.z.w.N.

940 *Rieble* in MHdB ArbR, § 221 Rn. 7; *Höpfner*, Tarifgeltung im Arbeitsverhältnis, S. 539.

941 EuGH v. 21.9.1999 – Rs. C-67/96 (Albany), Rn. 59, juris.

942 EuGH v. 21.9.1999 – Rs. C-67/96 (Albany), Rn. 59, juris.

EuGH formuliert, dass „*die im Rahmen von Tarifverhandlungen zwischen den Sozialpartnern im Hinblick auf diese Ziele geschlossenen Verträge aufgrund ihrer Art und ihres Gegenstands nicht unter Art. 85 Abs. 1 des Vertrages fallen.*“[943] Indes ist hervorzuheben, dass der EuGH keine generelle Bereichsausnahme des Kartellverbots für Tarifverträge geschaffen hat.[944] Diese ist nach Art und Inhalt der Vereinbarung beschränkt.[945]

*(a) Sozialpartnereigenschaft*

Zunächst geht mit der Formulierung „durch den Dialog zwischen den Sozialpartnern zustande gekommen“ eine personelle Einschränkung einher: Die Sozialpartnereigenschaft ist notwendige Voraussetzung für die Bereichsausnahme. Die Eigenschaft der Sozialpartnerschaft ist dabei aufgrund der fehlenden Regelungskompetenz der EU für das Koalitionsrecht nach Art. 153 Abs. 5 AEUV durch eine Rückverweisung auf das nationale Recht zu bestimmen.[946] Die Privilegierung erfasst auch Vereinbarungen mit einzelnen Arbeitgebern.[947]

*(b) Vereinbarung im Rahmen von Tarifverhandlungen*

In formaler Hinsicht muss die Vereinbarung zwischen den Sozialpartnern „im Rahmen von Tarifverhandlungen geschlossen werden“. Daraus folgt, dass einseitige Maßnahmen, sofern sie die übrigen Voraussetzungen von Art. 101 Abs. 1 AEUV erfüllen, am europäischen Wettbewerbsverbot zu messen sind.[948] Indes ist die kartellrechtliche Privilegierung nicht formell auf Tarifverträge i.S.d. TVG beschränkt. Vielmehr erfasst die Regelung alle Vereinbarungen, die in den Schutzbereich von Art. 9 Abs. 3 GG einbezogen sind.[949]

---

943 EuGH v. 21.9.1999 – Rs. C-67/96 (Albany), Rn. 60, juris.

944 *Zimmer* in Immenga/Mestmäcker, Art. 101 Abs. 1 AEUV Rn. 161; *Reichold* in ZAAR Schriftenreihe Band 16, S. 58.

945 *Höpfner*, Tarifgeltung im Arbeitsverhältnis, S. 572.

946 Näher hierzu: *Höpfner*, Tarifgeltung im Arbeitsverhältnis, S. 574; *Bourazeri*, Tarifautonomie und Wirtschaftskrise, S. 323 f.; *Mamerow*, BLJ 2019, 25 (27).

947 *Mohr* in MüKo WettbR, Grundlagen Rn. 1266; *Höpfner*, Tarifgeltung im Arbeitsverhältnis, S. 579; *Löwisch/Rieble*, § 1 TVG Rn. 1096; im Ergebnis auch: *Ackermann* in ZAAR Schriftenreihe Band 16, S. 49; *Latzel/Serr*, EuZW 2014, 410 (412).

948 *Höpfner*, Tarifgeltung im Arbeitsverhältnis, S. 578.

949 *Roth/Ackermann* in Frankfurter Kommentar, § 1 GWB Rn. 108; *Ackermann* in ZAAR Schriftenreihe Band 16, S. 30; *Höpfner*, RdA 2020, 129 (143); *Mohr*, EuZA 2018, 436 (450); *Mohr* in MüKo WettbR, Grundlagen Rn. 1265; *Höpfner*, Tarifgeltung im Arbeitsverhältnis, S. 575.

### *(c) Inhaltliche Reichweite*

Unsicherheiten bestehen bezüglich der inhaltlichen Reichweite der Privilegierung von Tarifverträgen. In der *Albany* Entscheidung zog der EuGH zu Begründung der Bereichsausnahme die sozialpolitischen Ziele der Union heran und forderte, dass die Kollektivvereinbarung *„im Hinblick auf diese Ziele geschlossen"* sein muss.[950] Dieses Kriterium sah der EuGH in der *Albany* Entscheidung als erfüllt an, da die Regelungen des Betriebsrentenfonds unmittelbar zur Verbesserung der Arbeitsbedingungen der Arbeitnehmer, namentlich der Entlohnung, beigetragen haben.[951]

Demnach könnte dieser Ansatz dahingehend fortzuentwickeln sein, dass jede Verbesserung der Arbeitsbedingungen den sozialpolitischen Zielen der Union entspricht.[952]

Indes greift diese Betrachtung zu kurz. Zwar ist so eine eindeutige Grenzziehung bezüglich der inhaltlichen Reichweite des Kartellprivilegs möglich. Allerdings verkennt dieser Ansatz, dass dies mittelbar zu einer Art „Tarifzensur" führen würde, abhängig davon ob die Arbeitsbedingungen verbessert wurden.[953] Weitergehend postulierte der EuGH in der *Albany* Entscheidung, dass die Tarifverträge nur „im Hinblick" auf die Ziele der unionalen Sozialpolitik geschlossen werden müssen. Dies setzt gerade nicht den Eintritt einer tatsächlichen Verbesserung der Arbeitsbedingungen voraus.[954]

#### *(aa) Funktionale Interessenabwägung*

*Mohr/Wolf* wollen Zweifelsfragen bezüglich der Reichweite des Kartellprivilegs mittels einer Abwägung der kollidierenden Belange lösen.[955] Die sozialpolitischen Ziele der Union und das nach Art. 28 GrCh gewährleistete Recht auf Kollektivverhandlungen seien gegen die unternehmerische Freiheit aus Art. 16 GrCh und die Ziele des Wettbewerbsrechts abzuwägen. Ähnlich äußerte sich Generalanwalt *Jacobs* in den Schlussanträgen zur *Albany* Entscheidung. In Abgrenzung zu Regelungen bzgl. des Kernbereichs von Kollektivverhandlungen, wie etwa Löhne und Arbeitsbedingungen, sollen

950 EuGH v. 21.9.1999 – Rs. C-67/96 (Albany), Rn. 60, juris.
951 EuGH v. 21.9.1999 – Rs. C-67/96 (Albany), Rn. 63, juris.
952 *Höpfner*, Tarifgeltung im Arbeitsverhältnis, S. 580.
953 *Latzel/Serr*, EuZW 2014, 410 (415).
954 *Latzel/Serr*, EuZW 2014, 410 (415); *Mamerow*, BLJ 2019, 25 (28).
955 *Mohr/Wolf*, JZ 2011, 1091 (1098 f.).

Regelungen, welche die Beziehungen zwischen Arbeitgebern und Dritten wie Kunden, Lieferanten u.Ä. berühren, nicht unter das Kartellprivileg fallen.[956] Die verschiedenen Interessen der Beteiligten seien in Ausgleich zu bringen.[957]

Indes haftet diesem Ansatz eine erhebliche Rechtsunsicherheit an, da die Tarifparteien im Vorhinein nicht beurteilen können, ob eine Regelung aufgrund des Abwägungsergebnisses unter die Kartellausnahme fällt oder nicht. Weitergehend stehen sich das Wettbewerbsprinzip und das Gegenmachtsprinzip diametral entgegen. Zwischen beiden Prinzipien ist keine sinnvolle Abwägung möglich, sondern eine klare Entscheidung erforderlich.[958]

*(bb) Unionsrechtsautonome formal-gegenständliche Abgrenzung*

Um diese Rechtsunsicherheit für die Sozialpartner zu beseitigen, verfolgen *Latzel/Serr* einen formal-gegenständlichen Ansatz zur Bestimmung der kartellfesten Regelungen. Dies könne nur anhand des geschriebenen Primärrechts erfolgen, wie die *Albany* Entscheidung gezeigt habe.[959] Danach seien alle zwischen den Sozialpartnern geschlossenen Kollektivverträge, die sich auf unionsrechtlich anerkannte Ziele der Sozialpolitik beziehen und dem Katalog des Art. 153 Abs. 1 AEUV zuordnen lassen, kartellrechtsfest.[960]

Dementgegen hat der Katalog in Art. 153 Abs. 1 AEUV lediglich programmatischen Charakter, und die primäre Zuständigkeit in den dort genannten Bereichen verbleibt bei den Mitgliedsstaaten.[961] Weitergehend versperrt gerade Art. 153 Abs. 5 AEUV den Zugriff auf das Koalitionsrecht der Mitgliedsstaaten.[962] Diese Grundwertung darf nicht durch die Hintertür umgangen werden.[963] Zudem würde eine einheitliche Regelung innerhalb der Union den stark divergierenden Tarifvertragssystemen innerhalb der Mitgliedstaaten nicht gerecht.[964]

956 Schlussanträge des *GA Jacobs v.* 28.1.1999 – C-67/96 (Albany), Rn. 193.
957 Schlussanträge des *GA Jacobs v.* 28.1.1999 – C-67/96 (Albany), Rn. 193.
958 *Ackermann* in ZAAR Schriftenreihe Band 16, S. 33.
959 *Latzel/Serr*, EuZW 2014, 410 (414 f.).
960 *Latzel/Serr*, EuZW, 2014, 410 (414).
961 *Mamerow*, BLJ 2019, 25 (29).
962 *Serr*, Privative Tariftreue, S. 87 f.; *Mamerow*, BLJ 2019, 25 (29).
963 *Serr*, Privative Tariftreue, S. 87 f.
964 *Mamerow*, BLJ 2019, 25 (29).

### *(cc) Rückverweisung auf Art. 9 Abs. 3 GG…*

Im Ergebnis ist für die inhaltliche Bestimmung der Kartellausnahme eine Rückverweisung auf das mitgliedstaatliche Recht erforderlich.[965] Dies zeigt sich auch daran, dass Art. 28 GrCH für die inhaltliche Ausfüllung des Schutzbereichs zurück auf die einzelstaatlichen Rechtsvorschriften und Gepflogenheiten verweist.[966] Daraus lässt sich die Wertung ziehen, dass aufgrund der unterschiedlichen Ausgestaltung der nationalen kollektivarbeitsrechtlichen Systeme, der unionale Gewährleistungsgehalt divergiert. In inhaltlicher Hinsicht ist für die Bestimmung der Reichweite Art. 9 Abs. 3 GG, also die Regelungsbefugnis der Arbeits- und Wirtschaftsbedingungen ausschlaggebend.[967] Der Begriff der Arbeitsbedingungen umfasst dabei alle Bedingungen, durch die die Leistung abhängiger Arbeit berührt wird, während Wirtschaftsbedingungen die für Arbeitgeber und Arbeitnehmer bedeutsamen allgemeinen wirtschafts- und sozialpolitischen Verhältnisse umfassen.[968] Daraus folgt zunächst, dass aus der inhaltlichen Beschränkung der Bereichsausnahme auf Kollektivvereinbarungen die unmittelbar zur Verbesserung der Beschäftigungs- und Arbeitsbedingungen beitragen, kein Verschlechterungsverbot für die Tarifvertragsparteien folgt.[969] Wenn die Tarifparteien – etwa zum Zwecke der Unternehmenssanierung – den Tariflohn absenken, ist auch dieses Handeln in inhaltlicher Hinsicht von der *Albany* Ausnahme erfasst.[970] Dies ergibt sich daraus, dass auch diese Korrektur bzw. Anpassung der Arbeitsbedingungen von der Tarifautonomie erfasst ist.[971]

### *(dd) … Kein direkter Zugriff auf das Unternehmerverhalten*

Hinsichtlich des hier zu untersuchenden Sanierungstarifvertrags stellt sich indes die Frage, inwieweit die materiellen Konzessionen der Arbeitgeberseite wie etwa

---

965 *Ackermann* in ZAAR Schriftenreihe Band 16, S. 33; EuGH v. 15.7.2010 – Rs. C-271/08, AP Richtlinie 2004/18/EG Nr. 1, Rn. 37; *Goldmann*, EuZA 2015, 509 (516 f.); a.A. *Löwisch/Rieble*, § 1 TVG Rn. 1101; *Rieble* in MHdB ArbR, § 221 Rn. 10.

966 *Goldmann*, EuZA 2015, 509 (517); *Serr*, Privative Tariftreue, S.87 f.; *Ackermann* in ZAAR Schriftenreihe Band 16, S. 33; *Wessely* in ZAAR Schriftenreihe Band 27, S. 88 f.; *Mamerow*, BLJ 2019, 25 (29); a.A. *Löwisch/Rieble*, § 1 TVG Rn. 1101.

967 *Serr*, Privative Tariftreue, S. 87 f; *Mamerow*, BLJ 2019, 25 (30); *Ackermann* in ZAAR Schriftenreihe Band 16, S. 33.

968 *Höfling* in Sachs, Art. 9 GG Rn. 57.

969 A.A.: *Höpfner*, Tarifgeltung im Arbeitsverhältnis, S. 579.

970 Löwisch/Rieble, § 1 TVG Rn. 1099; *Latzel/Serr*, EuZW 2014, 410 (414).

971 Löwisch/Rieble, § 1 TVG Rn. 1099; *Latzel/Serr*, EuZW 2014, 410 (414); *Kocher* in Pechstein/Nowak/Häde, Art. 28 GrCh Rn. 19.

Standortgarantien oder Investitionsvereinbarungen unter die *Albany* Ausnahme fallen.

Zunächst ist festzustellen, dass die Regelungen bzgl. des Zugriffs auf das unternehmerische Verhalten – wie etwa Standortgarantien – keine tauglichen normativen Regelungsgegenstände im Sinne von § 1 TVG darstellen.[972] Dies folgt daraus, dass die Tarifmacht des TVG nicht deckungsgleich mit der grundrechtlichen Gewährleistung aus Art. 9 Abs. 3 GG ist.[973]

Unabhängig von dem Streit, ob derartige Regelungen unter den Schutz von Art. 9 Abs. 3 GG fallen oder nur dem Schutz der allgemeinen Vertragsfreiheit aus Art. 2 Abs. 1 GG unterliegen[974], muss die kartellrechtliche Privilegierung des gewerkschaftlichen Zugriffs auf das Unternehmerverhalten ausscheiden. Die Tarifparteien verlassen den Kernbereich des verfassungsrechtlichen Schutzes von Art. 9 Abs. 3 GG – der über Art. 28 GrCh primärrechtliche Wirkung entfaltet – wenn sie auf die Tätigkeit der Arbeitgeber auf den Güter- oder Dienstleistungsmärkten zugreifen.[975] Zwar muss noch nicht zwingend der Schutzbereich von Art. 9 Abs 3 GG verlassen worden sein, indes verbietet Art. 9 Abs. 3 GG aufgrund des Vorrückens der Wettbewerbsfreiheit nicht mehr den Zugriff der Kartellkontrolle in den Randbereichen der grundrechtlichen Gewährleistung von Art. 9 Abs. 3 GG.[976] Angesichts dessen folgt die Kartellausnahme den Regelungen des TVG.[977] Der gewerkschaftliche Zugriff auf das Unternehmerverhalten stellt insoweit keine unmittelbare Regelung über Arbeitsbedingungen im Sinne der *Albany* Entscheidung dar.[978] Ziel des Unions-

972 *Beck*, Der Sanierungstarifvertrag, S. 119; *Hartmann* in ZAAR Schriftenreihe Band 27, S. 34; *Löwisch/Rieble*, § 1 TVG Rn. 1325.

973 *Löwisch/Rieble*, § 1 TVG Rn. 249.

974 Siehe zum Streitstand: *Beck*, Der Sanierungstarifvertrag, S. 156 ff.

975 *Ackermann* in ZAAR Schriftenreihe Band 16, S. 36; *Schubert* in EuArbRK, Art. 28 GRCh Rn. 88; *Wessely* in ZAAR Schriftenreihe Band 27, S. 92.

976 *Serr*, Privative Tariftreue, S. 93.

977 *Serr*, Privative Tariftreue, S. 93; *Zimmer* in Immenga/Mestmäcker, Art. 101 Abs. 1 AEUV Rn. 161.

978 So auch im Ergebnis mit teilweise abweichender Begründung: *Latzel/Serr*, EuZW 2014, 410 (413); *Bourazeri*, Tarifautonomie und Wirtschaftskrise, S. 327; *Ackermann* in ZAAR Schriftenreihe Band 16, S. 37; *Löwisch/Rieble*, § 1 TVG Rn. 1391; *Höpfner*, RdA 2020, 129 (143), *Höpfner*, Tarifgeltung im Arbeitsverhältnis, S. 581; *Grave/Nyberg* in LMRKM, Art. 101 Abs. 1 AEUV Rn. 359; *Zimmer* in Immenga/Mestmäcker, Art. 101 Abs. 1 AEUV Rn. 161, sowie: *Roth/Ackermann* in Frankfurter Kommentar

kartellrechts ist es, mit dem Wettbewerb die Freiheit des Unternehmerverhaltens abzusichern.[979]

### *(ee) Zwischenergebnis*

Diese Beschränkung führt dazu, dass die Bereichsausnahme nicht für den Zugriff der Gewerkschaft auf das unternehmerische Verhalten des Arbeitgebers auf dem nachgelagerten Gütermarkt gilt. Folglich wird eine Vielzahl typischer Klauseln eines Sanierungstarifvertrags nicht von der Kartellausnahme erfasst. Davon betroffen sind insbesondere Investitions- und Standortgarantien, die regelmäßig die Gegenleistung für die Sanierungsbeiträge der Arbeitnehmerseite sind.

### *(2) Kartellrechtswidrigkeit tariflicher Regelungen außerhalb von Albany?*

Demnach bewegen sich die materiellen Konzessionen des Arbeitgebers im Sanierungstarifvertrag teilweise außerhalb der Kartellausnahme, soweit sie in die unternehmensautonomen Entscheidungen über Investitionen, Standorte und Ähnliches eingreifen. Diese Regelungen müssen sich folglich am Kartellverbot aus Art. 101 Abs. 1 AEUV bzw. § 1 GWB messen lassen.

### *(a) Tatbestandliche Anknüpfung*

Wie dargelegt, setzt ein Verstoß gegen das Kartellverbot tatbestandlich eine wettbewerbsbeschränkende Vereinbarung zwischen Unternehmen, Beschlüsse von Unternehmensvereinigungen oder eine aufeinander abgestimmte Verhaltensweise voraus. Vor diesem Hintergrund scheidet der Tarifvertrag selbst als tatbestandlicher Anknüpfungspunkt für das Kartellverbot aus.[980] Aufgrund der fehlenden Unternehmereigenschaft der Gewerkschaft stellt der Tarifvertrag keine Vereinbarung zwischen Unternehmen dar.[981] Vielmehr ist darin eine Vereinbarung zwischen einer Unternehmensvereinigung und einem nicht

---

§ 1 GWB Rn. 109; die einem verdeckten oder offenen Zugriff auf das Verhalten des Unternehmers am Güter/Dienstleistungsmarkt das Kartellprivileg entziehen wollen.

979 Löwisch/Rieble, § 1 TVG Rn. 1391.

980 *Reichold* in ZAAR Schriftenreihe Band 16, S. 64; *Löwisch/Rieble*, § 1 TVG Rn. 1119.

981 *Löwisch/Rieble*, § 1 TVG Rn. 1119; *Zimmer* in Immenga/Mestmäcker, Art. 101 Abs. 1 AEUV Rn. 60; *Mühlbach*, Tarifverträge in der europäischen Kartellkontrolle, S. 135 ff.; *Serr*, Privative Tariftreue, S. 116 ff.; Schlussanträge des *GA Jacobs v.* 28.1.1999 – C-67/96 (Albany), Rn. 213 ff.; *Rieble* in MHdB ArbR, § 221 Rn. 14.; a.A. *Roth/Ackermann* in, Frankfurter Kommentar, Grundfragen des Art. 81 Abs. 1 EG, Rn. 59; *Ackermann* in ZAAR Schriftenreihe Band 16, S. 26 f.

unternehmerisch tätigen Interessenverband zu sehen.[982] Mangels Unternehmenseigenschaft der Gewerkschaft erfüllen Haustarifverträge schon die Tatbestandsvoraussetzungen des Art. 101 AEUV nicht.[983] Die Anwendung der Bereichsausnahme ist auf Haustarifverträge nicht erforderlich.[984]

Indes erfasst Art. 101 Abs. 1 AEUV wettbewerbsbeschränkende Beschlüsse von Unternehmensvereinigungen. Demnach kann die interne Abstimmung im Arbeitgeberverband tauglicher Anknüpfungspunkt für das Kartellverbot sein. Dies ergibt sich daraus, dass die organisierten Arbeitgeber und ihr Verband eine Übereinkunft treffen, gemeinsam über die tariflichen Regelungen zu verhandeln und die von ihren Vertretern erzielten Ergebnisse anzuerkennen. Diese Bindung kann bereits als Bestandteil des Beitritts zum Arbeitgeberverband bzw. spätestens in der Zustimmung zum Tarifvertrag zu sehen sein.[985] Als Grund dafür wird angeführt, dass sich das Aushandeln der Arbeitsbedingungen nicht vom späteren unternehmerischen Marktauftritt der Verbandsmitglieder trennen lasse.[986] Übereinstimmend mit den Schlussanträgen des Generalanwalts *Jacobs* in der Rechtssache *Albany* stellt dieses „*implied agreement*“ mindestens eine „abgestimmte Verhaltensweise“ im Sinne von Art. 101 AEUV dar.[987] Insoweit bilden das arbeitgeberseitige Tarifgebaren und der spätere Tarifabschluss eine „Funktionseinheit“.[988] Daraus folgt, dass auch der spätere Tarifabschluss als kartellrechtswidrig einzuordnen ist.[989]

---

982 *Serr*, Privative Tariftreue, S. 120; *Reichold* in ZAAR Schriftenreihe Band 16, S. 64; *Zimmer* in Immenga/Mestmäcker, 5. Aufl. 2014 (Altauflage), § 1 GWB Rn. 164.

983 *Höpfner*, RdA 2020, 129 (142) unter Verweis auf: EuGH Urt. v. 4.12.2014 – C-413/13 (FNV Kunsten), NZA 2015, 55 (56).

984 Eine Ausnahme kann bei sog. koordinierenden Haustarifverträgen mit mehreren Arbeitgebern vorliegen: *Höpfner*, RdA 2020, 129 (142).

985 *Jäger*, Die Anwendbarkeit des GWB auf die Verbandsarbeit deutscher Arbeitgeberverbände, S. 126; *Mühlbach*, Tarifverträge in der europäischen Kartellkontrolle, S. 144; *Bourazeri*, Tarifautonomie und Wirtschaftskrise, S. 321; ähnlich *Rieble* in MHdB ArbR, § 221 Rn. 15, der den arbeitgeberseitigen Vollzug des Tarifvertrags als Anknüpfungspunkt wählt; weiter *Löwisch/Rieble*, § 1 TVG Rn. 1119, die das Tarifgebaren der Arbeitgeberseite als Anknüpfungspunkt der Kartellkontrolle sehen.

986 *Mohr* in MüKo WettbR, Grundlagen Rn. 1284 m.w.N.

987 Schlussanträge des *GA Jacobs v.* 28.1.1999 – C-67/96 (Albany), Rn. 242; *Reichold* in ZAAR Schriftenreihe Band 16, S. 64.

988 *Serr*, Privative Tariftreue, S. 128; *Kulka*, RdA 1988, 336 (346).

989 *Serr*, Privative Tariftreue, S. 128.

### *(b) Fehlende Wettbewerbsbeeinträchtigung durch die Regelung selbst*

Allerdings wird der gewerkschaftliche Zugriff auf das unternehmerische Verhalten des Arbeitgebers am nachgelagerten Gütemarkt durch entsprechende Regelungen im Sanierungstarifvertrag regelmäßig keinen Verstoß gegen Art. 101 AEUV bzw. § 1 GWB begründen können. Es wird insoweit an der spürbaren wettbewerbsbeschränkenden Wirkung der entsprechenden Koalitionsvereinbarung auf dem relevanten Markt fehlen.[990] Grund ist, dass in dieser Konstellation nur ein einzelnes Unternehmen von den tariflichen Regelungen betroffen ist.[991] Bei der singulären Tarifgeltung für ein einzelnes Unternehmen fehlt es insoweit an einer wettbewerbsbeeinträchtigenden Koordinierung des Marktverhaltens.[992]

### *(3) Fazit*

Das Verhältnis zwischen Kartellrecht und Tarifverträgen ist seit der Angleichung des nationalen Rechts an die europäischen Vorgaben durch die Rechtsprechung des EuGHs geprägt.[993] Der EuGH hat in *Albany* eine begrenzte Bereichsausnahme vom Kartellverbot entwickelt. Die Bereichsausnahme des EuGHs beschränkt sich auf zweiseitige Vereinbarungen, die im Dialog zwischen den Sozialpartnern zustande kommen, in Form eines Tarifvertrags abgeschlossen werden und das Ergebnis von Tarifverhandlungen zwischen Organisationen sind, die Arbeitgeber und Arbeitnehmer vertreten.[994] Zudem muss die Vereinbarung im Hinblick auf die sozialpolitischen Ziele der Union abgeschlossen worden sein.

Auch wenn die *Albany* Ausnahme den gewerkschaftlichen Zugriff auf das unternehmerische Verhalten des Arbeitgebers nicht erfasst, fehlt es aufgrund der singulären Geltung der Regelungen nur für das eine notleidende Unternehmen an einer wettbewerbsbeschränkenden Wirkung des Tarifvertrags. Unabhängig vom Eingreifen der unionalen Ausnahme vom Kartellverbot handelt es sich beim Abschluss von Sanierungstarifverträgen um kartellrechtsneutrale Abreden. Allerdings betrifft diese Feststellung, lediglich den Tarifabschluss selbst.

---

990 Für Haustarifverträge: *Ulber* in Däubler, Einleitung Rn. 767; *Löwisch/Rieble*, § 1 TVG Rn. 1393.

991 *Löwisch/Rieble*, § 1 TVG Rn. 1393; *Mühlbach*, Tarifverträge in der europäischen Kartellkontrolle, S. 181; *v. Wallwitz*, Tarifverträge und die Wettbewerbsordnung des EG-Vertrags, S. 172.

992 *Ulber* in Däubler, Einleitung Rn. 767.

993 Dazu ausführlich: *Höpfner*, Tarifgeltung im Arbeitsverhältnis, S. 559 ff.

994 EuGH v. 21.9.1999 – Rs. C-67/96 (Albany), Rn. 59, juris; *Mohr*, EuZA 2018, 436 (441); *Höpfner*, Tarifgeltung im Arbeitsverhältnis, S. 587.

Wie im Rahmen der Due Diligence aufgezeigt, können kartellrechtliche Risiken nicht nur bei Abschluss eines Vertrags entstehen, sondern bereits in der Verhandlungsphase. Gerade im Falle der Verhandlung eines unternehmensbezogenen Verbandssanierungstarifvertrags scheint der Informationsfluss im Vorfeld des Vertragsschlusses aus kartellrechtlicher Sicht bedenklich.

### *bb. Wettbewerbsrechtlich bedenklicher Informationsaustausch?*

Bei der kartellrechtlichen Einordnung von Informationsaustauschvorgängen ist maßgeblich, ob durch den Informationsaustausch eine implizite Koordinierung der Marktteilnehmer ermöglicht wird.[995] Es kommt dabei allein auf die objektive Eignung der offengelegten Informationen an, eine Wettbewerbsbeschränkung hervorzurufen. Bei Sanierungstarifverhandlungen unter Involvierung von Vertretern mitorganisierter Unternehmen im Verhandlungsprozess ist zu berücksichtigen, dass durch die Offenlegung wettbewerbssensibler Daten des notleidenden Unternehmens für alle Beteiligten die Ungewissheit über das künftige Marktgeschehen dieses Unternehmens verringert wird. Aus dieser partiellen Aufhebung des Geheimwettbewerbs entsteht so die Gefahr einer Verringerung des Wettbewerbs und eines kollusiven Verhaltens unter den Beteiligten.[996]

Kritisch im Rahmen von Sanierungstarifverhandlungen ist insbesondere, dass in aller Regel aktuelle, strategische Informationen über das notleidende Unternehmen offengelegt werden müssen.[997] Dass im Rahmen der Tarifverhandlungen auch über aktuelle strategische Zahlen und zukünftiges Marktverhalten gesprochen wird, erscheint – angesichts des gewerkschaftlichen Informationsbedürfnisses – unumgänglich. Insbesondere die aktuelle und zukünftige Absatz- und Umsatzsituation des Unternehmens muss zur Bestimmung der Sanierungsopfer erörtert werden. Um mit der Gewerkschaft auf Augenhöhe verhandeln und gewerkschaftlichen Forderungen substantiiert entgegen treten zu können, muss die aktuelle und prognostizierte wirtschaftliche Situation offen und substantiiert im Verband besprochen werden. Es kann insbesondere auch notwendig sein, die Situation am Markt eingehend zu beleuchten und die Alternativlosigkeit der Sanierungsopfer darzulegen.[998]

995 *Rudowicz*, Gun-Jumping Verstöße gegen Art. 7 FKVO und Art. 101 AEUV durch den vorzeitigten Vollzug anmeldepflichtiger Zusammenschlüsse, S. 276.

996 ABl. (2011) C-11/12 Rn. 62.

997 Für die Situation der Vorbereitung von Verbandstarifverhandlungen: *Andritzky*, NZA 2009, 990 (991).

998 So zum Flächentarifvertrag: *Andritzky*, NZA 2009, 990 (991).

Demnach ist insbesondere die aktuelle wirtschaftliche Lage des Unternehmens Gesprächsgegenstand. Weitergehend wird die Gewerkschaft nur dann zum Abschluss eines Sanierungstarifvertrags bereit sein, wenn ein valides Sanierungskonzept und die tatsächliche Chance bestehen, dass das notleidende Unternehmen erfolgreich saniert und zurück an den Flächentarifvertrag geführt werden kann. Zudem greift die Gewerkschaft vielfach durch Innovations- und Investitionszusagen oder Standortgarantien auf das zukünftige Marktverhalten des Unternehmers zu. Aus kartellrechtlicher Sicht sind diese Informationen höchst sensibel: Das zukünftige Investitionsverhalten stellt einen Teilbereich des zukünftigen Mengenverhaltens dar.[999] Dem Informationsaustausch über künftige Produktionsverhältnisse und -entwicklungen ist die Gefahr, wettbewerbsbeschränkende Auswirkungen hervorzurufen, immanent.[1000] Anhand der in *T-Mobile Netherlands BV* aufgestellten Formel des EuGHs liegt eine Einordnung als bezweckte Wettbewerbsbeschränkung nahe.

Sind in den Verhandlungsprozess die mitorganisierten Unternehmen einbezogen, gelangen diese wettbewerbssensiblen strategischen Informationen in die Sphäre der Wettbewerber. Die Wettbewerbsunternehmen werden in der Regel kein Interesse daran haben, dem notleidenden Unternehmen einen nicht erforderlichen Vorteil in der Gestaltung der Lohn- und Arbeitsbedingungen einzuräumen. Daraus speist sich ein enormes Informationsinteresse seitens des Arbeitgeberverbands und der mitorganisierten Unternehmen an den strategischen Daten des notleidenden Unternehmens.

Analog zur Situation bei einer Due Diligence kommt es auch im Vorfeld der Verhandlung eines unternehmensbezogenen Sanierungstarifvertrags aus wettbewerbsrechtlicher Sicht zu einem bedenklichen Informationsaustausch, soweit Wettbewerbsunternehmen in den Verhandlungsprozess einbezogen sind. Die künstliche Erhöhung der Markttransparenz durch die Informationsoffenlegung gegenüber den mitorganisierten Wettbewerbern ist durchaus geeignet, Wettbewerbsbeschränkungen hervorzurufen und folglich gegen Art. 101 Abs. 1 AEUV zu verstoßen.

---

999 *Rahlmeyer* in Frankfurter Kommentar, Art. 101 AEUV, 6. Informationsaustausch zwischen Wettbewerbern, Rn. 31; Kommission v. 6.8.1984 – IV/30.350 – Zinc Producer Group, ABl. 1984 Nr. L 220, 27 Rn. 68.

1000 *Rahlmeyer* in Frankfurter Kommentar, Art. 101 AEUV, 6. Informationsaustausch zwischen Wettbewerbern, Rn. 38.

### *cc. Erlaubnis des vorbereitenden Informationsflusses*

Indes ist zu berücksichtigen, dass die Offenlegung der Informationen für die Verhandlung des Tarifvertrags unumgänglich ist, vor allem beim Abschluss eines unternehmensbezogenen Sanierungstarifvertrags. Es muss beleuchtet werden, wie sich dieser Umstand auf die kartellrechtliche Beurteilung der Offenlegung wettbewerbssensibler Daten bei Tarifverhandlungen auswirkt.

#### *(1) Extensive Auslegung von Albany?*

Zunächst besteht die Möglichkeit, die in *Albany* aufgestellte Ausnahme für Tarifverträge vom unionalen Kartellverbot auch auf den Verhandlungsprozess und den damit verbundenen Informationsaustausch zwischen den beteiligten Akteuren zu erstrecken. Die *Albany*-Entscheidung selbst beschäftigt sich nur mit der wettbewerbsbeschränkenden Wirkung von Tarifverträgen, der Informationsaustausch im Vorfeld wird nicht von ihr thematisiert. Allerdings ist zu berücksichtigen, dass der Tarifvertrag das Ergebnis von „Tarifverhandlungen" zwischen den Sozialpartnern sein muss, um die Voraussetzungen von *Albany* zu erfüllen. Demnach liegt der Schluss nahe, dass sich die Kartellausnahme nicht nur auf den Tarifabschluss und die dortigen Regelungen beschränkt, sondern auch die den Tarifabschlüssen vorausgehenden Vorbereitungshandlungen erfasst.[1001] Gestützt wird dies durch den Umstand, dass sich die Ausübung der Koalitionsfreiheit nicht im Abschluss der Kollektivvereinbarung erschöpft. Der Abschluss der Kollektivvereinbarung steht vielmehr erst am Ende des grundrechtlich geschützten Verhandlungsprozesses. Vor diesem Hintergrund erscheint eine Erstreckung des Kartellprivilegs auf die zum Vertragsschluss hinführenden Kollektivmaßnahmen beispielsweise im Rahmen eines Arbeitskampfs geboten.[1002] Der gesamte Prozess der Tarifverhandlung kann insoweit als Funktionseinheit angesehen werden.

Allerdings ist die Geltung der in *Albany* aufgestellten kartellrechtlichen Privilegierung für wesentliche Regelungen von Sanierungstarifverträgen fraglich. Wie oben dargelegt, dienen die schuldrechtlichen Regelungen, die einen gewerkschaftlichen Zugriff auf das Unternehmensverhalten ermöglichen, nicht

---

1001 *Ackermann* in ZAAR Schriftenreihe Band 16, S. 30; *Roth/Ackermann* in Frankfurter Kommentar § 1 GWB Rn. 107; *Jacobs* in Wiedemann, Einleitung TVG Rn. 99.

1002 *Roth/Ackermann* in Frankfurter Kommentar, § 1 GWB Rn. 108; *Ackermann* in ZAAR Schriftenreihe Band 16, S. 30; *Zimmer* in Immenga/Mestmäcker, 5. Aufl. 2014 (Altauflage), § 1 GWB Rn. 181.

unmittelbar der Verbesserung der Arbeitsbedingungen und unterliegen folglich der Kartellkontrolle. Lediglich aufgrund der singulären Geltung des Sanierungstarifvertrags ist eine wettbewerbseinschränkende Wirkung der Abrede abzulehnen. Zwar ist für jedes Vertragselement separat zu prüfen, ob es sich dabei um einen von der *Albany* Ausnahme umfassten Verhandlungsgegenstand handelt.[1003] Dadurch, dass die Sanierungsopfer allerdings in aller Regel über Bedingungszusammenhänge oder Sonderkündigungsrechte mit den arbeitgeberseitigen Gegenleistungen untrennbar verbunden werden, wirkt eine Aufspaltung des vorbereitenden Informationsflusses je nachdem zu welcher Regelung er getroffen wird, gekünstelt und unpraktikabel. Es handelt sich um einen einheitlichen, dynamischen Verhandlungsprozess. Vor diesem Hintergrund muss eine Erstreckung der *Albany* Ausnahme auf den Informationsfluss bei Sanierungstarifverhandlungen ausscheiden.

### *(2) Ansatz von Andritzky*

#### *(a) Unbeeinflusste Betätigungsfreiheit aufgrund von Art. 9 Abs. 3 GG*

Auch *Andritzky* spricht sich im Spannungsfeld zwischen Kartell- und Tarifrecht unter Heranziehung von Art. 9 Abs. 3 GG für eine unbeeinflusste Betätigungsfreiheit der Tarifparteien aus.[1004] Er geht davon aus, dass für die Beurteilung der Informationsweitergabe im Vorfeld und bei Tarifverhandlungen das generelle Verhältnis von Tarifvertrag und Kartellrecht maßgeblich sei.[1005]

Dabei stützt er sich auf die Rechtsprechung des BAG. Dieses habe wiederholt festgestellt, dass der Abschluss von Tarifverträgen von den Bestimmungen des Gesetzes gegen Wettbewerbsbeschränkungen nicht erfasst wird.[1006] Insbesondere habe das BAG ausdrücklich festgestellt, dass der notwendige Beschluss der Tarifvertragspartei über den Abschluss eines Tarifvertrags keinen anderen Zulässigkeitsregelungen unterliege als der Tarifvertrag selbst.[1007] *Andritzky* stimmt dieser Ansicht unter Heranziehung des Gewährleistungsgehalts von Art. 9 Abs. 3 GG zu. Die Koalitionsfreiheit enthalte eine Funktionsgarantie mit verfassungsrechtlichem Autonomieschutz. Beschränkungen seien insoweit

1003 *Heinemann*, WuW 2020, 371 (375).

1004 *Andritzky*, NZA 2009, 990 (992).

1005 *Andritzky*, NZA 2009, 990 (991).

1006 *Andritzky*, NZA 2009, 990 (992); unter Verweis auf: BAG v. 27.6.1989 – 1 AZR 404/88, NZA 1989, 969 (972).

1007 *Andritzky*, NZA 2009, 990; (992); unter Verweis auf: BAG v. 27.6.1989 – 1 AZR 404/88, NZA 1989, 969 (973).

unzulässig, als sie dazu führen würden, dass die Fähigkeit der koalitionsmäßigen Tätigkeit nachzukommen und/oder einen Arbeitskampf zu führen, beeinträchtigt wird.[1008] Es wäre lebensfremd anzunehmen, dass in den gewerkschaftlichen Tarifkommissionen nicht offen über die wirtschaftliche Entwicklung in den der Tarifgemeinschaft angehörigen Unternehmen gesprochen werde. Umgekehrt müsse dieses Recht auch für die Arbeitgeberseite gelten, um die Chancengleichheit zu gewährleisten.[1009] Andernfalls könne sich die Arbeitgeberseite nur unzureichend in den Tarifverhandlungen vorbereiten und auf die Argumente der Gewerkschaften einstellen. Auch die ausführliche Darlegung der wirtschaftlichen Situation einzelner Unternehmen, insbesondere bei kleineren Tarifgebieten, sei zwingend erforderlich, um gegenüber der Gewerkschaft glaubhaft und nachvollziehbar argumentieren zu können.[1010]

Im Ergebnis seien die Befugnisse als Wahrnehmung einer grundrechtlichen Freiheit der Tarifvertragsparteien nicht an § 1 GWB zu messen. Aufgrund der weitgehend eingeräumten Autonomie sollen die Koalitionen selbst bestimmen können, was zur Wahrnehmung ihrer Interessen notwendig sei.[1011] Hierzu gehört auch in besonderem Maße der Informations- und Datenaustausch. Dies sei zugleich die Grenze für den Informations- und Datenaustausch. Bei Kollision mit dem Wettbewerbsrecht müsse eine Abwägung vorgenommen werden. Die Grenze für den Informationsaustausch sei erreicht, wenn die Tätigkeit nichts mehr mit dem Ziel, die Arbeits- und Wirtschaftsbedingungen zu regeln, zu tun habe.[1012] Der Informationsaustausch sei demnach immer dann zulässig, wenn er notwendig ist, um eine sachgerechte Tarifverhandlung zu führen.[1013]

### *(b) Kritik: Primärrechtliche Ebene ausschlaggebend*

Im Ergebnis kann die Argumentation von *Andritzky* nicht überzeugen. Durch die gesetzgeberisch gewollte Angleichung des deutschen an das europäische Kartellrecht im Wege der 7. GWB Novelle haben die zuvor zum deutschen Recht vertretenen Auffassungen und insbesondere die Rechtsprechung des BAG ihre Bedeutung verloren.[1014] Durch die unionsrechtsautonome Festlegung

1008 *Andritzky*, NZA 2009, 990 (992).
1009 *Andritzky*, NZA 2009, 990 (992).
1010 *Andritzky*, NZA 2009, 990 (991).
1011 *Andritzky*, NZA 2009, 990 (993).
1012 *Andritzky*, NZA 2009, 990 (993).
1013 *Andritzky*, NZA 2009, 990 (993).
1014 *Höpfner*, Tarifgeltung im Arbeitsverhältnis, S. 587.

der Bereichsausnahme scheidet eine Einordnung der Informationsoffenlegung anhand der Rechtsprechung des BAG aus.[1015] Die Lösung dieses Konflikts ist nicht auf nationaler Ebene zu suchen. Vielmehr ist das europäische Recht sowohl im Anwendungsbereich von Art. 101 AEUV, wie auch für rein nationale Sachverhalte nach § 1 GWB maßgebend. Demnach kann der Gewährleistungsgehalt von Art. 9 Abs. 3 GG nicht unmittelbar herangezogen werden. Art. 101 AEUV kann als primärrechtlicher Regelung keine nationalen Grundrechte entgegengehalten werden.

Insoweit ist bei Anwendung des Kartellverbots auf primärrechtlicher Ebene Art. 28 GrCh zu berücksichtigen. Art. 28 GrCh gewährleistet das Recht auf Kollektivverhandlungen und Tarifabschluss sowie auf Kollektivmaßnahmen unter Einschluss des Streiks, und zwar für die einzelnen Arbeitnehmer und Arbeitgeber sowie für die jeweiligen Arbeitnehmer- bzw. Arbeitgeberorganisationen.[1016] Mittelbar fungiert Art. 28 GrCh als Schranken-Schranke für EU-Rechtsakte.[1017] Dies wird anhand des Verhältnisses von Tarifvertrag und Art. 101 AEUV besonders deutlich: Hier beschränkt der Gewährleistungsgehalt von Art. 28 GrCh den Zugriff des Unionskartellrechts auf das autonome Handeln der Tarifvertragsparteien und den damit verbundenen Informationsfluss.[1018] Europäischem Primärrecht können nur europäische, aber keine nationalen Grundrechte entgegengehalten werden. Daher müssen die nationalen Grundrechte auf Tarifautonomie und Arbeitskampf durch Art. 28 GrCh in den Rang des Primärrechts erhoben werden. Geschützt werden sämtliche Handlungen, die mit dem Aushandeln und dem Abschluss von Tarifverträgen zusammenhängen. Die Rechte des Art. 28 GrCh bestehen „nach dem Unionsrecht und den einzelstaatlichen Rechtsvorschriften und Gepflogenheiten". Der Inhalt des europäischen Grundrechts bestimmt sich vollständig durch einen Verweis auf das Recht des Mitgliedstaats.[1019] Art. 28 GrCh wird hinsichtlich seines Gewährleistungsgehalts vollständig durch das Recht der Mitgliedstaaten ausgefüllt, sodass es aus

---

1015 Allgemein: *Höpfner*, Tarifgeltung im Arbeitsverhältnis, S. 587.

1016 *Waltermann*, EuZA 2015, 17 (20); *Kocher* in Pechstein/Nowak/Häde, Art. 28 GrCh Rn. 17.

1017 *Löwisch/Rieble* TVG Grundl. Rn. 294; *Klumpp* in MHdB ArbR, § 227 Rn. 8.

1018 *Löwisch/Rieble* TVG Grundl. Rn. 294; *Zimmer* in Immenga/Mestmäcker Art. 101 Abs. 1 AEUV Rn. 162.

1019 *Waltermann*, EuZA 2015, 17 (21).

deutscher Sicht allein auf die Reichweite von Art. 9 Abs. 3 GG ankommt.[1020] Art. 28 GrCh fungiert als „Scharnier“[1021] und hebt die nationalen Gewährleistungen auf die Ebene des Europarechts.[1022]

Demnach ist die Bedeutung des vorbereitenden Informationsflusses für die Wahrnehmung der nach Art. 9 Abs. 3 GG geschützten Koalitionsfreiheit bei Anwendung des Kartellverbots zu berücksichtigen. Die offengelegten Informationen sind nicht nur für die Vereinbarung von Investitions- und Standortklauseln, sondern auch für die Bestimmung der Höhe der gewerkschaftlichen Sanierungsopfer ausschlaggebend. Auch wenn Teile des unternehmensbezogenen Verbandssanierungstarifvertrags auf das Unternehmensverhalten zugreifen, so handelt es sich doch bei den so erkauften, untrennbar mit der Gegenleistung verbundenen Sanierungsopfern der gewerkschaftsangehörigen Arbeitnehmer um zulässige Tarifinhalte nach § 1 TVG.[1023] Würde man den Informationsfluss als unzulässig einordnen, würde dies zur faktischen Aushebelung der Tarifautonomie zum Zwecke der singulären Unternehmenssanierung führen. Eine Aufspaltung des Informationsflusses je nachdem zu welchem Gegenstand der Tarifverhandlungen die Weitergabe erfolgt, erscheint gekünstelt. Gerade bei einem Sanierungstarifvertrag sind die gegenseitigen Leistungen der Gewerkschafts- und Arbeitgeberseite untrennbar miteinander verbunden. Dies zeigt sich deutlich an der Vereinbarung von Bedingungszusammenhängen und Sonderkündigungsrechten. Weitergehend handelt es sich bei den Tarifverhandlungen um einen einheitlichen Lebenssachverhalt. Durch eine getrennte Betrachtung des einheitlichen Verhandlungsprozesses, würde dieser künstlich aufgespalten. Diese künstliche Aufspaltung kann nicht überzeugen. Vielmehr unterfällt die Offenlegung von Informationen, die unmittelbar zur Vorbereitung der Tarifverhandlungen erfolgen, insgesamt dem grundrechtlichen Schutz aus Art. 9 Abs. 3 GG.[1024] Diese grundrechtliche Wertung darf durch die Anwendung des Kartellverbots nicht umgangen werden.[1025]

---

1020 *Rieble* in MHdB ArbR, § 217 Rn. 16; *Thüsing/Traut*, RdA 2012, 65 (70); *Waltermann*, EuZA 2015, 17 (21); a.A. *Schubert*, EuArbRK, Art. 28 GRCh Rn. 22, m.z.w.N. zum Streitstand.

1021 *Thüsing* in Wiedemann, § 1 Rn. 107 TVG; *Thüsing/Traut*, RdA 2012, 65 (68).

1022 *Thüsing/Traut*, RdA 2012, 65 (71).

1023 Zu den materiellen Konzessionen der Arbeitnehmer ausführlich: *Beck*, Der Sanierungstarifvertrag, S. 33 ff.

1024 *Denzel* in ZAAR Schriftenreihe Band 16, S. 147 f.

1025 *Heinemann*, WUW 2020, 371 (375).

### *(3) Anwendung der Immanenztheorie*

Vor dem Hintergrund dieser grundrechtlichen Wertungen auf unionaler Ebene erscheint eine Anwendung des Immanenzgedankens interessengerecht. Insoweit können die oben aufgezeigten Gemeinsamkeiten zur Due Diligence berücksichtigt werden. Zunächst besteht auch hier die typische Interessenlage, in der ein an sich kartellrechtlich bedenkliches Verhalten erforderlich ist, um die Verwirklichung eines kartellrechtsneutralen Hauptzwecks zu ermöglichen: Im Rahmen der Tarifverhandlungen stellt die Offenlegung strategischer Daten durch das notleidende Unternehmen gegenüber seinem Arbeitgeberverband ein kartellrechtlich bedenkliches Verhalten dar, welches zur Verwirklichung des kartellrechtlich neutralen Hauptzwecks erforderlich ist. Die kartellrechtsneutrale Hauptabrede ist der unternehmensbezogene Verbandssanierungstarifvertrag, der aufgrund der singulären Geltung für ein Unternehmen keine wettbewerbsbeschränkende Wirkung entfaltet.

Insoweit lassen sich vielfältige Parallelen zur Frage der kartellrechtlichen Zulässigkeit der Due Diligence feststellen. Ähnlich wie bei der Due Diligence besteht auch bei der Zulassung der Informationsoffenlegung im Vorfeld der Sanierungstarifverhandlung die kartellrechtsneutrale Hauptabrede noch nicht. Wie dargelegt, steht dies der Anwendung der Nebenabrededoktrin nicht entgegen.[1026] Ähnlich wie die Due Diligence bei einer Unternehmenstransaktion, schafft die Offenlegung der aktuellen strategischen Daten die wesentliche Informationsgrundlage, aufgrund derer die Tarifvertragsverhandlungen stattfinden können. Sie ermöglicht die Verhandlung über die Höhe der Sanierungsopfer und der Gegenleistungen des Arbeitgebers. Des Weiteren ist die Informationsoffenlegung gegenüber dem Arbeitgeberverband für den Abschluss des unternehmensbezogenen Kollektivvertrags als kartellrechtsneutrale Hauptabrede auch notwendig, da ohne Offenlegung der strategischen Informationen der Tarifvertrag als Hauptabrede entweder gar nicht oder nur unter deutlich ungewisseren Voraussetzungen, zu wesentlich höheren Kosten, über einen spürbar längeren Zeitraum oder mit erheblich geringeren Erfolgsaussichten durchgeführt werden könnte.[1027] Gewerkschaft und Arbeitgeberverband werden ohne Kenntnis der konkreten Kennzahlen keinen unternehmensbezogenen Verbandstarifvertrag abschließen können. Überdies steht die Informationsoffenlegung auch in einem angemessenen Verhältnis zum angestrebten kartellrechtsneutralen Sanierungstarifvertrag. Dies ergibt sich aus der überragenden Bedeutung des

---

1026 Dazu näher: Kapitel 3 0.
1027 ABl. (2005) C-56/31 Rn. 13.

Sanierungstarifvertrags für das notleidende Unternehmen und der Relevanz der Informationsweitergabe für die Ausübung der Tarifautonomie zum Zwecke der singulären Unternehmenssanierung.

Demnach kann überzeugend der Rechtsgedanke der Nebenabrede-Doktrin auf die Sanierungstarifverhandlungssituation übertragen werden: Soweit die Informationsoffenlegung unmittelbar zur Vorbereitung von Tarifverhandlungen erfolgt, sie also funktionsnotwendig für die Durchführung des Tarifvertrags als Hauptabrede ist und zu dieser in einem angemessenen Verhältnis steht, ist das Kartellverbot im Wege der teleologischen Reduktion nicht anzuwenden.[1028]

*(4) Rückschlüsse für die Tarifverhandlungen in der Sanierungssituation*

Folglich ist die kartellrechtliche Privilegierung auf notwendige Vorfeldmaßnahmen bei Verhandlung eines unternehmensbezogenen Verbandssanierungstarifvertrags zu erstrecken. Indes ist die kartellrechtliche Privilegierung durch den Verhältnismäßigkeitsgrundsatz in mehrfacher Hinsicht begrenzt.[1029] Auch hier bietet sich eine Orientierung an den Grenzen der Due Diligence an, auch wenn einige Abweichungen zu berücksichtigen sind.

Erforderlich und angemessen ist zunächst nur die Offenlegung solcher Informationen, die eine wesentliche Bedeutung für die Verhandlung des Tarifvertrags haben. Die Offenlegung von Informationen über das Maß des Erforderlichen hinaus ist unzulässig. Indes spielt das Zeitmoment – anders als bei der Due Diligence – keine Rolle. Hier verringert sich die Zahl der Informationsempfänger nicht durch fortschreitenden Verhandlungsstand, sodass eine gestaffelte Informationsweitergabe nicht erforderlich ist. Vielmehr bleibt der Empfängerkreis konstant. Zudem handelt es sich bei der Verhandlungsstrategie um einen wesentlichen Faktor innerhalb der Sanierungstarifverhandlung. Der Zeitpunkt der Informationsweitergabe spielt neben der Art der Aufbereitung und anderen Faktoren eine erhebliche Rolle in den Tarifverhandlungen. Hier muss der Arbeitgeber im Rahmen der grundrechtlich gewährleisteten Koalitionsfreiheit nach Art. 9 Abs. 3 GG die konkrete Verhandlungsstrategie und die damit verbundene Informationsoffenlegung eigenständig entscheiden können.

---

1028 So allgemein zur Anwendung der Immanenztheorie im Rahmen der Anwendung des Kartellverbots auf die Tätigkeit der Arbeitgeberverbände: *Jäger*, Die Anwendbarkeit des GWB auf die Verbandsarbeit deutscher Arbeitgeberverbände, S. 276 ff.

1029 *Jäger*, Die Anwendbarkeit des GWB auf die Verbandsarbeit deutscher Arbeitgeberverbände, S. 276 ff.; zur Rechtslage bei der Due Diligence: *Wessely* in MüKo WettbR, Art. 7 FKVO Rn. 81; *Stockenhuber* in FS Aicher, 745 (751 f.).

Das Verhältnismäßigkeitsprinzip setzt den Gestaltungsmöglichkeiten der Parteien im Hinblick auf das Verfahren Schranken. Die Parteien sind dazu verpflichtet, die wettbewerbsbeeinträchtigenden Auswirkungen der Informationsoffenlegung zu vermeiden, bzw. möglichst gering zu halten. Daraus folgt, dass das Weitergabeverfahren so ausgestaltet sein muss, dass eine vertrauliche Behandlung dieser Daten gewährleistet ist.[1030] Analog zur Situation bei der Due Diligence muss der Arbeitgeber, um das Risiko einer wettbewerbsbeschränkenden Wirkung der Informationsweitergabe an den Arbeitgeberverband möglichst gering zu halten, Risikobegrenzungsmechanismen installieren.

Insoweit bieten sich die bekannten Instrumente wie etwa Anonymisierung und Aggregation von Daten, sowie die Einschaltung unabhängiger Berater oder die Implementierung von Clean Teams, als wettbewerbsrechtlicher Filter an. Dies führt dazu, dass bei den operativen Entscheidungsträgern die strategische Ungewissheit über das Marktverhalten des Wettbewerbers weiterbesteht und der Geheimwettbewerb aufrechterhalten bleibt.[1031]

Hinsichtlich der zu implementierenden Mechanismen ist zu berücksichtigen, dass anders als bei der Due Diligence hier nicht nur die Transparenz zwischen Erwerbsinteressent und Zielgesellschaft erhöht wird. Vielmehr besteht die Gefahr, dass ein deutlich größerer Kreis an Wettbewerbern Kenntnis von den strategischen Daten erlangt.[1032] Überdies bleiben am Ende der Verhandlungen die beteiligten Unternehmen als selbständige Akteure am Markt bestehen. Dies ist aus kartellrechtlicher Sicht besonders kritisch zu beurteilen.[1033] Auch wenn die ausgetauschten Informationen einer Due Diligence ähneln, entspricht der Empfängerkreis eher dem Idealbild eines Marktinformationssystems, in dem eine Vielzahl von Wettbewerbern am Informationsaustausch teilhat.[1034] Dieser Umstand führt dazu, dass im Rahmen der Tarifverhandlungen eine Vielzahl an Risikobegrenzungsmechanismen eingesetzt werden müssen, um dem Verhältnismäßigkeitsgrundsatz zu genügen. Alternativ kann der Arbeitgeberverband das notleidende Unternehmen dazu bevollmächtigen, den

---

1030 So zur Due Diligence: *Wessely* MüKo WettbR, Art. 7 FKVO Rn. 82; Kommission v. 24.4.2018 – M. 7993 Rn. 437 – Altice.

1031 So zur Due Diligence: *Wittig*, ZGR 2020, 525 (531 f.).

1032 Was insbesondere ein Argument für koordinierende Effekte der Informationsweitergabe ist, dazu: *Schubert*, ZWeR 2013, 54 (61).

1033 So für den Fall des Scheiterns eines Unternehmenszusammenschlusses: *Rudowicz*, Gun-Jumping Verstöße gegen Art. 7 FKVO und Art. 101 AEUV durch den vorzeitigten Vollzug anmeldepflichtiger Zusammenschlüsse, S. 262.

1034 So zur Due Diligence: *Schubert*, ZWeR, 2013 54 (61).

Sanierungstarifvertrag – gegebenenfalls mit Unterstützung eines hauptamtlichen Vertreters – selbst zu verhandeln.

### *d. Fazit*

Die Betrachtung der kartellrechtlichen Grenzen für die Informationsweitergabe im Rahmen von Sanierungstarifverhandlungen hat gezeigt, dass die einseitige Offenlegung von Informationen durch das notleidende Unternehmen gegenüber dem Arbeitgeberverband bzw. der Verhandlungskommission des Verbands durchaus dazu geeignet ist, wettbewerbsbeschränkende Wirkung zu entfalten und gegen Art. 101 Abs. 1 AEUV zu verstoßen. Durch die Offenlegung strategischer Informationen wird der Geheimwettbewerb partiell aufgehoben. Dadurch entsteht die Gefahr, dass die mitorganisierten Wettbewerbsunternehmen das zukünftige Marktverhalten des notleidenden Unternehmens antizipieren können, was im Ergebnis zu einer Angleichung des Wettbewerbsverhaltens durch die mitorganisierten Unternehmen führen kann.

Es bestehen erhebliche Ähnlichkeiten zur Offenlegung marktsensibler Daten im Rahmen einer transaktionsbezogenen Due Diligence. Auch hier kommt es zum Austausch wettbewerbssensibler Informationen, also zu einer partiellen Aufhebung des Geheimwettbewerbs. Insoweit ist die Anwendung der Nebenabrede-Doktrin auf den Austausch wettbewerbssensibler Informationen im Rahmen der Due Diligence überzeugend. Der Informationsaustausch auch von wettbewerbssensiblen Daten ist danach gerechtfertigt, soweit er zur Erreichung eines kartellrechtlich legitimen Zwecks erforderlich ist und nicht über das notwendige Maß hinausgeht. Dabei wird die Anwendung der Nebenabrede-Doktrin in mehrfacher Hinsicht durch den Verhältnismäßigkeitsgrundsatz begrenzt. Zum einen beschränkt sich die teleologische Reduktion des Kartellverbots auf das für die Durchführung der Hauptabrede erforderliche Maß. Überdies verpflichtet es die Parteien, bei Ausgestaltung des Offenlegungsprozesses Risikobegrenzungsmechanismen zu implementieren.

Dies lässt sich aufgrund der Vergleichbarkeit beider Situationen auf den Informationsfluss bei Verhandlung eines unternehmensbezogenen Verbandssanierungstarifvertrags übertragen. Der kartellrechtlich bedenkliche Informationsfluss ist für den Abschluss des – primärrechtlich über Art. 28 GrCh geschützten – unternehmensbezogenen Verbandstarifvertrags erforderlich und steht regelmäßig zum Tarifvertrag als Hauptabrede in einem angemessenen Verhältnis. Insoweit ist die Informationsoffenlegung auf das erforderliche Maß zu beschränken und die Parteien sind überdies dazu verpflichtet, die wettbewerbsbeschränkende Wirkung des Informationsaustausches über Risikobegrenzungsmaßnahmen zu beschränken.

### 3. *Verstoß gegen das Offenlegungsverbot von Insiderinformationen gem. Art. 10 i.V.m. Art. 14 lit. c) MAR?*

Neben der gesellschaftsrechtlichen Verschwiegenheitspflicht des Vorstands aus § 93 Abs. 1 S. 3 AktG und den kartellrechtlichen Schranken für den Austausch marktsensibler Daten, ist im Falle der Börsennotierung auch das Verbot der unrechtmäßigen Offenlegung von Insiderinformationen nach Art. 10 Abs. 1 i.V.m. Art. 14 lit. c) MAR zu berücksichtigen. Die Offenlegung von Insiderinformationen gegenüber dem Arbeitgeberverband muss folglich „befugt" erfolgen.

#### a. *Offenlegung von Insiderinformationen?*

Wie bereits an anderer Stelle dargelegt, erstreckt sich das Informationsbedürfnis der beteiligten Akteure regelmäßig auch auf Insiderinformationen im Sinne von Art. 7 MAR.[1035]

#### b. *Befugte Offenlegung*

Zur Einordnung als „befugt" muss die Offenlegung der Insiderinformation im Zuge der normalen Ausübung einer Beschäftigung oder eines Berufs oder der normalen Erfüllung von Aufgaben erfolgen. Dies ist, nach den *Grøngaard/ Bang* Kriterien im Wege einer Abwägung zwischen dem Offenlegungsinteresse des Weitergebenden und dem Informationseindämmungsinteresse des Kapitalmarkts zu ermitteln.[1036]

Für die Offenlegung von Insiderinformationen im Rahmen der Sanierungstarifverhandlungen gegenüber der Verhandlungskommission des Arbeitgeberverbands bedeutet dies, dass die Informationsweitergabe sowohl der gesellschaftsrechtlichen Verschwiegenheitspflicht, wie auch den kartellrechtlichen Anforderungen genügen muss, da sie andernfalls keinem legitimen Zweck dient.[1037]

Zu berücksichtigen ist, dass sowohl die Gewerkschaft, wie auch der Arbeitgeberverband auf die Informationsoffenlegung angewiesen sind, um die – für

---

1035 Siehe: Kapitel 3 0.

1036 Ausführlich hierzu: Kapitel 2 0.

1037 So zur transaktionsbezogenen Due Diligence: *Liekefett*, Due Diligence bei M&A Transaktionen, S. 170 f.

die Tarifverhandlung erforderliche – Bewertungs- und Informationsgrundlage zu erlangen. Die Verhandlungskommission benötigt eine hinreichende Informationsgrundlage, um die wirtschaftliche Situation des Unternehmens bewerten und mit der Gewerkschaft über die Höhe der Sanierungsopfer verhandeln zu können. Die Offenbarung der Insiderinformationen an die Verhandlungskommission stellt eine unerlässliche Vorbereitungshandlung für die Durchführung der Sanierungstarifverhandlungen, sprich für die Wahrnehmung der grundrechtlich geschützten Tarifautonomie, dar. Des Weiteren sind etwaige Alternativhandlungen weit weniger geeignet, den Tarifabschluss zu fördern, als die direkte Offenlegung der Insiderinformation. Aus diesem Grund sind die Offenlegungsinteressen des notleidenden Unternehmens besonders hoch zu gewichten.

Auf der anderen Seite wird das Informationseindämmungsinteresse des Kapitalmarkts durch die Offenlegung der Insiderinformationen an die Mitglieder der Verhandlungskommission tangiert. Allerdings erfolgt die Offenlegung der Insiderinformationen an einen begrenzten Personenkreis, welcher zur Wahrung der Vertraulichkeit verpflichtet ist. Aufgrund der kartell- und gesellschaftsrechtlichen Pflicht zur Implementierung wirksamer Risikobegrenzungsmechanismen wird dem Informationseindämmungsinteresse des Kapitalmarkts bereits Rechnung getragen. In letzter Konsequenz überwiegen die Offenlegungsinteressen des notleidenden Unternehmens auch das Informationseindämmungsinteresse des Kapitalmarkts und ist folglich als „befugt" einzuordnen.

## II. Ergebnis

Im Ergebnis zeigen sich bei der Sanierung mittels eines unternehmensbezogenen Verbandstarifvertrags erhebliche Missbrauchsrisiken, soweit Vertreter der anderen Mitgliedsunternehmen in den Verhandlungsprozess einbezogen sind. Spätestens innerhalb der Verhandlungskommission können wettbewerbssensible Informationen in die Sphäre aktueller und potentieller Wettbewerber gelangen. Diesen Umstand hat das zuständige unternehmerische Leitungsorgan in seiner Ermessensentscheidung zu berücksichtigen. Allerdings wird das notleidende Unternehmen häufig, beispielsweise aufgrund der verwendeten Bezugnahmeklausel oder verbandsinterner Schranken und Repressalien, auf die Sanierung mittels eines unternehmensbezogenen Verbandstarifvertrags angewiesen sein. Deshalb überwiegt in der Sanierungssituation das gesellschaftsrechtliche Offenlegungsinteresse des notleidenden Unternehmens, soweit durch die verfahrensmäßige Ausgestaltung des Offenlegungsprozesses, den Geheimhaltungsinteressen der Gesellschaft Rechnung getragen werden kann. Neben den gesellschaftsrechtlichen Schranken muss der Informationsfluss zudem den kartellrechtlichen Hürden genügen. Die Betrachtung der kartellrechtlichen Grenzen für die Informationsweitergabe hat gezeigt, dass die einseitige Offenlegung von Informationen durch das notleidende Unternehmen durchaus dazu geeignet ist, wettbewerbsbeschränkende Wirkung zu entfalten und gegen Art. 101 Abs. 1 AEUV zu verstoßen. Indes ist die Anwendung der Nebenabrede-Doktrin auf die Informationsoffenlegung wettbewerbssensibler Informationen überzeugend. Im Falle der Börsennotierung ist eine Vereinbarkeit mit dem Verbot der unberechtigten Offenlegung von Insiderinformationen gem. Art. 10 Abs. 1 i.V.m Art. 14 lit. c) MAR zu prüfen. Genügt die Informationsweitergabe an die Verhandlungskommission des Arbeitgeberverbands den gesellschafts- und kartellrechtlichen Schranken, dann erfolgt die Offenlegung nicht unbefugt. Durch die implementierten Risikobegrenzungsmaßnahmen wird dem Informationseindämmungsinteresse des Kapitalmarkts bereits Rechnung getragen, sodass im Ergebnis das Interesse des notleidenden Unternehmens an der Offenlegung von Insiderinformationen zur Wahrnehmung seiner grundrechtlich geschützten Tarifautonomie überwiegt.

## D. Kernaussage

Zentrale Erkenntnis der Untersuchung ist, dass die Informationsweitergabe bei Sanierungstarifvertragsverhandlungen, sowohl an die Gewerkschaft wie auch an den Arbeitgeberverband nicht unbeschränkt zulässig ist, sondern gewissen Grenzen unterliegt. Dies ergibt sich daraus, dass die Informationsweitergabe in der Sanierungssituation besonders sensible Daten des notleidenden Unternehmens betrifft. Die Sanierungstarifverhandlungen weisen insoweit vielfache Überschneidungen zur Informationsoffenlegung im Rahmen einer Due Diligence auf. Grund hierfür ist das enorme Informationsbedürfnis der Gewerkschaft und des Arbeitgeberverbands. Abweichend von der Situation bei Flächentarifvertragsverhandlungen steht hier die wirtschaftliche Situation eines einzelnen notleidenden Unternehmens im Fokus. Die Weitergabe der sensiblen Unternehmensdaten berührt die Interessen verschiedener Akteure in- und außerhalb der Gesellschaft. Diese Interessen sind bei der konkreten Ausgestaltung der Informationsweitergabe zu berücksichtigen.

Bei Anwendung der gesellschafts-, kartell- und insiderrechtlichen Schranken ist indes zu berücksichtigen, dass die Informationsweitergabe in der Sanierungssituation unerlässlich für die Ausübung der grundrechtlich geschützten Tarifautonomie ist. Diese Schranken sind im Lichte ihrer Bedeutung für die Tarifautonomie bei Verhandlung eines Sanierungstarifvertrags auszulegen. Daraus folgt, dass sich die Informationsweitergabe auf das für die Durchführung der

Tarifverhandlungen erforderliche Maß beschränken muss. Überdies müssen die Parteien in verfahrensmäßiger Hinsicht Risikobegrenzungsmaßnahmen implementieren, um die beeinträchtigten Interessen weitestgehend zu schonen. Vor allem beim unternehmensbezogenen Verbandssanierungstarifvertrag folgen daraus weitergehende Beschränkungen, da hier mannigfaltige Missbrauchsrisiken aus der strukturellen Schwäche des Verbandstarifvertrags in der Sanierungssituation resultieren.

# Kapitel 4: Infomationsverwaltungspflichten des Arbeitgeberverbands

Wie dargestellt, unterliegt das notleidende Unternehmen Schranken bei der Informationsweitergabe an seinen Arbeitgeberverband zum Zwecke der Verhandlung eines unternehmensbezogenen Verbandssanierungstarifvertrags. Dennoch ist die Weitergabe sensibler Informationen an den Arbeitgeberverband zulässig. Hat das notleidende Unternehmen diese sensiblen Informationen unter Wahrung der dargestellten Grenzen zulässigerweise an den Verband weitergegeben, stellt sich die Frage, wie der Arbeitgeberverband intern mit den offengelegten Informationen umgehen muss. Aus Sicht des Arbeitgeberverbands geht es hier nicht um die Frage der Informationsbeschaffung, sondern der Informationsverwaltung.

Besonderes Augenmerk liegt dabei auf potentiellen Interessenkonflikten innerhalb des Arbeitgeberverbands. Diese können daraus resultieren, dass Aufgaben im Verband regelmäßig als Ehrenamt ausgeführt werden, während die Vertreter hauptamtlich ihrem Unternehmen und dessen Interessen verpflichtet bleiben.[1038] Arbeitgeberverbände sind in aller Regel als Idealvereine mit der besonderen Zwecksetzung der Wahrung und Förderung der Arbeits- und Wirtschaftsbedingungen im Sinne von Art. 9 Abs. 3 GG organisiert.[1039] Hinsichtlich der internen Verbandsorganisation treffen den Arbeitgeberverband insoweit zwingende Regelungen des Vereinsrechts. Dieses bildet das rechtliche Korsett und damit den Handlungsrahmen des Arbeitgeberverbands. Demnach stehen den einzelnen Verbandsmitgliedern zwingende vereinsrechtliche Informationsansprüche gegen die Verbandsleitung zu. Speziell im Branchenarbeitgeberverband besteht – angesichts der aufgezeigten strukturellen Interessenkonflikte – die Gefahr der missbräuchlichen Geltendmachung dieser Rechte. Dies führt zur Frage, welche Pflichten die Vereinsleitung im Hinblick auf die offengelegten Informationen trifft. Muss die Verbandsleitung etwa Auskunftsersuche anderer verbandsangehöriger Mitglieder bezüglich des Inhalts und der Begleitumstände des Sanierungstarifvertrags beantworten? Weitergehend ist die Reichweite der Verschwiegenheitspflicht der hauptamtlichen Verbandsvertreter näher zu beleuchten. Diese sind regelmäßig unmittelbar an den Tarifverhandlungen

---

1038 *Engel*, Collective Governance in Tarifverbänden, S. 136 f.

1039 *Rieble* in MHdB ArbR, § 223 Rn. 3; *Schmittlein*, Verbands-Compliance, S. 10.

beteiligt und nehmen aus Sicht des notleidenden Unternehmens eine besondere Vertrauensstellung ein.

Eng verwoben mit der Frage, wie der Arbeitgeberverband im Innenverhältnis mit den offengelegten Informationen umgehen muss, ist die Frage, ob den Arbeitgeberverband eine Pflicht zur Implementierung organisatorischer Maßnahmen zur Sicherstellung des sorgsamen Umgangs mit den offengelegten Informationen trifft. Hier sind etwaige Haftungsrisiken des Verbands im Zusammenhang mit der Verwaltung der offengelegten sensiblen Informationen zu berücksichtigen.

## A. Geheimhaltungspflichten im Arbeitgeberverband

Als Exekutivorgan für den Arbeitgeberverband handelt zwingend der Vorstand, § 26 BGB.[1040] Im Arbeitgeberverband sind die Mitglieder des Vorstands regelmäßig auch Mitglieder der Tarifkommission.[1041] Im Rahmen der Verbandstätigkeit erhält die Verbandsleitung regelmäßig Einblick in sensible Informationen, welche vielfach Geschäftsgeheimnisse der Verbandsunternehmen darstellen.[1042] Dies gilt in besonderer Weise für den Fall der Sanierungstarifverhandlungen. Bei Sanierungstarifverhandlungen ist das notleidende Mitgliedsunternehmen zur Offenlegung sensibelster Informationen gegenüber dem Verband gezwungen. Während die Offenlegung der Informationen gegenüber dem Verband durch das Leitungsorgan des Unternehmens nur unter gewissen Voraussetzungen zulässig ist, stellt sich die Frage, inwieweit die Leitung des Arbeitgeberverbands Geheimhaltungspflichten bzgl. dieser Daten unterliegt.

### I. Geheimhaltungspflicht des Vorstands

Grundsätzlich trifft den Vorstand als Leitungsorgan des Arbeitgeberverbands die Pflicht über alle nicht allgemein bekannten Tatsachen, an deren Geheimhaltung ein berechtigtes Vereinsinteresse besteht, Verschwiegenheit zu wahren.[1043]

---

1040 *Rieble* in MHdB ArbR, § 223 Rn. 22.

1041 § 13 Nr. 2 der Satzung Arbeitgeberverband für die chemische Industrie in Norddeutschland e.V., abrufbar unter: https://www.chemienord.de/fileadmin/chemienord/Dokumente/Satzung__ChemieNord.pdf (zuletzt abgerufen am 15.12.2022).

1042 So zum allgemein zum Wirtschaftsverband: *Kopp* in Compliance für Wirtschaftsverbände, § 3 Rn. 65.

1043 *Segna* in BeckOGK, § 27 BGB Rn. 79; *Waldner/Wörle-Himmer* in Sauter/Schweyer/Waldner, Rn. 285.

Teilweise wird diese Pflicht in den Arbeitgeberverbandssatzungen noch einmal aufgegriffen.[1044] Die Verschwiegenheitspflicht ist Teil der gesellschaftsrechtlichen Treuepflicht des Organs, sodass hinsichtlich der Ausprägungen dieser Pflicht im Einzelnen auf die Ausführungen zur Geheimhaltungspflicht der Leitungsebene in AG und GmbH verwiesen werden kann.[1045] Hinsichtlich des personellen Umfangs greift die Verschwiegenheitspflicht grundsätzlich auch gegenüber den verbandsangehörigen Mitgliedern.

Damit die offengelegten unternehmensbezogenen Daten des notleidenden Unternehmens von der Geheimhaltungspflicht erfasst werden, ist demnach ein originäres Vereinsinteresse an der Geheimhaltung dieser Informationen erforderlich. Dieses verbandsseitige Geheimhaltungsinteresse an den Daten des notleidenden Unternehmens ist regelmäßig gegeben und folgt aus der Gefahr drohender Reputationsverluste für den Arbeitgeberverband: Für die Reputation des Arbeitgeberverbands wäre es verheerend, wenn Geschäftsgeheimnisse und sensible Informationen der organisierten Mitglieder nicht vertraulich behandelt würden. Müssten die organisierten Mitglieder um die Vertraulichkeit ihrer Informationen – insbesondere in einer wirtschaftlichen Notlage – fürchten, besteht die realistische Gefahr von Verbandsaustritten. Der Verband hat also ein originäres Interesse daran, dass die offengelegten Unternehmensdaten nicht innerhalb des Verbands frei zirkulieren können. Folglich hat der Vereinsvorstand die offengelegten Informationen – auch gegenüber den mitorganisierten Verbandsunternehmen – geheim zu halten.

## II. Konfliktpotential: Vereinsrechtliche Auskunftsansprüche

Diese Verschwiegenheitspflicht des Vorstands kann in Konflikt mit vereinsrechtlichen Auskunftsansprüchen der mitorganisierten Unternehmen geraten.[1046] Wie bereits dargestellt, kann bei einem nach dem Branchenprinzip organisierten Arbeitgeberverband ein erhebliches Interesse der mitorganisierten potentiellen oder aktuellen Wettbewerbsunternehmen an den offengelegten Unternehmensdaten bestehen. Die mitorganisierten Unternehmen haben unter anderem ein Interesse daran zu überprüfen, ob die Besserstellung des notleidenden

---

1044 So etwa § 15 Nr. 2 der Satzung Arbeitgeberverband für die chemische Industrie in Norddeutschland e.V., abrufbar unter: https://www.chemienord.de/fileadmin/chemienord/Dokumente/Satzung__ChemieNord.pdf (zuletzt abgerufen am 15.12.2022).

1045 Siehe dazu: Kapitel 3 0.

1046 *Segna* in BeckOGK, § 27 BGB Rn. 79.

Unternehmens in zeitlicher und inhaltlicher Hinsicht gerechtfertigt ist. Dies gilt insbesondere dann, wenn die Sanierungstarifverhandlungen vom notleidenden Unternehmen selbst unter Zuziehung eines hauptamtlichen Vertreters durchgeführt wurden. In diesem Fall fehlt es an der Kontrolle durch die Tarif- bzw. Verhandlungskommission.

Innerhalb des Arbeitgeberverbands stehen den Wettbewerbsunternehmen unabdingbare vereinsrechtliche Auskunftsansprüche gegen den Vorstand als Leitungsorgan zu. In einem ersten Schritt ist zu beleuchten, ob diese Auskunftsansprüche die offengelegten Unternehmensdaten erfassen. Daran schließt sich die Betrachtung an, wie ein etwaiger Konflikt zwischen der Wahrnehmung vereinsrechtlicher Informationsansprüche durch die Mitglieder und berechtigter Geheimhaltungsinteressen des Verbands aufzulösen ist. Dabei ist eine getrennte Betrachtung der einzelnen vereinsrechtlichen Informationsansprüche erforderlich.

### 1. *Kollektiver Auskunftsanspruch innerhalb der Mitgliederversammlung*

Als kodifizierter Informationsanspruch ist zunächst § 27 Abs. 3 BGB i.V.m. § 666 BGB zu beleuchten. Danach ist der Vorstand analog zum Auftragsrecht verpflichtet, *„dem Auftraggeber die erforderlichen Nachrichten zu geben, auf Verlangen über den Stand des Geschäfts Auskunft zu erteilen und nach der Ausführung des Auftrags Rechenschaft abzulegen.“* Von Interesse ist insbesondere die Auskunftspflicht über den Stand des Geschäftes, § 666 Alt. 2 BGB. Aktivlegitimierter dieses Informationsanspruchs ist dabei nicht das einzelne Vereinsmitglied, sondern der Verein als juristische Person. Er ist Vertragspartner des Vorstands und wird in dieser Situation von der Mitgliederversammlung vertreten.[1047]

#### a. *Inhalt und Voraussetzungen der Informationspflicht*

In inhaltlicher Hinsicht erstreckt sich diese Informationspflicht des Vorstands auf alle Vereinsangelegenheiten unabhängig davon, ob sie auf der Tagesordnung der Mitgliederversammlung stehen.[1048] Der Begriff der Vereinsangelegenheiten ist dabei weit zu verstehen: Gegenständlich wird unter „Vereinsangelegenheiten“

---

1047 *Segna*, Vorstandskontrolle in Großvereinen, S. 202 f.; *Leuschner* in MüKoBGB, § 27 BGB Rn. 51; *Grunewald*, ZIP 1989, 962; *Haas/Scholl* in FS Hadding, 364 (366).

1048 *Segna*, Vorstandskontrolle in Großvereinen, S. 206; *Segna* in BeckOGK, § 27 BGB Rn. 97; *Westermann* in Erman, § 27 BGB Rn. 6.

alles gefasst, was sich auf den Verein und seine Tätigkeiten bezieht.[1049] Insbesondere umfasst der Begriff der Vereinsangelegenheiten auch die schuldrechtlichen Beziehungen des Vereins zu Dritten und einzelnen Vereinsmitgliedern.[1050]

Während die inhaltliche Reichweite der Informationspflicht denkbar weit ausgestaltet ist, ist die Geltendmachung des Anspruchs an formelle Hürden geknüpft: In formeller Hinsicht setzt der Anspruch auf Auskunftserteilung ein entsprechendes Auskunftsersuchen der Mitgliederversammlung voraus. Ein Handeln der Mitgliederversammlung in Sachen des Vereins, also hier die Geltendmachung von Auskunftsrechten, ist an das Vorliegen eines entsprechenden Beschlusses gebunden, § 32 Abs. 1 BGB.[1051] Vorbehaltlich einer abweichenden Satzungsgestaltung, muss die Mitgliederversammlung mit der Mehrheit der abgegebenen Stimmen ein entsprechendes Auskunftsersuchen des Vereins an den Vorstand artikulieren.

### *b. Grenzen der Informationspflicht*

Folglich kann die Mitgliederversammlung gegenüber dem Vereinsvorstand nach entsprechender Beschlussfassung Auskunft über jede Angelegenheit des Vereins verlangen. Dies führt zur Frage, ob die entsprechende Auskunftspflicht des Vorstands grenzenlos besteht. Das Gesetz schweigt bezüglich der Grenzen der Informationspflicht des Vorstands gegenüber der Mitgliederversammlung. Indes finden sich vereinzelt Stimmen in der Literatur zur Frage, ob und unter welchen Voraussetzungen der Vorstand dem kollektiven Informationsanspruch aus § 27 Abs. 3 BGB i.V.m. § 666 BGB ein Auskunftsverweigerungsrecht entgegenhalten kann.

#### *aa. Meinungsstand*

Eine Auffassung geht davon aus, dass dem Vorstand grundsätzlich kein Verweigerungsrecht gegenüber der Mitgliederversammlung zusteht. Dies ergebe sich daraus, dass die Mitgliederversammlung das höchste Organ des Vereins sei. Als „Herrin der Vereinsgeheimnisse" komme der Mitgliederversammlung die Geheimniskompetenz im Verein zu.[1052] Eine enge Ausnahme bestehe nur,

---

1049 *Haas/Scholl* in FS Hadding, 364 (366).

1050 *Dehesseles/Voß*, Die Mediatisierung von Mitgliederrechten im Verein, S. 36; *Haas/Scholl* in FS Hadding, 364 (366); *Schwennicke* in Staudinger, § 27 BGB Rn. 85; für die Aktiengesellschaft: *Poelzig* in BeckOGK, § 131 AktG Rn. 72.

1051 *Grunewald*, ZIP 1989, 962; *Haas/Scholl* in FS Hadding, 364 (366).

1052 *Leuschner* in MüKoBGB, § 27 BGB Rn. 53.

soweit der das Auskunftsersuchen tragende Beschluss rechtswidrig wäre, weil damit vereinsfremde Sonderinteressen verfolgt würden.[1053]

Eine andere Literaturstimme gesteht dem Vorstand dem Rechtsgedanken der §§ 51a Abs 2 GmbHG, 131 Abs. 3 Nr. 1 AktG folgend ein Auskunftsverweigerungsrecht gegenüber der Mitgliederversammlung zu.[1054] Voraussetzung einer Auskunftsverweigerung sei es danach, dass der Auskunftserteilung eine konkrete Gefahr eines nicht unerheblichen Nachteils für den Verein innewohnt.

*Haas/Scholl* formulieren als Grenze des kollektiven Informationsrechts die Pflichtenkollision auf Seiten des Vorstands.[1055] Diese Pflichtenkollision könne sich etwa aus einem objektiv dem Informationsgesuch entgegenstehenden Vereinsinteresse oder aus einer vertraglichen Geheimhaltungsvereinbarung ergeben. Im Falle der Kollision zwischen Auskunftsersuchen und den Geheimhaltungsinteressen des Vereins habe der Vorstand eine Abwägung anhand des Vereinsinteresses vorzunehmen.[1056] Im Ergebnis sei die Frage der Mitgliederversammlung erneut zur Entscheidung vorzulegen, da die Mitgliederversammlung für die Konkretisierung des Vereinsinteresses zuständig sei.[1057] Bezüglich der Berücksichtigung einer Geheimhaltungsvereinbarung führen *Haas/Scholl* aus, dass im Wege der Auslegung zu ermitteln sei, ob die entsprechende Geheimhaltungsvereinbarung umfassend, also auch gegenüber der Mitgliederversammlung wirken soll.[1058] Ist dies der Fall, kollidiere die Auskunftspflicht des Vorstands mit seiner Pflicht zum rechtmäßigen Handeln im Außenverhältnis.[1059] Auch diese Pflichtenkollision habe der Vorstand im Wege der Abwägung anhand des Vereinsinteresses zu entscheiden. Das Vereinsinteresse an der Einhaltung der vertraglichen Verschwiegenheitsverpflichtung sei mit dem Interesse des Vereins an der Informationsweitergabe an die Mitgliederversammlung abzuwägen.[1060] Im Rahmen der Abwägung sei insbesondere zu berücksichtigen, ob die vertragliche Geheimhaltungsklausel mit Wissen und Wollen der Mitgliederversammlung in

---

1053 *Leuschner* in MüKoBGB, § 27 BGB Rn. 53.
1054 *Schwennicke* in Staudinger, § 27 BGB Rn. 87.
1055 *Haas/Scholl* in FS Hadding, 364 (381).
1056 *Haas/Scholl* in FS Hadding, 364 (381).
1057 *Haas/Scholl* in FS Hadding, 364 (381).
1058 *Haas/Scholl* in FS Hadding, 364 (385).
1059 *Haas/Scholl* in FS Hadding, 364 (385) unter Heranzierung von: BGH v. 6.4.1995 – IX ZR 61/94, ZIP 1995, 1021 (1030).
1060 *Haas/Scholl* in FS Hadding, 364 (385).

den Vertrag aufgenommen wurde.[1061] Freilich liege auch hier die Letztentscheidungskompetenz bei der Mitgliederversammlung, sodass der Vorstand verpflichtet sei, die Frage der Mitgliederversammlung zur Entscheidung vorzulegen.[1062]

Als weitere Fallgruppe für die Verweigerung des Auskunftsersuchens wird die Beeinträchtigung schutzwürdiger Drittinteressen herangezogen: Eine Auskunftsverweigerung könne dann gerechtfertigt sein, wenn durch die Informationserteilung nicht nur vereinseigene Interessen, sondern auch schutzwürdige Interessen von Geschäftspartnern berührt werden.[1063]

*bb. Stellungnahme*

Die Anerkennung eines Auskunftsverweigerungsrechts anhand des Rechtsgedankens der §§ 51a Abs. 2 GmbHG, 131 Abs. 3 Nr. 1 AktG kann nicht überzeugen. Die herangezogenen Regelungen betreffen die individuellen Auskunftsersuchen einzelner Gesellschafter, während § 27 Abs. 3 i.V.m. § 666 Alt. 2 BGB einen Auskunftsanspruch des Vereins, vertreten durch die Mitgliederversammlung, mithin einen kollektiven Informationsanspruch normiert. Während der kollektive Informationsanspruch Teil der inneren Organisationsverfassung des Vereins ist, resultiert das individuelle Informationsrecht aus der Mitgliedschaft selbst.[1064] Aufgrund der unterschiedlichen Natur der Ansprüche können die Wertungen der §§ 51a Abs. 2 GmbHG, 131 Abs. 3 Nr. 1 AktG nicht auf den kollektiven Auskunftsanspruch übertragen werden.

Im Ergebnis darf der Vorstand die Ablehnung eines Auskunftsersuchens der Mitglieder nicht allein auf das Argument stützen, dass die angefragten Informationen aufgrund vorrangiger Geheimhaltungsinteressen des Vereins geheimhaltungsbedürftig sind.[1065] Vielmehr obliegt es der Mitgliederversammlung als oberstem Vereinsorgan, das Vereinsinteresse zu bestimmen.[1066] Bei Eintritt einer

1061 *Haas/Scholl* in FS Hadding, 364 (385); *Waldner/Wörle-Himmer* in Sauter/Schweyer/Waldner, Rn. 281a; so auch *Segna* in BeckOGK, § 27 BGB Rn. 101.

1062 *Haas/Scholl* in FS Hadding, 364 (385); a.A. in Bezug auf die Letztentscheidungskompetenz des Vorstands: *Waldner/Wörle-Himmer* in Sauter/Schweyer/Waldner, Rn. 281a.

1063 *Segna* in BeckOGK, § 27 BGB Rn. 101; Ähnlich auch *Waldner/Wörle-Himmer* in Sauter/Schweyer/Waldner, Rn. 281a, die ein Verweigerungsrecht in Ausnahmefällen annehmen, allerdings ohne Begründung.

1064 *Segna*, Vorstandskontrolle im Großverein, S. 264.

1065 *Westermann* in Erman, § 27 BGB Rn. 6.

1066 *Segna* in BeckOGK, § 27 BGB Rn. 100.

Pflichtenkollision muss der Vorstand die Frage der Mitgliederversammlung zur Konkretisierung des Vereinsinteresses vorlegen.[1067]

Dennoch kann im Ausnahmefall ein Verweigerungsrecht des Vorstands angenommen werden. Allerdings ist diese Ausnahme eng zu verstehen, da andernfalls die Rolle der Mitgliederversammlung als oberstes Vereinsorgan und „Herrin der Vereinsgeheimnisse" entwertet werden würde. Überzeugenderweise kann der Vorstand nur dann die Auskunft gegenüber der Mitgliederversammlung verweigern, wenn die beschlusstragenden Mitglieder mit dem Auskunftsersuch vereinsfremde Sonderinteressen verfolgen.[1068]

### *c. Rückschlüsse für Informationsgesuche im Arbeitgeberverband*

Aus dieser Darstellung folgt, dass die Kollision zwischen kollektivem Auskunftsrecht aus §§ 27 Abs. 3 BGB i.V.m. § 666 S. 1 BGB und dem Geheimhaltungsinteresse an den offengelegten Informationen in den Sanierungstarifverhandlungen nur in absoluten Ausnahmefällen möglich ist. Der Abschluss von unternehmensbezogenen Verbandstarifverträgen stellt zwar als schuldrechtliche Beziehung des Arbeitgeberverbands zur Gewerkschaft eine Angelegenheit des Arbeitgeberverbands dar. Dementgegen bestehen bei diesem kollektiven Informationsrecht enorme Hürden, die faktisch zu einem Geheimnisschutz der dort offengelegten Informationen führen.

Dies ergibt sich bereits daraus, dass Gläubiger des Anspruchs nicht das einzelne Mitglied, sondern der Verein vertreten durch die Mitgliederversammlung ist. Die Mitgliederversammlung müsste einen Mehrheitsbeschluss über die Offenlegung der in den Verhandlungen relevanten Geschäftsgeheimnisse formulieren.[1069] Daraus folgt die formale Hürde, dass ein Auskunftsersuchen hinsichtlich der im Wege der Sanierungstarifvertragsverhandlung erlangten Informationen einen tragenden Mehrheitsbeschluss der Mitgliederversammlung benötigt.

Selbst wenn die mitorganisierten Wettbewerber des notleidenden Unternehmens einen entsprechenden Beschluss in der Mitgliederversammlung tragen können, steht dem Vorstand des Arbeitgeberverbands ein Verweigerungsrecht zu, soweit die beschlusstragenden Mitglieder vereinsfremde Sonderinteressen verfolgen.[1070] Die Verfolgung solcher vereinsfremder Sonderinteressen wird man

---

1067 *Haas/Scholl* in FS Hadding, 364 (385); a.A. bzgl. einer vertraglichen Geheimhaltungsvereinbarung: *Waldner/Wörle-Himmer* in Sauter/Schweyer/Waldner, Rn. 281a.

1068 *Leuschner* in MüKo BGB, § 27 BGB Rn. 53.

1069 *Segna*, Vorstandskontrolle in Großvereinen, S. 206.

1070 So: *Leuschner* in MüKo BGB, § 27 BGB Rn. 53.

zumindest dann annehmen können, wenn die Vereinsmitglieder erkennbar kein berechtigtes Interesse am Erhalt dieser Informationen vorbringen können. Im Rahmen dessen sind der Vereinszweck und die Rolle der Mitgliederversammlung im konkreten Vereinsgebilde zu kontextualisieren. Arbeitgeberverbände verfolgen den Zweck, die Arbeits- und Wirtschaftsbedingungen ihrer Mitglieder durch den Abschluss von Tarifverträgen zu fördern.[1071] Die Aufgaben der Mitgliederversammlung im Arbeitgeberverband beschränken sich in der Regel auf Grundsatzfragen.[1072] Abseits dessen sind Besonderheiten im Tarifverband zu berücksichtigen: Vor dem Hintergrund, dass die Verbandsorgane den Willen der Mitglieder repräsentieren und das Handeln der Verbandsorgane in Gestalt der abgeschlossenen Tarifverträge den Mitgliedern der Tarifvertragspartei zugerechnet werden kann, ergibt sich, dass die tarifgebundenen Mitglieder Einfluss auf die tarifpolitische Willensbildung haben müssen.[1073] Es muss verbandsrechtlich gewährleistet sein, dass die tarifgebundenen Mitglieder Einfluss auf die tarifrechtlich relevanten Handlungen des Verbands bzw. der dafür zuständigen Verbandsorgane haben.[1074] Indes folgt daraus nicht, dass jeder Tarifabschluss eines Arbeitgeberverbands von den Mitgliedern ratifiziert werden müsste.[1075] Eine gesonderte Beschlussfassung für tarifpolitische Einzelergebnisse ist nicht erforderlich.[1076] Für die angemessene Beteiligung der Mitglieder an der tarifpolitischen Willensbildung im Arbeitgeberverband genügt es, dass die Mitglieder die tarifpolitischen Leitlinien des Verbands gestalten können, m.a.W. die Grundsatzfragen der Tarifpolitik vorgeben können.[1077] Vorbehaltlich abweichender Satzungsregelungen bedarf der Abschluss eines Sanierungstarifvertrags keines gesonderten Zustimmungsbeschlusses. Dieser entfaltet lediglich singuläre Geltung für das notleidende Unternehmen.

---

1071 So etwa § 2 der Satzung Arbeitgeberverband für die chemische Industrie in Norddeutschland e.V., abrufbar unter: https://www.chemienord.de/fileadmin/chemienord/Dokumente/Satzung__ChemieNord.pdf (zuletzt abgerufen am 15.12.2022).

1072 So etwa § 9 Nr. 2 der Satzung Arbeitgeberverband für die chemische Industrie in Norddeutschland e.V., abrufbar unter: https://www.chemienord.de/fileadmin/chemienord/Dokumente/Satzung__ChemieNord.pdf (zuletzt abgerufen am 15.12.2022).

1073 BAG v. 4.6.2008 – 4 AZR 419/07, NZA 2008, 1366 (1369 f.); *Franzen* in ErfK, § 3 TVG Rn. 4.

1074 *Oetker* in Wiedemann, § 3 TVG Rn. 142.

1075 *Löwisch/Rieble*, § 1 TVG Rn. 635.

1076 *Löwisch/Rieble*, § 1 TVG Rn. 635.

1077 *Löwisch/Rieble*, § 1 TVG Rn. 635.

Daneben ist bei der Bestimmung der Mitgliederinteressen an Informationen bzgl. des Sanierungstarifabschlusses die Geltung des Gleichbehandlungsgrundsatzes im Arbeitgeberverband zu berücksichtigen: Räumen die Tarifparteien einem Unternehmen im Wege des unternehmensbezogenen Verbandstarifvertrags Dispens vom Flächentarifvertrag ein, muss diese Abweichung durch unternehmensspezifische Besonderheiten gerechtfertigt sein.[1078] Auch unter Berücksichtigung einer gewissen Einschätzungsprärogative können die Tarifparteien nicht grundlos einen Dispens vom Verbandstarifvertrag erteilen.[1079] Mitorganisierte Konkurrenten, denen eine entsprechende Abweichung in einer vergleichbaren Notlage verwehrt wird, können einen Gleichheitsverstoß rügen.[1080] Um einen etwaigen Verstoß gegen den verbandsrechtlichen Gleichbehandlungsgrundsatz feststellen zu können, besteht demnach ein tarifpolitisches Mitgliederinteresse an Inhalt und Begleitumständen des Sanierungstarifvertrags: Ohne die Informationen können die Mitgliedsunternehmen nicht beurteilen, ob die Abweichung vom Flächentarifvertrag wirklich erforderlich war. Jedoch beschränkt dieses Interesse die Reichweite des Informationsanspruchs, sodass ein tiefgehender Einblick in die offengelegten Geschäftsgeheimnisse des Unternehmens abzulehnen ist. Der Gleichbehandlungsgrundsatz verbietet die grundlose Besserstellung einzelner Verbandsmitglieder. Die verbandsinterne Unterscheidung muss durch ertragsbezogene, strukturelle oder sonstige sachliche Gründe gerechtfertigt sein.[1081] Tarifvertragsparteien können im Bereich ihrer Regelungsbefugnis nach der wirtschaftlichen Lage der Unternehmen differenzieren.[1082] Welche unternehmensspezifischen Gründe im Detail vorlagen, ist für die Wahrnehmung der Vereinsinteressen der organisierten Mitglieder nicht relevant. Vielmehr kann dem Informationsbedürfnis der Mitgliedsunternehmen durch die Vorlage geschwärzter Dokumente oder aggregierter Informationen Rechnung getragen werden. Die Kenntnis des genauen Kompromisses

---

1078 *Löwisch/Rieble*, § 1 TVG Rn. 855.

1079 *Löwisch/Rieble*, § 1 TVG Rn. 859.

1080 *Löwisch/Rieble*, § 1 TVG Rn. 950, *Cherdron*, Tarifliche Sanierungs- und Sozialplanvereinbarungen, S. 295.

1081 *Oetker* in Wiedemann, § 2 TVG Rn. 258.

1082 *Cherdron*, Tarifliche Sanierungs- und Sozialplanvereinbarungen, S. 296 ff.; *Löwisch/Rieble*, § 1 TVG Rn. 855; *Oetker* in Wiedemann, § 2 TVG Rn. 258; *Bonin*, Standortsicherung versus Tarifbindung, S. 290 f.; a.A. *Sutschet*, ZfA 2005, 581 (592), der das Mitgliederinteresse an unbedingter Gleichbehandlung für vorrangig erachtet; differenzierend: *Buchner*, DB 2001 Beilage Nr. 9, 1 (4 f.), der für die Differenzierung die Zustimmung der anderen Verbandsmitglieder für nötig erachtet.

im Einzelfall sowie der Kennzahlen des notleidenden Unternehmens ist insoweit nicht durch berechtigte Mitgliederinteressen gerechtfertigt. Überdies findet die ordentliche Mitgliederversammlung im Arbeitgeberverband nur sehr selten statt.[1083] Dieses Zeitmoment entschärft die Situation für das notleidende Unternehmen. Die offengelegten Kennzahlen und der konkrete Tarifkompromiss mit der Gewerkschaft haben aufgrund der Schnelllebigkeit der modernen Wirtschaft nur eine kurze Halbwertszeit.

Resümierend kommt es aufgrund der hohen formalen Hürden in den seltensten Fällen zu einer Kollision zwischen dem kollektiven Informationsanspruch aus § 27 Abs. 3 BGB i.V.m. § 666 BGB und den Geheimhaltungsinteressen des notleidenden Unternehmens. Selbst wenn diese formale Hürde genommen wird, steht dem Vorstand ein Auskunftsverweigerungsrecht hinsichtlich der sensiblen Unternehmensinformationen zu.

### 2. *Auskunftsanspruch des individuellen Verbandsmitglieds?*

Abseits des kodifizierten Informationsanspruchs aus § 27 Abs. 3 BGB i.V.m. § 666 BGB, stellt sich die Frage, ob auch dem einzelnen Unternehmen als Verbandsmitglied im Arbeitgeberverband ein individueller Auskunftsanspruch gegen den Vorstand zusteht. Dabei ist zu unterscheiden, ob die Auskunftserteilung innerhalb oder außerhalb der Mitgliederversammlung angestrebt wird.

#### a. *Individuelles Auskunftsrecht innerhalb der Mitgliederversammlung*

Die heutige allgemeine Meinung erkennt ein individuelles Auskunftsrecht innerhalb der Mitgliederversammlung an.[1084] Als Anknüpfungspunkt für die Herleitung des individuellen Informationsrechts dient dabei die Vereinsmitgliedschaft als solche.[1085] Mit der Mitgliedschaft im Verein gehe als Hilfsrecht ein individueller Informationsanspruch einher, welcher durch das Informationsbedürfnis jedes Mitglieds legitimiert, aber auch begrenzt sei.[1086] Insoweit steht auch dem

---

1083 So ordnet § 9 Nr. 1a der Satzung Arbeitgeberverband für die chemische Industrie in Norddeutschland e.V. an, dass die ordentliche Mitgliederversammlung nur einmal jährlich stattfindet, abrufbar unter: https://www.chemienord.de/fileadmin/chemienord/Dokumente/Satzung__ChemieNord.pdf (zuletzt abgerufen am 15.12.2022).

1084 Siehe etwa: *Haas/Scholl* in FS Hadding, 365 (374) m.z.N.

1085 *Haas/Scholl* in FS Hadding, 365 (374); Leuschner in MüKoBGB, § 38 BGB Rn. 22; *Segna* in BeckOGK, § 27 BGB Rn. 95.1.

1086 *Grunewald*, ZIP 1989, 962 (963).

einzelnen Vereinsmitglied in der Mitgliederversammlung ein eigener Informationsanspruch zu.[1087]

Im Einzelnen ist die genaue rechtliche Verortung des individuellen Anspruchs strittig. Teilweise wird es – wie das kollektive Informationsrecht – aus §§ 27 Abs. 3 i.V.m. 666 Alt. 2 BGB abgeleitet[1088], während andere Stimmen eine Analogie zu § 131 AktG bemühen.[1089] Überzeugenderweise kann § 27 Abs. 3 i.V.m. § 666 Alt. 2 BGB nicht als Bezugspunkt für das individuelle Auskunftsrecht einzelner Vereinsmitglieder dienen. Der kollektive und individuelle vereinsrechtliche Auskunftsanspruch sind wesensverschieden, da der kollektive Informationsanspruch Teil der inneren Organisationsverfassung des Vereins ist.[1090] Trotz struktureller Unterschiede zwischen AG und Verein kann § 131 AktG als Richtlinie für die Ausgestaltung der mitgliedschaftlichen Informationsrechte dienen.[1091] Daraus folgt, dass sich der Anspruch auf diejenigen Verhältnisse erstreckt, deren Kenntnis erforderlich ist, um die Mitgliedschaftsrechte sinnvoll und sachgerecht auszuüben.[1092] Der Umfang der Informationsrechte richtet sich im Ergebnis nach dem Umfang der mitgliedschaftlichen Rechte.[1093] Folge der Anerkennung des individuellen Informationsrechts ist, dass das einzelne Vereinsmitglied direkt ohne Mitgliederbeschluss Auskunft vom Vorstand verlangen kann.[1094]

### *b. Außerhalb der Mitgliederversammlung*

Strittig ist, ob dieser individuelle Informationsanspruch auch außerhalb der Mitgliederversammlung geltend gemacht werden kann. Dies wird in Rechtsprechung

1087 *Grunewald*, ZIP 1989, 962 (963); *Waldner/Wörle-Himmer* in Sauter/Schweyer/Waldner, Rn. 281.

1088 BGH v. 11.11.2002 – II ZR 125/02, DStR 2003, 847 (848); LG Stuttgart v. 17.2.2000 – 6 S 4/991479, NJW-RR 2001, 1478; *Michalski/Arends*, Anm. zu KG v. 17.12.1998 – Kart U 3669/98, NZG 1999, 779 (780).

1089 *Leuschner* in MüKoBGB, § 38 BGB Rn. 23; *Grunewald*, ZIP 1989, 962 (963).

1090 *Segna*, Vorstandskontrolle im Großverein, S. 264.

1091 *Grunewald*, ZIP 1989, 962 (963); Ausführlich hierzu mitunter kritisch: *Segna*, Vorstandskontrolle im Großverein, S. 264 ff.; *Dehesseles/Voß*, Die Mediatisierung von Mitgliederrechten im Verein, S. 38 ff.

1092 *Haas/Scholl* in FS Hadding, 364 (376 f.); *Waldner/Wörle-Himmer* in Sauter/Schweyer/Waldner, Rn. 281.

1093 *Grunewald*, ZIP 1989, 962 (963); *Haas/Scholl* in FS Hadding, 364 (375).

1094 *Haas/Scholl* in FS Hadding, 365 (374).

und Literatur weit überwiegend abgelehnt.[1095] Das individuelle Informationsrecht diene der Absicherung der mitgliedschaftlichen Rechte. Diese seien nach § 32 BGB in der Mitgliederversammlung auszuüben, sodass sich auch der Informationsanspruch auf eine Geltendmachung in der Mitgliederversammlung beschränke.[1096] Vereinzelte Literaturstimmen fordern ein individuelles Informationsrecht auch außerhalb der Mitgliederversammlung zuzulassen. Einschränkend wird ein berechtigtes Interesse gefordert, welches sich auf die Mitwirkung an der Willensbildung des Vereins beziehen muss.[1097]

### c. Grenzen des individuellen Auskunftsrechts

Unabhängig von der genauen rechtlichen Herleitung des individuellen Auskunftsanspruchs besteht Einigkeit darüber, dass dieser individuelle Informationsanspruch nicht grenzenlos besteht. Zum einen ist anerkannt, dass das individuelle Auskunftsrecht auf solche Informationen beschränkt ist, welche für die sinnvolle Ausübung der vereinsrechtlichen Mitgliedschaftsrechte erforderlich sind.[1098] Missbräuchlichen Informationsgesuchen kann der Einwand des Rechtsmissbrauchs entgegengehaltenen werden.[1099]

Weiterhin werden bezüglich der Grenzen des individuellen Informationsanspruchs § 51a Abs. 2 GmbHG sowie § 131 Abs. 3 AktG, bzw. deren Rechtsgedanken angeführt.[1100] Auch der BGH zieht zur Begrenzung des individuellen Informationsanspruchs § 51a Abs. 2 GmbHG analog heran.[1101] Jedoch steht der analogen Anwendung von § 51a Abs. 2 GmbHG insbesondere eine praktische Erwägung entgegen: Die Informationsverweigerung nach § 51a Abs. 2 GmbHG

---

1095 OLG Nürnberg v. 31.1.2011 – 4 U 1639/10, juris; KG v. 17.12.1998 – Kart U 3669-98, NJW-RR 1999, 1486; *Haas/Scholl* in FS Hadding, 365 (379); *Grunewald*, ZIP 1989, 962 (963).

1096 *Grunewald*, ZIP 1989, 962 (963).

1097 *Leuschner* in MüKoBGB, § 38 BGB Rn. 23; *Neudert/Waldner* in Sauter/Schweyer/Waldner, Rn. 336; *Segna*, Vorstandskontrolle im Großverein, S. 269.

1098 *Haas/Scholl* in FS Hadding, 365 (378 f.).

1099 *Notz* in BeckOGK, § 32 BGB Rn. 120; ähnlich: *Segna*, Vorstandskontrolle im Großverein, S. 271; *Dehesseles/Voß*, Die Mediatisierung von Mitgliederrechten im Verein, S. 43.

1100 *Schöpflin* in MHdB GesR V, § 34 Rn. 18; undifferenziert *Schwennicke* in Staudinger, § 27 BGB Rn. 87, sowie *Dehesseles/Voß*, Die Mediatisierung von Mitgliederrechten im Verein, S. 41, die den Rechtsgedanken beider Vorschriften bedienen.

1101 BGH v. 11.11.2002 – II ZR 125/02, DStR 2003, 847 (848).

setzt einen Gesellschafterbeschluss voraus. Diese formale Hürde ist bspw. in Großvereinen kaum praktikabel.[1102]

Demnach ist die Heranziehung von § 131 Abs. 3 AktG vorzugswürdig.[1103] Dieser sieht einen abschließenden Katalog von Gründen für die Auskunftsverweigerung des Vorstands in der Hauptversammlung vor. Dieser abschließende Katalog des § 131 Abs. 3 AktG dient dazu, das Informationsinteresse der Aktionäre mit dem Geheimhaltungsinteresse der Gesellschaft zu harmonisieren.[1104] Der bedeutendste Verweigerungsgrund findet sich in § 131 Abs. 3 Nr. 1 AktG.[1105] Nach § 131 Abs. 3 Nr. 1 AktG darf der Vorstand eine Auskunft verweigern, wenn die Auskunftserteilung der Gesellschaft einen nicht unerheblichen Nachteil zufügen würde. Ein nicht unerheblicher Nachteil setzt dabei nicht den Eintritt eines Schadens i.S.d. §§ 249 ff. BGB voraus, vielmehr genügt jede gewichtige Beeinträchtigung des Gesellschaftsinteresses.[1106]

#### d. *Rückschlüsse*

Für vereinsrechtliche Informationsgesuche, die die offengelegten Geschäftsgeheimnisse innerhalb der Sanierungstarifvertragsverhandlungen betreffen, folgt daraus, dass eine Kollision mit den Geheimhaltungsinteressen des Vereins aufgrund des Fehlens einer formalen Schranke eher gegeben sein wird. Indes sind die materiellen Grenzen des individuellen Auskunftsbegehrens höher: Während dem kollektiven Informationsanspruch lediglich im Einzelfall ein Auskunftsverweigerungsrecht des Vorstands entgegengesetzt werden konnte, können bei individuellen Auskunftsersuchen kollidierende Vereinsinteressen berücksichtigt werden. Als Anknüpfungspunkt für die Berücksichtigung kollidierender Geheimhaltungsinteressen des Vereins kann § 131 Abs. 3 S. 1 Nr. 1 AktG analog herangezogen werden. Insoweit würde die Auskunftserteilung über die offengelegten Informationen und genauen Umstände des Sanierungstarifvertrags zu einem erheblichen Nachteil des Arbeitgeberverbands führen: Würde bekannt,

1102 *Segna*, Anm. zu: BGH v. 11.11.2002 – II ZR 125/02, EWiR 2003, 307 (308); *Haas/Scholl* in FS Hadding, 365 (384); a.A. BGH v. 11.11.2002 – II ZR 125/02, ZIP 2003, 345 (347).

1103 *Haas/Scholl* in FS Hadding, 365 (384); *Notz* in BeckOGK, § 32 BGB Rn. 120; *Leuschner* in MüKoBGB, § 38 BGB Rn. 22; *Dehesseles/Voß*, Die Mediatisierung von Mitgliederrechten im Verein, S. 42.

1104 *Poelzig* in BeckOGK, § 131 AktG Rn. 147.

1105 *Koch*, § 131 AktG Rn. 55.

1106 BayObLG v. 20.3.1996 – 3Z BR 324/95, NJW-RR 1996, 994 (995); *Kubis* MüKoAktG, § 131 AktG Rn. 120; *Koch*, § 131 AktG Rn. 55.

dass Geschäftsgeheimnisse und vertrauliche Informationen innerhalb von Sanierungstarifverhandlungen an mitorganisierte Konkurrenten dringen würden, würde dies der Reputation des Arbeitgeberverbands massiv schaden.

Weitergehend besteht in aller Regel eine Geheimhaltungsvereinbarung zwischen Arbeitgeberverband und dem notleidenden Unternehmen.[1107] Die Auslegung dieser Vereinbarung führt zu dem Ergebnis, dass sie umfassend – also auch gegenüber der Mitgliederversammlung – gelten soll. Die Berücksichtigung vertraglicher und gesetzlicher Geheimhaltungspflichten ist insoweit möglich, wie sie unter eine Fallgruppe des § 131 Abs. 3 AktG fallen.[1108] Es kommt also darauf an, ob die Geheimhaltungsvereinbarung gerechtfertigt war, weil dem Verein andernfalls ein erheblicher Nachteil droht, § 131 Abs. 3 Nr. 1 AktG.[1109] Dies ist regelmäßig zu bejahen, da der Arbeitgeberverband an der Absicherung der Geschäftsgeheimnisse seiner Mitgliedsunternehmen ein originäres Interesse hat.

### *3. Zwischenergebnis: Absicherung der Geschäftsgeheimnisse gegenüber den Auskunftsansprüchen mitorganisierter Unternehmen*

Folglich erstrecken sich die vereinsrechtlichen Informationsansprüche regelmäßig auch auf Informationen, die von einem notleidenden Unternehmen an den Arbeitgeberverband zum Zwecke der Verhandlung über einen Sanierungstarifvertrag offengelegt wurden. Insoweit kollidiert die Geheimhaltungspflicht des Vorstands mit seiner Pflicht zur Auskunftserteilung an die Mitgliederversammlung und an einzelne Mitglieder in und ggf. außerhalb der Mitgliederversammlung. Indes bestehen diese Informationsansprüche nicht unbegrenzt. Vielmehr kann der Vorstand überschießenden Auskunftsersuchen ein Auskunftsverweigerungsrecht entgegensetzen und entsprechende sensible Unternehmensinformationen schwärzen. So lässt sich im Ergebnis ein schonender Ausgleich zwischen den Geheimhaltungsinteressen des notleidenden Unternehmens und den Informationsinteressen mitorganisierter potentieller oder aktueller Konkurrenzunternehmen treffen. Weiter entschärft wird die Situation durch das Zeitmoment: Im Arbeitgeberverband nimmt die Mitgliederversammlung regelmäßig nur Grundsatzentscheidungen vor und tagt daher selten. Dadurch

---

1107 Hierzu: Kapitel 3 0.

1108 *Poelzig* in BeckOGK, § 131 AktG Rn. 159; BayObLG v. 20.3.1996 – 3Z BR 324/95, NJW-RR 1996, 994 (996).

1109 *Schöpflin* in MHdB GesR V, § 34 Rn. 19; BayObLG v. 20.3.1996 – 3Z BR 324/95, NJW-RR 1996, 994 (996).

verlieren die Informationen regelmäßig ihre Aktualität und damit ihre Sensibilität für das notleidende Unternehmen.

## III. Schweigepflicht der Verbandsvertreter

Bei Verhandlung eines unternehmensbezogenen Verbandssanierungstarifvertrags erlangen vor allem die angestellten hauptamtlichen Verbandsvertreter Einblick in die Geschäftsgeheimnisse des notleidenden Unternehmens. Vielfach sind Verbandsvertreter unmittelbar an den Verhandlungen des unternehmensbezogenen Verbandssanierungstarifvertrags beteiligt und verhandeln diesen Seite an Seite mit dem notleidenden Unternehmen. Aufgrund dieser Unterstützerrolle innerhalb der Sanierungstarifverhandlungen und ihrer Expertise nehmen die Verbandsvertreter eine besondere, anwaltsgleiche Vertrauensstellung ein. Es stellt sich die Frage, ob die berufsrechtlichen Pflichten eines Anwalts – insbesondere die umfassende Schweigepflicht – auch die allgemeinen Verhaltensstandards für die Verbandsjuristen prädeterminieren.[1110]

### *1. Außergerichtliches Rechtsberatungsprivileg des Arbeitgeberverbands*

Die Befugnis des Arbeitgeberverbands als berufsständische Vereinigung zur Rechtsberatung ergibt sich aus § 7 Abs. 1 Nr. 1 RDG.[1111] Im Rahmen seines satzungsgemäßen Aufgabenbereichs steht dem Verband das Recht zur außergerichtlichen Rechtsberatung zu.[1112] Dabei ist das Rechtsberatungsprivileg auf die eigenen Verbandsmitglieder beschränkt.[1113]

### *2. Anwendung rechtsberatungsspezifischer Schweigepflichten?*

Vor dem Hintergrund des besonderen Vertrauensverhältnisses zwischen dem notleidenden Unternehmen und den in die Verhandlungen involvierten Verbandsvertretern stellt sich die Frage, ob die Verbandsvertreter den

---

1110 *Schmittlein,* Verbands-Compliance, S. 130; *Rieble,* https://www.zaar.uni-muenchen.de/pub/kolumnen/20090601.pdf.

1111 BAG v. 22.10.2003 – 10 AZR 13/03 AP TVG § 1 Tarifverträge: Gebäudereinigung Nr. 16; OLG Köln v. 3.7.1987 – 6 U 62/87, NJW-RR 1988, 679; *Schmidt in Krenzler,* § 7 RDG Rn. 42.

1112 *Schmidt* in Krenzler, § 7 RDG Rn. 42; *Schmittlein,* Verbands-Compliance, S. 121.

1113 *Schmidt* in Krenzler, § 7 RDG Rn. 42; *Schmittlein,* Verbands-Compliance, S. 123.

rechtsberatungsspezifischen Verschwiegenheitspflichten aus § 43a BRAO und § 203 Abs. 1 Nr. 3 StGB unterliegen.

### a. *Verbandsvertreter fällt nicht unter die BRAO...*

Indes handelt es sich bei der Tätigkeit für einen Verband um eine mit dem Anwaltsberuf unvereinbare Tätigkeit[1114]: Für eine Anwendung der BRAO und damit auch der anwaltlichen Verschwiegenheitspflicht aus § 43a BRAO fehlt es den Verbandsvertretern an der Eigenverantwortlichkeit als Organ der Rechtspflege. Die Verbandsvertreter unterfallen nicht dem anwaltlichen Standesrecht.[1115]

### b. *... und auch nicht unter § 203 Abs. 1 Nr. 3 StGB*

Insoweit scheidet auch eine Anwendung von § 203 Abs. 1 Nr. 3 StGB aus. § 203 Abs. 1 Nr. 3 StGB verpflichtet bestimmte Berufsgruppen des Rechts- und Wirtschaftslebens zur Wahrung ihnen anvertrauter Geheimnisse. Der Begriff des Rechtsanwalts in § 203 Abs. 1 Nr. 3 StGB ist BRAO-akzessorisch, und auch eine Einordnung der Verbandsvertreter als Syndikusanwalt bei Beratung der Verbandsmitglieder scheidet aus: Im Rahmen der Rechtsberatung für ein Verbandsmitglied werden die Verbandsvertreter nicht weisungsfrei als Rechtsanwalt tätig, sondern unterliegen den Weisungen der Verbandsorgane.[1116] Daher unterliegen Verbandsvertreter nicht der Verschwiegenheitspflicht aus § 203 StGB und aufgrund des Analogieverbots aus Art. 103 Abs. 2 GG scheidet eine analoge Anwendung der Norm aus.[1117]

## 3. *Transformation in das Rechtsberatungsverhältnis?*

Allerdings entsteht durch die Zuziehung eines Verbandsjuristen ein eigenständiges Rechtsberatungsverhältnis zwischen dem verbandsangehörigen Unternehmen und dem Arbeitgeberverband.[1118] Dieses Rechtsberatungsverhältnis wird durch eine vertragliche Verschwiegenheitspflicht als Nebenpflicht im Sinne von § 241 Abs. 2 BGB abgesichert, wobei sich Umfang und Inhalt an der Natur des Schuldverhältnisses orientiert.[1119] Da die Verbandsvertreter insoweit eine

---

1114 BGH v. 27.5.1991 - AnwZ (B) 4/91, NJW 1991, 2289.

1115 *Schmittlein*, Verbands-Compliance, S. 130; *Koch* in ErfK, § 11 ArbGG Rn. 6.

1116 *Cierniak/Niehaus* in MüKoStGB, § 203 StGB Rn. 36, 44 m.z.w.N.; *Schmittlein*, Verbands-Compliance, S. 134.

1117 *Schmittlein*, Verbands-Compliance, S. 135; *Bauer*, NZA 1999, 11 (15).

1118 *Schmittlein*, Verbands-Compliance, S. 127.

1119 *Schmittlein*, Verbands-Compliance, S. 135.

rechtsanwaltsgleiche Vertrauensstellung einnehmen, erscheint eine Orientierung der vertraglichen Verschwiegenheitspflicht aus dem Rechtsberatungsverhältnis am Inhalt der anwaltlichen Verschwiegenheitspflicht aus § 43a BRAO interessengerecht.[1120] In inhaltlicher Hinsicht erstreckt sich die Verschwiegenheitspflicht auf sämtliche Informationen, die im Rahmen des Rechtsberatungsvertrags bekanntgeworden sind.[1121] Sie bezieht sich insoweit auf alle Umstände, die eine vertrauliche Behandlung erfordern.[1122] Hinsichtlich des Umfangs der Geheimhaltungspflicht in personeller Hinsicht gilt, dass der Verbandsvertreter auch gegenüber seinem eigenen Verband zur Verschwiegenheit verpflichtet ist.[1123]

#### 4. *Folge für die Sanierungstarifverhandlungen*

Wendet sich ein verbandsangehöriges Unternehmen an seinen Arbeitgeberverband zur Verhandlung eines unternehmensbezogenen Verbandssanierungstarifvertrags, entsteht zwischen dem Arbeitgeberverband und dem notleidenden Unternehmen eine Sonderbeziehung in Form eines eigenständigen Rechtsberatungsverhältnisses. Aus diesem resultiert eine besondere – anwaltsgleiche – Vertrauensstellung der Verbandsvertreter, welcher in einer vertraglichen Verschwiegenheitspflicht der involvierten Verbandsvertreter mündet. Sie haben in Anlehnung an die Reichweite zum Anwaltsgeheimnis aus § 43a BRAO umfassend die Verschwiegenheit über die offengelegten Informationen zu wahren. Vor dem Hintergrund der Sensibilität der dort offenbarten Geschäftsgeheimnisse greift die Verschwiegenheitspflicht der Verbandsvertreter regelmäßig gegenüber jedermann, also insbesondere auch gegenüber anderen Verbandsmitgliedern, welche nicht an den Sanierungstarifverhandlungen beteiligt waren.

## B. Informations-Compliance im Arbeitgeberverband

### I. Herleitung: Allgemeine Pflicht zur Verbands-Compliance

Der Vereinsvorstand hat folglich die im Rahmen der Verhandlungen offengelegten sensiblen Informationen des notleidenden Unternehmens, gegenüber vereinsrechtlichen Auskunftsansprüchen abzusichern. Weitergehend unterliegen

---

1120 *Schmittlein*, Verbands-Compliance, S. 136.

1121 *Henssler* in Henssler/Prütting, § 43a BRAO Rn. 45a.

1122 *Henssler* in Henssler/Prütting, § 43a BRAO Rn. 45a.

1123 *Schmittlein*, Verbands-Compliance, S. 136.

auch die involvierten hauptamtlichen Vertreter einer Verschwiegenheitspflicht gegenüber dem Verband im Hinblick auf die sensiblen Unternehmensdaten. Im Folgenden geht es um die Frage, inwieweit den Arbeitgeberverband darüber hinaus Pflichten im Umgang mit den sensiblen Informationen treffen.

Eng verbunden mit der Frage, wie der Arbeitgeberverband mit den offengelegten Informationen der Mitgliedsunternehmen umgehen muss, ist die Frage nach der sog. Verbands-Compliance. Grundsätzlich trifft den Arbeitgeberverband als Verein – vertreten durch seine Organe – die Pflicht zum gesetzestreuen Verhalten.[1124] Wie alle Teilnehmer im Rechtsverkehr sind auch Arbeitgeberverbände verpflichtet, sich an geltendes Recht zu halten. Der Vorstand schuldet dem Verein bei Wahrnehmung seiner Leitungsaufgaben die Sorgfalt eines ordentlichen und gewissenhaften Vereinsvorstands.[1125] Diese geschuldete Sorgfalt eines ordentlichen und gewissenhaften Vorstands erfasst insbesondere auch die Pflicht zur Einhaltung der an das Organ sowie an den Verein adressierten Gesetze bei eigenem Handeln des Leitungsorgans.[1126] Demnach wird die Legalitätspflicht des Vereins im Außenverhältnis über das Scharnier des geschuldeten Sorgfaltsmaßstabs im Innenverhältnis in das Binnenverhältnis zwischen Leitungsorgan und Verband übertragen.[1127]

Die Pflicht zur Compliance geht über die reine Legalitätspflicht des Vorstands hinaus. Neben der eigenen Regeltreue hat das Leitungsorgan auch für ein rechtstreues Verhalten aller Verbandsangehörigen zu sorgen, indem er der Gefahr von Rechtsverstößen aus der Sphäre der Gesellschaft durch entsprechende Maßnahmen entgegenwirkt. Die so als Legalitätskontrollpflicht verstandene Compliance verpflichtet den Vorstand sicherzustellen, dass es zu keinen Rechtsverletzungen aus der Organisation heraus kommt. Bzgl. der Pflichtenbindung des Arbeitgeberverbands ist zwischen der internen und externen Compliance-Pflicht zu unterscheiden.[1128]

---

1124 Explizit für Tarifverbände: *Engel*, Collective Governance in Tarifverbänden, S. 92, *Löwisch/Rieble*, § 2 TVG Rn. 230; *Schmittlein*, Verbands-Compliance, S. 13 ff.; Allgemein für den Verein: *Schockenhoff*, NZG 2019, 281 (282); *Leuschner* in MüKoBGB, § 27 BGB Rn. 39.

1125 *Schöpflin* in BeckOK BGB, § 27 BGB Rn. 21.

1126 *Engel*, Collective Governance in Tarifverbänden, S. 92; *Leuschner* in MüKoBGB, § 27 BGB Rn. 39.

1127 *Engel*, Collective Governance in Tarifverbänden, S. 91 f.; *Heidel/Lochner* in NK-BGB, § 27 BGB Rn. 22.

1128 Für die AG: *Koch*, WM 2009, 1013, *Bachmann*, ZHR 180 (2016), 563 (565); explizit zum Vereinsrecht: *Schockenhoff*, NZG 2019, 281 (286); *Brouwer*, CCZ 2009, 161 (162).

### 1. *Interne Compliance-Pflicht*

Hinsichtlich der Compliance-Pflicht von Tarifverbänden leiten *Löwisch/Rieble* aus der Rechtstreueanforderung und dem Kriterium der Leistungsfähigkeit einer Koalition für die Tariffähigkeit eine spezielle Compliance-Organisationspflicht her.[1129] Die Tarifdurchsetzung ziele auf eine kollektivvertragliche Rechtstreue, welche die Pflicht der Tarifverbände mit sich bringe, die eigenen Mitglieder zur Rechtstreue in Bezug auf die Tariftreue und Einhaltung der Friedenspflicht sowie sonstiger Grenzen des Arbeitskampfrechts anzuhalten. Dies führe im Ergebnis dazu, dass in jeder Verbandsorganisation die Implementierung einer Compliance Einheit erforderlich sei.[1130]

Dieser Ansatz verzichtet im Ergebnis auf die Begründung einer eigenständigen Legalitätskontrollpflicht: Der Vorstand ist im Rahmen seiner Geschäftsführung dazu verpflichtet, den Vereinszweck zu fördern.[1131] Wenn sich aus den Anforderungen von Rechtstreue und organisatorischer Leistungsfähigkeit für die Tariffähigkeit bereits eine Compliance-Pflicht ergibt, und der Vereinszweck auf die Verbesserung der Arbeits- und Wirtschaftsbedingungen durch den Abschluss von Tarifverträgen gerichtet ist, dann ist die Errichtung einer Compliance-Struktur bereits zur Verwirklichung des Vereinszwecks erforderlich. Ob sich allerdings aus den Vorgaben bzgl. der Leistungsfähigkeit und Rechtstreue für die Tariffähigkeit derartige organisatorische Vorgaben ergeben, welche gar die verpflichtende Implementierung einer Compliance-Einheit voraussetzt, erscheint zweifelhaft.[1132] Überdies würde eine derartige Compliance-Pflicht nur partiell für das Tarif-, Schlichtungs- und Arbeitskampfrecht gelten, da nach überwiegender Auffassung nur die Rechtstreue in diesem Bereich für die Tariffähigkeit einer Koalition bedeutsam ist.[1133]

Unabhängig von diesem Ansatz ist eine umfassende Compliance-Pflicht als Annex zur allgemeinen Legalitätspflicht des Vorstands anzuerkennen. Die

---

1129 Dazu: *Löwisch/Rieble,* § 2 TVG Rn. 207, 229.

1130 *Löwisch/Rieble,* § 2 TVG Rn. 207, 229.

1131 *Heidel/Lochner* in NK-BGB, § 27 BGB Rn. 22, *Grunewald*, ZIP 1989, 962 (964).

1132 So auch: *Stoppelmann*, Tariffähigkeit und Tarifzuständigkeit von Arbeitgeberverbänden, 107 f.; auch *Löwisch/Rieble* selbst gehen an anderer Stelle von einem weiten Ermessensspielraum für die Ausfüllung der Pflicht aus, *Löwisch/Rieble,* § 2 TVG Rn. 230. Dies ist mit der Pflicht zur Implementierung einer Compliance-Einheit gerade in kleinen Tarifverbänden schwer in Einklang zu bringen.

1133 BVerfG v. 1.3.1979 – 1 BvR 532, 533/77, 419/78, 1 BvL 21/78, BVerfGE 50, 290 (368), siehe auch: *Oetker* in Wiedemann, § 2 TVG Rn. 535 f. m.w.N. zum Meinungsstand.

interne Compliance-Pflicht im Verhältnis von Vereinsvorstand zum Verband wird anhand seiner Leitungsverantwortung, teilweise über eine Analogie zu §§ 76, 93 AktG hergeleitet.[1134] Die Pflicht zur Compliance wird dabei überwiegend als Anhang zur allgemeinen Legalitätspflicht eingeordnet, nach welcher der Vorstand den Verstoß gegen externe Gesellschaftspflichten durch gesellschaftsangehörige Mitarbeiter und Organe zu verhindern hat.[1135] Zur Begründung dieser Legalitätskontrollpflicht wird der Grundgedanke der Delegation bedient: Wenn die Leitungsorgane an sie bzw. die Gesellschaft adressierte Aufgaben innerhalb der Gesellschaft delegieren, führe dies nicht zu einem Erlöschen der Pflichtenbindung des Delegierenden.[1136] Vielmehr wandele sich die ursprüngliche Legalitätspflicht in eine Pflicht zur sorgfältigen Auswahl, Einweisung und Überwachung, sprich zur Legalitätskontrollpflicht um.[1137] Hervorzuheben ist, dass es sich um eine originäre Pflicht des Vorstands handelt. Diesen trifft eine eigenständige Organisations- und Überwachungspflicht für das Handeln der eingesetzten Personen.[1138] In diesem Sinne führte auch das LG München I in seiner Neubürger Entscheidung aus, dass ein AG-Vorstand dafür Sorge zu tragen hat, dass das Unternehmen so organisiert und beaufsichtigt wird, dass keine Gesetzesverstöße aus der Organisation heraus erfolgen.[1139]

Neben dieser Herleitung wird teilweise die allgemeine Schadensabwendungspflicht des Vorstands als Begründungsansatz herangezogen: Die Schadensabwendungspflicht verpflichte den Vorstand im Rahmen seiner Leitungsverantwortung

1134 *Schockenhoff*, NZG 2019, 281 (282); *Heidel/Lochner* in NK-BGB, § 27 BGB Rn. 52; unter Heranziehung der §§ 76, 93 AktG etwa: *Larisch/von Hesberg*, CCZ 2017, 17 (20); dies als überflüssig ablehnend: *Schmittlein*, Verbands-Compliance, S. 82.

1135 Für den Verein: *Heidel/Lochner* in NK-BGB, § 27 BGB Rn. 51; *Leuschner* in MüKoBGB, § 27 BGB Rn. 43; *Segna* in BeckOGK, § 27 BGB Rn. 82; *Schmittlein*, Verbands-Compliance, S. 84 f.; für die AG: *Verse*, ZHR 175 (2011), 401 (404); *Holle*, Legalitätskontrolle, S. 59 ff.; *Seibt* in Schmidt/Lutter, 76 AktG Rn. 22; *Fleischer* in BeckOGK, § 91 AktG Rn. 62 f. m.w.N.

1136 *Verse*, ZHR 175 (2011), 401 (404); *Holle*, Legalitätskontrolle, S. 59 ff.; *Schmittlein*, Verbands-Compliance, S. 87 f.

1137 *Verse*, ZHR 175 (2011), 401 (404); *Holle*, Legalitätskontrolle, S. 59 ff.; *Schmittlein*, Verbands-Compliance, S. 87 f.

1138 *Seibt* in Schmidt/Lutter, 76 AktG Rn. 22.

1139 Für die AG: LG München I v. 10.12.2013 – 5 HK O 1387/10, NZG 2014, 345 (346), wobei das Gericht die genaue Herleitung der Pflicht offengelassen hat.

dazu, drohende Schäden und Nachteile für die Gesellschaft, die aus dem rechtswidrigen Verhalten von Mitarbeitern drohen, abzuwenden.[1140]

Auch wenn die Heranziehung der allgemeinen Schadensabwendungspflicht als alleiniger Begründungsansatz einer Legalitätskontrollpflicht mittlerweile als überholt gilt[1141], kann der Aspekt der Haftungsvermeidung weiterhin als unterstützende Begründung für eine Compliance-Pflicht herangezogen werden. Deutlich wird dies etwa anhand der Panzerhaubitzen-Entscheidung des 1. Strafsenats des BGH. In der Entscheidung nahm der BGH zum Einfluss einer effektiven Compliance-Organisation auf die Höhe eines zu verhängenden Bußgelds nach § 30 OWiG Stellung und postulierte, dass *„die Installation eines effektiven, auf die Vermeidung von Rechtsverstößen ausgelegten Compliance-Systems zu einer Minderung der Geldbuße führen* (kann).“[1142] Dem folgend handelt es sich bei Compliance-Maßnahmen um einen relevanten Faktor für die Zumessung der Bußgeldhöhe i.S.d. § 17 Abs. 3 OWiG. Auch wenn es zu einem bußgeldrelevanten Compliance-Verstoß gekommen ist, sind die bisherigen Bemühungen durchaus dazu geeignet, weitergehende Schäden vom Verband abzuwenden.

## 2. *Externe Compliance-Pflicht*

Neben der internen Compliance-Pflicht sind weitere Compliance-Verpflichtungen des Vorstands zu berücksichtigen, welche außerhalb der Binnenverfassung des Arbeitgeberverbands begründet sind. Diese adressieren entweder den Verband oder das Leitungsorgan selbst im Außenverhältnis.

Indes kann die Compliance-Pflicht der Arbeitgeberverbände nicht über eine Gesamtanalogie spezialgesetzlicher Regelungen hergeleitet werden. Die teilweise angeführte Gesamtanalogie zu den § 33 Abs. 1 S. 2 Nr. 1 WpHG, § 25a KWG, § 64a VAG, § 9 GWG scheitert bereits an der Analogiefähigkeit genannter Normen. Sie sind branchenspezifisch und kein Ausdruck eines allgemeinen branchenübergreifenden Prinzips.[1143]

1140 *Brouwer*, CCZ 2009, 161 (162); *Brouwer* in Hauschka/Moosmayer/Lösler, § 59 Rn. 46; *Cherkeh*, nPoR 2014, 101 (102); in diese Richtung auch *Klumpp*, Anm. zu BAG 22.9.2009 – 1 AZR 972/08, CCZ 2010, 197 (198), der die Haftungsvermeidung als Kern der Compliance ansieht.

1141 *Verse*, ZHR 175 (2011), 401 (405 f.); *Bachmann*, ZHR 180 (2016), 563 (566).

1142 BGH v. 9.5.2017 – 1 StR 265/16, ZStV 2019, 148 (154).

1143 *Schmittlein*, Verbands-Compliance, S. 20; *Fleischer* in BeckOGK, § 91 AktG Rn. 65; so aber *Schneider*, ZIP 2003, 645 (649).

Für die Compliance-Pflicht im Außenverhältnis dient vielmehr § 130 Abs. 1 S. 1 OWiG.[1144] § 130 Abs. 1 S. 1 OWiG i.V.m. § 9 Abs. 1 Nr. 1 OWiG verpflichtet das Leitungsorgan einer juristischen Person dazu, strafbare und bußgeldbewährte Rechtsverstöße aus der Organisation heraus präventiv zu verhindern.[1145] Dadurch begründet § 130 OWiG i.V.m. § 9 OWiG eine eigenständige bußgeldbewehrte Aufsichtspflicht des Vorstands, dem das besondere persönliche Merkmal der Inhaberschaft eines Betriebes oder Unternehmens zugerechnet wird.[1146] Normadressat von § 130 OWiG ist indes nur der Inhaber eines Betriebs oder Unternehmens, sodass es fraglich erscheint, ob die Arbeitgeberverbände in den Anwendungsbereich der Norm miteinzubeziehen sind. *Fischer* geht davon aus, dass auch § 130 OWiG keine taugliche Grundlage für die Herleitung einer (externen) Compliance-Pflicht der Koalitionen darstellt: Dies ergebe sich daraus, dass Koalitionen keine Betriebe oder Unternehmen betreiben würden.[1147]

Indes ist der Betriebsbegriff des § 130 Abs. 1 S. 1 OWiG in Übereinstimmung mit dem betriebsverfassungsrechtlichen Begriffsverständnis auszulegen.[1148] Demnach ist unter einem Betrieb die organisatorische Einheit, innerhalb derer ein Arbeitgeber allein oder mit seinen Arbeitnehmern mit Hilfe technischer und immaterieller Mittel bestimmte arbeitstechnische Zwecke fortgesetzt verfolgt, zu verstehen.[1149] Neben der Verfolgung eines arbeitstechnischen Zwecks kommt es nicht auf eine weitergehende wirtschaftliche Zwecksetzung an.[1150] Daraus folgt, dass ein besonderer Erwerbszweck für die Stellung als Normadressat nicht erforderlich ist.[1151] In diesem Kontext ist zudem § 118

---

1144 Explizit für die Vereins-Compliance: *Brouwer*, CCZ 2009, 161 (162); *Brouwer* in Hauschka/Moosmayer/Lösler, § 59 Rn. 66; *Larisch/von Hesberg*, CCZ 2017, 17 (20); *Waldner/Wörle-Himmer* in Sauter/Schweyer/Waldner, Rn. 292c; *Schockenhoff*, NZG 2019, 281 (286).

1145 *Bachmann*, ZHR 180 (2016), 563 (566).

1146 *Holle*, Legalitätskontrolle, S. 392; *Schmittlein*, Verbands-Compliance, S. 44, wohl auch *Wittig* in Compliance für Wirtschaftsverbände, § 7 Rn. 125; *Bachmann*, ZHR 180 (2016), 563 (565); a.A. *Fischer* in ZAAR Schriftenreihe Band 35, S. 52 in Rn. 49; *Rieble*, Ritsumeikan Law Review-International Edition No. 26 (2009), 191 (193).

1147 *Fischer* in ZAAR Schriftenreihe Band 35, S. 52 in Fußnote 49.

1148 *Rogall* in KK-OWiG, § 9 OWiG Rn. 75; *Beck* in BeckOK OWiG, § 130 OWiG Rn. 27; *Bock*, ZIS 2009, 68 (71).

1149 BAG v. 22.6.2005 - 7 ABR 57/04, NZA 2005, 1248 (1249) m.z.w.N. zur ständigen Rechtsprechung.

1150 Siehe nur *Fitting*, § 1 BetrVG Rn. 95 m.w.N.

1151 *Wittig* in Compliance für Wirtschaftsverbände, § 7 Rn. 125.

Abs. 1 S. 1 Nr. 1 BetrVG zu beachten, welcher Unternehmen und Betriebe, die unmittelbar und überwiegend koalitionspolitischen Bestimmungen dienen, als Tendenzbetriebe einordnet. Davon erfasst werden insbesondere die Verwaltungsstellen der Gewerkschaften und Arbeitgeberverbände.[1152]

Weiterhin ist übereinstimmend mit *Schmittlein* der Begriff des Unternehmens vor dem Hintergrund des staatlichen Normbefolgungsinteresses als Schutzgut von § 130 OWiG funktional auszulegen.[1153] Auch der BGH sieht die maßgebliche Gefahr für das staatliche Normbefolgungsinteresse in den „*Unternehmen als Zusammenfassung von Personen und Produktionsmitteln*“[1154], und hebt insbesondere die Gefahr kriminellen Verhaltens unter den Bedingungen des arbeitsteiligen Zusammenwirkens von Menschen als Risikofaktor hervor.[1155] Diese Gefahr des arbeitsteiligen Zusammenwirkens ist dabei in jeder Organisation veranlagt und endet nicht mit der Zwecksetzung einer wirtschaftlichen Tätigkeit. Demnach ist der Vorstand des Arbeitgeberverbands nach § 130 Abs. 1 OWiG i.V.m. § 9 Abs. 1 OWiG dazu verpflichtet, bestimmte organisatorische Vorkehrungen zu treffen, um straf- oder bußgeldbewehrte Rechtsverstöße im Unternehmen zu vermeiden.[1156]

## II. Inhalt der allgemeinen Compliance-Pflicht

Folglich unterliegt der Arbeitgeberverband intern wie extern einer Compliance-Pflicht. Der Inhalt dieser beiden Verpflichtungen kann durchaus variieren.[1157] Dies ergibt sich schon daraus, dass die Aufsichtspflicht aus § 130 OWiG auf die Vermeidung straf- oder bußgeldbewehrter Rechtsverstöße beschränkt ist, während die interne Compliance-Pflicht umfassend auf die Vermeidung von Rechtsverstößen aus der Organisation heraus abzielt.

---

1152 *Forst* in Richardi, § 118 BetrVG Rn. 67.

1153 *Schmittlein*, Verbands-Compliance, S. 46; zustimmend: *Engel*, Collective-Governance in Tarifverbänden, S.98; ähnlich auch für den Wirtschaftsverband: *Brouwer* in Hauschka/Moosmayer/Lösler, § 59 Rn. 10.

1154 BGH v. 13.4.1994 – II ZR 16/93, NJW 1994, 1801 (1803).

1155 BGH v. 13.4.1994 – II ZR 16/93, NJW 1994, 1801 (1803); so auch: *Bock*, ZIS 2009, 68 (71).

1156 *Engel*, Collective-Governance in Tarifverbänden, S. 98; *Schmittlein*, Verbands-Compliance, S. 89 f.

1157 *Bachmann*, ZHR 108 (2016), 563 (565).

### 1. *Legalitätskontrollpflicht im Innenverhältnis*

Die allgemeine Pflicht des Vorstands, das gesetzeskonforme Verhalten im Verband sicherzustellen, besteht unabhängig von der Größe und Organisationsstruktur des Verbands.[1158] Neben der präventiven Pflicht künftigen Rechtsverstößen vorzubeugen, trifft den Vorstand auch die repressive Pflicht, begangene Gesetzesverletzungen bei Kenntniserlangung aufzuklären, abzustellen und zu ahnden.[1159] Die interne Compliance-Pflicht des Vorstands führt allerdings nicht dazu, dass der Vorstand für jegliche Rechtsverstöße aus der Organisation heraus automatisch haftet. Vielmehr genügt der Vorstand seiner Pflicht, präventiv Rechtsverstöße aus der Organisation heraus zu verhindern, durch die Implementierung organisatorischer Maßnahmen, wobei die konkreten Anforderungen an die zu treffenden organisatorischen Maßnahmen von den Umständen des Einzelfalls abhängen.[1160]

Trotz der Verortung der Compliance-Pflicht als Teil der allgemeinen Legalitätspflicht des Leitungsorgans hat der Vorstand ein weites Ermessen, wie er die Legalitätskontrolle gewährleistet. Dies folgt aus dem Umstand, dass die Entscheidung über die organisatorische Ausgestaltung eines Compliance-Systems eine zukunftsbezogene Entscheidung unter Unsicherheit ist. Sie ist geprägt durch einen Prognose- und Einschätzungscharakter. Aus der ex-ante-Warte ist unklar, ob die implementierten Strukturen künftig effektiv sein werden.[1161] Im Bereich der Ausgestaltung der Compliance-Strukturen ist demnach der Anwendungsbereich der *business judgement rule* aus § 93 Abs. 1 S. 2 AktG eröffnet.[1162] Daraus folgt ein weites Handlungsermessen, welches der Vorstand auf der Grundlage angemessener Informationen im Rahmen des Erforderlichen und Zumutbaren durch eine vertretbare Entscheidung ausfüllen muss.[1163]

---

1158 *Larisch/von Hesberg*, CCZ 2017, 17 (20).

1159 *Schockenhoff*, NZG 2019, 281 (283); *Larisch/von Hesberg*, CCZ 2017, 17 (20); *Heidel/Lochner* in NK-BGB, § 27 BGB Rn. 51.

1160 *Segna* in BeckOGK, § 27 BGB Rn. 83; *Schockenhoff*, NZG 2019, 281 (283).

1161 *Seibt* in Schmidt/Lutter, § 76 AktG Rn. 25.

1162 Allg. für die Aktiengesellschaft: *Koch*, § 76 AktG Rn. 17; für den Verein: *Brouwer* in Hauschka/Moosmayer/Lösler, § 59 Rn. 47; *Schockenhoff*, NZG 2019, 281 (284); *Heidel/Lochner* in NK-BGB, § 27 BGB Rn. 53 m.w.N., dies gelte insb. bei Tarifverbänden: *Löwisch/Rieble*, § 2 TVG Rn. 230.

1163 Für die AG: *Seibt* in Schmidt/Lutter, § 76 AktG Rn. 25.

Zur Ermittlung der angemessenen Informationsgrundlage hat die Verbandsleitung eine Risikoanalyse durchzuführen. Diese ist anhand der vom LG München I im Neubürger-Urteil aufgestellten Kriterien zu orientieren:

> *„Seiner Organisationspflicht genügt ein Vorstandsmitglied bei entsprechender Gefährdungslage nur dann, wenn er eine auf Schadensprävention und Risikokontrolle angelegte Compliance-Organisation einrichtet. Entscheidend für den Umfang im Einzelnen sind dabei Art, Größe und Organisation des Unternehmens, die zu beachtenden Vorschriften, die geografische Präsenz wie auch Verdachtsfälle aus der Vergangenheit."*[1164]

Insoweit stellen die vom LG München I angeführten Kriterien der Art, Größe und Organisation des Unternehmens, die zu beachtenden Vorschriften, die geografische Präsenz wie auch Verdachtsfälle aus der Vergangenheit ermessenslenkende Faktoren bei Ausgestaltung der Compliance-Organisation dar.[1165] Übertragen auf den Verein sind anhand der Risikoanalyse die relevanten Verbandsbereiche zu identifizieren. Entscheidend für die Bestimmung eines compliance-relevanten Verbandsbereichs ist dabei die Gefahr, dass es in wesentlichen Verbandsbereichen zu haftungserheblichen Rechtsverstößen kommen kann.[1166] Wesentlich kann dabei neben wirtschaftlichen Schäden auch ein Reputationsschaden in der Öffentlichkeit sein.[1167] Je nach Größe, Komplexität und Gefahr von Rechtsverstößen in den Bereichen der Verbandsarbeit kann sich die Legalitätskontrollpflicht dahingehend verdichten, dass für besonders gefahrgeneigte Bereiche der Verbandstätigkeit die Einrichtung einer risikomindernden Compliance-Organisationsstruktur erforderlich ist.[1168] Das Leitungsermessen des Vorstands ist in dieser Situation auf Null reduziert.

Als weitere Ermessensgrenze bei der Ausgestaltung der Legalitätskontrolle im Innenverhältnis ist § 130 Abs. 1 S. 1 OWiG zu berücksichtigen, welcher die im Ordnungswidrigkeitenrecht geforderten Aufsichtsmaßnahmen über die externe Legalitätspflicht in das Binnenverhältnis zwischen Vorstand und Gesellschaft überträgt.[1169] Demnach bilden die gehörigen Aufsichtsmaßnahmen des § 130 Abs. 1 S. 1 OWiG das Mindestmaß für die Legalitätskontrolle

---

1164 LG München I v. 10.12.2013 – 5 HK O 1387/10, NZG 2014, 345 1. Orientierungssatz.
1165 *Seibt* in Schmidt/Lutter, § 76 AktG Rn. 25.
1166 *Brouwer*, CCZ 2009, 161 (162); *Larisch/von Hesberg*, CCZ 2017, 17 (22); *Schmittlein*, Verbands-Compliance, S. 97.
1167 *Heidel/Lochner* in NK-BGB, § 27 BGB Rn. 50; *Moosmayer*, Compliance, Rn. 69.
1168 *Leuschner* in MüKoBGB, § 27 BGB Rn. 44.
1169 *Seibt* in Schmidt/Lutter, § 76 AktG Rn. 26.

im Innenverhältnis, wobei auch die von § 130 Abs. 1 S. 1 OWiG geforderten gehörigen Aufsichtsmaßnahmen konkretisierungsbedürftig sind.[1170]

## 2. *Pflicht zur gehörigen Aufsicht*

In inhaltlicher Hinsicht sanktioniert § 130 OWiG das Unterlassen der Implementierung „gehöriger“ Aufsichtsmaßnahmen, um der Gefahr von Zuwiderhandlungen gegen betriebs- und unternehmensbezogene Pflichten zu begegnen.[1171] Diese Aufsichtspflicht des Arbeitgeberverbands wird als besonderes persönliches Merkmal gem. § 9 OWiG dem Vorstand als Leitungsorgan zugerechnet.[1172] Indes muss der Vorstand nur die erforderlichen Maßnahmen für eine „gehörige Aufsicht“ ergreifen, woraus sich eine Beschränkung auf zumutbare und erforderliche Aufsichtsmaßnahmen ergibt.[1173] Es hängt auch hier von den Umständen des Einzelfalls ab, welche Aufsichtsmaßnahmen situativ geboten sind.[1174] Standardisierte Vorgaben, wie diese Pflichten vom Vorstand auszufüllen sind, ergeben sich aus der Norm indes nicht.[1175] Maßgebende Kriterien sind auch für die externe Compliance-Pflicht: Art, Größe und Organisation, die unterschiedlichen Überwachungsmöglichkeiten, aber auch Vielfalt und Bedeutung der zu beachtenden Vorschriften und die Anfälligkeit für Verstöße gegen diese Bestimmungen.[1176] Indes beschränkt sich die Aufsichtspflicht aus § 130 Abs. 1 S. 1 OWiG nur auf die Einhaltung solcher Pflichten, deren Verletzung mit Strafe oder Bußgeld bedroht ist.[1177]

---

1170 *Seibt* in Schmidt/Lutter, § 76 AktG Rn. 26.

1171 *Rogall* in KK-OWiG § 130 OWiG Rn. 38; *Beck* in BeckOK OWiG, § 130 OWiG Rn. 38 ff.

1172 OLG Düsseldorf v. 12.11.1998 – 2 Ss OWi 385-98 – (OWi) 112-98 III, NStZ-RR 1999, 151.

1173 *Bachmann*, ZHR 180 (2016), 563 (566); *Rogall* in KK-OWiG, § 130 OWiG Rn. 40.

1174 *Wittig* in Compliance für Wirtschaftsverbände, § 7 Rn. 129; *Rogall* in KK-OWiG, § 130 OWiG Rn. 42, m.w.N.

1175 *Koch*, § 76 AktG Rn. 17.

1176 OLG Zweibrücken v. 25.6.1998 – 1 Ss 100/98, NStZ-RR 1998, 311 (312); *Rogall* in KK-OWiG, § 130 OWiG Rn. 43; *Wittig* in Compliance für Wirtschaftsverbände, § 7 Rn. 125; *Holle*, Legalitätskontrolle, S. 396.

1177 *Koch*, WM 2009, 1013 (1016).

## III. Geheimnisschutz-Compliance als Teil der Compliance-Pflicht des Verbands?

Nachdem in einem ersten Schritt die allgemeine interne und externe Compliance-Pflicht im Arbeitgeberverband hergeleitet wurde, stellt sich in einem zweiten Schritt die Frage, welche Rückschlüsse sich für den Umgang mit sensiblen Informationen der organisierten Unternehmen ergeben. Lassen sich konkrete Handlungspflichten im Umgang mit sensiblen Mitgliederdaten herleiten? Dies hängt, wie aufgezeigt, maßgeblich von einer entsprechenden Risikoanalyse und den Besonderheiten des konkreten Verbands ab. Ausschlaggebend ist die Wahrscheinlichkeit, dass es vor dem Hintergrund einer Risikoanalyse im Bereich der Geschäftsgeheimnisse zu haftungserheblichen Rechtsverstößen kommen kann.

### 1. *Risikoanalyse*

Wie bereits ausführlich behandelt, gelangen bei Verhandlung eines unternehmensbezogenen Verbandssanierungstarifvertrags sensibelste Informationen über die wirtschaftliche Lage des Unternehmens in die Sphäre des Arbeitgeberverbands. Hinsichtlich der Einordnung des Geheimnisschutzes als compliance-relevanten Bereich der Verbandsarbeit besteht in der Literatur weitgehend Einigkeit.[1178] Indes fehlt es an einer normativen Anknüpfung für das Entstehen dieser Pflicht zur Implementierung geschäftsgeheimnisbezogener Compliance-Maßnahmen. Lediglich *Brouwer* führt an, dass der Verband eine anwaltsgleiche Stellung einnehme, welche die Pflicht zur strikten Wahrung der Vertraulichkeit begründe.[1179]

Entscheidend für die Bestimmung eines compliance-relevanten Bereichs der Verbandsarbeit ist die – im Rahmen einer Risikoanalyse identifizierte – Gefahr, dass es in dem Verbandsbereich zu haftungserheblichen Rechtsverstößen kommen kann, wobei neben erheblichen wirtschaftlichen Schäden auch Reputationsschäden zu berücksichtigen sind.[1180]

---

1178 Für Tarifverbände: *Schmittlein*, Verbands-Compliance, S. 152; *Engel*, Collective Governance in Tarifverbänden, S. 98 f.; allg. zum Verein: *Brouwer* in Hauschka/Moosmayer/Lösler, § 59 Rn. 116; *Brouwer*, CCZ 2009, 161 (163 f.); *Segna* in BeckOGK, § 27 BGB Rn. 84.1; für die Aktiengesellschaft nur: *Moosmayer*, Compliance, Rn. 163.

1179 So allgemein für den Wirtschaftsverband: *Brouwer*, CCZ 2009, 161 (163 f.).

1180 *Brouwer*, CCZ 2009, 161 (162); *Larisch/von Hesberg*, CCZ 2017, 17 (22).

### a. *Geschäftsgeheimniseigenschaft der offengelegten Informationen?*

Wie gesehen, handelt es sich bei den offengelegten Informationen des notleidenden Unternehmens in aller Regel um Geschäftsgeheimnisse im Sinne von § 2 Nr. 1 GeschGehG.[1181] Aufgrund seiner allgemeinen Schadensabwendungspflicht ist der Vorstand des offenlegenden Unternehmens dazu verpflichtet, die Geschäftsgeheimnisse des Unternehmens in angemessener Weise zu schützen, woraus letztlich die Verpflichtung zum Geheimnismanagement entspringt.[1182] Zur Implementierung eines angemessenen Schutzniveaus der offengelegten Informationen gegenüber dem Arbeitgeberverband wird in aller Regel der Abschluss einer spezifischen umfänglichen Verschwiegenheitsvereinbarung erforderlich sein.[1183]

### b. *Gefahr erheblicher Rechtsverstöße im Kernbereich der Verbandstätigkeit*

Folglich unterfallen die sensiblen Unternehmensdaten in aller Regel dem Schutz durch das GeschGehG. Durch die Einführung des GeschGehG wurde ein umfangreiches Haftungssystem im Zusammenhang mit dem Schutz von Geschäftsgeheimnissen eingeführt. § 4 Abs. 1, 2 GeschGehG verbietet insgesamt die unberechtigte Erlangung, Nutzung und Offenlegung von Geschäftsgeheimnissen Dritter. In § 4 Abs. 2 Nr. 3 GeschGehG findet sich explizit ein Handlungsverbot bzgl. des Überschreitens einer Verpflichtung zur Nicht-Offenlegung von Geschäftsgeheimnissen. Dieses Handlungsverbot greift also dann, wenn die handelnde Person zwar befugt war, Kenntnis von einem Geschäftsgeheimnis zu erlangen, dieses aber nicht gegenüber Dritten offenlegen durfte.[1184] Diese Regelungen adressieren den Handelnden selbst als Verletzer.[1185] Handelt der Verletzer vorsätzlich oder fahrlässig, findet sich in § 10 GeschGehG eine besondere Schadensersatzregelung. Daneben greifen die verschuldensunabhängigen Beseitigungs-, Unterlassungs-, Vernichtungs- und Auskunftsansprüche aus §§ 6–9 GeschGehG. Als Verletzer kommen insbesondere die in die Tarifverhandlungen

---

1181 Ausführlich bereits unter: Kapitel 3 0.

1182 *Fleischer/Pendl*, ZIP 2020, 1321 (1327); *Sailer-Coceani* in Schmidt/Lutter, § 93 AktG Rn. 9a; *Pöschke* in BeckOK GmbHG, § 43 GmbHG Rn. 124a.

1183 Zur Kategorisierung der Geheimhaltungsmaßnahmen: Kapitel 2 0.

1184 *Hiéramente* in BeckOK GeschGehG, § 4 GeschGehG Rn. 65, 70; *Alexander* in Köhler/Bornkamm/Feddersen/Alexander, § 4 GeschGehG Rn. 58.

1185 *Leister*, GRUR-Prax 2020, 145.

einbezogenen natürlichen Personen, wie etwa die hauptamtlichen Verbandsvertreter, in Betracht.[1186]

Daneben adressiert § 2 Nr. 3 GeschGehG außer natürlichen Personen auch juristische Personen als Rechtsverletzer, soweit eine Zurechnung der Verletzungshandlung möglich ist.[1187] Demnach kann auch der Arbeitgeberverband als juristische Person selbst Verletzer im Sinne von § 2 Nr. 3 GeschGehG sein. Die Zurechnung von Verletzungshandlungen der Organe erfolgt gem. § 31 BGB.[1188] Bzgl. der Zurechnung von Mitarbeiterhandlungen stellt sich die Frage nach den Auswirkungen der besonderen Haftungsregel des § 12 GeschGehG für Unternehmensinhaber. Allerdings erschöpft sich der Regelungsgehalt der Norm darin, wann der Unternehmensinhaber für die Handlung eines anderen Rechtsverletzers in Anspruch genommen werden kann. Die Regelung trifft keine Aussage darüber, wann eine Verletzungshandlung einer juristischen Person zugerechnet werden kann, also wann eine eigene Verletzungshandlung der juristischen Person vorliegt.[1189] Überdies ist § 12 GeschGehG auf die verschuldensunabhängigen Ansprüche nach §§ 6–8 GeschGehG beschränkt, sodass eine Zurechnung nach den allgemeinen Regeln im Rahmen von § 10 GeschGehG möglich ist.[1190] Folglich kommt eine Haftung des Arbeitgeberverbands für die bei den Tarifverhandlungen eingesetzten Verrichtungsgehilfen gemäß § 831 Abs. 1 BGB in Betracht, wo allerdings die Möglichkeit der Exkulpation besteht.[1191] Indes besteht durch die Geheimhaltungsvereinbarung zwischen Arbeitgeberverband und notleidenden Unternehmen bereits eine schuldrechtliche Sonderbeziehung. Daraus folgt, dass auch § 278 BGB anwendbar ist, welcher keine Exkulpationsmöglichkeit vorsieht.[1192]

---

1186 Zur umfassenden Reichweite der Verschwiegenheitspflicht der Verbandsvertreter: Kapitel 4 0. Je nach Gestaltung kommen auch die Mitglieder der Verhandlungskommission als Adressat in Betracht.

1187 *Hiéramente* in BeckOK GeschGehG, § 2 GeschGehG Rn. 88a.

1188 *Kalbfus* in Harte-Bavendamm/Ohly/Kalbfus, § 10 GeschGehG Rn. 27; *Alexander* in Köhler/Bornkamm/Feddersen, § 6 GeschGehG Rn. 19.

1189 *Harte-Bavendamm* in Harte-Bavendamm/Ohly/Kalbfus, § 2 GeschGehG Rn. 89; *Hiéramente* in BeckOK GeschGehG, § 2 GeschGehG Rn. 89.

1190 Begr. zum RegE, BT-Drs. 19/4724, 34; kritisch: *Alexander* in Köhler/Bornkamm/Feddersen/Alexander, § 12 GeschGehG Rn. 12; *Hiéramente* in BeckOK GeschGehG, § 2 GeschGehG Rn. 90.

1191 *Kalbfus* in Harte-Bavendamm/Ohly/Kalbfus, § 10 GeschGehG Rn. 28.

1192 Ebenfalls für die Anwendung von § 278 BGB: *Spieker* in BeckOK GeschGehG, § 10 GeschGehG Rn. 3, allerdings ohne Begründung.

Unabhängig von dieser Zurechnung des Mitarbeiterverhaltens erweitert § 12 GeschGehG den Kreis der Haftenden auf den Unternehmensinhaber, wenn der Rechtsverletzer Beschäftigter oder Beauftragter des Unternehmens ist. Insoweit kann der Geheimnisinhaber gegen das Unternehmen die verschuldensunabhängigen Beseitigungs-, Unterlassungs-, Vernichtungs- und Auskunftsansprüche geltend machen.[1193]

### c. *Schadensersatzansprüche aus der Geheimhaltungsvereinbarung*

Neben den Ansprüchen aus dem GeschGehG können sich weitere Haftungsrisiken aus der vertraglichen Geheimhaltungsvereinbarung zwischen Arbeitgeberverband und notleidenden Unternehmen ergeben. Der Arbeitgeberverband als Schuldner der Geheimhaltungsvereinbarung haftet dem notleidenden Unternehmen als Geheimnisinhaber nach § 280 ff. BGB. Dabei greift insbesondere auch § 278 BGB mit der Folge, dass eine Zurechnung des Verschuldens der eingesetzten Erfüllungsgehilfen erfolgt.

### d. *Gefahr von Reputationsverlusten*

Wenn es um den sorgsamen Umgang mit Geschäftsgeheimnissen der Mitgliedsunternehmen geht, sind potentielle Reputationsverluste für den Arbeitgeberverband von maßgebender Bedeutung.[1194] Indiskretionen im Bereich des Geheimnisschutzes können fatale Folgen für das Vertrauen in die Integrität des Verbands haben und würden im Zweifel eine Welle von Austritten nach sich ziehen. Im Rahmen der Geheimnis-Compliance spielt also die Schadensabwendungspflicht eine hervorgehobene Rolle. Die Schadensabwendungspflicht des Vorstands beschränkt sich nicht allein auf Schäden im engeren Sinne der §§ 249 ff. BGB sondern geht weiter: Der Vorstand hat im Rahmen dessen auch Reputationsverluste vom Verband abzuwenden.[1195]

### e. *Geheimnisschutz als compliance-relevanter Bereich der Verbandsarbeit*

Vor dem Hintergrund der Risikoanalyse stellt im Arbeitgeberverband der sachgemäße Umgang mit den Geschäftsgeheimnissen der Unternehmen einen compliance-relevanten Teilbereich der Verbandsarbeit dar. Der Arbeitgeberverband kommt im Kernbereich seiner Verbandstätigkeit – namentlich der

---

1193 *Leister*, GRUR-Prax 2020, 145 (146).

1194 So auch: *Schmittlein*, Verbands-Compliance, S. 152.

1195 *Cherkeh*, npoR 2014, 101 (102); *Brouwer* in Hauschka/Moosmayer/Lösler, § 59 Rn. 47.

Verhandlung von Tarifverträgen – regelmäßig mit sensiblen Geschäftsgeheimnissen der Unternehmen in Berührung. Daraus resultiert die gesteigerte Gefahr von Rechtsverstößen gegen die Regelungen des GeschGehG und vertraglicher Geheimhaltungsvereinbarungen. Überdies besteht im Bereich der Geheimnis-Compliance eine besondere Gefährdungslage für die Reputation des Arbeitgeberverbands, da Rechtsverstöße im Bereich des Geheimnismanagements besonders sensibel sind.

### 2. *Organisatorische Regelungen zur Sicherstellung der Geheimhaltung*

Diesen Risiken im Umgang mit Geschäftsgeheimnissen der organisierten Mitglieder hat der Vorstand im Rahmen seiner Legalitätskontrollpflicht zu begegnen. Der Vorstand hat einen weiten Ermessensspielraum, wie er seine Legalitätskontrollpflicht ausfüllt. Ein taugliches Compliance-Instrument stellt etwa ein Schulungs- oder Beratungsangebot für die Mitglieder dar, welche mit Geschäftsgeheimnissen in Berührung kommen. Die präventive Beratung kann die Sensibilität für etwaige Rechtsverstöße schärfen und so effektiv zur Verminderung des Risikos beitragen.[1196] Taugliche organisatorische Maßnahme zur Risikominimierung ist es bspw., die Zugriffsmöglichkeit auf diejenigen Verbandsmitarbeiter zu beschränken, welche die Geschäftsgeheimnisse für die Erledigung ihrer Aufgaben benötigen (need-to-know Prinzip).[1197] Weitergehend kann eine genaue Dokumentation des innerverbandlichen Informationsflusses förderlich sein. Da die Verbandsvertreter im Rahmen der Rechtsberatung besonderes Vertrauen der Mitgliedsunternehmen in Anspruch nehmen, bietet es sich an, den Bereich der Rechtsberatung organisatorisch zu verselbständigen. So kann sichergestellt werden, dass die sensiblen Informationen den innerverbandlichen Bereich der Rechtsberatung nicht verlassen und dem besonderen Vertrauensverhältnis zwischen Verband und organisiertem Mitglied Rechnung getragen wird.[1198]

### 3. *Zwischenergebnis*

Aufgrund der Haftungsrisiken aus dem GeschGehG, der vertraglichen Verschwiegenheitsvereinbarung und dem Risiko enormer Reputationsverluste, muss der Vorstand im Rahmen seiner Legalitätskontrollpflicht innerhalb des

---

1196 *Moosmayer*, Compliance, Rn. 175.
1197 *Schmittlein*, Verbands-Compliance, S. 152 f.
1198 *Schmittlein*, Verbands-Compliance, S. 137.

Arbeitgeberverbands einen besonderen Fokus auf den sorgsamen Umgang mit Geschäftsgeheimnissen der organisierten Mitglieder legen. Eine effiziente risikominimierende organisatorische Maßnahme stellt etwa die Implementierung eines „need-to-know“ Systems dar. So wird effektiv sichergestellt, dass die sensiblen Informationen der Mitgliedsunternehmen nicht innerhalb des Arbeitgeberverbands zirkulieren.

## IV. Kartellrechtliche Vorgaben für die Verbandsarbeit

Neben den geschäftsgeheimnisspezifischen Haftungsrisiken sind zudem die kartellrechtlichen Risiken im Umgang mit den sensiblen Unternehmensdaten zu berücksichtigen. Dies ist dem Umstand geschuldet, dass gerade in Branchenarbeitgeberverbänden regelmäßig potentiell oder aktuell konkurrierende Wettbewerber organisiert sind. Daraus resultieren im Rahmen der Verhandlung von Sanierungstarifverträgen als Teil der Verbandstätigkeit kartellrechtliche Compliance-Risiken, welche im Folgenden näher beleuchtet werden.

### *1. Risikoanalyse*

Im Rahmen der Verbandstätigkeit des Arbeitgeberverbands ist die Kartellrechtscompliance von wesentlicher Bedeutung, da innerhalb des Arbeitgeberverbands regelmäßig potentielle und aktuelle Wettbewerber organisiert sind.[1199] Die kartellrechtlichen Risiken im Bereich des unternehmensbezogenen Verbandssanierungstarifvertrags sind dabei weniger im Bereich des Sanierungstarifabschlusses selbst, als vielmehr im Bereich des Informationsflusses im Vorfeld des Sanierungstarifabschlusses zu verorten.

#### *a. Kartellrechtliche Grenzen des Informationsflusses*

Wie bereits dargelegt, muss das notleidende Unternehmen im Rahmen der Sanierungstarifverhandlungen in aller Regel aktuelle, strategische Informationen offenlegen. Dass in den Sanierungstarifverhandlungen auch das zukünftige Marktverhalten des notleidenden Unternehmens besprochen werden muss, um den konkreten Sanierungsbedarf sowie die Sanierungschancen des Unternehmens bewerten zu können, wurde bereits ausführlich beleuchtet.[1200] Die offengelegten Informationen sind dazu geeignet, Unsicherheiten über die Stellung des

---

1199 Zur Bedeutung der Kartellrechts-Compliance im Wirtschaftsverband etwa: *Brouwer*, CCZ 2009, 161 (162); *Kapp/Hummel*, CCZ 2013, 240 (241).

1200 Ausführlich hierzu: Kapitel 3 0.

Unternehmens am Gütermarkt zu verringern und so wettbewerbsbeschränkende Wirkungen hervorzurufen. Nichtsdestotrotz kann die Informationsweitergabe im Rahmen der Tarifverhandlungen an potentielle oder aktuelle Wettbewerber gerechtfertigt sein, soweit die Offenlegung der Informationen zur Erreichung des Sanierungstarifvertrags als kartellrechtlich legitimem Zweck zwingend notwendig ist und nicht über das erforderliche Maß hinausgeht.[1201]

Allerdings wird die Offenlegung wettbewerbssensibler Informationen durch das notleidende Unternehmen gegenüber den mitorganisierten potentiellen und aktuellen Wettbewerbern durch das Verhältnismäßigkeitsprinzip in mehrfacher Hinsicht begrenzt. Überschreitet der Informationsfluss die Grenzen des Zulässigen, resultiert daraus ein erhebliches Haftungsrisiko für den Verband.

### *b. Haftungsrisiko für den Verband*

Während die Verantwortlichkeit des Arbeitgeberverbands eindeutig bei kartellrechtswidrigen Verbandsbeschlüssen gegeben ist, handelt es sich bei der Informationsoffenlegung und einer etwaigen Anschlussdiskussion um potentiell kartellrechtswidrige Handlungen der organisierten Mitglieder, also nicht um eigene Handlungen des Arbeitgeberverbands: Der Arbeitgeberverband selbst ist nicht als Akteur auf den relevanten Märkten tätig. Dennoch kann die Beteiligung an Kartellverstößen der organisierten Mitgliedsunternehmen zu erheblichen Haftungsrisiken des Arbeitgeberverbands führen.[1202] Vorsätzliche und fahrlässige Verstöße gegen Art. 101 AEUV bzw. § 1 GWB sind nach § 81 Abs. 1 Nr. 1 bzw. Abs. 2 GWB als Ordnungswidrigkeit bußgeldbewehrt. Insoweit wirkt der in § 14 OWiG normierte Einheitstäterbegriff auf das Kartellbußgeldrecht ein.[1203] Dieser umfasst insbesondere auch etwaige Beihilfehandlungen zu einem fremden Kartellverstoß.[1204] Das Kartellverbot wird so in personeller Hinsicht auf Personen erstreckt, die keine aktuellen bzw. potentiellen Wettbewerber sind.[1205]

Etwaige Beihilfehandlung kann dabei bereits das bloße „Forumbieten" zur abgestimmten Verhaltensweise sein.[1206] Maßgeblich ist, dass organisierte

1201 Siehe oben: Kapitel 3 0.

1202 So auch: *Stoppelmann*, Tariffähigkeit und Tarifzuständigkeit von Arbeitgeberverbänden, S. 125.

1203 *Bechtold/Bosch* in Bechtold/Bosch, § 81 GWB Rn. 71.

1204 *Pischel* in Compliance für Wirtschaftsverbände, § 5 Rn. 19.

1205 *Pischel* in Compliance für Wirtschaftsverbände, § 5 Rn. 19.

1206 EuG v. 8.7.2008 – Rs. T-99/04 (AC-Treuhand AG), EuR 2010, 207 (224); *Brouwer* in Hauschka/Moosmayer/Lösler, § 59 Rn. 76.

Mitgliedsunternehmen abgestimmte Verhaltensweisen innerhalb der Verbandstätigkeit treffen oder im Rahmen der Verbandstätigkeit die Grundlage für selbige schaffen.[1207] Daraus folgt ein erhebliches Haftungsrisiko, wenn die vom Verband gebotene Plattform für einen kartellrechtswidrigen Informationsaustausch missbraucht wird.[1208]

Im Rahmen der 10. GWB-Novelle wurde das Bußgeldrisiko für die Unternehmensvereinigungen weiter verschärft. Wird gegen eine Unternehmensvereinigung eine Geldbuße wegen einer Ordnungswidrigkeit gemäß § 81 Abs. 1 GWB festgesetzt und steht dieser Verstoß in Zusammenhang mit der Tätigkeit ihrer Mitglieder, kann die Geldbuße bis zu 10% des Gesamtumsatzes derjenigen Mitglieder betragen, die auf dem betroffenen Markt tätig waren, § 81c Abs. 4 S. 1 GWB. In diesem Fall droht bei finanzieller Überforderung des Verbands eine Ausfallhaftung der Mitglieder der Unternehmensvereinigung nach § 81b GWB.

### 2. *Risikominimierung durch den Verband*

Für die Offenlegung strategischer Informationen innerhalb von Sanierungstarifverhandlungen unter Einbeziehung einer Tarifkommission bedeutet dies, dass bei Überschreiten der Verhältnismäßigkeit des Informationsaustauschs Haftungsrisiken für den Arbeitgeberverband bestehen. Regelmäßig muss der Arbeitgeberverband darauf achten, dass die Grenzen oben skizzierter Kartellausnahme für Tarifverhandlungen durch die Mitgliedsunternehmen nicht überschritten werden. Als taugliche Compliance-Maßnahme kommt der Schulung der Verbandsmitarbeiter eine erhebliche Bedeutung zu.[1209] Weiterhin gehören kartellrechtliche Verhaltensrichtlinien, die über die wichtigsten Fallstricke in der Verbandsarbeit informieren, mittlerweile auch in Arbeitgeberverbänden zur *best practice*.[1210]

Neben diesen allgemeinen kartellrechtlichen Compliance-Instrumenten kann der Verband den Informationsaustausch durch verfahrensrechtliche Vorgaben begrenzen. So können die wettbewerbsbeeinträchtigenden Auswirkungen der Informationsoffenlegung vermieden, bzw. abgeschwächt werden. Das Weitergabeverfahren muss so ausgestaltet sein, dass die vertrauliche Behandlung

---

1207 *Pischel* in Compliance für Wirtschaftsverbände, § 5 Rn. 19.

1208 *Kapp/Hummel*, CCZ 2013, 240 (241).

1209 *Moosmayer*, Compliance, Rn. 304; *Kapp/Hummel*, CCZ 2013, 240 (246).

1210 Compliance-Richtlinie des Allgemeinen Arbeitgeberverbands Sachsen e.V.; Richtlinie zur Kartellrechtskonformität des bayme vbm; Verbandsrichtlinie zum Kartellrecht des AGV NORD e.V. und NORDMETALL e.V.

dieser Daten gewährleistet ist.[1211] In verfahrensrechtlicher Hinsicht bieten sich die Anonymisierung und Aggregation von Daten, sowie die Einschaltung unabhängiger Berater oder die Implementierung von Clean Teams als wettbewerbsrechtliche Filter an. Finden die Tarifverhandlungen unter Zuziehung von Verbandsvertretern statt ist sicherzustellen, dass die offengelegten, wettbewerbssensiblen Informationen nicht im Arbeitgeberverband zirkulieren und zur Kenntnis der mitorganisierten Wettbewerber gelangen können.

Ein ganzheitliches kartellrechtliches Compliance-System ist auch vor dem Hintergrund der Schadensabwendungspflicht des Vorstands relevant. Seit Inkrafttreten der 10. GWB-Novelle zum 19.1.2021 sind kartellrechtliche Compliance-Bemühungen sowohl vor wie auch nach einem Kartellverstoß innerhalb der Bemessung des Bußgelds berücksichtigungsfähig.[1212] Nach der Neuregelung des § 81d Abs. 1 S. 2 Nr. 4 GWB sind im Rahmen der Bußgeldbemessung unter anderem „*vor der Zuwiderhandlung getroffene, angemessene und wirksame Vorkehrungen zur Vermeidung und Aufdeckung von Zuwiderhandlungen*" zu berücksichtigen. Damit können Fälle, in denen alle objektiv erforderlichen Vorkehrungen zur Verhinderung kartellrechtswidrigen Verhaltens getroffen wurden, berücksichtigt werden.[1213]

### 3. *Zwischenergebnis*

Aufgrund der Haftungsrisiken für den Verband in Bezug auf die kartellrechtlichen Risiken mit dem Umgang wettbewerbssensibler Informationen der organisierten Mitglieder, muss der Vorstand im Rahmen seiner Legalitätskontrollpflicht die Kartellrechtscompliance des Verbands absichern. Für den Bereich der Tarifverhandlungen bedeutet dies, dass der Arbeitgeberverband alle erforderlichen Maßnahmen in organisatorischer und rechtlicher Hinsicht treffen muss, um dem Geheimwettbewerb zwischen den organisierten Mitgliedsunternehmen weitestgehend aufrecht zu erhalten. Insoweit bestehen vielfache Überschneidungen zur Geschäftsgeheimnis-Compliance, da es sich bei den wettbewerbssensiblen Informationen in aller Regel um Geschäftsgeheimnisse handelt.[1214]

---

1211 Ausführlich zu den einzelnen Risikobegrenzungsmaßnahmen: Kapitel 3 0.

1212 *Moosmayer*, Compliance, Rn. 303.

1213 BT-Drs. 19/25868, S. 122.

1214 *Hiéramente* in BeckOK GeschGehG, § 2 GeschGehG Rn. 79.2; *Kalbfus* in BeckOK UWG, 4. Ed. 29.6.2017 (Altedition), § 17 UWG Rn. 10.

## V. Insiderrechtliche Haftungsrisiken

Im Falle der Börsennotierung des notleidenden Unternehmens können zudem kapitalmarktrechtliche Risiken im Umgang mit den sensiblen Informationen für den Arbeitgeberverband aus dem Insiderrecht entstehen. Denn die im Rahmen der Sanierungstarifverhandlungen vertraulich erlangten Mitgliederinformationen stellen regelmäßig Insiderinformationen im Sinne des Art. 7 MAR dar.[1215]

### *1. Risikoanalyse*

#### *a. Insiderrechtliches Offenlegungsverbot*

Wurden gegenüber dem Arbeitgeberverband im Rahmen der Sanierungstarifverhandlungen Insiderinformationen offengelegt, unterliegt der Arbeitgeberverband gemäß Art. 10 Abs. 1 UAbs. 1 und 2 MAR selbst als juristische Person dem Offenlegungsverbot aus Art. 14 lit. c) MAR.[1216] Der Arbeitgeberverband ist neben den involvierten natürlichen Personen eigenständiger Adressat des insiderrechtlichen Offenlegungsverbots. Dabei handelt der Arbeitgeberverband als juristische Person durch alle natürlichen Personen, die seiner Organisationsherrschaft unterliegen. Einschränkend muss die insiderrechtswidrige Handlung einen hinreichenden Bezug zum Tätigkeitsbereich der juristischen Person aufweisen.[1217] Liegen diese Voraussetzungen vor, können etwaige Indiskretionen von Organen, einzelnen Verbandsmitgliedern und Mitarbeitern dem Arbeitgeberverband zugerechnet werden und einen eigenständigen Verstoß des Verbands begründen.

Im Zusammenhang mit der insiderrechtlichen Zulässigkeit der Informationsweitergabe durch den Arbeitgeberverband stellt sich die Frage, ob die Weitergabe fremder Insiderinformationen bereits bei Überschreiten der Grenzen der erlaubten Nutzung als unbefugt einzuordnen ist.[1218] Der Hauptanwendungsfall der Offenlegung fremder Informationen ist die Weitergabe von Informationen, die der Weitergebende – berechtigterweise – von dem Emittenten erhalten hat. Um die Ad-hoc-Publizitätspflicht gem. Art. 17 Abs. 8 auszuschließen, ist das

---

1215 Siehe dazu ausführlich: Kapitel 3 0.

1216 *Klöhn* in Klöhn, Art. 10 MAR Rn. 34; *Kumpan/Grütze* in Schwark/Zimmer, Art. 10 MAR Rn. 3.

1217 *Klöhn* in Klöhn, Art. 10 MAR Rn. 34; *Kumpan/Grütze* in Schwark/Zimmer, Art. 10 MAR Rn. 3.

1218 *Klöhn* in Klöhn, Art. 10 MAR Rn. 59 mit rechtsvergleichenden Ausführungen zum US-amerikanischen Recht.

Vorliegen einer Vertraulichkeitsvereinbarung obligatorisch.[1219] Der Schutz der informationellen Chancengleichheit wird insoweit über ein zweistufiges Wechselspiel von Art. 10 Abs. 1 und Art. 17 Abs. 8 MAR gewährleistet.[1220] Dieser systematische Zusammenhang muss berücksichtigt werden, sodass der Verstoß gegen eine Vertraulichkeitsvereinbarung in aller Regel zur Unzulässigkeit der Informationsweitergabe führt: Wenn der Offenlegende eine Vertraulichkeitsvereinbarung verletzt, so verfolgt er mit der Weitergabe keinen legitimen Zweck mehr.[1221] Bestätigt wird dies dadurch, dass mit Überschreiten der Nutzungserlaubnis in aller Regel ein Verstoß gegen § 4 Abs. 3 Nr. 3 GeschGehG einhergeht, da es sich bei Insiderinformationen weit überwiegend um Geschäftsgeheimnisse im Sinne von § 2 Nr. 1 GeschGehG handelt.[1222]

Inwieweit eine Vereinbarung die Befugnis des Empfängers zur Weitergabe der Insiderinformation ausschließt, ist im Wege der Auslegung zu ermitteln. Maßgebend für die Reichweite der Vereinbarung – und damit im Ergebnis auch für die Offenlegungsbefugnis – ist der Zweck, zu dem der Empfänger die Information erhalten hat.[1223] Insoweit determiniert die Reichweite der Vertraulichkeitsvereinbarung die Frage, ob die konkrete Offenlegung einen rechtlich zulässigen Zweck verfolgt.

Die Offenlegung der Insiderinformationen innerhalb des Arbeitgeberverbands kann also nur an solche Personen rechtmäßig erfolgen, die für die Durchführung der Sanierungstarifverhandlungen unerlässlich sind. Gegenüber diesem Personenkreis muss eine Offenlegung unter Wahrung der Verhältnismäßigkeit zulässig sein.

### *b. Sanktionsrisiko für den Arbeitgeberverband*

Hinsichtlich der Sanktionierung eigenständiger Verstöße des Arbeitgeberverbands finden sich in der – das Strafrecht harmonisierenden – Richtlinie 2014/57/EU (im Folgenden „CRIM-MAD“) europarechtliche Vorgaben. Art. 8 i.V.m. Art. 4 CRIM-MAD beinhaltet Vorgaben für die effektive Sanktionierung juristischer Personen bei Verstößen gegen das Verbot der unrechtmäßigen Offenlegung von Insiderinformationen. Demnach müssen juristische Personen sowohl

---

1219 Zu den Anforderungen an diese Vertraulichkeitsvereinbarung: Kapitel 3 0.

1220 Dazu ausführlich: Kapitel 3 0.

1221 *Klöhn* in Klöhn, Art. 10 MAR Rn. 59; *Kumpan/Grütze* in Schwark/Zimmer, Art. 10 MAR Rn. 45.

1222 So zu § 79 BetrVG: LAG Hessen v. 12.3.2015 – 9 TaBV 188/14, Rn. 30, juris.

1223 *Klöhn* in Klöhn, Art. 10 MAR Rn. 63.

für Verstöße durch Personen in leitender Stellung (Art. 8 Abs. 1 CRIM-MAD), als auch wenn sonstige unterstellte Personen, sofern mangelnde Überwachung oder Kontrolle durch eine Person mit Leitungsbefugnissen diese Delikte ermöglicht hat (Art. 8 Abs. 2 CRIM-MAD), sanktioniert werden. Aufgrund des Richtliniencharakters der CRIM-MAD ist eine entsprechende nationalgesetzliche Umsetzung dieser Haftungsvorgaben erforderlich.[1224] Die eigenständige Sanktionierung einer juristischen Person wird im deutschen Recht durch §§ 9, 30 und § 130 OWiG gewährleistet.[1225]

*aa. Verstöße von Leitungsorganen*

Gemäß Art. 8 Abs. 1 CRIM-MAD müssen juristische Personen für Verstöße durch Personen in leitender Stellung sanktioniert werden können. Die Sanktionierung der juristischen Person kann in diesem Fall anhand von § 30 OWiG durch die Verhängung eines Verbandsbußgelds erfolgen.[1226] Die bußgeldrechtliche Zurechnungsvorschrift fingiert eine eigenständige Handlung der juristischen Person selbst.[1227] Der Repräsentant der juristischen Person muss hierfür einen Deliktstatbestand erfüllt haben und dadurch eine betriebsbezogene Pflicht verletzt oder eine Bereicherung der juristischen Person angestrebt haben. Als Bezugstat für die Sanktionierung des Arbeitgeberverbands kommt jede Straftat oder Ordnungswidrigkeit des Repräsentanten in Betracht, sodass vorsätzliche wie auch fahrlässige Insiderdelikte erfasst sind:[1228] § 119 Abs. 3 Nr. 3 WpHG stellt den vorsätzlichen Verstoß gegen Art. 14 lit. c) MAR unter Strafe, während § 120 Abs. 14 WpHG den leichtfertigen Verstoß gegen § 119 Abs. 3 Nr. 3 i.V.m. Art. 14 lit. c) MAR als Ordnungswidrigkeit sanktioniert.

Zudem muss der Verband durch die Bezugstat bereichert worden sein oder die Bezugstat muss gegen betriebsbezogene Pflichten des Arbeitgeberverbands verstoßen.[1229] Dabei ist die Betriebsbezogenheit der Pflichten übereinstimmend mit § 130 OWiG zu verstehen.[1230] Ausweislich der Gesetzesbegründung erfasst dies insbesondere Fälle, in denen Pflichten verletzt wurden, welche die juristische

1224 *Klöhn* in Klöhn, Art. 14 MAR Rn. 39.
1225 BT-Drs. 18/7482, S. 65; *Klöhn* in Klöhn, Art. 14 MAR Rn. 46 f.
1226 *Seibt*, NZG 2015, 1097 (1099); *Becker* in Habersack/Mülbert/Schlitt, § 25 Rn. 13 f.
1227 *Krenberger/Krumm* in Krenberger/Krumm, § 30 OWiG Rn. 5.
1228 *Klöhn* in Klöhn, Art. 14 MAR Rn. 99; *Kumpan/Grütze* in Schwark/Zimmer, Art. 14 MAR Rn. 44.
1229 *Klöhn* in Klöhn, Art. 14 MAR Rn. 100.
1230 *Rogall* in KK-OWiG, § 30 OWiG Rn. 90.

Person als solche adressieren, wobei sich die Pflicht aus dem besonderen Wirkungskreis der juristischen Person ergeben muss.[1231] Neben Sonderpflichten der juristischen Person können auch Allgemeindelikte betriebsbezogene Pflichten darstellen, soweit ein enger Zusammenhang mit der Betriebs- bzw. Unternehmensführung besteht.[1232] In der Bezugstat muss sich die spezifische betriebliche Gefahr realisiert haben.[1233]

Dabei stellt Art. 10 Abs. 1 i.V.m. Art. 14 lit. c) MAR kein Sonderdelikt dar, sondern ist an jedermann gerichtet und folglich ein Allgemeindelikt.[1234] Demnach muss die konkrete Gefahr eines Verstoßes gegen die insiderrechtlichen Vorschriften in dem Betrieb bzw. der konkreten Tätigkeit angelegt sein. Diese Gefahr wird regelmäßig dann eröffnet sein, wenn das Unternehmen selbst oder seine Mitarbeiter aufgrund des Geschäftsfeldes regelmäßig mit Insiderinformationen anderer umgeht.[1235]

#### *bb. Verstöße nachgeordneter Mitglieder*

Die nach Art. 8 Abs. 1 CRIM-MAD geforderte Sanktionierung von Verstößen von Personen in leitender Stellung erfolgt demnach über § 30 OWiG. Neben den Insiderverstößen der Leitungsorgane des Arbeitgeberverbands ist nach Art. 8 Abs. 2 CRIM-MAD auch eine Haftung der juristischen Person für die Insiderverstöße nachgeordneter Mitarbeiter im nationalen Recht vorzusehen.

##### *(1) § 30 OWiG i.V.m. der strafrechtlichen Geschäftsherrenhaftung*

Eine eigenständige Haftung des Arbeitgeberverbands für Verstöße nachgeordneter Mitarbeiter kann zunächst anhand der strafrechtlichen Geschäftsherrenhaftung i.V.m. § 30 OWiG hergeleitet werden. Die Geschäftsherrenhaftung umschreibt bezogen auf das Insiderrecht die Fälle, in denen es zu

1231 BT-Drs. 5/1269, S. 60.

1232 BT-Drs. 5/1269, S. 60; *Waßmer* in Fuchs, Vorbemerkungen zu den §§ 38 bis 40b WpHG Rn. 93.

1233 Ausführlich zum Streitstand: *Rogall* in KK-OWiG, § 130 OWiG Rn. 99 ff.

1234 *Sethe* in Assmann/Schütze, 4. Aufl. 2015 (Altauflage), § 8 Rn. 88; *Pananis* in MüKoStGB, § 119 WpHG Rn. 224; *Böse/Jansen* in Schwark/Zimmer, § 119 WpHG Rn. 36.

1235 *Kumpan/Grütze* in Schwark/Zimmer, Art. 14 MAR Rn. 46; *Sethe* in Assmann/Schütze, 4. Aufl. 2015 (Altauflage), § 8 Rn. 88; *Sethe*, ZBB 2006, 243 (255); a.A.: *Assmann* in Assmann/Schneider/Mülbert, Art. 10 MAR Rn. 39, der davon ausgeht, dass ein gegen ein Insiderverbot verstoßender Mitarbeiter nie gegen ein an den Betriebsinhaber, sondern gegen ein ihn persönlich treffendes Verbot verstößt.

einem Insiderverstoß durch Mitarbeiter kommt, und der Betriebsinhaber dies trotz Kenntnis nicht verhindert.[1236]

Aus der strafrechtlichen Geschäftsherrenhaftung kann sich je nach den Umständen des Einzelfalls eine Garantenpflicht zur Verhinderung von Straftaten nachgeordneter Mitarbeiter für den Betriebsinhaber und Vorgesetzte ergeben.[1237] Diese Pflicht zur Verhinderung von Straftaten wird dann bejaht, wenn die Straftat nicht nur bei Gelegenheit der Tätigkeit im Unternehmen verübt wird, sondern die Stellung im Unternehmen dazu genutzt wird, die Straftat zu begehen.[1238] In der Tat muss sich die spezifische Gefahr des konkreten Betriebs bzw. der Tätigkeit des Mitarbeiters realisieren.[1239]

Hinsichtlich des konkreten Inhalts und der Reichweite der Geschäftsherrenhaftung bestehen erhebliche Unsicherheiten, gerade in Bezug auf die Übertragung von Ermessenspielräumen bei der Ausgestaltung der strafrechtlich geforderten Überwachungspflichten.[1240] Überdies ist der Nachweis der (Quasi)-Kausalität zwischen mangelnder Überwachung und der verbandsbezogenen Straftat oder Ordnungswidrigkeit regelmäßig mit Schwierigkeiten verbunden.[1241] Ein Unterlassen ist für einen Erfolg nämlich nur dann kausal, wenn die objektiv gebotene Handlung nicht hinzugedacht werden kann, ohne dass der konkret eingetretene Erfolg mit an Sicherheit grenzender Wahrscheinlichkeit entfiele.[1242] Weitere Probleme ergeben sich in Bezug auf den Nachweis des subjektiven Tatbestands. Der Geschäftsherr muss in der Regel um die nicht verhinderte Straftat wissen und deren Begehung auch billigend in Kauf genommen haben.[1243] Vor diesem Hintergrund scheidet die Geschäftsherrenhaftung und damit eine Haftung der juristischen Person über § 30 OWiG regelmäßig aus.

---

1236 *Sethe* in Assmann/Schütze, 4. Aufl. 2015 (Altauflage), § 8 Rn. 81.

1237 BGH v. 6.2.2018 – 5 StR 629/17, NStZ 2018, 648; BGH v. 20.10.2011 – 4 StR 71/11, NJW 2012, 1237 (1238); ausführlich hierzu: *Holle*, Legalitätskontrolle, S. 346 ff.

1238 *Sethe* in Assmann/Schütze, 4. Aufl. 2015 (Altauflage), § 8 Rn. 81.

1239 BGH v. 20.10.2011 – 4 StR 71/11, NJW 2012, 1237 (1238); *Rengier* in KK-OWiG, § 8 OWiG Rn. 48; *Burchard* in Leitner/Rosenau, § 13 StGB Rn. 34; *Schmittlein*, Verbands-Compliance, S. 65.

1240 *Klöhn* in Klöhn, Art. 14 MAR Rn. 88.

1241 *Schmittlein*, Verbands-Compliance, S. 56; *Bock*, ZIS 2009, 68 (70); *Waßmer* in Fuchs, § 38 WpHG Rn. 195.

1242 BGH v. 6.7.1990 – 2 StR 549/89, NJW 1990, 2560 (2565); *Burchard* in Leitner/Rosenau, § 13 StGB Rn. 35.

1243 Dazu nur: *Burchard* in Leitner/Rosenau, § 13 StGB Rn. 35.

### (2) Haftung über Aufsichtspflichtverletzung

Indes kann eine Haftung des Verbands aus §§ 9, 30 und 130 OWiG hergeleitet werden. Der Verstoß nachgeordneter Mitarbeiter gegen insiderrechtliche Verbote kann zunächst eine Haftung ihrer Vorgesetzten gem. §§ 130, 9 OWiG auslösen. Dabei wird die Eigenschaft als Betriebsinhaber dem aufsichtspflichtigen Leitungsorgan gem. § 9 OWiG zugerechnet. Über § 30 OWiG kann daraus im Ergebnis eine Haftung des Verbands resultieren.[1244]

Entgegen der Herleitung einer Unterlassungstäterschaft des Betriebsinhabers über die Grundsätze der Geschäftsherrenhaftung genügt im Rahmen von § 130 Abs. 1 OWiG einfache Fahrlässigkeit des Aufsichtspflichtigen. Überdies fordert § 130 Abs. 1 OWiG, dass die Begehung der betriebsbezogenen Straftat durch die gehörigen Aufsichtsmaßnahmen wesentlich erschwert worden wäre. Dies stellt eine Erleichterung im Verhältnis zum Nachweis der (Quasi-) Kausalität im Rahmen der Geschäftsherrenhaftung bei der Begehung durch Unterlassen dar.[1245]

Übereinstimmend mit § 30 OWiG trifft den Betriebs- bzw. Unternehmensinhaber die Pflicht, Verstöße gegen Insiderdelikte durch gehörige Aufsichtsmaßnahmen zu erschweren, soweit es sich dabei um eine betriebstypische Gefahr handelt. Dies ist im insiderrechtlichen Kontext jedenfalls dann der Fall, wenn die Handlung des Mitarbeiters der juristischen Person zugerechnet werden kann, sodass ein Insiderdelikt der juristischen Person vorliegt.[1246] Daneben liegt eine betriebsbezogene Pflicht dann vor, wenn das Unternehmen selbst oder seine Mitarbeiter aufgrund des Geschäftsfeldes regelmäßig mit Insiderinformationen von Dritten umgeht.[1247] Für die Bereiche, die regelmäßig mit Insiderinformationen in Berührung kommen, trifft den Betriebs- bzw. Unternehmensinhaber demnach die Pflicht zur Implementierung gehöriger Aufsichtsmaßnahmen.

## 2. Risikominimierung durch organisatorische Maßnahmen

Folglich können aus dem unsachgemäßen Umgang mit den Insiderinformationen der organisierten Mitglieder umfangreiche Haftungsrisiken für den Arbeitgeberverband resultieren.[1248] Sind börsennotierte Unternehmen im

---

1244 *Schmittlein*, Verbands-Compliance, S. 69; *Seibt*, NZG 2015, 1097 (1100).

1245 *Holle*, Legalitätskontrolle, S. 390; *Klöhn* in Klöhn, Art. 14 MAR Rn. 92.

1246 *Klöhn* in Klöhn, Art. 14 MAR Rn. 92, 93.

1247 *Kumpan/Grütze* in Schwark/Zimmer, Art. 14 MAR Rn. 46; *Sethe* in Assmann/Schütze, 4. Aufl. 2015 (Altauflage), § 8 Rn. 88; *Sethe*, ZBB 2006. 243 (255).

1248 So auch: *Liese/Theusinger* in Hauschka/Moosmayer/Lösler, § 27 Rn. 30, zur vergleichbaren Situation des Käufers bei einer M&A Transaktion.

Arbeitgeberverband organisiert, so ist die die Gefahr von Insiderdelikten regelmäßig in der Verbandstätigkeit angelegt. Aufgrund der besonderen Vertrauensstellung des Verbands – speziell bei Verhandlung eines Sanierungstarifvertrags – ist mit der Offenlegung von Insiderinformationen durch das notleidende börsennotierte Unternehmen zu rechnen. Das Verbot der unbefugten Weitergabe von Insiderinformationen stellt eine betriebsbezogene Pflicht des Arbeitgeberverbands dar. Dieser hat sicherzustellen, dass Insiderinformationen nicht unrechtmäßig im Verband zirkulieren können.

Neben den bereits genannten Maßnahmen zum Schutz der Geschäftsgeheimnisse, kann sich als weitergehende Risikobegrenzungsmaßnahme etwa die Implementierung gesonderter Vertraulichkeitsbereiche, sog. *chinese walls* anbieten. Diese stellen eine organisatorische Maßnahme zur Begrenzung und Steuerung des innerverbandlichen Informationsflusses dar, welche der Gefahr der Kenntnisnahme von Insiderinformationen durch Unbefugte entgegenwirkt.[1249] Weiterhin kann eine Dokumentation der jeweiligen Tatsachen und der involvierten Personen vorgenommen werden, verbunden mit der Anweisung, die relevanten Tatsachen vertraulich zu behandeln.[1250] Die Pflicht zur sorgfältigen Dokumentation aller Personen, die Zugang zu Insiderinformationen haben, trifft den Arbeitgeberverband gem. Art. 18 Abs. 1 MAR. Neben dem Emittenten sind alle im Auftrag oder für Rechnung des Emittenten handelnden Personen zur Führung eigener Insiderlisten verpflichtet.[1251] Sinn und Zweck der Regelung ist es, solche Personen die im Rahmen ihrer Tätigkeit regelmäßig in Kontakt mit Insiderinformationen kommen und im Interesse des Emittenten handeln, in einer Liste zusammenzufassen.[1252] Übertragen auf den Arbeitgeberverband sind die im Verhandlungsprozess involvierten Verbandsvertreter, Mitglieder und Organe in eine Insiderliste aufzunehmen. Der Verband wird in den Tarifverhandlungen im Interesse des notleidenden Unternehmens tätig und kommt dabei aufgrund seiner besonderen Vertrauensstellung regelmäßig mit Insiderinformationen in Berührung. Weitergehend stellt die Belehrung der involvierten Personen über ihre insiderrechtlichen Pflichten, sowie über die Rechtsfolgen bei Verstößen nach Art. 18 Abs. 2 MAR ein wesentliches Element der Vertraulichkeitssicherung dar.[1253]

---

1249 Emittentenleitfaden der BaFin Modul C, S. 56; *Buck-Heeb* in Assmann/Schütze/Buck-Heeb, § 8 Rn. 349; *Faust* in Schimansky/Bunte/Lwowski, § 109 Rn. 136.

1250 *Faust* in Schimansky/Bunte/Lwowski, § 109 Rn. 136.

1251 Emittentenleitfaden der BaFin Modul C, S. 87.

1252 Emittentenleitfaden der BaFin Modul C, S. 87.

1253 *Faust* in Schimansky/Bunte/Lwowski, § 109 Rn. 137.

## VI. Ergebnis zur Informations-Compliance im Arbeitgeberverband

Die Leitung des Arbeitgeberverbands trifft im Ergebnis eine weitreichende Informations-Compliancepflicht. Diese resultiert intern aus der Legalitätskontrollpflicht und extern aus der Pflicht zur Implementierung gehöriger Aufsichtsmaßnahmen aus § 130 OWiG. Im Rahmen dessen hat der Vorstand einen sorgsamen Umgangen mit den Informationen, welche ihm im Zusammenhang mit den Sanierungstarifverhandlungen offengelegt werden, sicherzustellen. Dies ergibt sich aus den – im Rahmen der Risikoanalyse aufgedeckten – Haftungsrisiken für den Arbeitgeberverband. Neben originär geschäftsgeheimnisschutzrechtlichen Aspekten spielt insbesondere das Kartellrecht mit seinen strengen Haftungsregeln aus §§ 81 ff. GWB eine maßgebliche Rolle. Für den Fall der Börsennotierung des notleidenden Unternehmens treten kapitalmarkrechtliche Haftungsrisiken für den Arbeitgeberverband daneben. Bzgl. der jeweils geschützten Informationen lässt sich dabei eine große Schnittmenge identifizieren. Regelmäßig können die im Rahmen der Sanierungstarifverhandlungen offengelegten Informationen sowohl als Geschäftsgeheimnis, wettbewerbssensible Information wie auch als Insiderinformation eingeordnet werden.

Bezüglich der zu ergreifenden Maßnahmen steht der Verbandsleitung ein großer Ermessensspielraum zu. Der Vorstand hat diesen anhand der Art, Größe und Organisation des Verbands, der zu beachtenden Vorschriften, der geografischen Präsenz sowie der Verdachtsfälle aus der Vergangenheit als ermessenslenkende Faktoren auszugestalten.

Maßgebliches Instrument des Arbeitgeberverbands für die Einhaltung eines sachgerechten Umgangs mit den Mitgliederdaten der Unternehmen stellt dabei die Implementierung eines strikten „need-to-know" Systems dar. Weitergehend kann in organisatorischer Hinsicht die Errichtung besonderer Vertraulichkeitsbereiche (*chinese walls*) angezeigt sein. In jedem Fall erforderlich ist es, die Informationsträger auf den Charakter einer Information als „vertraulich" hinzuweisen und über etwaige Haftungsrisiken aufzuklären. Zudem kann es sich – auch abseits des Insiderrechts – anbieten, den Kreis der Informationsinhaber zu dokumentieren und so den verbandsinternen Informationsfluss genau zu überwachen. Überdies sollten die Mitarbeiter durch Schulungen für den Umgang mit Geschäftsgeheimnissen, strategischen Daten und Insiderinformationen der Mitglieder sensibilisiert werden.

## C. Ergebnis

Die Untersuchung hat gezeigt, dass den Arbeitgeberverband umfangreiche Informationsverwaltungspflichten treffen, wenn ihm gegenüber sensible Informationen zum Zwecke der Verhandlung eines unternehmensbezogenen Verbandstarifvertrags offengelegt werden. Der Arbeitgeberverband hat die sensiblen Informationen vor dem Zugriff durch die mitorganisierten Unternehmen abzuschirmen. Im Rahmen dessen muss der Verband die Informationen im vereinsrechtlichen Kontext absichern. Zum einen unterliegen die meist ehrenamtlich tätigen Vereinsvorstände einer weitgehenden Verschwiegenheitspflicht hinsichtlich der offengelegten Informationen. Diese Geheimhaltungspflicht des Vorstands kann mit seiner Pflicht zur Auskunftserteilung an die Mitgliederversammlung und an einzelne Mitglieder kollidieren. Indes bestehen diese Informationsansprüche nicht unbegrenzt, und der Vorstand kann überschießenden Auskunftsersuchen ein Auskunftsverweigerungsrecht entgegensetzen. Daneben unterliegen auch die hauptamtlich tätigen Verbandsvertreter einer Verschwiegenheitspflicht gegenüber den anderen Verbandsmitgliedern und Organen. Sie haben in Anlehnung an die Reichweite zum Anwaltsgeheimnis aus § 43a BRAO umfassend die Verschwiegenheit über die offengelegten Informationen zu wahren, da sie innerhalb der Tarifverhandlungen eine – anwaltsgleiche – Vertrauensstellung einnehmen. Weitergehend hat der Vorstand den sachgemäßen Umgang mit den Informationen innerhalb des Verbands sicherzustellen. Dies ergibt sich aus der internen und externen Compliance-Pflicht. Bzgl. der Frage, wie der sorgsame Umgang mit den offengelegten sensiblen Informationen im Arbeitgeberverband gewährleistet wird, steht dem Vorstand ein umfangreiches Ausgestaltungsermessen zu.

# Kapitel 5: Informationsverwaltungspflichten der Gewerkschaft

Nachdem die Informationsverwaltungspflichten im Arbeitgeberverband untersucht wurden, gilt es nun, sich den gewerkschaftlichen Pflichten zu widmen. Unabhängig davon, ob eine Sanierung mittels eines Haus- oder eines unternehmensbezogenen Verbandstarifvertrags angestrebt wird, erlangt die Gewerkschaft in der Sanierungssituation umfangreiche Einblicke in die wirtschaftliche Situation des Unternehmens. Die Untersuchung hat gezeigt, dass der Gewerkschaft im erheblichen Umfang sensible Informationen gegenüber offengelegt werden, sodass sich die Frage stellt, wie die Gewerkschaft mit diesen Informationen umgehen muss. Obwohl der Gewerkschaft in der Verhandlungsphase des Tarifvertrags tiefgehende Einblicke in das Unternehmen gewährt werden müssen, fehlt eine einfachrechtliche, ausdrückliche Normierung der gewerkschaftlichen Pflichten im Umgang mit diesen Informationen. Anders als beim Betriebsrat existiert keine § 79 BetrVG entsprechende Verschwiegenheitspflicht als Korrelat zu dem weitgehenden Informationszugang der Arbeitnehmerseite. Zur Bestimmung konkreter Pflichten im Umgang mit den sensiblen Informationen sind in einem ersten Schritt die Grenzen des gewerkschaftlichen Informationsflusses im Hinblick auf die offengelegten Informationen der Arbeitgeberseite zu betrachten. Weiterhin entstehen während der Verhandlung neue Informationen. Auch hier stellt sich die Frage nach den Pflichten der Gewerkschaft im Umgang mit diesen neu entstehenden Informationen. Dabei können sich insbesondere aus dem (vor-)vertraglichen Schuldverhältnis Pflichten der Gewerkschaft ergeben. Im Anschluss ist zu untersuchen, ob die Gewerkschaft – ähnlich dem Arbeitgeberverband – dazu verpflichtet ist, organisatorische Maßnahmen zu ergreifen, um einen sachgerechten Umgang mit den sensiblen Unternehmensdaten zu gewährleisten.

## A. Grenzen des gewerkschaftlichen Informationsflusses

### I. (Vor-)vertragliche Schutz- und Rücksichtnahmepflichten

#### *1. Entstehen der schuldrechtlichen Sonderverbindung*

Wie oben dargestellt, kommt spätestens durch die Aufnahme von Tarifverhandlungen zwischen den Beteiligten eine Sonderverbindung in Form eines vorvertraglichen Schuldverhältnisses nach Maßgabe der §§ 311 Abs. 2 i.V.m.

§ 241 Abs. 2 BGB zustande: Bei Verhandlung eines Haustarifvertrags entsteht die schuldrechtliche Sonderverbindung direkt zwischen dem Unternehmen und der Gewerkschaft, während bei Verhandlung eines unternehmensbezogenen Verbandstarifvertrags das vorvertragliche Schuldverhältnis zwischen Arbeitgeberverband und Gewerkschaft entsteht. In letzterem Fall ist das notleidende Unternehmen über die Grundsätze des vorvertraglichen Schuldverhältnisses mit Schutzwirkung zugunsten Dritter in das vorvertragliche Schuldverhältnis einbezogen.[1254] Diese schuldrechtliche Sonderbeziehung zwischen den Tarifparteien kann als Rechtsquelle für die Ausgestaltung konkreter Pflichten bzgl. des Umgangs mit den sensiblen Informationen herangezogen werden. Aus den entstehenden Schutz- und Rücksichtnahmepflichten gem. § 241 Abs. 2 BGB kann sich demnach in der Sanierungssituation eine Begrenzung des gewerkschaftlichen Informationsflusses ergeben.

### *2. Konkretisierung des Pflichtenkatalogs*

Im Wege der Auslegung ist zu ermitteln, ob sich konkrete Pflichten im Umgang mit den sensiblen Informationen aus dem (vor-)vertraglichen Schuldverhältnis ergeben. Maßgebend für die Konkretisierung des Pflichtenkatalogs im Einzelfall sind unter anderem die Einwirkungsmöglichkeiten auf die Rechtsgüter der Gegenseite, Zumutbarkeit der Rücksichtnahme- und Schutzpflichten für die jeweilige Partei, sowie Grad des wünschenswerten Vertrauens innerhalb der Sonderbeziehung.[1255] Dies deckt sich mit dem Ansatz von *Mikosch*, der für die Konkretisierung gegenseitiger Verhaltens-, Schutz- und Loyalitätspflichten § 242 BGB bedient und die Enge des bestehenden Kontakts zwischen den Tarifvertragsparteien heranzieht.[1256] Die erforderliche Sonderbeziehung zwischen den Tarifparteien sieht *Mikosch* bei Fehlen eines Tarifvertrags im gemeinsamen Regelungsauftrag der Tarifparteien nach Art. 9 Abs. 3 GG.[1257] Im Ergebnis zieht auch *Mikosch* zur Konkretisierung der gegenseitigen Pflichten letztlich die Frage heran, wie groß die Möglichkeit der Einflussnahme auf die gegenseitigen Interessen ist, und in welchem Stadium sich die Vertragsverhandlungen befinden.

Für die Situation der Tarifverhandlungen gilt dabei die Besonderheit, dass die Verhandlungspartner aufeinander angewiesen sind und sich nicht gegenseitig

---

1254 Dazu ausführlich: Kapitel 1 0.

1255 *Krebs* in NK-BGB, § 241 BGB Rn. 52; *Malorny*, Die Haftung der Gewerkschaft gegenüber ihren Tarifpartnern, S. 146.

1256 *Mikosch* in FS Dieterich, 365 (367).

1257 *Mikosch* in FS Dieterich, 365 (367).

aussuchen können. Dies zeigt sich aus Arbeitgebersicht insbesondere in der Sanierungssituation: Die gewünschte Abweichung vom normativ geltenden Flächentarifvertrag kann der Arbeitgeber nur mit der Gewerkschaft erreichen, welche auch Vertragspartei des normativ geltenden Flächentarifvertrags ist.[1258] Auch eine Sanierung an der Gewerkschaft vorbei mit dem Betriebsrat scheitert an der Burda-Rechtsprechung des BAG.[1259] Demnach können die Tarifpartner durch die Drohung, das Geschäft mit einer anderen Partei abzuschließen keinen Druck auf die Gegenseite aufbauen.[1260] Die Tarifparteien sind folglich enger als typische Vertragsparteien aneinander gebunden und in gesteigerter Hinsicht auf einen redlichen und loyalen gegenseitigen Umgang angewiesen.[1261]

### 3. *Verschwiegenheitspflicht der Gewerkschaft*

Vor diesem Hintergrund besteht zwischen den Tarifparteien bereits im Verhandlungsstadium die Pflicht zur Wahrung der Vertraulichkeit, welche sich gegenständlich auf alle vertraulichen Informationen und auf sonstige geheimhaltungsbedürftige Umstände erstreckt.[1262] Übereinstimmend mit *Mikosch* kann davon auch der aktuelle Verhandlungsstand erfasst sein, soweit die Geheimhaltung erforderlich ist, um den bevorstehenden Tarifabschluss nicht zu gefährden. Die Verschwiegenheitspflicht dient als Nebenpflicht der Absicherung und Förderung des angestrebten Vertragszwecks, namentlich der Regelung der Arbeits- und Wirtschaftsbedingungen durch den Sanierungstarifvertrag, sowie dem Schutz der sonstigen Rechtsgüter der Tarifpartner.[1263] Für andere Zwecke als für die Preisgabe zur Verhandlung des konkreten Sanierungstarifvertrags ist

---

1258 Wohl überwiegende Ansicht, siehe etwa Löwisch/Rieble, § 1 TVG Rn. 2362; *Beck*, Der Sanierungstarifvertrag, S.19; *Henssler* in HWK, § 1 TVG Rn. 5.

1259 BAG 20.4.1999 – 1 ABR 72/98, NZA 1999, 887; *Kania*, NZA 2020, 846 (847).

1260 *Malorny*, Die Haftung der Gewerkschaft gegenüber ihren Tarifpartnern, S. 28; 148; *Seiter*, ZfA 1989, 283 (284); *Künster*, Die culpa in contrahendo in vortariflichen Rechtsbeziehungen, S. 37, 85.

1261 *Malorny*, Die Haftung der Gewerkschaft gegenüber ihren Tarifpartnern, S. 148; *Seiter*, ZfA 1989, 283 (300); *Künster*, Die culpa in contrahendo in vortariflichen Rechtsbeziehungen S. 37.

1262 *Mikosch* in FS Dieterich, 365 (383 f.); *Klumpp* in MHdB ArbR, § 257 Rn. 65; unspezifisch: *Seiter*, ZfA 1989 283 (305); weitergehend: *Künster*, Die culpa in contrahendo in vortariflichen Rechtsbeziehungen S. 87; ähnlich *Zöllner/Loritz/Hergenröder*, § 34 S. 355, bzgl. der wirtschaftlichen Verhältnisse der jeweiligen Tarifpartei und ggf. ihrer Mitglieder.

1263 *Mikosch* in FS Dieterich, 365 (383 f.).

indes ein umfassendes Verwertungsverbot anzunehmen.[1264] Weitergehend ist der atypischen Sanierungssituation Rechnung zu tragen: Wie eingehend dargelegt, erhält die Gewerkschaft erhebliche Einblicke in das Unternehmen. Vielfach bilden sensible Unternehmensdaten die Entscheidungsgrundlage für den Tarifvertrag. Die gewerkschaftliche Einwirkungsmöglichkeit auf die Geschäftsgeheimnisse und den damit verbundenen Wettbewerbsvorteil des Unternehmens ist dementsprechend im Verhältnis zu regulären Tarifverhandlungen deutlich gesteigert. Aus diesem Umstand resultiert eine besondere Rücksichtnahmepflicht der Gewerkschaft, sorgsam mit diesen Informationen umzugehen. Die bereits grundsätzlich bestehende Pflicht zum sorgsamen Umgang mit vertraulichen Informationen des Verhandlungspartners ist in der Sanierungssituation stärker ausgeprägt, da das notleidende Unternehmen in dieser Hinsicht besonders exponiert ist. Aus dem unkontrollierten Bekanntwerden der offengelegten Kennzahlen sowie des vorläufigen Vertragsinhalts können nachteilige Reaktionen seitens der Belegschaft, Lieferanten und Kunden resultieren. Zudem würde so potentiellen und aktuellen Wettbewerben die zukünftige strategische Ausrichtung des notleidenden Unternehmens vorzeitig bekannt, sodass die Wettbewerber je nach Zeitpunkt der Offenlegung ausreichend Zeit haben, um sich auf die neue Wettbewerbsstellung des Unternehmens einzustellen.

Angesichts der Sensibilität der Informationen kann auch der innergewerkschaftliche Informationsfluss von der Verschwiegenheitspflicht erfasst werden. Für die Tarifverhandlung ist dabei zu berücksichtigen, dass innerhalb der Verhandlungskommission eine Offenlegung gegenüber den einzelnen Normunterworfenen grundsätzlich nicht vorgesehen ist: Die Kontrolle des Verhandlungsergebnisses der Verhandlungskommission findet nur gegenüber dem gewerkschaftlichen Tarifgremium statt.[1265] Regelmäßig wird der Kreis der berechtigten Geheimnisträger in einer gesonderten Verschwiegenheitsvereinbarung festgelegt. Überdies ist die Gewerkschaft bereits nach § 241 Abs. 2 BGB zur Geheimhaltung verpflichtet. Bei Auslegung der Verschwiegenheitspflicht ist allerdings der Einfluss auf die Koalitionsfreiheit der Gewerkschaft zu berücksichtigen. Die in Art. 9 Abs. 3 S. 2 GG festgesetzte unmittelbare Drittwirkung schützt die jeweilige Tarifautonomie der Koalitionen auch vor, ihre Koalitionsfreiheit beeinträchtigenden Abreden und Maßnahmen. Indem Art. 9 Abs. 3 S. 2 GG auch „einschränkende" Abreden erfasst, schützt sie die Grundrechtsträger

1264 *Mikosch* in FS Dieterich, 365 (383 f.).
1265 *Engel*, Collective Governance, S. 64 ff.

vor der vertraglichen Disposition über ihr Grundrecht.[1266] Die Koalitionen sind demnach aufgrund der unmittelbaren Drittwirkung dazu verpflichtet, sich so zu verhalten, dass die jeweilige Koalitionsfreiheit des Verhandlungsgegners nicht beeinträchtigt wird.[1267] Mit anderen Worten ist im Rahmen der Auslegung von § 241 Abs. 2 BGB und konkret der Reichweite der vertraglichen Pflicht zur Verschwiegenheit stets Art. 9 Abs. 3 GG als zentrale Bestimmung zu berücksichtigen.[1268] Etwaige konfligierende Offenlegungsinteressen der Gewerkschaft sind im Rahmen einer umfangreichen Abwägung der widerstreitenden Interessen zu berücksichtigen.[1269] Die konfligierenden Grundrechte und ihre Auslegung bilden eine Schranke für die Reichweite der Nebenpflichten.[1270]

## II. GeschGehG

Weitergehend ist zu beleuchten, ob sich aus dem GeschGehG Grenzen für den gewerkschaftlichen Umgang mit Geschäftsgeheimnissen des Arbeitgebers ergeben können. Insoweit legt § 1 Abs. 3 Nr. 3 GeschGehG fest, dass die „Autonomie der Sozialpartner" durch das GeschGehG nicht berührt werden soll. Diese Regelung wirft die Frage auf, ob das GeschGehG überhaupt auf den Bereich der Tarifverhandlungen anwendbar ist. Gegen die Anwendbarkeit des GeschGehG auf die Tarifverhandlungen wird etwa angeführt, dass dies mittelbar einen Eingriff in die Tarifautonomie darstelle: Die Anwendbarkeit des GeschGehG auf Tarifverhandlungen und die damit verbundenen Haftungsrisiken für die Mitglieder der Tarifkommission könnte dazu führen, dass sich weniger gewerkschaftlich organisierte Arbeitnehmer dazu bereit erklären, als Teil der Tarifkommission tätig zu werden.[1271] Dies gelte insbesondere im Rahmen von firmenbezogenen Sanierungstarifverträgen, da dort regelmäßig sensible Informationen des notleidenden Unternehmens Entscheidungsgrundlage seien.[1272]

Dementgegen setzt die nationale Regelung Art. 1 Abs. 2 lit. d) Geschäftsgeheimnis-RL um. Der weitreichende Wortlaut des § 1 Abs. 3 Nr. 3 GeschGehG ist einschränkend

---

1266 *Rieble* in MHdB ArbR, § 219 Rn. 50.

1267 *Farouq*, Verfassungsrechtliche Vorgaben für die Zusammenarbeit von Arbeitgeberverbänden und Gewerkschaften, S. 165; *Mikosch* in FS Dieterich, 365 (365 f.).

1268 *Mikosch* in FS Dieterich, 365 (369); *Malorny*, Die Haftung der Gewerkschaft gegenüber ihren Tarifpartnern, S. 150.

1269 *Mikosch* in FS Dieterich, 365 (384).

1270 Allgemein: *Bachmann* in MüKoBGB, § 241 BGB Rn. 52.

1271 DGB Stellungnahme zum GeschGehG v. 4.12.2018, S. 14.

1272 DGB Stellungnahme zum GeschGehG v. 4.12.2018, S. 14.

im Lichte des zugehörigen Erwägungsgrunds 12 der Geschäftsgeheimnis-RL auszulegen.[1273] Dabei wird deutlich, dass der europäische Richtliniengeber nicht das Verhältnis zwischen den verhandelnden Tarifparteien, als vielmehr ihre Kompetenz zum Abschluss von Regelung mit Wirkung für und gegen ihre normunterworfenen Mitglieder abzuschließen im Blick hatte: Die Regelung zielt darauf ab, eine Öffnungsklausel für die Sozialpartner einzuführen. Diesen soll die Möglichkeit erhalten bleiben, in Kollektivverträgen geschäftsgeheimnisbezogene Pflichten für die Normunterworfenen näher zu regeln.[1274] Korrespondierend zielt die nationale Umsetzung in § 1 Abs. 3 Nr. 3 GeschGehG auf den Schutz der Möglichkeit der Tarifparteien ab, durch Inhaltsnormen im Sinne von § 1 Abs. 1 TVG den Umgang mit vertraulichen Informationen als denkbaren Regelungsgegenstand des Tarifvertrags abzusichern. Beispielsweise sei § 7 des Manteltarifvertrags für akademisch gebildete Angestellte in der chemischen Industrie vom 2. Mai 2000 genannt, der auf Ebene des Tarifvertrags als Inhaltsnorm eine Verschwiegenheitspflicht der normunterworfenen Arbeitnehmer vorsieht.[1275] Die Kompetenz der Tarifvertragsparteien, hierüber Regelungen im Tarifvertrag zu treffen, bleibt durch das GeschGehG unberührt.[1276]

Für die Situation der Tarifverhandlungen bleibt es dabei, dass die Regelungen des GeschGehG im Verhältnis zwischen den Tarifparteien anwendbar sind, soweit der Gewerkschaft Geschäftsgeheimnisse offengelegt werden.[1277] § 1 Abs. 3 Nr. 3 GeschGehG kommt in diesem Verhältnis lediglich eine interpretationslenkende Funktion zu.[1278] Die Formulierung „bleiben unberührt" bedeutet insoweit, dass das GeschGehG die Anwendbarkeit von Vorschriften und rechtsgeschäftlichen Vereinbarungen nicht ausschließt und zugunsten des

---

1273 *Kalbfus* in Harte-Bavendamm/Ohly/Kalbfus, Geheimnisschutz im Arbeitsrecht Rn. 123.

1274 *Kalbfus* in Harte-Bavendamm/Ohly/Kalbfus, Geheimnisschutz im Arbeitsrecht Rn. 123.

1275 § 7 des Manteltarifvertrags für akademisch gebildete Angestellte in der chemischen Industrie vom 2. Mai 2000, abrufbar unter: https://www.vaa.de/fileadmin/www.vaa.de/Inhalte/Tarifvertr%C3%A4ge/Manteltarifvertrag.pdf (zuletzt abgerufen am 15.12.2022).

1276 *Fuhlrott* in BeckOK GeschGehG, § 1 GeschGehG Rn. 29.

1277 So explizit: *Sprenger*, ZTR 2019, 414 (421).

1278 So explizit zur vergleichbaren „Unberührtheitsklausel" bzgl. der Medien- und Pressefreiheit aus § 1 Abs. 3 Nr. 2 GeschGehG: *Alexander* in Köhler/Bornkamm/Feddersen, § 1 GeschGehG Rn. 38; ähnlich: *Hauck*, WRP 2018, 1032 (1036): Bloßer Programmsatz.

GeschGehG auch keinen Vorrang begründet.[1279] Dieses Ergebnis überzeugt, da unabhängig von den Tarifverhandlungen die Gewerkschaft – wie jeder andere Dritte – sorgsam mit den sensiblen Geschäftsgeheimnissen ihrer Geschäftspartner umzugehen hat, soweit die Voraussetzungen des GeschGehG erfüllt sind. Gründe für die pauschale Ausnahme von den Regelungen des GeschGehG sind insoweit nicht ersichtlich. Etwaige Kollisionen zwischen Geheimnisschutz und gewerkschaftlicher Koalitionsbetätigung können über § 5 GeschGehG im Rahmen einer einzelfallbezogenen Interessenabwägung aufgelöst werden.[1280] Insoweit schränken die Regelung des GeschGehG die Rechte der Sozialpartner nicht ein, da im Einzelfall die widerstreitenden Interessen im Rahmen von § 5 GeschGehG gegeneinander abgewogen werden können. § 1 Abs. 3 Nr. 3 schafft also keine umfassende Bereichsausnahme vom Anwendungsbereich des GeschGehG für Tarifverhandlungen.[1281] Die grundrechtlichen Wertungen sind allerdings bei der Beurteilung der Rechtmäßigkeit des Erwerbs, der Nutzung oder der Offenlegung von Geschäftsgeheimnissen zu berücksichtigen.[1282]

### 1. *Geschäftsgeheimniseigenschaft*

In einem zweiten Schritt muss das Vorliegen eines Geschäftsgeheimnisses im Sinne von § 2 Nr. 1 GeschGehG hinsichtlich der Informationen geprüft werden, wobei eine weitergehende Unterscheidung je nach Entstehungszeitpunkt der Informationen erforderlich ist.

#### a. *Vom Arbeitgeber offengelegte Informationen*

Wie oben dargelegt, handelt es sich bei den offengelegten sensiblen Kennzahlen und Informationen im Rahmen der Sanierungstarifverhandlungen in aller Regel um Geschäftsgeheimnisse im Sinne des § 2 Nr. 1 GeschGehG. Dies ergibt sich aus dem deutlich gesteigerten Informationsbedürfnis der Gewerkschaft in der

---

1279 Alexander in Köhler/Bornkamm/Feddersen, § 1 GeschGehG Rn. 34; *Glinke* in Keller/Schönknecht/Glinke, § 1 GeschGehG Rn. 33.

1280 So explizit zur vergleichbaren „Unberührtheitsklausel“ bzgl. der Medien- und Pressefreiheit aus § 1 Abs. 3 Nr. 2 GeschGehG: *Alexander* in Köhler/Bornkamm/Feddersen, § 1 GeschGehG Rn. 38.

1281 *Hauck*, WRP 2018, 1032 (1036); So zur „Unberührtheitsklausel“ bzgl. der Medien- und Pressefreiheit aus § 1 Abs. 3 Nr. 2 GeschGehG: *Alexander* in Köhler/Bornkamm/Feddersen, § 1 GeschGehG Rn. 38; kritisch zur Gesetzessystematik: *Harte-Bavendamm* in Harte-Bavendamm/Ohly/Kalbfus, § 1 GeschGehG Rn. 14.

1282 *Schubert* in EuArbRK, Art. 1 Geschäftsgeheimnis-RL, Rn. 10.

Sanierungssituation. Die dort offenbarten Informationen sind nur einem eng begrenzten Personenkreis bekannt und daher von wirtschaftlichem Wert, aus welchem sich das Geheimhaltungsinteresse des Arbeitgebers als Geheimnisinhabers speist.

Des Weiteren hat das notleidende Unternehmen zur Begründung der Geschäftsgeheimniseigenschaft der offengelegten Informationen gegenüber der Gewerkschaft angemessene Geheimhaltungsmaßnahmen zu implementieren, § 2 Nr. 1 lit. b) GeschGehG. Da der Vorstand des offenlegenden Unternehmens dazu verpflichtet ist, Vorteile der Gesellschaft zu wahren und Schäden von ihr abzuwenden, trifft ihn letztlich eine korrespondierende Pflicht zum Geheimnismanagement.[1283] Aufgrund der Eigenschaft der Gewerkschaft als betriebsexternen Dritten, wird ein Schwerpunkt auf rechtlichen Sicherungsmaßnahmen liegen.[1284] Zur Begründung eines angemessenen Geheimhaltungsniveaus ist der Abschluss einer Vertraulichkeitsvereinbarung als rechtliche Geheimhaltungsmaßnahme obligatorisch.[1285] Je nach Sensibilität der Informationen ist das Schutzniveau durch flankierende organisatorische und technische Geheimhaltungsmaßnahmen zu komplettieren.

### *b. Verhandlungsstand und vorläufige Verhandlungsergebnisse*

Weitergehend werden neben den offenbarten Informationen innerhalb der Tarifverhandlungen selbst neue Tatsachen geschaffen. Die innerhalb der Verhandlung gefundenen Kompromisse, insbesondere wenn damit ein gewerkschaftlicher Zugriff auf das zukünftige Unternehmerverhalten in Form von Investitions- und Standortgarantien einhergeht, stellen durchaus sensible Informationen dar. Daraus folgt die Frage, ob die (vorläufigen) Ergebnisse und Zwischenschritte innerhalb der Verhandlung eigenständig dem Geschäftsgeheimnisbegriff unterliegen.

---

1283 *Fleischer/Pendl*, ZIP 2020, 1321 (1327); *Fleischer* in BeckOGK, § 93 AktG Rn. 124 ff.; *Sailer-Coceani* in Schmidt/Lutter, § 93 AktG Rn. 9a; *Pöschke* in BeckOK GmbHG, § 43 GmbHG Rn. 124a.

1284 Kapitel 3 0.

1285 *Leister/Wallitsch*, Deutscher Anwaltsspiegel 19/2020, 11 (12); *Hohn-Hein/Barth* in BeckOK UWG, § 2 GeschGehG Rn. 22; *Harte-Bavendamm* in Harte-Bavendamm/Ohly/Kalbfus, § 2 GeschGehG Rn. 64; den Abschluss einer Vertraulichkeitsvereinbarung als „Minimum" einstufend: *Fuhlrott* in BeckOK GeschGehG, § 2 GeschGehG Rn. 65.

### *aa. Geheimnisinhaberschaft der Arbeitgeberseite*

Hinsichtlich der Einordnung des Verhandlungsstands stellt sich zuvörderst die Frage, wer als etwaiger Geheimnisinhaber anzusehen ist. Art. 2 Abs. 2 Geschäftsgeheimnis-RL definiert den Geheimnisinhaber als diejenige natürliche oder juristische Person, welche die rechtmäßige Kontrolle über ein Geschäftsgeheimnis innehat. § 2 Nr. 2 GeschGehG setzt diese Regelung wortgleich um. Rechtmäßige Kontrolle bedeutet, dass die Person nicht nur die tatsächliche bzw. faktische Dispositionsbefugnis innehat, sondern zugleich rechtmäßig die Informationsherrschaft über das Geheimnis ausübt.[1286] Die rechtmäßige Kontrolle in diesem Sinne ist der natürlichen oder juristischen Person zugewiesen, in deren Einflussbereich die geheimen Informationen technischer oder wirtschaftlicher Art entstanden ist.[1287] Dies schließt allerdings die Geheimnisinhaberschaft mehrere natürlicher oder juristischer Personen nicht aus.[1288] Während die offengelegten Unternehmensdaten eindeutig allein aus der Sphäre des notleidenden Arbeitgebers stammen, wirkt bei den vorläufigen Verhandlungsergebnissen die Gewerkschaft maßgebend mit. Durch die Verhandlung erschafft die Gewerkschaft den Verhandlungsstand und die einzelnen Regelungsgegenstände des Sanierungstarifvertrags mit, sodass in diesem Fall die Gewerkschaft als Miturheberin der so geschaffenen Informationen einzuordnen ist.

### *bb. Kenntnis eines begrenzten Personenkreises und daraus resultierender Wert der Information*

Die Verhandlungsergebnisse sind zunächst lediglich den Mitgliedern der jeweiligen Verhandlungskommission bekannt und nicht allgemein zugänglich, sodass sie geheim im Sinne von § 2 Nr. 1 lit. a) GeschGehG sind. Überdies müssen die Verhandlungsergebnisse aufgrund ihres geheimen Charakters einen wirtschaftlichen Wert haben. Vor dem Hintergrund von Erwägungsgrund 14 Geschäftsgeheimnis-RL genügt hierfür, wenn eine unbefugte Offenlegung der Informationen *„die Interessen der Person, die rechtmäßig die Kontrolle über sie ausübt, aller*

---

1286 OLG Düsseldorf v. 11.3.2021 – 15 U 6/20, GRUR-RS 2021, 17483 Rn. 53.

1287 So zur Geheimnisinhaberschaft des Entwicklers: OLG Stuttgart v. 19.11.2020 – 2 U 575/19, GRUR-RS 2020, 35613 Rn. 159; allgemeiner: *Harte-Bavendamm* in Harte-Bavendamm/Ohly/Kalbfus, § 2 GeschGehG Rn. 74; *Hiéramente* in BeckOK GeschGehG, § 2 GeschGehG Rn. 81.

1288 *Hiéramente* in BeckOK GeschGehG, § 2 GeschGehG Rn. 80; *Alexander* in Köhler/Bornkamm/Feddersen, § 2 GeschGehG Rn. 104; zum österreichischen Recht: öOGH v. 25.10.2016 – 4 Ob 165/16t, GRUR Int. 2017, 70.

*Voraussicht nach dadurch schädigt, dass das wirtschaftliche oder technische Potenzial, die geschäftlichen oder finanziellen Interessen, die strategische Position oder die Wettbewerbsfähigkeit dieser Person untergraben werden*".[1289] Folglich ist der Begriff der Werthaltigkeit weit auszulegen und es werden nicht nur Informationen, denen ein konkreter Handelswert zukommt, sondern auch solche, die für den Geheimnisinhaber von wirtschaftlichen oder strategischen Interesse sind erfasst.[1290] So verstanden kommt insbesondere auch noch nicht umgesetzten Geschäftsplanungen ein wirtschaftlicher Wert zu.[1291]

#### *cc. Angemessene Geheimhaltungsmaßnahme*

Zu beleuchten ist, welche Anforderungen an das Niveau der angemessenen Geheimhaltungsmaßnahmen zu stellen sind, um die Geheimniseigenschaft der (vorläufigen) Verhandlungsergebnisse gegenüber der Gewerkschaft zu begründen. Da die sensiblen Informationen im gemeinsamen Verantwortungsbereich von Gewerkschaft und Arbeitgeberseite entstehen, ist auch die Gewerkschaft als gleichrangiger Geheimnisinhaber im Sinne von § 2 Nr. 2 GeschGehG einzuordnen. Das Rechtsverhältnis zwischen gleichrangigen Geheimnisinhabern wird im GeschGehG nicht geregelt.[1292] Die Ausgestaltung dieses Rechtsverhältnisses obliegt den Parteien selbst.[1293] Für die Begründung angemessener Geheimhaltungsmaßnahmen zwischen den Geheimnisinhabern ist es indes unbeachtlich, dass neben der Arbeitgeberseite auch die Gewerkschaftsseite Geheimnisinhaber ist: Auch der Geheimnisinhaber kann sich gegenüber einem – gleichrangigen – Geheimnisinhaber zur Wahrung der Vertraulichkeit verpflichten.[1294] Bestätigt wird dies durch einen Blick auf die Schutz- und Rücksichtnahmepflichten der Gewerkschaft nach 241 Abs. 2 BGB. Die Gewerkschaft ist trotz ihrer Eigenschaft als Geheimnisinhaberin auch ohne Abschluss einer gesonderten Verschwiegenheitsvereinbarung zur Geheimhaltung verpflichtet, obwohl sie als gleichrangige Geheimnisinhaberin anzusehen ist: Die Offenbarung von Verhandlungsinhalten

1289 *Harte-Bavendamm* in Harte-Bavendamm/Ohly/Kalbfus, § 2 GeschGehG Rn. 36.
1290 *Harte-Bavendamm* in Harte-Bavendamm/Ohly/Kalbfus, § 2 GeschGehG Rn. 36.
1291 So schon das Reichsgericht: RG v. 14.11.1913 – V 562/13, RGSt 48, 13 (14).
1292 *Harte-Bavendamm* in Harte-Bavendamm/Ohly/Kalbfus, § 2 GeschGehG Rn. 75; *Alexander* in Köhler/Bornkamm/Feddersen, § 2 GeschGehG Rn. 107.
1293 *Alexander* in Köhler/Bornkamm/Feddersen, § 2 GeschGehG Rn. 107.
1294 *Hiéramente* in BeckOK GeschGehG, § 4 GeschGehG Rn. 70.1.

der Tarifverhandlungen stellt in der Sanierungssituation grundsätzlich eine Schutzpflichtverletzung dar.[1295]

Wie bereits an anderer Stelle aufgezeigt, genügt die nebenvertragliche Geheimhaltungspflicht zur Implementierung eines angemessenen Geheimhaltungsniveaus allein nicht. Dies folgt bereits aus der Warnfunktion des Merkmals der angemessenen Geheimhaltungsmaßnahmen. Insoweit wird der Abschluss einer Verschwiegenheitsvereinbarung über den Inhalt des zwischen den Vertragsparteien angebahnten Tarifvertrags erforderlich sein, um ein angemessenes Geheimhaltungsniveau zu implementieren. So wird die Geheimniseigenschaft der Verhandlungsergebnisse gegenüber der Gewerkschaft begründet und dem Schutz durch das GeschGehG unterstellt.

### *dd. Geheimhaltungsinteresse an vorläufigen Informationen?*

Dass es sich bei den Verhandlungsinhalten lediglich um Zwischenschritte auf dem Weg zum endgültigen Sanierungskompromiss handelt, wirft die Frage nach dem berechtigten Geheimhaltungsinteresse auf. Hat das notleidende Unternehmen an der Geheimhaltung der vorläufigen Verhandlungsergebnisse ein berechtigtes Interesse?

Diese Frage ist zu bejahen. Auch zukünftige Geschäftspläne können als Geschäftsgeheimnisse eingeordnet werden.[1296] Diesen kommt ein eigenständiger wirtschaftlicher Wert zu, aus welchem sich im Ergebnis das Geheimhaltungsinteresse speist. Aus dem vorzeitigen Bekanntwerden der (vorläufigen) Verhandlungsergebnisse – insbesondere bezüglich der zukünftigen strategischen Ausrichtung des notleidenden Unternehmens – können sich für die Marktstellung des Unternehmens Konsequenzen ergeben. Durch das vorzeitige Bekanntwerden dieser Informationen kann die Wettbewerbsstellung des Unternehmens beeinträchtigt werden, da potentielle und aktuelle Konkurrenten Zeit gegeben wird, sich auf die zukünftige Stellung des Unternehmens vorzubereiten. Überdies können in der Sanierungssituation aus dem vorzeitigen Bekanntwerden der Informationen Finanzierungsprobleme, Kunden- bzw. Lieferantenverluste oder Zahlungsverzögerungen resultieren.[1297]

---

1295 Kapitel 5 O.; zur vergleichbaren Situation bei M&A Transaktionen: *Bergjan*, ZIP 2004, 395 (398).

1296 RG v. 14.11.1913 – V 562/13, RGSt 48, 13 (14).

1297 *Brammsen*, Anm. zu: LAG Schleswig-Holstein v. 20.5.2015 – 3 TaBV 35/14, NZA-RR 2016, 77 (82).

Weitergehend kann die Einstufung von vorläufigen Verhandlungsergebnissen als selbstständige Geschäftsgeheimnisse auf die Zwischenschrittsystematik des kapitalmarktrechtlichen Insiderrechts gestützt werden[1298]: Im Kontext der Bestimmung einer Insiderinformation normiert Art. 7 Abs. 2 S. 2, Abs. 3 MAR, dass die einzelnen Zwischenschritte innerhalb eines gestreckten (mehrstufigen) Vorgangs als Insiderinformation einzuordnen sind, soweit der Zwischenschritt selbst die Kriterien einer Insiderinformation erfüllt. Damit wird die Rechtsprechung des EuGHs in Sachen „Geltl/Daimler" aufgegriffen und in das geschriebene Sekundärrecht überführt. Dem folgend können auch Pläne und Vorhaben eine konkrete Information über einen bereits existierenden Umstand sein.[1299]

Überträgt man diese Zwischenschrittsystematik auf die Bestimmung des Geschäftsgeheimnisses, so schadet es gerade nicht, dass die geplante Maßnahme eben noch verhandelt werden muss.[1300] Vielmehr ist jeder Zwischenschritt für sich hinsichtlich der Eigenschaft als Geschäftsgeheimnis zu beurteilen. Dem folgend können auch noch bekannt zu gebende, noch im Verhandlungsstadium befindliche Maßnahmen Geschäftsgeheimnisse sein.[1301]

### 2. *Berücksichtigung der Koalitionsfreiheit im Rahmen von § 5 GeschGehG*

Folglich erfüllen sowohl die arbeitgeberseitig offengelegten Informationen wie auch der aktuelle Verhandlungsstand eigenständig den Geschäftsgeheimnisbegriff.[1302] Diese umfassende Einstufung der Informationen als Geschäftsgeheimnisse im Sinne von § 2 Nr. 1 GeschGehG führt zu einer erheblichen Einschränkung des gewerkschaftlichen Informationsmanagements. Die Berücksichtigung konfligierender Offenlegungsinteressen der Gewerkschaft ist dabei nicht auf Ebene der Begriffsbestimmung des Geschäftsgeheimnisbegriffs, sondern erst im Rahmen von § 5 GeschGehG zu berücksichtigen.

---

1298 *Brammsen*, Anm. zu: LAG Schleswig-Holstein v. 20.5.2015 – 3 TaBV 35/14, NZA-RR 2016, 77 (82).

1299 BGH v. 23.4.2013 – II ZB 7/09, NZG 2013, 708 (710); EuGH v. 28.6.2012 – Rs. C-19/11, NJW 2012, 2787 (2788 f.).

1300 *Brammsen*, Anm. zu: LAG Schleswig-Holstein v. 20.5.2015 – 3 TaBV 35/14, NZA-RR 2016, 77 (82).

1301 *Brammsen*, Anm. zu: LAG Schleswig-Holstein v. 20.5.2015 – 3 TaBV 35/14, NZA-RR 2016, 77 (82).

1302 So zur vergleichbaren Situation bei M&A Verhandlungen: *Spindler* in MüKoAktG, § 93 AktG Rn. 134.

Bei der Feststellung des legitimen Interesses ist zu berücksichtigen, dass § 5 GeschGehG der Umsetzung von Art. 5 Geschäftsgeheimnis-RL dient. Art. 5 Geschäftsgeheimnis-RL stellt nach Art. 1 S. 2 Geschäftsgeheimnis-RL eine vollharmonisierende Regelung der Geschäftsgeheimnis-RL dar.[1303] Insoweit verbleibt den Mitgliedstaaten kein Umsetzungsspielraum im Rahmen der Regelung, sodass nach § 51 GrCh der vorrangige Anwendungsbereich der Unionsgrundrechte eröffnet ist: Bei Anwendung unionsrechtlich vollharmonisierender Regelungen sind die Unionsgrundrechte gegenüber den nationalen Grundrechten vorrangig anzuwenden.[1304] Daher findet bei der Anwendung des § 5 GeschGehG grundsätzlich eine Verdrängung der nationalen Grundrechte durch die unionalen Grundrechte statt.[1305]

Hingegen rechtfertigt Art. 5 lit. d) Geschäftsgeheimnis-RL eine Offenlegung im Ausnahmefall, wenn diese *„zum Schutz eines durch das Unionsrecht oder das nationale Recht anerkannten legitimen Interesses"* erfolgt. Demnach nimmt Art. 5 lit. d) Geschäftsgeheimnis-RL ausdrücklich auch durch das nationale Recht anerkannte legitime Interessen in Bezug, sodass auch auf die Wertungen der nationalen Rechtsordnung rekurriert werden kann. Hierbei sind insbesondere die Wertungen der Grundrechte zu berücksichtigen.[1306]

Für die hier berührte gewerkschaftliche Koalitionsfreiheit macht dies indes keine Unterschiede: Die Rechte des Art. 28 GrCh bestehen *„nach dem Unionsrecht und den einzelstaatlichen Rechtsvorschriften und Gepflogenheiten"*. Der Inhalt des europäischen Grundrechts bestimmt sich durch einen Verweis auf das Recht des Mitgliedstaats.[1307] Art. 28 GrCh wird hinsichtlich seines Gewährleistungsgehalts vollständig durch das Recht der Mitgliedstaaten ausgefüllt, sodass es aus deutscher Sicht allein auf die Reichweite von Art. 9 Abs. 3 GG ankommt.[1308] Insoweit ist zu untersuchen, inwieweit die Handlungsverbote aus § 4 Abs. 2 Nr. 3 GeschGehG eine Beeinträchtigung der gewerkschaftlichen Koalitionsfreiheit darstellen. In einem zweiten Schritt gilt es zu beleuchten, ob im Einzelfall eine Offenlegung von Geschäftsgeheimnissen des Arbeitgebers trotz entgegenstehender Geheimhaltungsinteressen zur Wahrnehmung der

---

1303 *Ohly* in Harte-Bavendamm/Ohly/Kalbfus, § 5 GeschGehG Rn. 18.

1304 BVerfG v. 6.11.2019 – 1 BvR 276/17, GRUR 2020, 88 (90), m.w.N. zur ständigen Rsp.

1305 *Ohly* in Harte-Bavendamm/Ohly/Kalbfus, § 5 GeschGehG Rn. 18.

1306 *Ohly* in Harte-Bavendamm/Ohly/Kalbfus, § 5 GeschGehG Rn. 54.

1307 *Waltermann*, EuZA 2015, 17 (21); a.A. *Schubert*, EuArbRK, Art. GRCh 28 Rn. 22, m.z.w.N. zum Streitstand.

1308 *Rieble* in MHdB ArbR, § 217 Rn. 16; *Thüsing/Traut*, RdA 2012, 65 (70); *Waltermann*, EuZA 2015, 17 (21).

Koalitionsfreiheit zulässig ist. Im Rahmen dessen sind die koalitionsspezifischen Kommunikationsrechte zu berücksichtigen. Das gefundene Ergebnis schlägt auf die (vor-)vertragliche Verschwiegenheitspflicht der Gewerkschaft durch.[1309]

### *a. Beeinträchtigung der gewerkschaftlichen Koalitionsfreiheit*

Zunächst müssten die geheimnisschutzrechtlichen Handlungsverbote aus § 4 Abs. 2 Nr. 3 GeschGehG die gewerkschaftliche Koalitionsfreiheit beeinträchtigen. Die grundrechtlich geschützte Koalitionsfreiheit gewährleistet nach Rechtsprechung des Bundesverfassungsgerichts und des BAG den Koalitionen ein Recht darauf, über ihre Tätigkeit zu informieren und sich selbst darzustellen.[1310] Die freie Darstellung organisierter Gruppeninteressen wird als wesentlicher Bestandteil der Betätigungsfreiheit aus Art. 9 Abs. 3 GG eingeordnet.[1311] Dies umfasst unter anderem die Information von Mitgliedern und Nichtmitgliedern über die gewerkschaftlichen Aktivitäten, die zur Erreichung des Koalitionszwecks vorgenommen werden.[1312] Dabei ist zwischen dem innergewerkschaftlichen Informationsfluss, der Mitgliederwerbung und -betreuung und der sog. Sachwerbung gegenüber der Öffentlichkeit zu unterscheiden. Der innergewerkschaftliche Informationsfluss erfasst etwa die Weitergabe von Informationen durch die Verhandlungskommission an einzelne Gewerkschaftssekretäre oder gewerkschaftliche Gremien. Dementgegen ist die Mitgliederbetreuung insbesondere auf die Information gewerkschaftsangehöriger Arbeitnehmer gerichtet. Die Werbung neuer Mitglieder, die ohne entsprechende Information und Selbstdarstellung seitens der Gewerkschaft nur schwer verwirklicht werden kann, ist für die Gewerkschaft von essentieller Bedeutung und wird deshalb dem Kernbereich der Koalitionsfreiheit zugeordnet.[1313]

Grundsätzlich können die Koalitionen selbst über Anlass, Ort und konkrete Durchführung der Informationstätigkeit entscheiden.[1314] Dies umfasst

---

1309 So zum Verhältnis der arbeitsvertraglichen Verschwiegenheitspflicht zu § 5 GeschGehG: *Kalbfus* in Harte-Bavendamm/Ohly/Kalbfus, Geheimnisschutz im Arbeitsrecht Rn. 13; *Schuth*, Neuregelung zum Schutz von Geschäftsgeheimnissen, S. 299 ff.

1310 BVerfG v. 26.5.1970 – 2 BvR 664/65, BVerfGE 28, 295 (304); BVerfG v. 17.2.1981 – 2 BvR 384/78, BVerfGE 57, 220 (247); BAG v. 20.1.2009 – 1 AZR 515/08, AP GG Art. 9 Nr. 137 Rn. 34.

1311 BVerfG v. 6.2.2007 – 1 BvR 978/05, NZA 2007, 394 (395); BAG v. 20.1.2009 – 1 AZR 515/08, AP GG Art. 9 Nr. 137 Rn. 34.

1312 BAG v. 20.1.2009 – 1 AZR 515/08, AP GG Art. 9 Nr. 137 Rn. 34.

1313 BAG v. 30.8.1983 – 1 AZR 121/81, AP GG Art. 9 Nr. 38.

1314 *Rieble* in MHdB ArbR, § 220 Rn. 85.

insbesondere auch die Kompetenz, den Inhalt der jeweiligen Äußerung festzulegen.[1315] Thematisch ist die Gewerkschaft keinen Einschränkungen unterworfen. Sie ist im Bereich der Mitgliederwerbung nicht darauf beschränkt, mit ihren Leistungen und Erfolgen auf ihrem koalitionsspezifischen Tätigkeitsgebiet der Regelung der Arbeits- und Wirtschaftsbedingungen zu werben.[1316] Die Sachwerbung dementgegen ist nicht unmittelbar auf die Werbung neuer Mitglieder und damit auf den Bestand der Koalition gerichtet. Sie dient vielmehr der generellen Werbung für gewerkschaftliche Positionen in der Öffentlichkeit. Sie unterfällt nur dann dem Schutzbereich von Art. 9 Abs. 3 GG, wenn es thematisch unmittelbar um die geschützte Betätigung im Bereich der Arbeits- und Wirtschaftsbedingungen geht.[1317]

### *aa. Innergewerkschaftlicher Informationsfluss und Mitgliederbetreuung*

Dem folgend wird durch die Verschwiegenheitspflicht der Verhandlungskommission zunächst der innergewerkschaftliche Informationsfluss eingeschränkt. Durch die Verschwiegenheitsvereinbarung wird regelmäßig der Kreis der berechtigten Informationsträger festgelegt.[1318] Die Offenlegung der Informationen innerhalb der Gewerkschaft gegenüber nicht benannten Gewerkschaftssekretären würde grundsätzlich gegen § 4 Abs. 2 Nr. 3 GeschGehG verstoßen. Auch wenn die Verschwiegenheitspflicht nicht ausdrücklich den Kreis der berechtigten Informationsempfänger festlegt, ist im Rahmen der Auslegung nach §§ 133, 157 BGB der Verschwiegenheitsvereinbarung regelmäßig zu entnehmen, dass der Empfängerkreis beschränkt sein soll.

Auch eine Offenlegung im Rahmen der Mitgliederbetreuung gegenüber den organisierten Teilen der betroffenen Belegschaft würde gegen § 4 Abs. 2 Nr. 3 GeschGehG verstoßen: Durch die Offenlegung anlässlich der Mitgliederbetreuung würde faktisch eine Betriebsöffentlichkeit hergestellt, die regelmäßig einer vollständigen Veröffentlichung der Information gleichkommt.

### *bb. Gewerkschaftliche Öffentlichkeitsarbeit*

Weitergehend kann auch ein Konflikt zum Interesse der Gewerkschaft zur externen Öffentlichkeitsarbeit und Mitgliederwerbung durch die

1315 *Rieble* in MHdB ArbR, § 220 Rn. 85.

1316 BAG v. 30.8.1983 – 1 AZR 121/81, AP GG Art. 9 Nr. 38.

1317 *Rieble* in MHdB ArbR, § 220 Rn. 99 f.

1318 Zum typischen Inhalt einer Verschwiegenheitsvereinbarung: *Jansen/Hofmann*, BB 2020, 259 (261).

Geheimhaltungsvereinbarung entstehen. Koalitionen müssen ihre Ziele und Sachaussagen gegenüber nichtorganisierten Arbeitnehmern, sowie gegenüber der Öffentlichkeit darstellen und für ihre Positionen werben können, sodass sowohl die Mitgliederwerbung wie auch die allgemeine Sachwerbung zur grundrechtlich geschützten Betätigungsfreiheit zählen.[1319] Die Informationen bezüglich der Sanierungstarifverhandlungen stehen in unmittelbaren thematischen Zusammenhang mit der Betätigung im Bereich der Arbeits- und Wirtschaftsbedingungen. Ziel der Sachwerbung ist es, die öffentliche Meinung für die gewerkschaftliche Position zu gewinnen. Weitergehend kann mit diesen Informationen Mitgliederwerbung betrieben werden, indem sie den nicht organisierten Arbeitnehmern der betroffenen Belegschaft mitgeteilt werden. Gelingt es der Gewerkschaft in den Sanierungstarifvertrag etwa Differenzierungsklauseln „hinein zu verhandeln", so stellt dies einen Anreiz für die nichtorganisierten Mitglieder dar in die Gewerkschaft einzutreten. Auch diese Verwendung wird durch das Offenlegungsverbot aus § 4 Abs. 2 Nr. 3 GeschGehG beeinträchtigt.

### *cc. Einsatz im Arbeitskampf?*

Besteht kein friedensstiftender Tarifvertrag kann die Gewerkschaft die Informationen auch im Arbeitskampf verwenden.[1320] Die gewerkschaftliche Öffentlichkeitsarbeit anlässlich eines Tarifkonflikts kann mit Blick auf die weite Arbeitskampfmittelfreiheit als Arbeitskampfmaßnahme eingeordnet werden.[1321] Angesichts der deregulierenden Rechtsprechung stellt jede kollektive Maßnahme, die zielgerichtet Druck auf die andere Kampfpartei ausüben soll, um sie verhandlungsbereit zu machen, eine Arbeitskampfmaßnahme dar.[1322] Die einseitige unabgesprochene Veröffentlichung vom aktuellen Verhandlungsstand, die Offenlegung sensibler Informationen oder vorläufiger Verhandlungsergebnisse kann benutzt werden, um den Einigungsdruck auf den Arbeitgeber zu erhöhen. Insoweit kann die Information der Öffentlichkeit als

1319 *Rieble* in MHdB ArbR, § 220 Rn. 99 f.

1320 Zur Reichweite der Friedenspflicht: *Oetker* in Wiedemann, § 2 TVG Rn. 22 ff.; *Cherdron*, Tarifliche Sanierungs- und Sozialplanvereinbarungen, S. 393 ff., m.w.N.

1321 LAG Köln 3.2.1995 – 12 Sa 1073/94, NZA-RR 1996, 100; ArbG Berlin 11.11.2015 – 54 Ga 15058/15, Rn. 55, juris; *Schmitt* in Frieling/Jacobs/Krois § 5; *Däubler* in Arbeitskampfrecht, § 30 Rn. 7; anders noch *Gamillscheg*, Kollektives Arbeitsrecht I, S. 1061 f.

1322 *Linsenmaier* in ErfK, Art. 9 GG Rn. 94; ähnlich: *Frieling/Jacobs/Krois* in Frieling/Jacobs/Krois, § 1 Rn. 1.

zusätzliches Druckmittel eingesetzt werden. Durch die Verschwiegenheitsvereinbarung wird auch die Verwendung zu diesem Zweck beschränkt.

### *dd. Zwischenergebnis*

Folglich werden die koalitionsspezifischen Kommunikationsrechte der Gewerkschaft durch die Handlungsverbote des § 4 Abs. 2 Nr. 3 GeschGehG in mehrfacher Hinsicht beschränkt. Zum einen wird durch die Verschwiegenheitsvereinbarung der zulässige Empfängerkreis innerhalb der Gewerkschaft festgelegt: So wird bedingt, welche Gewerkschaftsfunktionäre Zugang zu den offengelegten sensiblen Informationen erhalten. Daneben wird auch die gewerkschaftliche Kommunikation mit der betroffenen Belegschaft des Unternehmens und der Öffentlichkeit beeinträchtigt.

### *b. Geheimhaltungsinteressen des Arbeitgebers*

Diesen gewerkschaftlichen Kommunikationsinteressen stehen auf der anderen Seite die arbeitgeberseitigen Geheimhaltungsinteressen gegenüber. Betriebs- und Geschäftsgeheimnisse sind sowohl dem Schutz aus Art. 12 Abs. 1 GG wie auch dem Schutz aus Art. 14 GG unterstellt.[1323] Die wettbewerbliche Relevanz der zugeordneten Information wird grundrechtlich durch den Schutz vor wettbewerbsrelevanten Eingriffen in den Geheimbereich des Unternehmens über Art. 12 Abs. 1 GG geschützt. In Anerkennung der Tatsache, dass das Geheimnis auch als Vermögensgegenstand geschützt werden muss, erfolgt dieser Schutz des Geheimnisses als Immaterialgut über Art. 14 Abs. 1 S. 2 GG.[1324] Auf europäische Ebene ist der Geheimnisschutz in Art. 17 GrCh verankert.[1325]

### *c. Interessenabwägung*

Ob die Offenlegung zur Wahrnehmung legitimer Interessen erfolgt, ist im Rahmen einer Interessenabwägung zu bestimmen, wobei das

---

1323 BVerwG v. 5.3.2020 – 20 F 3.19, BB 2020, 1168 (1169); so bereits OVG Schleswig-Holstein v. 17.1.2007 – 15 P 1/06, NVwZ 2007, 1448, 1449; den Schutz (nur) nach Art. 12 GG bejahend: BVerfG v. 14.3.2006 – 1 BvR 2087/03 u.a., NVwZ 2006, 1041; zusammenfassend mit weiteren Nachweisen: *Kalbfus* in Harte-Bavendamm/Ohly/Kalbfus, Grundlagen des Schutzes von Geschäftsgeheimnissen Rn. 169.

1324 *Gajeck*, Das Wirtschaftsgeheimnis in der Verfassung, S. 239.

1325 *Schuth*, Neuregelung zum Schutz von Geschäftsgeheimnissen, S. 247 m.w.N.

Verhältnismäßigkeitsgebot in die Abwägung mit einfließt.[1326] Zu berücksichtigen sind einerseits das Gewicht des betreffenden Offenlegungsinteresses und andererseits die Bedeutung des Geschäftsgeheimnisses für den Geheimnisinhaber und das Schädigungspotential, welches mit der Offenlegung einhergeht.[1327]

### *aa. Offenlegung der sensiblen Informationen zum Zwecke der Verhandlung*

Im Ergebnis überwiegen die Geheimhaltungsinteressen des Arbeitgebers in Bezug auf die gegenüber der Gewerkschaft offengelegten Unternehmensdaten. Diese Informationen umfassen regelmäßig sensibelste Wirtschaftsinformationen des Unternehmens und sind nur einer sehr begrenzten Anzahl von Personen zugänglich. Sie umfassen neben aktuellen Kennzahlen etwa auch wichtige Lieferanten- und Kundenbeziehungen und wesentliche interne betriebliche Kalkulationen wie etwa Absatzmargen, Stückzahlen, Produktions- und Gewinnspannen. Insoweit muss der Geheimnisinhaber den Verbreitungsgrad dieser Informationen über die vertragliche Geheimhaltungsvereinbarung steuern können.

Ausnahmen können sich ggf. im Einzelfall bezüglich des innergewerkschaftlichen Informationsflusses ergeben. Hier kann es zur effektiven Wahrnehmung der Koalitionsfreiheit erforderlich sein, dass die Mitglieder der Verhandlungskommission Rücksprache mit (höher) gestellten Gewerkschaftsfunktionären halten müssen, welche auch die Offenlegung der Geschäftsgeheimnisse umfasst. Durch die vereinzelte Weitergabe innerhalb der Gewerkschaft wird die Eigenschaft der Informationen als Geschäftsgeheimnis indes nicht berührt, da die Information nicht ihre Eigenschaft als „geheim" verliert. Die miteinbezogenen Gewerkschaftssekretäre unterliegen ihrerseits gegenüber der Gewerkschaft der arbeitsvertraglichen Verschwiegenheitspflicht. Die Gewerkschaft ist aus § 241 Abs. 2 BGB verpflichtet ihren Verhandlungspartner über die Offenlegung zu unterrichten. Diesen Grundsätzen folgend, kann die Offenlegung der sensiblen Kennzahlen gegenüber einem nicht unmittelbar an den Verhandlungen beteiligten Gewerkschaftsfunktionärs nur dann zulässig sein, wenn seine Kenntnisnahme und Zustimmung für den angestrebten Tarifabschluss unerlässlich ist.

---

1326 BVerfG v. 6.11.2019 – 1 BvR 276/17, GRUR 2020, 88 (96); vgl. BT-Drs. 19/4724, S. 28; *Ohly* in Harte-Bavendamm/Ohly/Kalbfus, § 5 GeschGehG Rn. 28, 55; *Rody*, Begriff und Rechtsnatur von Betriebs- und Geschäftsgeheimnissen, S. 252.

1327 *Ohly* in Harte-Bavendamm/Ohly/Kalbfus, § 5 GeschGehG Rn. 29, 55.

Daneben ist die Offenlegung der weitergegebenen Unternehmensdaten an die Belegschaft bzw. gegenüber der Öffentlichkeit zum Zwecke der Mitglieder- bzw. Sachwerbung nicht gerechtfertigt. Dies ergibt sich daraus, dass diese Informationen besonders sensibel für den Geheimnisinhaber sind, und ihre Offenlegung massives Schädigungspotential aufweist: Aus der Offenlegung können gerade in der Sanierungssituation etwa Finanzierungsprobleme, Störungen innerhalb der Kunden- oder Lieferantenbeziehung, Umsatzstornierungen oder Ähnliches resultieren. Aufgrund der angespannten wirtschaftlichen Situation kann auch das wirtschaftliche Überleben des Unternehmens auf dem Spiel stehen. Zudem würde durch die Offenlegung gegenüber der Belegschaft oder der Öffentlichkeit die Information öffentlich bekannt gegeben, mit der Folge, dass die Geschäftsgeheimniseigenschaft der Informationen aufgehoben wird: Der Geheimnisinhaber kann die Vertraulichkeit der Information faktisch nicht mehr gewährleisten. Das Geschäftsgeheimnis wird in seiner Substanz betroffen. Daraus folgt eine besondere Eingriffstiefe in die grundrechtlich geschützten Geheimhaltungsinteressen des Arbeitgebers.

Der Einsatz gezielter Indiskretionen zum Zwecke des Arbeitskampfs führt zu keiner anderen Bewertung. Zwar handelt es sich bei der Arbeitskampffreiheit in erster Linie um eine natürliche Freiheit.[1328] Insoweit ist ein weites Schutzbereichsverständnis geboten, welche auch die Anerkennung der Arbeitskampfmittelfreiheit umfasst:[1329] Mit der Einordnung als natürliche Freiheit, besteht kein Raum für die Festlegung eines Katalogs „zulässiger Arbeitskampfmittel“.[1330] Jede einfachrechtliche Engführung würde diese natürliche Freiheit beschränken und einer verfassungsrechtlichen Rechtfertigung bedürfen.[1331] Dennoch ist keinesfalls jede Arbeitskampfmaßnahme zulässig.[1332] Die Arbeitskampffreiheit konfligiert regelmäßig mit anderen verfassungsrechtlichen Schutzgütern. Dies ist strukturell in der Arbeitskampffreiheit angelegt. Sie ist darauf gerichtet, in die Grundrechtssphäre des

1328 *Greiner*, Rechtsfragen, S. 115 ff.; *ders.*, Das arbeitskampfrechtliche Verhältnismäßigkeitsprinzip, S. 25; *Krois* in Frieling/Jacobs/Krois, § 2 Rn. 119, jeweils mit zahlreichen Nachweisen zum Streitstand.

1329 *Greiner*, Rechtsfragen, S. 117; *ders.*, Das arbeitskampfrechtliche Verhältnismäßigkeitsgebot, S. 27.

1330 *Greiner*, Das arbeitskampfrechtliche Verhältnismäßigkeitsprinzip, S. 27 f.; so auch: *Linsenmaier* in ErfK, Art. 9 GG Rn. 102.

1331 BAG v. 19.6.2007 – 1 AZR 396/06, NZA 2007, 1055 (1057); *Greiner*, Das arbeitskampfrechtliche Verhältnismäßigkeitsprinzip, S. 28 m.w.N.

1332 BAG v. 22.9.2009 – 1 AZR 972/08, NZA 2009, 1347 (130).

Kampfgegners einzugreifen.[1333] Dadurch wird ein Ausgleich der konfligierenden Grundrechtspositionen im Wege der praktischen Konkordanz erforderlich.[1334] Den erforderlichen Ausgleich der konfligierenden Interessen nimmt die Rechtsprechung anhand der Verhältnismäßigkeitsprüfung der Arbeitskampfmaßnahme vor.[1335] Der Schwerpunkt der Verhältnismäßigkeit liegt angesichts der deregulierenden Rechtsprechungslinie auf der Verhältnismäßigkeit im engeren Sinne. Insoweit handelt es sich bei der Veröffentlichung von sensiblen verhandlungsbezogenen Informationen um unproportionale Kampfmittel. Denn durch die Indiskretion wird die Eigenschaft einer Information als Geschäftsgeheimnis dauerhaft aufgelöst. Die Rechtsgutsverletzung ist also nicht nur temporär, sondern dauerhaft.[1336] Zudem bestehen für die Arbeitgeberseite keine denkbaren Abwehrmöglichkeiten: Ist die Information erst einmal in der Welt, lässt sich dieser Umstand nicht mehr umkehren.[1337]

Weitergehend sind die Offenlegungsinteressen der Gewerkschaft nicht allzu hoch zu gewichten. Der Gewerkschaft wird nicht generell die Kommunikation mit der Belegschaft und der Öffentlichkeit untersagt. Vielmehr betrifft die Frage welche Informationen unter Wahrung berechtigter Geheimhaltungsinteressen der Gegenseite offengelegt werden dürfen lediglich die Modalitäten der gewerkschaftlichen Grundrechtsausübung. Unter Verzicht auf die Offenlegung der Geschäftsgeheimnisse kann die Gewerkschaft weiterhin frei kommunizieren. Im Ergebnis überwiegen die Geheimhaltungsinteressen des

---

1333 *Greiner*, Das arbeitskampfrechtliche Verhältnismäßigkeitsprinzip, S. 31.

1334 BAG v. 19.6.2007 – 1 AZR 396/06, NZA 2007, 1055 (1057); *Greiner*, Das arbeitskampfrechtliche Verhältnismäßigkeitsprinzip, S. 31.

1335 BVerfG v. 26.3.2014 – 1 BvR 3185/09, NJW 2014, 1874 (1875); BAG v. 22.9.2009 – 1 AZR 972/08, NZA 2009, 1347 (1352); BAG v. 19.6.2007 – 1 AZR 396/06, NZA 2007, 1055 (1057); zur Begründung der Verhältnismäßigkeitsbindung überzeugend: *Greiner*, Das arbeitskampfrechtliche Verhältnismäßigkeitsprinzip, S. 41 ff.; ähnlich: *Krois* in Frieling/Jacobs/Krois, § 2 Rn. 223, welcher als Geltungsgrund für das Verhältnismäßigkeitsprinzip anführt, dass die Arbeitskampfmaßnahmen als Gegenstand gesetzesübersteigender Rechtsfortbildung die Möglichkeit zur einseitigen Ausübung von Rechtsmacht begründen.

1336 Zur evident fehlenden Angemessenheit bei dauerhaften Rechtsgutsverletzungen: *Greiner*, Das arbeitskampfrechtliche Verhältnismäßigkeitsprinzip, S. 90.

1337 Zu evident überschießenden Kampfmitteln: *Greiner*, Das arbeitskampfrechtliche Verhältnismäßigkeitsprinzip, S. 88 f.

notleidenden Unternehmens bezüglich der originären Geschäftsgeheimnisse des Unternehmens.

#### *bb. Offenlegung des aktuellen Verhandlungsstands*

Wie gesehen kann neben den offengelegten Unternehmensdaten auch der aktuelle Verhandlungsstand der Tarifverhandlungen eigenständig unter den Geschäftsgeheimnisbegriff fallen. Insoweit gilt auch hier, dass die Informationsweitergabe innerhalb der Gewerkschaft gegenüber anderen Gewerkschaftssekretären im Einzelfall zulässig sein kann: Die Verhandlungskommission ist an die Tarifleitlinien gebunden, und die Gewerkschaft muss die Möglichkeit haben, die Einhaltung der Richtlinien zu überwachen. Zudem wird auch in dieser Situation die Geheimniseigenschaft des Verhandlungsstands nicht in Frage gestellt, sodass die koalitionsspezifischen Kommunikationsrechte gegenüber den Geheimhaltungsinteressen des Geheimnisinhabers überwiegen.

Überdies wird regelmäßig ein Bericht über den aktuellen Verhandlungsstand im Rahmen der Sach- und Mitgliederwerbung möglich sein. Thematisch ist die Mitgliederwerbung keiner Einschränkung unterworfen. Die Mitgliederwerbung ist unabhängig von ihrer thematischen Ausrichtung als Kernbereich der Koalitionsfreiheit geschützt, da nicht unterschieden werden kann, welche Motive für einen möglichen Eintritt in die Gewerkschaft maßgebend sind.[1338] Folglich kann die Werbung mit dem Verhandlungsfortschritt und den arbeitgeberseitigen Zugeständnissen Teil der Sach- und Mitgliederwerbung sein. Hinsichtlich des konkreten Inhalts und der Modalitäten der Mitgliederwerbung sind indes die arbeitgeberseitigen Geheimhaltungsinteressen zu berücksichtigen.[1339] Insoweit kann die Offenlegung konkreter vorläufiger (Teil-) Ergebnisse gegen die arbeitgeberseitigen Geheimhaltungsinteressen verstoßen: Die Veröffentlichung der Kompromisse innerhalb der Sanierungsvereinbarung betrifft höchstsensible Bereiche der betriebswirtschaftlichen Planung. Insoweit ist die Information der Belegschaft oder gar der Öffentlichkeit Sache des Arbeitgebers als betroffenem Geheimnisinhaber.

Die Veröffentlichung vorläufiger Verhandlungsergebnisse inklusive sensibler Informationen ist auch als Arbeitskampfmaßnahme nicht möglich: Wie bereits dargestellt handelt es sich dabei um eine unangemessene

---

1338 *Rieble* in MHdB ArbR, § 220 Rn. 92 f.

1339 Allgemein hierzu: *Rieble* in MHdB ArbR, § 218 Rn. 84.

Arbeitskampfmaßnahme. Sie führt zu einer dauerhaften Rechtsgutsverletzung und der Arbeitgeberseite stehen keine denkbaren Verteidigungsmittel zur Seite.

Etwas anderes muss allerdings dann gelten, wenn sich die Arbeitgeberseite selbst zu den sensiblen Inhalten streitiger Punkte gegenüber der Belegschaft oder Öffentlichkeit äußert: Es würde einen Fall widersprüchlichen Verhaltens darstellen, wenn die Arbeitgeberseite der Gewerkschaft den Zugang zu dem Forum verweigert, das sie selbst eröffnet hat.[1340] In dieser Situation kann die Gewerkschaft in einer Gegendarstellung auch detailliert auf den vorläufigen Einigungsinhalt rekurrieren, um zu versuchen, das gestörte Verhandlungsgleichgewicht wiederherzustellen.

Die Gewerkschaft ist indes nicht daran gehindert unter Verzicht auf diese konkreten höchstsensiblen Daten allgemein über den Stand der Verhandlungen zu informieren. Dies gilt insbesondere gegenüber den gewerkschaftsangehörigen Arbeitnehmern, die unmittelbar mit den Folgen des Tarifabschlusses konfrontiert werden.

### 3. *Zwischenergebnis*

Die innerhalb der Tarifverhandlungen von der Arbeitgeberseite offengelegten Informationen stellen regelmäßig Geschäftsgeheimnisse im Sinne von § 2 Nr. 1 GeschGehG dar. Gleiches gilt für den Verhandlungsstand, soweit gegenüber der Gewerkschaft mittels einer Verschwiegenheitsvereinbarung ein angemessenes Geheimhaltungsniveau errichtet wurde. Indes muss der Einfluss der Handlungsverbote des § 4 Abs. 2 Nr. 3 GeschGehG auf die koalitionsspezifischen Kommunikationsrechte der Gewerkschaft berücksichtigt werden. Diese können über § 5 Hs. 1 GeschGehG im Einzelfall eine Weitergabe der geschützten Geschäftsgeheimnisse rechtfertigen, soweit das gewerkschaftliche Offenlegungsinteresse das Geheimhaltungsinteresse des Arbeitgebers überwiegt. Dies gilt insbesondere für den innergewerkschaftlichen Informationsfluss, während die Offenlegung von Geschäftsgeheimnissen zum Zwecke der Mitgliederbetreuung und -werbung an Belegschaft und Öffentlichkeit regelmäßig ausscheiden muss. Hierdurch würde das entsprechende Geschäftsgeheimnis in seiner Substanz betroffen, sodass die Geheimhaltungsinteressen des Arbeitgebers hoch anzusetzen sind. Lediglich beim aktuellen Verhandlungsstand ohne die Nennung sensibler Vertragsdetails kann die Gewerkschaft die Information zum Zwecke der Mitgliederbetreuung,

---

1340 So zur Zulässigkeit der betriebsexternen Öffentlichkeitsarbeit des Betriebsrats: *von Steinau-Steinrück/Burmann*, NZA 2019, 209 (213); *Rieble/Wiebauer*, ZfA 2010, 63 (116).

sowie zur Sach- und Mitgliederwerbung verwenden. Eine Ausnahme gilt zudem, wenn sich die Arbeitgeberseite selbst zum Inhalt des Sanierungstarifvertrags öffentlich äußert und eine Gegendarstellung der Gewerkschaft zur Herstellung des Verhandlungsgleichgewichts erforderlich ist.

## III. Kapitalmarktrechtliche Grenzen

Neben die Grenzen des GeschGehG können auch weitere kapitalmarktrechtliche Beschränkungen des Informationsflusses treten. Insbesondere kann auch hier das insiderrechtliche Weitergabeverbot aus Art. 10 Abs. 1 i.V.m. Art. 14 lit. c) MAR zu berücksichtigen sein. Dies setzt in einem ersten Schritt das Vorliegen von Insiderinformationen voraus. Hier ist zwischen den Informationen aus der Unternehmenssphäre und den neu entstehenden Informationen während der Verhandlung zu unterscheiden.

### *1. Vorliegen von Insiderinformationen*

#### *a. In den Verhandlungen offengelegte Insiderinformationen*

Wie bereits an anderer Stelle eingehend erläutert, handelt es sich bei den Informationen die der Gewerkschaft von börsennotierten notleidenden Unternehmen im Rahmen der Tarifverhandlungen offengelegt werden, überwiegend um kursrelevante Insiderinformationen im Sinne von Art. 7 Abs. 1 MAR.[1341]

#### *b. In den Verhandlungen entstehende Insiderinformationen*

Neben den offengelegten Informationen können im Verlauf der Tarifverhandlungen weitere Tatsachen geschaffen werden, welche nach Art. 7 Abs. 1 ggf. und Abs. 3 MAR Insiderinformationen darstellen können.

##### *aa. Aufnahme von Verhandlungen und aktueller Verhandlungsstand*

Insoweit handelt es sich bei den jeweiligen Etappen der Verhandlung um Zwischenschritte im Sinne von Art. 7 Abs. 3 MAR: Die Aufnahme von Vertragsverhandlungen, der aktuelle Verhandlungsstand, sowie die vorläufig in Vertragsverhandlungen vereinbarten Bedingungen stellen Zwischenschritte auf dem Weg zum Sanierungstarifabschluss als Endereignis dar.[1342] Es muss für jeden Zwischenschritt gesondert untersucht werden, ob eine hinreichende

---

1341 Dazu: Kap 3 0.

1342 Allgemeiner: *Kumpan/Misterek* in Schwark/Zimmer, Art. 7 MAR Rn. 49.

Wahrscheinlichkeit der Kursbeeinflussung besteht.[1343] Insoweit bietet sich auch hier eine Parallelbetrachtung zur vergleichbaren Situation bei Zulassung einer Due Diligence an.

Überwiegend wird das Entstehen einer Insiderinformation erst ab dem Zeitpunkt des zufriedenstellenden Abschlusses der Due Diligence angenommen.[1344] Ab diesem Moment sei die Durchführung der Transaktion überwiegend wahrscheinlich.[1345] Die Durchführung der Due Diligence stellt dementgegen nur im Ausnahmefall bereits eine Insiderinformation dar. Dafür müssen zusätzliche Umstände für eine hinreichende Abschlusswahrscheinlichkeit des Unternehmenskaufvertrags als Endereignis vorliegen.[1346] Dies kann etwa dann der Fall sein, wenn einem potentiellen Erwerber Verhandlungsexklusivität gewährt wurde.[1347] Entscheidend ist, inwieweit sich ein ernsthafter Einigungswille der Parteien manifestiert hat.[1348]

Übertragen auf den Eintritt mit der Gewerkschaft in Sanierungstarifverhandlungen wird hier regelmäßig bereits eine Insiderinformation gegeben sein: Die Verhandlungsexklusivität ist bei der Gewerkschaft von Anfang an gegeben, weil nur im Zusammenwirken mit ihr eine Abweichung vom Flächentarifvertrag zu erlangen ist. Spätestens ab dem Zeitpunkt der Offenlegung der sensiblen Wirtschaftsdaten und einer entsprechenden Überprüfung und Feststellung des konkreten Sanierungsbedarfs, wird man vom Vorliegen einer Insiderinformation ausgehen müssen. Dies ergibt sich aus der Bindung der Gewerkschaft an die Interessen der gewerkschaftlich organisierten Belegschaftsmitglieder. Diese haben ein erhebliches Interesse daran, den wirtschaftlichen Bestand des Unternehmens und damit letztlich ihren Arbeitsplatz abzusichern. Aufgrund der gewerkschaftlichen Bindung an die Mitgliederinteressen ist davon auszugehen, dass nach Feststellung des Sanierungsbedarfs von einer überwiegenden Wahrscheinlichkeit des Abschlusses

---

1343 *Kumpan/Grütze* in Schwark/Zimmer, Art. 17 MAR Rn. 92.

1344 *Klöhn* in Klöhn, Art. 7 MAR Rn. 376; *Kumpan/Misterek* in Schwark/Zimmer, Art. 7 MAR Rn. 272, mit zahlreichen Nachweisen auch zur Gegenansicht, die bereits die Gewährung der Due Diligence als Insiderinformation ansieht.

1345 *Bingel*, AG 2012, 685 (695).

1346 *Fleischer* in Due Diligence bei Unternehmensakquisitionen, S. 199; *Kumpan/Grütze* in Schwark/Zimmer, Art. 17 MAR Rn. 93 m.w.N.

1347 *Kumpan/Grütze* in Schwark/Zimmer, Art. 17 MAR Rn. 93; *Hopt/Kumpan*, ZGR 2017 765, (797) m.w.N.

1348 *Kumpan/Misterek* in Schwark/Zimmer, Art. 7 MAR Rn. 272.

eines Sanierungstarifvertrags als kurserhebliches Endereignis auszugehen ist. Gewerkschaft und Arbeitnehmerseite eint in dieser Situation das Ziel, das wirtschaftliche Überleben des Unternehmens abzusichern, sodass der ernsthafte Einigungswille zwischen den Parteien früher anzunehmen ist, als bei einer M&A Transaktion.

Schließlich kann nicht nur der künftige Abschluss des Sanierungstarifvertrags, sondern auch jeder der Zwischenschritte ab seinem Eintritt gem. Art. 7 Abs. 2 S. 2 und Abs. 3 MAR als gegenwärtiger Umstand, unabhängig von der Eintrittswahrscheinlichkeit des Sanierungstarifabschlusses, die Voraussetzung als Insiderinformation erfüllen, soweit sie die erforderliche erhebliche Kursrelevanz aufweisen.[1349] Dies wird man für die wesentlichen Verhandlungsergebnisse annehmen können.

### *bb. Abschluss und Umsetzung des Sanierungstarifvertrags*

Der Abschluss von unternehmensbezogenen Tarifverträgen stellt ebenfalls eine kursrelevante Information dar.[1350] Dies ist insbesondere dann der Fall, wenn der Emittent im Rahmen der Tarifverhandlungen die Sanierungsopfer der Arbeitnehmer durch Zugeständnisse in Form von Investitions-, Standorts- und Zukunftszusagen „erkaufen" musste. Auch wenn es sich dabei um künftige Umstände handelt, stellen diese in aller Regel Insiderinformationen dar. Aufgrund der schuldrechtlichen Verpflichtung (und der regelmäßigen Verknüpfung von Sanierungsopfer und Investitionszusage durch auflösende Bedingungen § 158 BGB oder Sonderkündigungsrechte), ist der Eintritt der zugesagten Investitionen hinreichend wahrscheinlich und stellt demnach eine Insiderinformation dar. Aber auch ohne gewerkschaftlichen Zugriff auf das Unternehmerverhalten können die wesentlichen Veränderungen innerhalb

---

1349 *Kumpan/Misterek* in Schwark/Zimmer, Art. 7 MAR Rn. 274.

1350 *Röder/Merten*, NZA 2005, 268 (270); *Bruder*, Die Weitergabe von Insiderinformationen durch Arbeitnehmervertreter, S. 36; Siehe dazu beispielhaft die ad hoc Mitteilung der Lufthansa AG nach Einigung mit der Pilotengewerkschaft Vereinigung Cockpit (VC) nach grundsätzlicher Einigung über den Abschluss von Tarifverträgen abrufbar unter: https://investor-relations.lufthansagroup.com/de/meldungen/ad-hoc-meldungen/investor-relations-ad-hoc-meldung/datum/2017/03/15/ad-hoc-meldung-nach-art-17-mar-1.html (zuletzt abgerufen am 13.6.2022); Ad Hoc Mitteilung vom 23.10.2020 der BHS Tabletop AG nach Abschluss eines firmenbezogenen Verbandssanierungstarifvertrags abrufbar unter: https://www.bhs-tabletop.de/de/investor-relations/Finanznachrichten (zuletzt abgerufen am 13.6.2022).

der Personalkostenstruktur, beispielsweise durch die Lohnabsenkung und den Verzicht auf Sonderzahlungen kurserheblichen Charakter haben, sodass sie Insiderinformationen darstellen.[1351]

## *2. Weitergabeverbot von Insiderinformationen*

Folglich liegen im Falle der Börsennotierung des notleidenden Unternehmens vielfach Insiderinformationen vor. Dies gilt sowohl für die offengelegten Informationen aus der Unternehmenssphäre, wie auch für die relevanten Zwischenschritte der Verhandlung, sowie für den aktuellen Verhandlungsstand und etwaige Zwischenergebnisse. Spätestens der Abschluss der Sanierungsvereinbarung stellt eine Insiderinformation dar.

Dem folgend unterliegt der gewerkschaftliche Informationsfluss dem kapitalmarktrechtlichen Weitergabeverbot aus Art. 10 Abs. 1 i.V.m. Art. 14 lit. c) MAR. Zur Einordnung als „befugt" muss die Offenlegung der Insiderinformation im Zuge der normalen Ausübung einer Beschäftigung oder eines Berufs oder der normalen Erfüllung von Aufgaben erfolgen. Dies ist, nach den *Grøngaard/Bang* Kriterien im Wege einer Abwägung zwischen dem Offenlegungsinteresse des Weitergebenden und dem Informationseindämmungsinteresse des Kapitalmarkts zu ermitteln.[1352]

### *a. Innergewerkschaftlicher Informationsfluss*

Für die innergewerkschaftliche Kommunikation gilt, dass eine Weitergabe nur dann zulässig ist, wenn die Weitergabe nötig ist, um die koalitionsspezifischen Aufgaben innerhalb der Gewerkschaft zu erfüllen.[1353] Hinsichtlich dessen ist die Organisationsfreiheit der Gewerkschaften zu berücksichtigen: Welche Gewerkschaftsmitglieder Kenntnis von den entsprechenden Informationen benötigen, kann die Gewerkschaft grundsätzlich im Rahmen ihrer grundrechtlich geschützten Organisationsfreiheit selbst entscheiden. Insoweit gelten die allgemeinen Grundsätze auch für den innergewerkschaftlichen Informationsfluss: Die Frage, ob die Gewerkschaft die erhaltene Insiderinformation wiederum an andere Mitarbeiter bzw. Gewerkschaftssekretäre weitergeben dürfen, ist ebenfalls nach den *Grøngaard/Bang* Kriterien zu beurteilen.[1354] Dabei sind die Grenzen der nach

---

1351 *Bruder*, Die Weitergabe von Insiderinformationen durch Arbeitnehmervertreter, S. 34 ff.

1352 Ausführlich hierzu: Kapitel 2 0.

1353 So ausdrücklich: Schlussanträge des Generalanwalts *Maduro* zur Rs. C-384/02 (Grøngaard/Bang), I-9958 Rn. 72 f.

1354 *Buck-Heeb* in Assmann/Schütze/Buck-Heeb, § 8 Rn. 261.

Art. 17 Abs. 8 MAR erforderlichen Vertraulichkeitsvereinbarung zu berücksichtigen. Werden die Grenzen der – im Lichte von Art. 9 Abs. 3 GG auszulegenden – Vertraulichkeitsvereinbarung überschritten, dient die Weitergabe keinem legitimen Zweck.

Ferner muss das Offenlegungsinteresse des weitergebenden Gewerkschaftsmitglieds dem Informationseindämmungsinteresse des Kapitalmarkts überwiegen. Vor diesem Hintergrund wird der gewerkschaftsinterne Informationsfluss regelmäßig als befugt einzuordnen sein: Durch die innergewerkschaftliche Informationsweitergabe wird das Informationseindämmungsinteresse des Kapitalmarkts nicht sonderlich stark beeinträchtigt: Die Weitergabe von Insiderinformationen zum Zwecke des Sanierungstarifabschlusses über die Verhandlungskommission hinaus ist nur in engen Grenzen für die Aufgabenerfüllung erforderlich, sodass der Kreis der Insider klein und überschaubar bleibt. Die einbezogenen Gewerkschaftssekretäre sind zudem im Rahmen ihrer arbeitsvertraglichen Verschwiegenheitspflicht gem. § 241 Abs. 2 BGB gegenüber der Gewerkschaft zur Wahrung der Vertraulichkeit verpflichtet. Der Informationsfluss bleibt also weiterhin kontrollierbar. Das gewerkschaftliche Interesse die Insiderinformationen zum Zwecke der Verhandlung eines Sanierungstarifvertrags gewerkschaftsintern an andere (höherrangige) Gewerkschaftssekretäre weiterzugeben ist angesichts der grundrechtlich geschützten Koalitionsfreiheit besonders hoch zu gewichten. Die Weitergabe erfolgt mithin befugt im Sinne von Art. 10 Abs. 1 i.V.m Art. 14 lit. c) MAR, soweit die Grenzen der vertraglichen Verschwiegenheitspflicht gewahrt bleiben.

### *b. Gewerkschaftliche Öffentlichkeitsarbeit*

Indes sind die gewerkschaftlichen Kommunikationsrechte nicht allein auf den innergewerkschaftlichen Informationsfluss beschränkt. Vielmehr kann die Gewerkschaft auch externe Öffentlichkeitsarbeit betreiben. Die externe Öffentlichkeitsarbeit der Gewerkschaft kann mit dem Weitergabeverbot konfligieren, soweit Insiderinformationen zum Gegenstand der Stellungnahme gegenüber der Belegschaft bzw. der Presse gemacht werden sollen.

Allerdings ist es in der Literatur umstritten, ob dieser Fall vom Weitergabeverbot aus Art. 10 Abs. 1 i.V.m. Art. 14 lit. c) MAR erfasst wird. Eine Ansicht sieht in der Veröffentlichung einer Insiderinformation die Mitteilung an einen unbestimmten Kreis von Personen und damit die Weitergabe der Information an Dritte.[1355] Die Gegenansicht führt dagegen an, dass die Offenlegung der

---

1355 *Assmann* in Assmann/Schneider/Mülbert, Art. 10 MAR Rn. 16; *Zetzsche*, NZG 2015,

Insiderinformation gegenüber der Allgemeinheit nicht vom insiderrechtlichen Weitergabeverbot erfasst werde: Im Zeitpunkt der Offenlegung verliere die Information ihre Eigenschaft als Insiderinformation, sodass die besondere Gefahr von Insiderdelikten, welche mit der begrenzten Erweiterung des Insiderkreises einhergehe, entfalle.[1356] Voraussetzung ist allerdings, dass die Information tatsächlich veröffentlicht wird. Es stellt sich also die Frage, ob durch die gewerkschaftliche externe Öffentlichkeitsarbeit der Insiderinformation ihre Eigenschaft als Insiderinformation genommen wird. Eine Information ist öffentlich bekannt i.S.v. Art. 7 Abs. 1 lit. a) MAR, wenn sie dem breiten Anlegerpublikum zugänglich ist.[1357] Dabei ist unerheblich, ob der Emittent selbst die Information im Rahmen einer Veröffentlichung nach Art. 17 MAR bekannt gibt oder diese auf sonstige Weise der Öffentlichkeit zugänglich gemacht werden.[1358] Jedoch ist es nicht ausreichend, wenn die fragliche Information gegenüber der Belegschaft oder im Rahmen einer Pressekonferenz bekannt gegeben wurde: Diese Veranstaltungen richten sich gerade nicht an eine unbestimmte Zahl von Interessierten, sondern gewähren nur einem bestimmten Kreis von Personen die Möglichkeit der Kenntnisnahme.[1359] Folglich wird durch die gewerkschaftliche Öffentlichkeitsarbeit regelmäßig die Information nicht veröffentlicht, sodass die Offenlegung unter Art. 10 Abs. 1 i.V.m Art. 14 lit. c) MAR fällt.

Insoweit wird die Offenlegung der Insiderinformationen durch die Gewerkschaft im Rahmen ihrer Öffentlichkeitsarbeit in aller Regel als „unbefugt" im Sinne der *Grøngaard/Bang* Kriterien sein. Zwar stellt die Öffentlichkeitsarbeit als Teil der grundrechtlich geschützten Koalitionsbetätigungsfreiheit einen legitimen Zweck dar. Indes wird durch die Offenlegung von Informationen bspw. gegenüber der Belegschaft lediglich eine Teilöffentlichkeit erreicht, welche die informationelle Chancengleichheit am Kapitalmarkt massiv gefährdet: So erlangt etwa die Belegschaft als großer Personenkreis einen Informationsvorsprung gegenüber dem breiten Anlegerpublikum. Durch diese massive Erweiterung des Insiderkreises entsteht die Gefahr von Insidergeschäften bis zum Zeitpunkt der Veröffentlichung der Information. Auch die Offenlegung an die

---

817 (818); *Buck-Heeb* in Assmann/Schütze/Buck-Heeb, § 8 Rn. 235 f.

1356 *Hopt/Kumpan* in Schimansky/Bunte/Lwowski, § 107 Rn. 102; *Klöhn* in Klöhn, Art. 10 MAR Rn. 20.

1357 *Klöhn* in Klöhn, Art. 7 MAR Rn. 126, m.w.N.

1358 Emittentenleitfaden der BaFin Modul C, S. 10; *Hopt/Kumpan* in Schimansky/Bunte/Lwowski, § 107 Rn. 53.

1359 Emittentenleitfaden der BaFin Modul C, S. 10; *Hopt/Kumpan* in Schimansky/Bunte/Lwowski, § 107 Rn. 53.

Medien durch die Gewerkschaft ist insoweit als unzulässig einzuordnen, soweit sie nicht dazu führt, dass die Information einem breiten Anlegerpublikum bekannt wird. Kritisch sind insbesondere Pressemitteilungen auf der Homepage der Gewerkschaft, welche den Stand der Verhandlungen kommentieren.[1360] Sie bieten keinerlei Gewähr für die Wahrung der informationellen Chancengleichheit und für die Richtigkeit der Insiderinformation.[1361]

## IV. Ergebnis

Der gewerkschaftliche Informationsfluss im Zusammenhang mit Sanierungstarifverhandlungen ist folglich nicht grenzenlos zulässig. Die innerhalb der Tarifverhandlungen von der Arbeitgeberseite offengelegten Informationen stellen regelmäßig Geschäftsgeheimnisse nach § 2 Nr. 1 GeschGehG und im Falle der Börsennotierung Insiderinformationen i.S.v. Art. 7 Abs. 1 MAR dar. Gleiches gilt regelmäßig auch für wesentliche Zwischenschritte und den Verhandlungsstand.

Dabei muss der Einfluss der Offenlegungsverbote aus § 4 Abs. 2 Nr. 3 GeschGehG, sowie Art. 10 Abs. 1 i.V.m. Art. 14 lit. c) MAR auf die Koalitionsbetätigungsfreiheit der Gewerkschaft berücksichtigt werden: Diese Weitergabeverbote schränken die koalitionsspezifischen Kommunikationsrechte der Gewerkschaft in mehrfacher Hinsicht ein: Zum einen ist der gewerkschaftsinterne Informationsfluss und zum anderen die gewerkschaftliche Öffentlichkeitsarbeit betroffen. In Anbetracht der Bedeutung dieser Kommunikationsrechte kann im Einzelfall der innergewerkschaftliche Informationsfluss als zulässig bzw. erlaubt anzusehen sein, während die Offenlegung der Informationen im Rahmen der gewerkschaftlichen Öffentlichkeitsarbeit an Belegschaft und Öffentlichkeit regelmäßig ausscheiden muss. Hierdurch ist zum einen die Substanz des Geschäftsgeheimnisses

1360 Siehe beispielsweise die Pressemitteilung der Vereinigung Cockpit vom 15.12.2020 abrufbar unter: https://www.vcockpit.de/presse/pressemitteilungen/detailansicht/news/faq-zum-tarifvertrag-corona-krise-bei-lufthansa.html (zuletzt abgerufen am 13.6.2022) diese nahm ausführlich zum Verhandlungsstand der Sanierungstarifverhandlungen Stellung. Der Abschluss des Krisentarifvertrags und die entsprechende Ad-hoc-Mitteilung der Lufthansa AG erfolgte indes erst am 23.12.2020, abrufbar unter: https://investor-relations.lufthansagroup.com/de/meldungen/finanznachrichten/investor-relations-finanznachricht/datum/2020/12/23/lufthansa-und-vereinigung-cockpit-vereinbaren-krisenbeitraege-bis-31-maerz-2022.html (zuletzt abgerufen am 13.6.2022).

1361 *Bruder*, Die Weitergabe von Insiderinformationen durch Arbeitnehmervertreter S. 122.

und zum anderen die Informationseindämmungsinteressen des Kapitalmarkts betroffen.

## B. Haftungsrisiken und organisatorische Risikovermeidung

Vor dem Hintergrund dieser Beschränkungen im gewerkschaftlichen Informationsfluss stellt sich die Frage, ob die Gewerkschaft organisatorische Maßnahmen treffen muss, um einen sachgemäßen Umgang mit den Informationen sicherzustellen.

### I. Herleitung der gewerkschaftlichen Compliance-Pflicht

Hinsichtlich der Herleitung der gewerkschaftlichen Legalitätskontrollpflicht kann auf die Ausführungen zur Compliance-Pflicht des Arbeitgeberverbands verwiesen werden:[1362] Auch die Leitung der Gewerkschaft als typischerweise nicht-rechtsfähigen Verein trifft eine spiegelbildliche Compliance-Pflicht. Der Vorstand hat im Rahmen der Vereinsleitung den Verstoß gegen externe Gesellschaftspflichten durch gesellschaftsangehörige Mitarbeiter und Organe zu verhindern.[1363] Weitergehend ist die gewerkschaftliche Leitung im Rahmen ihrer Schadensabwendungspflicht dazu verpflichtet, drohende Schäden und Nachteile für die Gewerkschaft, die aus dem rechtswidrigen Verhalten von Mitarbeitern und Mitgliedern drohen, abzuwenden.[1364]

Hinsichtlich der Frage, wie der Vereinsvorstand seine interne Legalitätskontrollpflicht erfüllt, ist von einem weitgehenden Ermessen im Sinne der *business judgement rule* aus § 93 Abs. 1 S. 2 AktG auszugehen.[1365] Die konkreten Anforderungen hängen von der spezifischen Risikoanalyse und den Besonderheiten des Verbands ab.[1366] Je nach Größe, Komplexität und Gefahr von Rechtsverstößen

1362 Siehe dazu: Kapitel 4 0.

1363 *Seibt* in Schmidt/Lutter, 76 AktG Rn. 22; *Fleischer* in BeckOGK, § 91 AktG Rn. 62 m.w.N.; für den Verein: *Heidel/Lochner* in NK-BGB, § 27 BGB Rn. 51.

1364 *Brouwer*, CCZ 2009, 161 (162); *Brouwer* in Hauschka/Moosmayer/Lösler, § 59 Rn. 46; in diese Richtung auch *Klumpp*, CCZ 2010, 197 (198), der die Haftungsvermeidung als Kern der Compliance ansieht.

1365 Allg. für die Aktiengesellschaft: *Koch*, § 76 AktG Rn. 17; für den Verein: *Brouwer* in Hauschka/Moosmayer/Lösler, § 59 Rn. 47; *Schockenhoff*, NZG 2019, 281 (284); *Heidel/Lochner* in NK-BGB, § 27 BGB Rn. 53 m.w.N.; kritisch: *Bachmann*, ZHR 180 (2016), 563 (567); dies gelte insb. bei Tarifverbänden: *Löwisch/Rieble*, § 2 TVG Rn. 230.

1366 *Larisch/von Hesberg*, CCZ 2017, 17 (22).

in Bereichen der Verbandsarbeit kann sich die Legalitätskontrollpflicht dahingehend verdichten, dass für besonders gefahrgeneigte Bereiche der Verbandstätigkeit die Einrichtung einer risikomindernden Compliance-Organisationsstruktur erforderlich ist.[1367] Insoweit gilt es im Rahmen einer Risikoanalyse festzustellen, ob für die Gewerkschaft Haftungsrisiken aus dem Umgang mit den sensiblen Informationen im Rahmen von Sanierungstarifverhandlungen resultieren.

## II. Haftungsrisiken im Umgang mit den sensiblen Informationen

### 1. *Haftungsrisiken aus dem GeschGehG?*

Wie dargelegt, handelt es sich sowohl bei den offengelegten Informationen im Rahmen von Tarifverhandlungen, sowie beim aktuellen Verhandlungsstand und vorläufigen Verhandlungsergebnissen um Geschäftsgeheimnisse im Sinne von § 2 Nr. 1 GeschGehG, soweit gegenüber der Gewerkschaft mittels einer Verschwiegenheitsvereinbarung ein angemessenes Geheimhaltungsniveau errichtet wurde. Indes können die koalitionsspezifischen Kommunikationsrechte der Gewerkschaft über § 5 Hs. 1 GeschGehG im Einzelfall eine Weitergabe der geschützten Geschäftsgeheimnisse rechtfertigen, soweit das gewerkschaftliche Offenlegungsinteresse das Geheimhaltungsinteresse überwiegt. Da dies letztlich von einer Einzelfallabwägung abhängt, besteht in dieser Situation die latente Gefahr des Verstoßes gegen § 4 Abs. 2 Nr. 3 GeschGehG.

Daraus resultieren Haftungsrisiken für die Gewerkschaft. Zum einen findet sich in § 10 GeschGehG eine besondere Schadensersatzregelung, zum anderen kann die Gewerkschaft von den verschuldensunabhängigen Beseitigungs-, Unterlassungs-, Vernichtungs- und Auskunftsansprüchen aus §§ 6–9 GeschGehG erfasst werden. Die Gewerkschaft kann selbst als Verletzerin eingeordnet werden, soweit ihr die Verletzungshandlung zugerechnet werden kann. Neben den besonderen – teils verschuldensunabhängigen – Ansprüchen aus dem GeschGehG können sich auch Haftungsrisiken aus der vertraglichen Verschwiegenheitspflicht ergeben. Die Gewerkschaft als Schuldnerin der Geheimhaltungsvereinbarung haftet dem notleidenden Unternehmen als Geheimnisinhaber nach § 280 ff. BGB. Dabei greift insbesondere auch § 278 BGB mit der Folge, dass eine Zurechnung des Verschuldens der eingesetzten Erfüllungsgehilfen erfolgt. Weitergehend können aus dem unsachgemäßen Umgang mit den Informationen Reputationsverluste der Gewerkschaft resultieren: Verschlechtert sich aufgrund des unsachgemäßen Informationsumgangs der Gewerkschaft die wirtschaftliche

1367 *Leuschner* in MüKoBGB, § 27 BGB Rn. 44.

Lage des ohnehin notleidenden Unternehmens, betrifft dies auch unmittelbar die gewerkschaftsangehörigen Arbeitnehmer und ihre Arbeitsplätze.

### 2. *Haftung der Gewerkschaft aus Kapitalmarktbußgeldrecht*

Im Falle der Börsennotierung ist überdies das insiderrechtliche Weitergabeverbot, sowie damit verbunden, das Kapitalmarktbußgeldrecht zu berücksichtigen: Da auch hier die Feststellung der Zulässigkeit der Informationsweitergabe nach Art. 10 Abs. 1 i.V.m. Art. 14 lit. c) im Einzelfall mittels einer Abwägung der gewerkschaftlichen Weitergabeinteressen mit dem Informationseindämmungsinteresse des Kapitalmarkts erfolgt, besteht die latente Gefahr einer unzulässigen Informationsweitergabe.

Daraus resultiert ein erhebliches Sanktionsrisiko für die Gewerkschaft. Verstöße von Leitungsorganen gegen betriebsbezogene Pflichten können über § 30 OWiG zur Verhängung eines Verbandsbußgelds führen. Als Bezugstat für die Sanktionierung der Gewerkschaft kommt jede Straftat oder Ordnungswidrigkeit des Repräsentanten in Betracht, sodass vorsätzliche wie auch fahrlässige Insiderdelikte erfasst sind.[1368] Die Betriebsbezogenheit ist übereinstimmend mit § 130 OWiG zu verstehen.[1369] Die Gefahr eines Verstoßes gegen die insiderrechtlichen Vorschriften muss in der konkreten Tätigkeit angelegt sein. Diese Gefahr wird regelmäßig dann eröffnet sein, wenn das Unternehmen selbst oder seine Mitarbeiter aufgrund des Geschäftsfeldes regelmäßig mit Insiderinformationen anderer umgeht.[1370] Verstöße nachgeordneter Mitglieder können im Ausnahmefall über § 30 OWiG i.V.m. der strafrechtlichen Geschäftsherrenhaftung zu einer Bebußung der Gewerkschaft führen.[1371] Jedoch ist eine Bebußung häufig gem. §§ 130, 9 i.V.m. 30 OWiG möglich. Für die Bereiche, die regelmäßig mit Insiderinformationen in Berührung kommen, trifft die Gewerkschaft demnach die Pflicht zur Implementierung gehöriger Aufsichtsmaßnahmen.

Übertragen auf die Gewerkschaft ist festzuhalten, dass diese im Rahmen von Sanierungstarifverträgen häufig mit Insiderinformationen in Berührung kommen, sodass die Gefahr von Insiderdelikten in der Verbandstätigkeit angelegt ist. Insoweit trifft die Gewerkschaft eine betriebsbezogene Pflicht,

---

1368 *Klöhn* in Klöhn, Art. 14 MAR Rn. 99; *Kumpan/Grütze* in Schwark/Zimmer, Art. 14 MAR Rn. 44.

1369 *Rogall* in KK-OWiG, § 30 OWiG Rn. 90.

1370 *Kumpan/Grütze* in Schwark/Zimmer, Art. 14 MAR Rn. 46; *Sethe* in Assmann/Schütze, 4. Aufl. 2015 (Altauflage), § 8 Rn. 88; *Sethe*, ZBB 2006. 243 (255).

1371 Ausführlich: Kapitel 4 0.

Aufsichtsmaßnahmen zu implementieren, die etwaige Insiderverstöße erheblich erschweren.

## III. Geeignete organisatorische Maßnahmen

Der Gewerkschaftsvorstand hat einen sorgsamen Umgang mit den Informationen welche im Zusammenhang mit den Sanierungstarifverhandlungen offengelegt werden sicherzustellen und weitergehend auch die Vertraulichkeit über den aktuellen Verhandlungsstand zu wahren. Dies ergibt sich aus den Haftungsrisiken für die Gewerkschaft aus dem GeschGehG und der Verschwiegenheitsvereinbarung. Im Falle der Börsennotierung des notleidenden Unternehmens tritt das insiderrechtliche Weitergabeverbot und damit verbunden das Kapitalmarktbußgeldrecht verschärfend hinzu.

Spiegelbildlich zum Arbeitgeberverband kann in organisatorischer Hinsicht diesen Haftungsrisiken durch eine umfangreiche Dokumenten-Policy begegnet werden. Auch hier kann eine genaue Dokumentation der Geheimnisträger das Risiko von Rechtsverstößen vermindern. Entgegen dem Arbeitgeberverband ist die Gewerkschaft allerdings nicht dazu verpflichtet, eine eigene Insiderliste nach Art. 18 Abs. 1 MAR zu führen und die Insider entsprechend nach Art. 18 Abs. 2 MAR zu belehren. Anders als der Arbeitgeberverband handelt die Gewerkschaft nicht im Interesse des notleidenden Unternehmens. Die Gewerkschaft handelt vielmehr im eigenen Interesse und dem ihrer Mitglieder.

Maßgebliches Instrument der Gewerkschaft für die Einhaltung eines sachgerechten Umgangs stellt die Implementierung eines strikten „need-to-know" Systems unter Einhaltung der vertraglich vereinbarten Grenzen dar. In jedem Fall erforderlich ist es auch hier, die Informationsträger auf den Charakter der Informationen als „vertraulich" hinzuweisen. Überdies sollten durch Schulungen die Gewerkschaftssekretäre und Mitglieder der Verhandlungskommission für den Umgang mit sensiblen Unternehmensdaten der Arbeitgeberseite sensibilisiert werden.[1372] Weitergehend hat die Gewerkschaft insbesondere bei ihrer grundrechtlich geschützten Öffentlichkeitsarbeit darauf zu achten, die geschäftsgeheimnis- und kapitalmarktrechtlichen Grenzen der Informationsweitergabe zu berücksichtigen.

---

1372 *Brouwer*, CCZ 2009, 161 (164).

## C. Ergebnis zum gewerkschaftlichen Umgang mit den Geschäftsgeheimnissen des Verhandlungspartners

Spiegelbildlich zur Situation im Arbeitgeberverband, trifft auch die Gewerkschaft die Pflicht, einen sorgsamen Umgang mit den ihr im Rahmen der Sanierungstarifverhandlungen offengelegten sensiblen Informationen und auch der Verhandlungsergebnisse sicherzustellen. Diese Informationsverwaltungspflichten beschränken die koalitionsspezifischen Kommunikationsrechte der Gewerkschaft, im Hinblick auf den gewerkschaftsinternen Informationsfluss sowie im Rahmen ihrer Öffentlichkeitsarbeit. Insoweit kollidieren die Geheimhaltungsinteressen des notleidenden Unternehmens mit der Koalitionsbetätigungsfreiheit der Gewerkschaft.

Aus dem Verstoß gegen die Pflichten können erhebliche Haftungsrisiken für die Gewerkschaft entstehen, sodass der Vorstand den sachgemäßen Umgang mit den Informationen innerhalb des Verbands sicherzustellen hat. Dies ergibt sich aus der Pflicht zur Verbands-Compliance. Die Gewerkschaft unterliegt bezüglich des Umgangs der offengelegten Informationen Haftungsrisiken aus dem GeschGehG, der vertraglichen Geheimhaltungsvereinbarung sowie im Falle der Börsennotierung dem Kapitalmarktbußgeldrecht. In organisatorischer Hinsicht kann diesen Haftungsrisiken durch eine umfangreiche Dokumenten-Policy begegnet werden, welche unter anderem die Implementierung eines strikten „need-to-know“ Systems umfasst.

# Zusammenfassung der Ergebnisse in Thesen

1. Bei einem Sanierungstarifvertrag handelt es sich um ein Austauschgeschäft bestehend aus materiellen Konzessionen auf Arbeitnehmer- und Arbeitgeberseite. Die Gewerkschaft tauscht die Verschlechterung der Arbeitsbedingungen gegen den Bestandsschutz für Arbeitsplätze, den Erhalt von Standorten und Investitionen ein. Spätestens durch die Aufnahme von Tarifverhandlungen entsteht zwischen den Beteiligten eine Sonderverbindung in Form eines vorvertraglichen Schuldverhältnisses nach §§ 311 Abs. 2 i.V.m. § 241 Abs. 2 BGB. Diese Sonderverbindung prägt die Rahmenbedingungen bei der Verhandlung des Tarifvertrags.
2. Bei Verhandlung eines Haustarifvertrags entsteht das vorvertragliche Schuldverhältnis direkt zwischen dem Unternehmen und der Gewerkschaft, während bei Verhandlung eines unternehmensbezogenen Verbandstarifvertrags zwischen Arbeitgeberverband und Gewerkschaft das vorvertragliche Schuldverhältnis entsteht. Beim unternehmensbezogenen Verbandstarifvertrag wird das Unternehmen über die Grundsätze des vorvertraglichen Schuldverhältnisses mit Schutzwirkung zugunsten Dritter in das vorvertragliche Schuldverhältnis einbezogen.
3. Unabhängig davon, ob das Unternehmen eigenständig einen Haussanierungstarifvertrag verhandelt oder über seinen Arbeitgeberverband einen unternehmensbezogenen Verbandssanierungstarif anstrebt, sieht sich das Unternehmen einem enormen Informationsbedürfnis der beteiligten Akteure innerhalb der Kollektivverhandlungen ausgesetzt. Dies resultiert daraus, dass beim Sanierungstarifvertrag die wirtschaftliche Situation eines einzelnen Unternehmens im Mittelpunkt der Verhandlung steht und die temporäre Verschlechterung der Arbeitsbedingungen angestrebt wird. Damit einher geht eine Aufweichung des Tarifkartells des Arbeitgeberverbands. Das notleidende Unternehmen wird im Verhältnis zu den mitorganisierten Unternehmen bessergestellt.
4. Regelmäßig konfligiert das Informationsbedürfnis der tariflichen Akteure mit einem Geheimhaltungsinteresse des notleidenden Unternehmens. Die atypische Interessenlage bei Sanierungstarifverhandlungen ist mit der Situation einer Due Diligence bei einer M&A Transaktion vergleichbar. Sinngemäß erfüllt der Informationsaustausch bei Tarifverhandlungen die gleichen Zwecke wie der Informationsfluss im Rahmen einer transaktionsbezogenen Due Diligence.

5. Neben der Arbeitgeberseite steht der Gewerkschaft keine weitere Informationsquelle für die sensiblen Unternehmensdaten zur Verfügung. Die gewerkschaftsangehörigen Arbeitnehmer, der Betriebsrat, der Wirtschaftsausschuss, nach § 31 BetrVG zugezogene Gewerkschaftsvertreter und die Arbeitnehmervertreter im Aufsichtsrat scheiden aufgrund der gesetzlichen Verschwiegenheitspflichten als Informationsquellen aus. Die Gewerkschaft ist also wie ein Erwerbsinteressent einer M&A Transaktion von der Gegenseite abhängig.
6. Der Schutzzweck dieser Verschwiegenheitspflichten erschöpft sich nicht in der Sicherung der unternehmerischen Freiheit. Indem sie die Informationsweitergabe der Arbeitnehmer an die Gewerkschaft unterbinden, schützen sie die Verhandlungsposition des Arbeitgebers in den Tarifverhandlungen. Zudem wahren sie die strukturelle Kompetenzverteilung bei Tarifverhandlungen. Zwar steht der Gewerkschaft ein direkter Informationsanspruch gegen den Arbeitgeber zu. Allerdings ist es Sache der Tarifpartei „Arbeitgeber" wie sie diesen erfüllt. Es ist nach der Konzeption des deutschen Tarifrechts Sache des jeweiligen Leitungsorgans, als gesetzlicher Vertreter der Tarifpartei „Arbeitgeber" Informationen an die Gewerkschaft weiterzugeben. Die Modalitäten der Weitergabe von sensiblen Kennzahlen, Strategien und Ähnlichem in Tarifverhandlungen muss der Geheimnisinhaber bestimmen können. Für die Informationsbeschaffung hat sich die Gewerkschaft an den Arbeitgeber oder seinen Verband als Verhandlungspartner zu halten.
7. Flankierend tritt im Falle der Börsennotierung des Unternehmens das Verbot der unbefugten Weitergabe von Insiderinformationen aus Art. 10 i.V.m. Art. 14 lit. c) MAR daneben. Nach den *Grøngaard/Bang* Kriterien des EuGHs kann die Informationsweitergabe in insiderrechtlicher Hinsicht nur dann als „befugt" angesehen werden, soweit sie nicht durch andere gesetzliche Verschwiegenheitspflichten verboten ist. Das primärrechtliche Weitergabeverbot folgt insoweit den Grenzen der nationalen Verschwiegenheitspflichten.
8. In der Sanierungssituation trifft das notleidende Unternehmen eine Informationspflicht gegenüber der Gewerkschaft. Die wirtschaftlichen Kennzahlen bilden die Verhandlungsgrundlage für die Parteien. Die Gewerkschaft muss die erforderlichen Informationen erhalten, um einschätzen zu können, ob Arbeitsplätze bedroht sind und welche Einbußen zu ihrem Schutz notwendig sind. Dennoch unterliegen die unternehmerischen Leitungsorgane des Unternehmens Grenzen bzgl. der Informationsweitergabe an die Gewerkschaft und den Arbeitgeberverband in Tarifverhandlungen. Die zur transaktionsbezogenen Due Diligence entwickelten Grundsätze zur Zulässigkeit der Informationsweitergabe sind auf die Situation der Sanierungstarifverhandlungen übertragbar.

9. Die Frage der internen Zuständigkeit für die Informationsweitergabe richtet sich nach der Rechtsform des notleidenden Unternehmens. Für die Entscheidung über die Informationsweitergabe an die Gewerkschaft bei der GmbH ist im Innenverhältnis ein Gesellschafterbeschluss mit einfacher Mehrheit erforderlich, da es sich um eine außergewöhnliche Geschäftsführungsmaßnahme handelt. Bei der Aktiengesellschaft liegt die Weitergabekompetenz allein beim Vorstand. Für eine zulässige Informationsweitergabe durch den Vorstand muss das Offenlegungsinteresse das Geheimhaltungsinteresse überwiegen. Bei einer zulässigen Weitergabe hat der Vorstand die Geheimhaltungsinteressen des Unternehmens in angemessener Weise zu berücksichtigen und Risikobegrenzungsmechanismen zu installieren.
10. Mit der Ausgestaltung des Geheimnisschutzes nach dem GeschGehG als Obliegenheit korreliert die Pflicht des Vorstands, angemessene Geheimhaltungsmaßnahmen zu errichten. Als dogmatischer Anknüpfungspunkt dient die Schadensabwendungspflicht des Vorstands. Der Vorstand ist bei der Offenlegung von sensiblen Informationen gegenüber der betriebsexternen Gewerkschaft als Vertragspartner zur Implementierung angemessener Geheimhaltungsmaßnahmen verpflichtet, um die Informationen unter den besonderen Schutz des GeschGehG zu stellen. Dies macht in aller Regel den Abschluss einer Vertraulichkeitsvereinbarung mit dem Informationsempfänger erforderlich.
11. Im Falle der Börsennotierung steht das insiderrechtliche Weitergabeverbot der verhandlungsbezogenen Offenlegung von Insiderinformationen an die Gewerkschaft nicht entgegen, soweit die Weitergabe aus aktienrechtlicher Sicht zulässig ist. Durch die konkrete Ausgestaltung der Informationsweitergabe muss der Emittent das Insiderrisiko minimieren, um dem Informationseindämmungsinteresse des Kapitalmarkts hinreichend Rechnung zu tragen. Daneben muss der Vorstand die Voraussetzungen von Art. 17 Abs. 4 und Art. 17 Abs. 8 MAR berücksichtigen, um der Ad-hoc-Publizitätspflicht in Bezug auf die offengelegten Insiderinformation zu entgehen.
12. Bei der Sanierung mittels eines unternehmensbezogenen Verbandstarifvertrags bestehen erhebliche Missbrauchsrisiken, soweit Vertreter der anderen Mitgliedsunternehmen in den Verhandlungsprozess einbezogen sind. Diese Risiken muss der Vorstand in seiner Ermessensentscheidung berücksichtigen. Dennoch überwiegt regelmäßig das Offenlegungsinteresse des notleidenden Unternehmens, soweit durch die verfahrensmäßige Ausgestaltung des Offenlegungsprozesses den Geheimhaltungsinteressen der Gesellschaft Rechnung getragen werden kann.

13. Neben den gesellschaftsrechtlichen Schranken muss der Informationsfluss gegenüber dem Arbeitgeberverband den kartellrechtlichen Hürden genügen. Beim unternehmensbezogenen Verbandstarifvertrag kann die einseitige Offenlegung von Informationen gegenüber mitorganisierten Wettbewerbern wettbewerbsbeschränkende Wirkung haben und gegen Art. 101 Abs. 1 AEUV / § 1 GWB verstoßen. Durch die Anwendung der Nebenabrede-Doktrin auf die Informationsoffenlegung ist die Weitergabe wettbewerbssensibler Informationen im Rahmen der Tarifverhandlungen unter Wahrung der Verhältnismäßigkeit jedoch zulässig. Der Verhältnismäßigkeitsgrundsatz verpflichtet die Beteiligten in verfahrensmäßiger Hinsicht, Risikobegrenzungsmechanismen zu implementieren.
14. Genügt die Informationsweitergabe an die Verhandlungskommission des Arbeitgeberverbands den gesellschafts- und kartellrechtlichen Schranken, dann erfolgt die Offenlegung nicht unbefugt im Sinne von Art. 10 Abs. 1 i.V.m Art. 14 lit. c) MAR. Im Ergebnis überwiegt das Interesse des notleidenden Unternehmens an der Offenlegung von Insiderinformationen zur Wahrnehmung seiner grundrechtlich geschützten Tarifautonomie. Die gesellschafts-, kartell- und insiderrechtlichen Schranken sind im Lichte ihrer Bedeutung für die Tarifautonomie bei Verhandlung eines Sanierungstarifvertrags auszulegen.
15. Innerverbandlich trifft den Vereinsvorstand als Leitungsorgan des Arbeitgeberverbands die Pflicht, über alle nicht allgemein bekannten Tatsachen, an deren Geheimhaltung ein berechtigtes Vereinsinteresse besteht, Verschwiegenheit zu wahren. Dies gilt grundsätzlich auch gegenüber den Vereinsmitgliedern. Das verbandsseitige Geheimhaltungsinteresse an den sensiblen Wirtschaftsdaten des notleidenden Unternehmens folgt regelmäßig aus der Gefahr drohender Reputationsverluste für den Arbeitgeberverband.
16. Die Verschwiegenheitspflicht des Vorstands kann in Konflikt mit vereinsrechtlichen Auskunftsansprüchen der mitorganisierten Unternehmen geraten. Die vereinsrechtlichen Informationsansprüche erstrecken sich auf die vom notleidenden Unternehmen an den Arbeitgeberverband offengelegten Informationen. Die individuellen und kollektiven Informationsansprüche in und außerhalb der Mitgliederversammlung bestehen allerdings nicht unbegrenzt. Der Vorstand kann überschießenden Auskunftsersuchen ein Auskunftsverweigerungsrecht entgegensetzen und entsprechende sensible Unternehmensinformationen zurückhalten. Im Ergebnis ist ein Ausgleich zwischen den Geheimhaltungsinteressen des notleidenden Unternehmens und den Informationsinteressen mitorganisierter potentieller oder aktueller Konkurrenzunternehmen herzustellen. Weiter entschärft wird die Situation

durch das Zeitmoment: Im Arbeitgeberverband nimmt die Mitgliederversammlung regelmäßig nur Grundsatzentscheidungen vor und tagt daher selten. Dadurch verlieren die Informationen regelmäßig ihre Aktualität und damit ihre Sensibilität für das notleidende Unternehmen.

17. Wendet sich ein verbandsangehöriges Unternehmen an seinen Arbeitgeberverband zur Verhandlung eines unternehmensbezogenen Verbandssanierungstarifvertrags, entsteht zwischen dem Arbeitgeberverband und dem notleidenden Unternehmen eine Sonderbeziehung in Form eines eigenständigen Rechtsberatungsverhältnisses. Aus diesem resultiert eine besondere – anwaltsgleiche – Vertrauensstellung der Verbandsvertreter, welche in einer Verschwiegenheitspflicht der involvierten Verbandsvertreter mündet. Die Verbandsvertreter haben in Anlehnung an die Reichweite zum Anwaltsgeheimnis aus § 43a BRAO umfassend Verschwiegenheit über die offengelegten Informationen zu wahren. Vor dem Hintergrund der Sensibilität der dort offenbarten Geschäftsgeheimnisse greift die vertragliche Verschwiegenheitspflicht der Verbandsvertreter regelmäßig gegenüber jedermann, insbesondere auch gegenüber anderen Verbandsmitgliedern, welche nicht an den Sanierungstarifverhandlungen beteiligt waren.

18. Die Leitung des Arbeitgeberverbands trifft eine weitreichende Compliance-Pflicht. Diese resultiert intern aus der Legalitätskontrollpflicht und extern aus der Pflicht zur Implementierung gehöriger Aufsichtsmaßnahmen aus §§ 130, 9, 30 OWiG. Im Rahmen dessen hat der Vorstand einen sorgsamen Umgang mit den Informationen, welche ihm im Zusammenhang mit den Sanierungstarifverhandlungen offengelegt werden, sicherzustellen. Dies ergibt sich aus den – im Rahmen der Risikoanalyse aufgedeckten – geheimnisschutz-, kartell- und ggf. kapitalmarktrechtlichen Haftungsrisiken für den Arbeitgeberverband. Bzgl. der jeweils geschützten Informationen lässt sich eine große Schnittmenge identifizieren. Regelmäßig können die im Rahmen der Sanierungstarifverhandlungen offengelegten Informationen sowohl als Geschäftsgeheimnis, wettbewerbssensible Information wie auch als Insiderinformation eingeordnet werden.

19. Betreffend die zu ergreifenden Maßnahmen steht der Verbandsleitung ein großer Ermessensspielraum zu. Der Vorstand hat diesen anhand der Art, Größe und Organisation des Verbands, der zu beachtenden Vorschriften sowie der Verdachtsfälle aus der Vergangenheit als ermessenslenkende Faktoren auszugestalten. Maßgebliches Instrument des Arbeitgeberverbands für die Einhaltung eines sachgerechten Umgangs mit den Mitgliederdaten der Unternehmen stellt dabei die Implementierung eines strikten „need-to-know“ Systems dar. Weitergehend kann in organisatorischer Hinsicht

die Errichtung besonderer Vertraulichkeitsbereiche (*chinese walls*) angezeigt sein. In jedem Fall erforderlich ist es, die Informationsträger auf den Charakter einer Information als „vertraulich" hinzuweisen und über etwaige Haftungsrisiken aufzuklären. Zudem kann es sich anbieten, den Kreis der Informationsinhaber zu dokumentieren und so den verbandsinternen Informationsfluss genau zu überwachen. Überdies sollten die Mitarbeiter durch Schulungen für den Umgang mit Geschäftsgeheimnissen, strategischen Daten und Insiderinformationen der Mitglieder sensibilisiert werden.

20. Der gewerkschaftliche Informationsfluss im Zusammenhang mit Sanierungstarifverhandlungen ist nicht grenzenlos zulässig. Die Gewerkschaft ist nach § 241 Abs. 2 BGB zur Verschwiegenheit bzgl. aller geheimhaltungsbedürftigen Umstände verpflichtet. Diese Pflicht zum sorgsamen Umgang mit vertraulichen Informationen des Verhandlungspartners ist in der Sanierungssituation stärker ausgeprägt, da das notleidende Unternehmen in dieser Hinsicht besonders exponiert ist.
21. Weitergehend stellen die innerhalb der Tarifverhandlungen von der Arbeitgeberseite offengelegten Informationen überwiegend Geschäftsgeheimnisse im Sinne von § 2 Nr. 1 GeschGehG und im Falle der Börsennotierung Insiderinformationen im Sinne von Art. 7 Abs. 1 MAR dar. Gleiches gilt regelmäßig auch für wesentliche Zwischenschritte der Verhandlungen und den Verhandlungsstand.
22. Die zivil-, gesellschafts- und insiderrechtlichen Schranken sind im Lichte ihrer Bedeutung für die Koalitionsbetätigungsfreiheit der Gewerkschaft auszulegen. Die Weitergabeverbote schränken die koalitionsspezifischen Kommunikationsrechte der Gewerkschaft ein: Zum einen ist der gewerkschaftsinterne Informationsfluss und zum anderen die gewerkschaftliche Öffentlichkeitsarbeit betroffen. Vor dem Hintergrund der Bedeutung der gewerkschaftlichen Kommunikationsrechte kann der innergewerkschaftliche Informationsfluss als zulässig bzw. erlaubt anzusehen sein, während die Offenlegung der Informationen im Rahmen der gewerkschaftlichen Öffentlichkeitsarbeit an Belegschaft und Öffentlichkeit regelmäßig ausscheiden muss.
23. Spiegelbildlich zum Arbeitgeberverband trifft die Leitung der Gewerkschaft eine Compliance-Pflicht. Der Vorstand hat im Rahmen der Vereinsleitung den Verstoß gegen externe Gesellschaftspflichten durch gesellschaftsangehörige Mitarbeiter und Organe zu verhindern. Vor dem Hintergrund der erheblichen Haftungsrisiken bzgl. des unsachgemäßen Umgangs mit den Informationen der Arbeitgeberseite hat die Gewerkschaft in

organisatorischer Hinsicht einen sorgfältigen Umgang mit den Informationen sicherzustellen.

24. Bezüglich der zu ergreifenden Maßnahmen steht auch der gewerkschaftlichen Leitung ein großer Ermessensspielraum zu. In organisatorischer Hinsicht kann den Haftungsrisiken durch eine umfangreiche Dokumenten-Policy begegnet werden, welche die genaue Dokumentation der Geheimnisträger umfasst. Maßgebliches Instrument der Gewerkschaft für die Einhaltung eines sachgerechten Umgangs stellt die Implementierung eines strikten „need-to-know" Systems unter Einhaltung der vertraglich vereinbarten Grenzen dar. Weitergehend hat die Gewerkschaft insbesondere bei Wahrnehmung ihrer grundrechtlich geschützten Kommunikationsrechte darauf zu achten, die geschäftsgeheimnis- und kapitalmarktrechtlichen Grenzen der Informationsweitergabe zu berücksichtigen.

# Literaturverzeichnis

*Ackermann, Thomas;* GWB-Novelle und kartellrechtlicher Geltungsanspruch, In: Kartellrecht und Arbeitsrecht, 6. Ludwigsburger Rechtsgespräch, ZAAR Schriftenreihe Band 16, 2010

*Alexander, Christian;* Gegenstand, Inhalt und Umfang des Schutzes von Geschäftsgeheimnissen nach der Richtlinie (EU) 2016/943, WRP 2017, 1034

*Andritzky, Michael;* Compliance-Regelungen und Tarifrecht, NZA 2009, 990

*Ann, Christoph;* Geheimnisschutz – Kernaufgabe des Informationsmanagements im Unternehmen, GRUR 2014, 12

*Ascheid, Reiner (Hrsg.); Preis, Ulrich (Hrsg.); Schmidt, Ingrid (Hrsg.);* Kündigungsrecht – Großkommentar zum gesamten Recht der Beendigung von Arbeitsverhältnissen, 6. Auflage, 2021, C.H. Beck Verlag, München

*Assmann, Heinz-Dieter (Hrsg.); Schütze, Rolf (Hrsg.); Buck-Heeb, Petra (Hrsg.);* Handbuch des Kapitalanlagerechts, 5. Auflage, 2020, C.H. Beck Verlag, München

*Assmann, Heinz-Dieter (Hrsg.); Schütze, Rolf (Hrsg.);;* Handbuch des Kapitalanlagerechts, 4. Auflage, 2015 (Altauflage), C.H. Beck Verlag, München

*Assmann, Heinz-Dieter (Hrsg.); Schneider, Uwe (Hrsg.); Mülbert, Peter (Hrsg.);* Wertpapierhandelsrecht Kommentar, 7. Auflage, 2019, Dr. Otto Schmidt Verlag, Köln

*Bachmann, Gregor;* Interne Ermittlungen – ohne Grenzen?, ZHR 180 (2016), 563

*Bachmann, Gregor;* Kapitalmarktrechtliche Probleme bei der Zusammenführung von Unternehmen, ZHR 172 (2008), 597

*Baron, Michael; Trebing, Christina;* Umgang mit Kartellrechtsrisiken in M&A-Transaktionen – aktuelle Fragestellungen und Entwicklungen, BB 2016, 131

*Bauer, Jan; Wenzel, Max;* Informationsgewährung und Verschwiegenheitspflicht bei M&A-Transaktionen, ZGR 2020, 502

*Bauer, Jobst-Hubertus;* Vom Umgang mit dem arbeitsrechtlichen Mandat – Erfahrungen eines Kollegen, NZA 1999, 11

*Baumbach, Adolf (Begr.); Hueck, Alfred (Begr.); Noack, Ulrich (Hrsg.); Servatius, Wolfgang (Hrsg.);* Beck'scher Kurzkommentar GmbHG, 23. Auflage, 2022, C.H. Beck Verlag, München

*Baumbach, Adolf (Begr.); Hopt, Klaus (Hrsg.);* Beck'scher Kurzkommentar Handelsgesetzbuch, 41. Auflage, 2022, C.H. Beck Verlag, München

*Bechtold, Rainer (Begr.); Bosch, Wolfgang;* Gesetz gegen Wettbewerbsbeschränkungen: GWB, (§§ 1–96, 185, 186), 10. Auflage, 2021, C.H. Beck Verlag, München

*Beck, Alexander;* Der Sanierungstarifvertrag, 1. Auflage, 2016, Nomos Verlag, Baden-Baden

*Beisel, Daniel (Hrsg.); Andreas, Friedhold (Hrsg.);* Beck'sches Mandatshandbuch Due Diligence, 3. Auflage, 2017, C.H. Beck Verlag, München

*Beisel, Wilhelm (Begr.); Klumpp, Hans-Hermann (Begr.);* Der Unternehmenskauf – Gesamtdarstellung der zivil- und steuerrechtlichen Vorgänge einschließlich gesellschafts-, arbeits-, und kartellrechtlicher Fragen bei der Übertragung eines Unternehmens, 7. Auflage, 2016, C.H. Beck Verlag, München

*Berens, Wolfgang (Hrsg.); Brauner, Hans U. (Hrsg.); Knauer, Thorsten (Hrsg.); Strauch, Joachim (Hrsg.);* Due Diligence bei Unternehmensakquisitionen, 8. Auflage, 2019, Schäffer Poeschel Verlag, Stuttgart

*Bergjan, Ralf;* Die Haftung aus culpa in contrahendo beim Letter of Intent nach neuem Schuldrecht, ZIP 2004, 395

*Besen, Marc; Gronemeyer, Achim;* Kartellrechtliche Risiken bei Unternehmenskäufen Informationsaustausch und Clean Team, CCZ 2009, 67

*Besen, Marc; Gronemeyer, Achim;* Informationsaustausch im Rahmen von Unternehmenskäufen – Kartellrechtliche Entwicklungen und Best Practice, CCZ 2013, 137

*Beuthien, Volker (Hrsg.); Gummert, Hans (Hrsg.); Schöpflin, Martin (Hrsg.);* Münchener Handbuch des Gesellschaftsrechts, Band 5: Verein, Stiftung bürgerlichen Rechts, 5. Auflage, 2021, C.H. Beck Verlag, München

*Bingel, Adrian;* Die „Insiderinformation" in zeitlich gestreckten Sachverhalten und die Folgen der jüngsten EuGH-Rechtsprechung für M&A-Transaktionen, AG 2012, 685

*Bischke, Alf-Henrik; Brack, Sebastian;* Neuere Entwicklungen im Kartellrecht – Kartellrecht bei M&A-Transaktionen: Informationsaustausch und „Pre-Closing Covenants" im Fokus der Kartellbehörden, NZG 2018, 696

*Bissels, Alexander; Ziegelmayer, David; Schroeders, Kathrin;* Arbeitsrechtliche Auswirkungen der Geheimnisschutzrichtlinie, DB 2016, 2295

*Bock, Dennis;* Strafrechtliche Aspekte der Compliance-Diskussion – § 130 OWiG als zentrale Norm der Criminal Compliance, ZIS 2009, 68

*Boecken, Winfried (Hrsg.); Düwell, Franz Josef (Hrsg.); Diller, Martin (Hrsg.); Hanau, Hans (Hrsg.);* NomosKommentar Gesamtes Arbeitsrecht, 1. Auflage, 2016, Nomos Verlag, Baden-Baden

*Bohnert, Joachim (Begr.); Krenberger, Benjamin; Krumm, Carsten;* Ordnungswidrigkeitengesetz: OWiG Kommentar, 7. Auflage, 2022, C.H. Beck Verlag, München

*Bonin, Birger;* Standortsicherung versus Tarifbindung – Möglichkeiten und Grenzen der einvernehmlichen Gestaltung tariflich festgelegter Arbeitsbedingungen in existenzgefährdenden Krisensituationen – Zugleich ein Beitrag zu den Grundlagen der Tarifautonomie –, 1. Auflage, 2003, Berliner Wissenschafts-Verlag, Berlin

*Böttcher, Lars;* Verpflichtung des Vorstands einer AG zur Durchführung einer Due Diligence, NZG 2005, 49

*Bourazeri, Konstantina;* Tarifautonomie und Wirtschaftskrise, 1. Auflage, 2019, Nomos Verlag, Baden-Baden

*Brammsen, Joerg;* Lauterkeitsstrafrecht – Sonderband zum Münchener Kommentar Lauterkeitsrecht (§§ 16–20 UWG), 1. Auflage, 2020, C.H. Beck Verlag, München

*Brammsen, Joerg;* Informationen über einen geplanten betriebsändernden Personalabbau als Geschäftsgeheimnis – Anm. zu LAG Schleswig-Holstein, Beschl. v. 20.5.2015 – 3 TaBV 35/14, NZA-RR 2016, 77

*Brandi, Tim; Süßmann, Rainer;* Neue Insiderregeln und Ad-hoc-Publizität – Folgen für Ablauf und Gestaltung von M&A-Transaktionen, AG 2004, 642

*Brouwer, Tobias;* Compliance im Wirtschaftsverband, CCZ 2009, 161

*Bruder, Annette;* Die Weitergabe von Insiderinformationen durch Arbeitnehmervertreter, 1. Auflage, 2008, Peter Lang Verlag, Frankfurt am Main

*Buchner, Herbert;* Unternehmensbezogene Tarifverträge – tarif-, verbands- und arbeitskampfrechtlicher Spielraum, DB Beilage 2001 Nr. 9, 1

*Cherdron, Julianne;* Tarifliche Sanierungs- und Sozialplanvereinbarungen, 1. Auflage, 2008, Duncker & Humblot Verlag, Berlin

*Cherkeh, Rainer;* Compliance – Strategien des Vereinsvorstands zur Haftungsvermeidung, noR 2014, 101

*Dann, Matthias; Markgraf, Jochen W.;* Das neue Gesetz zum Schutz von Geschäftsgeheimnissen, NJW 2019, 1774

*Däubler, Wolfang (Hrsg.);* Arbeitskampfrecht – Handbuch für die Rechtspraxis, 4. Auflage, 2018, Nomos Verlag, Baden-Baden

*Däubler, Wolfgang;* Gewerkschaftsrechte im Betrieb, 12. Auflage, 2017, Nomos Verlag, Baden-Baden

*Däubler, Wolfgang (Hrsg.); Klebe, Thomas (Hrsg.); Wedde, Peter (Hrsg.);* Betriebsverfassungsgesetz mit Wahlordnung und EBR-Gesetz Kommentar, 18. Auflage, 2022, Bund Verlag, Frankfurt am Main

*Däubler, Wolfgang (Hrsg.);* NomosKommentar Tarifvertragsgesetz, 5. Auflage, 2022, Nomos Verlag, Baden-Baden

*Dauner-Lieb, Barbara (Hrsg.); Langen, Werner (Hrsg.);* NomosKommentar Bürgerliches Gesetzbuch: BGB, Band 2: Schuldrecht, 4. Auflage, 2021, Nomos Verlag, Baden-Baden

*Dehesselles, Thomas; Voß, Catharina;* Die Mediatisierung von Mitgliederrechten im Verein, Strukturierung der Mitgliedschaften im Großverein, 1. Auflage, 2014, Nomos Verlag, Baden-Baden

*Denzel, Ulrich;* Wettbewerbsbeschränkungen für „Ein-Mann-Unternehmen", In: Kartellrecht und Arbeitsrecht, 6. Ludwigsburger Rechtsgespräch, ZAAR Schriftenreihe Band 16, 2010

*Drygala, Tim (Hrsg.); Wächter, Gerhard (Hrsg.);* Verschuldenshaftung, Aufklärungspflichten, Wissens- und Verhaltenszurechnung bei M&A-Transaktionen – Beiträge der 4. Leipziger Konferenz „Mergers & Acquisitions" am 28. und 29.9.2018 in Leipzig, 1. Auflage, 2020, C.H. Beck Verlag, München

*Dumont, Nicolas;* Happy End für ein Stiefkind? – Regierungsentwurf zur Umsetzung der Know-how-Richtlinie, BB 2018, 2441

*Düwell, Franz Josef (Hrsg.);* NomosKommentar zum Betriebsverfassungsgesetz, 6. Auflage, 2022, Nomos Verlag, Baden-Baden

*Edenfeld, Stefan; Neufang, Sebastian;* Die Haftung der Arbeitnehmer Vertreter im Aufsichtsrat, AG 1999, 49

*Engel, Achim;* Collective Governance in Tarifverbänden, 1. Auflage, 2015, Peter Lang Verlag, Frankfurt am Main

*Engelhardt, Clemens;* Gesellschafterbeschluss zur Durchführung einer Due Diligence, GmbHR 2009, 237

*Erman, Walter (Begr.); Harm Peter Westermann (Hrsg.); Grunewald; Barbara (Hrsg.); Maier-Reimer, Georg (Hrsg.);* BGB Handkommentar mit AGG, EGBGB, ErbbauRG, LPartG, ProdhaftG, VBVG, VersAusglG, WEG und ausgewählten Rechtsquellen des IPR, 16. Auflage, 2020, Dr. Otto Schmidt Verlag, Köln

*Farouq, Hasina;* Verfassungsrechtliche Vorgaben für die Zusammenarbeit von Arbeitgeberverbänden und Gewerkschaften unter besonderer Berücksichtigung der Problematik von Blitzaustritten und Blitzwechseln aus Arbeitgeberverbänden, 1. Auflage, 2014, Universitätsverlag Göttingen, Göttingen

*Federlin, Philipp;* Informationsflüsse in der Aktiengesellschaft im Spannungsverhältnis zum kapitalmarktrechtlichen Verbot der unbefugten Weitergabe von Insidertatsachen, 1. Auflage, 2004, Peter Lang Verlag, Frankfurt am Main

*Fezer, Karl-Heinz (Hrsg.); Büscher, Wolfgang (Hrsg.); Obergfell, Eva Inés (Hrsg.);* Lauterkeitsrecht: UWG Kommentar zum Gesetz gegen den unlauteren

Wettbewerb-Band 2: §§ 3a bis 20 UWG, Anhang zu § 3 Abs. 3 UWG, 3. Auflage, 2016, C.H. Beck Verlag, München

*Fitting, Karl (Begr.); Engels, Gerd; Schmidt, Ingrid; Trebinger, Yvonne; Linsenmaier, Wolfgang; Schelz, Hanna;* Betriebsverfassungsgesetz: BetrVG, Handkommentar, 31. Auflage, 2022, Verlag Franz Vahlen, München

*Fleischer, Holger; Körber, Torsten;* Due Diligence und Gewährleistung beim Unternehmenskauf, BB 2001, 841

*Fleischer, Holger;* Informationsasymmetrie im Vertragsrecht – Eine rechtsvergleichende und interdisziplinäre Abhandlung zu Reichweite und Grenzen vertragsschlussbezogener Aufklärungspflichten, 1. Auflage, 2001, C.H. Beck Verlag, München

*Fleischer, Holger; Pendl, Matthias;* Verschwiegenheitspflicht und Pflicht zum Geheimnismanagement von Geschäftsleitern, ZIP 2020, 1321

*Fleischer, Holger (Hrsg.); Goette, Wulf (Hrsg.);* Münchener Kommentar zum Gesetz betreffend die Gesellschaften mit beschränkter Haftung: Band 2 – §§ 35–52, 3. Auflage, 2019, C.H. Beck Verlag, München

*Franzen, Martin (Hrsg.); Inken Gallner, Inken (Hrsg.); Oetker, Hartmut (Hrsg.);* Kommentar zum europäischen Arbeitsrecht, 4. Auflage, 2022, C.H. Beck Verlag, München

*Freckmann, Anke; Schmoll, Andrea;* Geheimnisschutzrichtlinie: Neuer Standard für Vertraulichkeitsvereinbarungen und arbeitsvertragliche Verschwiegenheitsklauseln, BB 2017, 1780

*Frieling, Tino (Hrsg.); Jacobs, Matthias (Hrsg.); Krois, Christopher (Hrsg.);* Arbeitskampfrecht – Handbuch für Wissenschaft und Praxis, 1. Auflage, 2021, C.H. Beck Verlag, München

*Fritzsche, Jörg (Hrsg.); Münker, Reiner (Hrsg.); Stollwerck, Christoph (Hrsg.);* Beck'scher Online-Kommentar zum UWG, 18. Edition Stand: 1.10.2022, C.H. Beck Verlag, München

*Fuchs, Andreas (Hrsg.);* Wertpapierhandelsgesetz (WpHG) Kommentar, 2. Auflage, 2016, C.H. Beck Verlag, München

*Fuhlrott, Michael;* Geschäftsgeheimnisschutz durch arbeitsrechtliche Sicherungsmaßnahmen, ArbRAktuell 2020, 79

*Fuhlrott, Michael; Hiéramente, Mayeul;* Arbeitsrechtlicher Handlungsbedarf durch das Geschäftsgeheimnisgesetz, DB 2019, 967

*Fuhlrott, Michael (Hrsg.); Hiéramente, Mayeul (Hrsg.);* Beck'scher Online Kommentar zum GeschGehG, 13. Edition Stand: 15.9.2022, C.H. Beck Verlag, München

*Gajeck, Niclas;* Das Wirtschaftsgeheimnis in der Verfassung: Betriebs- und Geschäftsgeheimnisse im Lichte der Art. 12 I, 14 GG, 1. Auflage, 2018, Nomos Verlag, Baden-Baden

*Gamillscheg, Franz;* Kollektives Arbeitsrecht Bd. 1, Grundlagen, Koalitionsfreiheit, Tarifvertrag, Arbeitskampf und Schlichtung, 1. Auflage, 1997, C.H. Beck Verlag, München

*Giesen, Richard;* Die Rechtsbeziehung der Arbeitskampfparteien als vorvertragliches Schuldverhältnis, NZA 2021, 319

*Goette, Wulf (Hrsg.); Habersack, Mathias (Hrsg.); Kalss, Susanne (Hrsg.);* Münchener Kommentar zum Aktiengesetz: Band 2 §§ 76–117, MitbestG, DrittelbG, 5. Auflage, 2019, C.H. Beck Verlag, München

*Goette, Wulf (Hrsg.); Habersack, Mathias (Hrsg.); Kalss, Susanne (Hrsg.);* Münchener Kommentar zum Aktiengesetz: Band 3 §§ 118–178, 5. Auflage, 2022, C.H. Beck Verlag, München

*Goldmann, Julius;* Tarifverträge für selbstständige Dienstleistungsanbieter als Verstoß gegen das EU-Kartellrecht?, EuZA 2015, 509

*Göpfert, Burkard; Horstkotte, Christian; Rottmeier, Daniela;* Integrations-Vorbereitungen in kartellrechtlichen „Clean Teams" – arbeitsrechtliche Herausforderungen, ZIP 2015, 1269

*Götze, Cornelius;* Auskunftserteilung durch GmbH-Geschäftsführer im Rahmen der Due Diligence beim Beteiligungserwerb, ZGR 1999, 202

*Grabitz, Eberhard (Begr.); Hilf, Meinhard (Begr.); Nettesheim, Martin (Hrsg.);* Das Recht der Europäischen Union, Band 1: EUV/AEUV, Werksstand: 76. Ergänzungslieferung, Mai 2022, C.H. Beck Verlag, München

*Graf, Jürgen (Hrsg.);* Beck'scher Online Kommentar zum OWiG, 36. Edition, Stand: 1.10.2022, C.H. Beck Verlag, München

*Gran, Andreas;* Abläufe bei Mergers & Acquisitions, NJW 2008, 1409

*Greiner, Stefan; Vitt, Tillmann;* Die Auslegung kleiner dynamischer Bezugnahmeklauseln zwischen Regelungstransparenz und kollektivarbeitsrechtlicher Systembildung, BB 2020, 820

*Greiner, Stefan;* Rechtsfragen der Koalitions-, Tarif- und Arbeitskampfpluralität, 2. Auflage, 2011, C.H. Beck Verlag, München

*Greiner, Stefan;* Das arbeitskampfrechtliche Verhältnismäßigkeitsprinzip, 1. Auflage, 2018, Bund Verlag, Frankfurt am Main

*Grunewald, Barbara;;* Auskunftserteilung und Haftung des Vorstandes im bürgerlich-rechtlichen Verein, ZIP 1989, 962

*Gsell, Beate (Hrsg.); Krüger, Wolfgang (Hrsg.); Lorenz, Stephan (Hrsg.); Reymann, Christoph (Hrsg.);* beck-online.GROSSKOMMENTAR zum Zivilrecht, Stand: 1.4.2022, C.H. Beck Verlag, München

*Haas, Ulrich; Scholl, Stefanie;* Informationsansprüche und -pflichten im Idealverein, In: Festschrift für Walther Hadding zum 70. Geburtstag am 8. Mai 2004, 2004

*Habersack, Mathias; Henssler, Martin;* Beck'scher Kurzkommentar zum Mitbestimmungsrecht, 4. Auflage, 2018, C.H. Beck Verlag, München

*Habersack, Mathias (Hrsg.); Casper, Matthias (Hrsg.); Löbbe, Marc (Hrsg.);* Gesetz betreffend die Gesellschaften mit beschränkter Haftung (GmbHG), Band II, §§ 29–52, Großkommentar, 3. Auflage, 2020, Mohr Siebeck Verlag, Tübingen

*Habersack, Mathias (Hrsg.); Mülbert, Peter (Hrsg.); Schlitt, Michael (Hrsg.);* Handbuch der Kapitalmarktinformation, 3. Auflage, 2020, C.H. Beck Verlag, München

*Harte-Bavendamm, Henning; Ohly, Ansgar; Kalbfus, Björn;* GeschGehG-Gesetz zum Schutz von Geschäftsgeheimnissen, Kommentar, 1. Auflage, 2020, C.H. Beck Verlag, München

*Harte-Bavendamm, Henning (Hrsg.); Henning-Bodewig, Frauke (Hrsg.);* Gesetz gegen den unlauteren Wettbewerb (UWG) Mit Preisangabeverordnung Kommentar, 4. Auflage, 2016 (Altauflage), C.H. Beck Verlag, München

*Hartmann, Felix;* Grenzen der Tarifautonomie über Unternehmerverhalten, In: Ausweitung der Tarifmacht – Zugriff auf Unternehmensautonomie und Marktverhalten, 8. Ludwigsburger Rechtsgespräch, ZAAR Schriftenreihe Band 27, 2012

*Hartung, Manfred;* Muß der Wirtschaftsausschuß über die eingeplante Tariferhöhung unterrichtet werden?, DB 1975, 855

*Hauck, Ronny;* Grenzen des Geheimnisschutzes, WRP 2018, 1032

*Hauschka, Christoph (Hrsg.); Moosmayer, Klaus (Hrsg.); Lösler, Thomas (Hrsg.);* Corporate Compliance Handbuch der Haftungsvermeidung im Unternehmen, 3. Auflage, 2016, C.H. Beck Verlag, München

*Heidel, Thomas (Hrsg.);* NomosKommentar Aktienrecht und Kapitalmarktrecht, 5. Auflage, 2020, Nomos Verlag, Baden-Baden

*Heidel, Thomas (Hrsg.); Hüßtege, Rainer (Hrsg.); Mansel, Heinz-Peter (Hrsg.); Noack, Ulrich (Hrsg.);* NomosKommentar Bürgerliches Gesetzbuch: BGB, Band 1: Allgemeiner Teil – EGBGB, 4. Auflage, 2021, Nomos Verlag, Baden-Baden

*Heidinger, Andreas (Hrsg.); Leible, Stefan (Hrsg.); Schmidt, Jessica (Hrsg.);* Kommentar zum Gesetz betreffend die Gesellschaften mit beschränkter Haftung (GmbH-Gesetz), Band II: §§ 35–88 GmbHG, EGGmbHG, 3. Auflage, 2017, C.H. Beck Verlag, München

*Heinemann, Andreas;* Kartellrecht auf Arbeitsmärkten, WuW 2020, 371

*Hemeling, Peter;* Gesellschaftsrechtliche Fragen der Due Diligence beim Unternehmenskauf, ZHR 169 (2005), 274

*Hensel, Christian; Dörstling, Daniel;* Grenzen der Offenlegung im Rahmen der Due Diligence, DStR 2021, 170

*Henssler, Martin (Hrsg.); Willemsen, Heinz Josef (Hrsg.); Kalb, Heinz-Jürgen (Hrsg.);* Arbeitsrecht Kommentar, 10. Auflage, 2022, Dr. Otto Schmidt Verlag, Köln

*Henssler, Martin (Hrsg.); Moll, Wilhelm (Hrsg.); Bepler, Klaus (Hrsg.);* Der Tarifvertrag Handbuch für das gesamte Tarifrecht, 2. Auflage, 2016, Dr. Otto Schmidt Verlag, Köln

*Henssler, Martin (Hrsg.); Prütting, Hanns (Hrsg.);* Bundesrechtsanwaltsordnung: BRAO mit EuRAG, Berufs- und Fachanwaltsordnung, RAVPV, Rechtsdienstleistungsgesetz, Mediationsgesetz, ZMediatAusbV und Partnerschaftsgesellschaftsgesetz, 5. Auflage, 2019, C.H. Beck Verlag, München

*Hess, Harald; Worzalla, Michael; Glock, Dirk; Nicolai, Andrea; Rose, Franz-Josef; Huke, Kristina;* Kommentar zum Betriebsverfassungsgesetz: BetrVG, 11. Auflage, 2018, Luchterhand Verlag, München

*Hille, Christian Peter;* Die Bestimmung angemessener Geheimhaltung im Recht der US-amerikanischen Geschäftsgeheimnisse, WRP 2019, 1408

*Hirte, Heribert (Hrsg.); Mülbert, Peter (Hrsg.); Roth, Markus (Hrsg.);* Aktiengesetz: AktG Band 5: §§ 95–116, Großkommentar, 5. Auflage, 2019, De Gruyter, Berlin

*Hitzfeld, Ulrike;* Geheimnisschutz im Betriebsverfassungsrecht, 1. Auflage, 1990, Peter Lang Verlag, Frankfurt am Main

*Hoeren, Thomas (Hrsg.); Münker, Reiner (Hrsg.);* GeschGehG – Gesetz zum Schutz von Geschäftsgeheimnissen, 1. Auflage, 2021, Sellier/de Gruyter, Berlin

*Höfer, Carl;* Regierungsentwurf zum Geschäftsgeheimnisgesetz (GeschGehG) aus Geschäftsführersicht: Pflicht zum „Geschäftsgeheimnis-Management", GmbHR 2018, 1195

*Hoffmann-Becking, Michael (Hrsg.);* Münchener Handbuch des Gesellschaftsrechts, Band 4: Aktiengesellschaft, 5. Auflage, 2020, C.H. Beck Verlag, München

*Hofmarcher, Dominik;* Entwurf zur Umsetzung der GeschäftsgeheimnisRL, ecolex 2018, 783

*Holle, Philipp;* Legalitätskontrolle im Kapitalgesellschafts- und Konzernrecht, 1. Auflage, 2014, Mohr Siebeck Verlag, Tübingen

*Holthausen, Joachim;* Die arbeitsvertragliche Verschwiegenheit – Vertragsgestaltung nach Inkrafttreten des GeschGehG, NZA 2019, 1377

*Höpfner, Clemens;* Schuldrechtliche Koalitionsvereinbarungen, RdA 2020, 129

*Höpfner, Clemens;* Die Tarifgeltung im Arbeitsverhältnis, Historische, ökonomische und legitimatorische Grundlagen des deutschen Koalitions- und Tarifvertragsrechts, 1. Auflage, 2015, Nomos Verlag, Baden-Baden

*Hopt, Klaus; Kumpan, Christoph;* Insidergeschäfte und Ad-hoc-Publizität bei M&A, ZGR 2017, 765

*Hopt, Klaus;* M&A, Due Diligence und Kautelarpraxis – Eine internationale Untersuchung, ZHR 186 (2022), 7

*Hörmann, Jens;* Die Due Diligence beim Unternehmenskauf, In: Transaktionen, Vermögen, Pro Bono, Festschrift zum zehnjährigen Bestehen von P+P Pöllath + Partners, 2008

*Hueck, Götz;* Zur Verschwiegenheitspflicht der Arbeitnehmervertreter im Aufsichtsrat, RdA 1975, 35

*Hüffer, Uwe (Begr.); Koch, Jens;* Beck'scher Kurzkommentar zum Aktiengesetz, 16. Auflage, 2022, C.H. Beck Verlag, München

*Immenga, Ulrich (Begr.); Mestmäcker, Ernst-Joachim (Begr.);* Wettbewerbsrecht Band 1: EU, Kommentar zum Europäischen Kartellrecht, 6. Auflage, 2019, C.H. Beck Verlag, München

*Immenga, Ulrich (Begr.); Mestmäcker, Ernst-Joachim (Begr.);* Wettbewerbsrecht Band 2: GWB, Kommentar zum Deutschen Kartellrecht §§ 1–34a, 44–96, 185–186, 5. Auflage, 2014 (Altauflage), C.H. Beck Verlag, München

*Jaeger, Wolfgang (Hrsg.); Kokott, Juliane (Hrsg.); Pohlmann, Petra (Hrsg.); Schroeder, Dirk (Hrsg.);* Frankfurter Kommentar zum Kartellrecht, Werksstand: 103. Ergänzungslieferung, September 2022, Dr. Otto Schmidt Verlag, Köln

*Jäger, Christian;* Die Anwendbarkeit des GWB auf die Verbandsarbeit Deutscher Arbeitgeberverbände, 1. Auflage, 1998, Nomos Verlag, Baden-Baden

*Jansen, Philipp; Hofmann, Ruben;* Auswirkungen des Gesetzes zum Schutz von Geschäftsgeheimnissen auf Vertraulichkeitsvereinbarungen, BB 2020, 259

*Jesch, Thomas (Hrsg.); Striegel, Andreas (Hrsg.); Boxberger, Lutz (Hrsg.);* Rechtshandbuch Private Equity, 2. Auflage, 2020, C.H. Beck Verlag, München

*Joecks, Wolfgang (Hrsg.); Miebach, Klaus (Hrsg.);* Münchener Kommentar zum Strafgesetzbuch Band 7: Nebenstrafrecht II, 3. Auflage, 2019, C.H. Beck Verlag, München

*Kalbfus, Björn;* Angemessene Geheimhaltungsmaßnahmen nach der Geschäftsgeheimnis-Richtlinie, GRUR-Prax 2017, 391

*Kania, Thomas;* Wie die Betriebspartner Betriebe während/nach/trotz Corona retten können – Ein Zwischenruf, NZA 2020, 846

*Kapp, Thomas; Hummel, Karin;* Kartellrechts-Compliance in der Verbandsarbeit, CCZ 2013, 240

*Keilich, Jochen; Brummer, Paul;* Reden ist Silber, Schweigen ist Gold – Geheimhaltungspflichten auch für die Arbeitnehmervertreter im Aufsichtsrat, BB 2012, 897

*Keller, Erhard; Schönknecht, Marcus; Glinke, Anna;* Geschäftsgeheimnisschutzgesetz: GeschGehG Kommentar, 1. Auflage, 2021, C.H. Beck Verlag, München

*Kiel, Heinrich (Hrsg.); Lunk, Stefan (Hrsg.); Oetker, Hartmut (Hrsg.);* Münchener Handbuch zum Arbeitsrecht, Band 3 Kollektives Arbeitsrecht I, 5. Auflage, 2022, C.H. Beck Verlag, München

*Kiel, Heinrich (Hrsg.); Lunk, Stefan (Hrsg.); Oetker, Hartmut (Hrsg.);* Münchener Handbuch zum Arbeitsrecht, Band 1 Individualarbeitsrecht I, 5. Auflage, 2021, C.H. Beck Verlag, München

*Kiethe, Kurt;* Vorstandshaftung aufgrund fehlerhafter Due Diligence beim Unternehmenskauf, NZG 1999, 976

*Klöhn, Lars (Hrsg.);* Marktmissbrauchsverordnung, Verordnung (EU) Nr. 596/2014 über Marktmissbrauch, 1. Auflage, 2018, C.H. Beck Verlag, München

*Klumpp, Steffen;* Anm. zu BAG v. 22.9.2009 – 1 AZR 972/08, CCZ 2010, 197

*Knecht, Thomas (Hrsg.); Hommel, Ulrich (Hrsg.); Wohlenberg, Holger (Hrsg.);* Handbuch Unternehmensrestrukturierung: Grundlagen – Konzepte – Maßnahmen Band 1, 2. Auflage, 2018, Springer Gabler Verlag, Wiesbaden

*Koch, Jens;* Compliance-Pflichten im Unternehmensverbund?, WM 2009, 1013

*Köhler, Helmut; Bornkamm, Joachim; Feddersen, Jörn; Alexander, Christian;* Gesetz gegen den unlauteren Wettbewerb: UWG mit GeschGehG, PAngV, UKlaG, DL-InfoV, Kommentar, 40. Auflage, 2022, C.H. Beck Verlag, München

*Körber, Torsten;* Geschäftsleitung der Zielgesellschaft und Due Diligence bei Paketerwerb und Unternehmenskauf, NZG 2002, 263

*Kort, Michael;* Interessenkonflikte bei Organmitgliedern der AG, ZIP 2008, 717

*Krenzler, Michael (Hrsg.);* Rechtsdienstleistungsgesetz – Handkommentar, 2. Auflage, 2017, Nomos Verlag, Baden-Baden

*Kreßel, Eckhard;* Anmerkung zu BAG v. 11.7.2000 – 1 ABR 43/99, SAE 2002, 181

*Krüger, Dirk; Kalbfleisch, Eberhard;* Due Diligence bei Kauf und Verkauf von Unternehmen – Rechtliche und steuerliche Aspekte der Vorprüfung beim Unternehmenskauf –, DStR 1999, 174

*Kulka, Michael;* Die kartellrechtliche Zulässigkeit von Tarifverträgen über das Ende der täglichen Arbeitszeit im Einzelhandel, RdA 1988, 336

*Künster, Marion;* Die culpa in contrahendo in vortariflichen Rechtsbeziehungen, 1. Auflage, 1994, Mainz Verlag, Aachen

*Küttner, Wolfdieter (Begr.); Röller, Jürgen (Hrsg.);* Personalbuch 2022, Arbeitsrecht, Lohnsteuerrecht, Sozialversicherungsrecht, 29. Auflage, 2022, C.H. Beck Verlag, München

*Larisch, Tobias; Hesberg, Moritz von;* Vorstandspflichten und Compliance-Anforderungen im eingetragenen Verein, CCZ 2017, 17

*Latzel, Clemens; Serr, Stephan;* Kartellkontrollprivileg für Tarifverträge als formeller Rahmen eines Unionstarifrechts, EuZW 2014, 410

*Leister, Alexander; Wallisch, Kai;* Der neue Geheimnisschutz bei Unternehmenstransaktionen – Vorsicht bei Haftungsrisiken im Datenraum, Deutscher Anwaltsspiegel 19/2020, 11

*Leister, Alexander;* „Angemessene Geheimhaltungsmaßnahmen" – Handlungsbedarf in der Praxis durch Neudefinition des Geschäftsgeheimnisbegriffs, GRUR-Prax 2019, 75

*Leitner, Werner (Hrsg.); Rosenau, Henning (Hrsg.);* Wirtschafts- und Steuerstrafrecht Kommentar, 1. Auflage, 2017, Nomos Verlag, Baden-Baden

*Leuering, Dieter;* Die Ad-hoc-Pflicht auf Grund der Weitergabe von Insiderinformationen (§ 15 I 3 WpHG), NZG 2005, 12

*Liekefett, Kai Haakon;* Due Diligence bei M&A Transaktionen, 1. Auflage, 2005, Duncker & Humblot Verlag, Berlin

*Lochen, Sebastian;* Mehrwert von Compliance im M&A-Prozess, CCZ 2018, 234

*Loewenheim, Ulrich (Hrsg.); Meessen, Karl (Hrsg.); Riesenkampff, Alexander (Hrsg.); Kersting, Christian (Hrsg.); Meyer-Lindemann, Hans Jürgen (Hrsg.);* Kartellrecht – Kommentar zum Deutschen und Europäischen Recht, 4. Auflage, 2020, C.H. Beck Verlag, München

*Lorenz, Stephan;* Grundwissen: Der Vertrag mit Schutzwirkung für Dritte, JuS 2021, 817

*Löwisch, Manfred; Rieble, Volker;* Tarifvertragsgesetz, 4. Auflage, 2017, Verlag Franz Vahlen, München

*Löwisch, Manfred (Hrsg.); Kaiser, Dagmar (Hrsg.); Klumpp, Steffen (Hrsg.);* BetrVG – Betriebsverfassungsgesetz, Band 2: BetrVG – Betriebsverfassungsgesetz, Band 2: §§ 74–132, 8. Auflage, 2022, R&W Verlag, Frankfurt

*Lukes, Kevin;* Der betriebsverfassungsrechtliche Unterlassungsanspruch des Arbeitgebers gegen den Betriebsrat, 1. Auflage, 2016, Duncker & Humblot Verlag, Berlin

*Lutter, Marcus;* Information und Vertraulichkeit im Aufsichtsrat, 3. Auflage, 2006, Carl Heymanns Verlag, Köln

*Lutter, Marcus;* Due Diligence des Erwerbers beim Kauf einer Beteiligung, ZIP 1997, 613

*Lutter, Marcus; Krieger, Gerd; Verse, Dirk;* Rechte und Pflichten des Aufsichtsrats, 7. Auflage, 2020, Dr. Otto Schmidt Verlag, Köln

*Lutter, Marcus (Begr.); Hommelhoff, Peter (Begr.);* GmbH-Gesetz Kommentar, 20. Auflage, 2020, Dr. Otto Schmidt Verlag, Köln

*Maaßen, Stefan;;* „Angemessene Geheimhaltungsmaßnahmen“ für Geschäftsgeheimnisse, GRUR 2019, 352

*Malorny, Friederike;* Die Haftung der Gewerkschaft gegenüber ihren Tarifpartnern und Dritten für Schäden bei rechtswidrigen Streiks, 1. Auflage, 2019, Duncker & Humblot Verlag, Berlin

*Mamerow, Antonio;* Tarifvertrag und Kartellrecht, BLJ 2019, 25

*Maunz, Theodor (Begr.); Dürig, Günter (Begr.); Herzog, Roman (Hrsg.); Scholz, Rupert (Hrsg.); Herdegen, Matthias (Hrsg.); Klein, Hans (Hrsg.);* Grundgesetz, Loseblatt Kommentar, Werksstand: 98. Ergänzungslieferung, März 2022, C.H. Beck Verlag, München

*Mayer, Markus;* Geschäfts- und Betriebsgeheimnis oder Geheimniskrämerei?, GRUR 2011, 884

*McGuire, Mary-Rose;* Neue Anforderungen an Geheimhaltungsvereinbarungen?, WRP 2019, 679

*Mertens, Kai;* Die Information des Erwerbers einer wesentlichen Unternehmensbeteiligung an einer Aktiengesellschaft durch deren Vorstand, AG 1997, 541

*Meyer, Andreas (Hrsg.); Rönnau, Thomas (Hrsg.); Veil, Rüdiger (Hrsg.);* Handbuch zum Marktmissbrauchsrecht, 1. Auflage, 2018, C.H. Beck Verlag, München

*Meyer-Sparenberg, Wolfgang (Hrsg.); Jäckle, Christof (Hrsg.);* Beck'sches M&A-Handbuch – Planung, Gestaltung, Sonderformen, regulatorische Rahmenbedingungen und Streitbeilegung bei Mergers & Acquisitions, 2. Auflage, 2022, C.H. Beck Verlag, München

*Michalski, Lutz; Arends, Gerald;* Auskunftsrecht des Vereinsmitglieds – Anm. zu KG v. 17.12.1998 – Kart U 3669/98, NZG 1999, 779

*Mikosch, Ernst;* Vertrauensvolle Zusammenarbeit der Tarifvertragsparteien, In: Richterliches Arbeitsrecht: Festschrift für Thomas Dieterich zum 65. Geburtstag, 1999

*Mitsch, Wolfgang (Hrsg.);* Karlsruher Kommentar zum Gesetz über Ordnungswidrigkeiten: OWiG, 5. Auflage, 2018, C.H. Beck Verlag, München

*Mittag, Reinold;* Anm. zu LAG Hessen v. 20.3.2017 – 16 TaBV 12/17, jurisPR-ArbR 29/2017 Anm. 3

*Mohr, Jochen;* Das Verhältnis von Tarifvertragsrecht und Kartellrecht am Beispiel solo-selbständiger Unternehmer, EuZA 2018, 436

*Montag, Frank (Hrsg.); Säcker, Franz Jürgen (Hrsg.); Bien, Florian (Hrsg.); Meier-Beck, Peter (Hrsg.);* Münchener Kommentar zum Wettbewerbsrecht (vormals: Münchener Kommentar Europäisches und Deutsches Wettbewerbsrecht) Band 1 Europäisches Wettbewerbsrecht, 3. Auflage, 2020, C.H. Beck Verlag, München

*Moosmayer, Klaus;* Compliance – Praxisleitfaden für Unternehmen, 4. Auflage, 2021, C.H. Beck Verlag, München

*Mühlbach, Tatjana;* Tarifverträge in der europäischen Kartellkontrolle, 1. Auflage, 2007, Nomos Verlag, Baden-Baden

*Müller, Klaus;* Gestattung der Due Diligence durch den Vorstand der Aktiengesellschaft, NJW 2000, 3452

*Müller, Stefan;* Die Geheimhaltungspflicht des Betriebsrats und seiner (Ersatz-) Mitglieder nach § 79 Abs. 1 BetrVG, BB 2013, 2293

*Müller-Glöge, Rudi (Hrsg.); Preis, Ulrich (Hrsg.); Schmidt, Ingrid (Hrsg.);* Erfurter Kommentar zum Arbeitsrecht, 23. Auflage, 2023, C.H. Beck Verlag, München

*Mursa, Daniel; Simon, Johannes;* Geschäftsgeheimnisschutz Compliance bei Unternehmensverkäufen im Tech-Bereich, CCZ 2022, 109

*Oetker, Hartmut;* Aktienrechtliche Verschwiegenheitspflicht und Geschäftsgeheimnisgesetz, In: Festschrift für Klaus J. Hopt zum 80. Geburtstag am 24. August 2020, 2020

*Ohly, Ansgar;* Das neue Geschäftsgeheimnisgesetz im Überblick, GRUR 2019, 441

*Ohly, Ansgar (Hrsg.); Sosnitza, Olaf (Hrsg.);* Gesetz gegen den unlauteren Wettbewerb mit Preisangabeverordnung Kommentar, 7. Auflage, 2016, C.H. Beck Verlag, München

*Oltmanns, Sönke; Fuhlrott, Michael;* Geheimhaltungspflichten des Betriebsrats im arbeitsgerichtlichen Verfahren, NZA 2019, 1384

*Oppenländer, Frank;* Grenzen der Auskunftserteilung durch Geschäftsführer und Gesellschafter beim Verkauf von GmbH-Geschäftsanteilen, GmbHR 2000, 535

*Otte, Jörn;* Informationspflichten zwischen den Tarifvertragsparteien, 1. Auflage, 2017, Nomos Verlag, Baden-Baden

*Otto, Hansjörg;* Arbeitskampf- und Schlichtungsrecht, 1. Auflage, 2006, C.H. Beck Verlag, München

*Partsch, Christoph; Rump, Lauritz;* Auslegung der „angemessenen Geheimhaltungsmaßnahme“ im Geschäftsgeheimnis-Schutzgesetz, NJW 2020, 118

*Partsch, Christoph; Rump, Lauritz;* Auslegung der „angemessenen Geheimhaltungsmaßnahme“ im Geschäftsgeheimnis-Schutzgesetz, NJW 2020, 118

*Pechstein, Matthias (Hrsg.); Nowak, Carsten (Hrsg.); Häde, Ulrich (Hrsg.);* Frankfurter Kommentar zu EUV, GRC und AEUV, Band 1 EUV und GRC, 4. Auflage, 2017, Mohr Siebeck Verlag, Tübingen

*Pischel, Gerhard (Hrsg.); Kopp, Reinhold (Hrsg.);* Compliance für Wirtschaftsverbände, 1. Auflage, 2017, C.H. Beck Verlag, München

*Polley, Romina; Kuhn, Tilman;* Kartellrechtliche Grenzen des Informationsaustauschs zwischen Wettbewerbern bei M&A Transaktionen und anderen Anlässen, CFL 2012, 117

*Preis, Ulrich; Greiner, Stefan;* Arbeitsrecht – Kollektivarbeitsrecht, 5. Auflage, 2020, Dr. Otto Schmidt Verlag, Köln

*Preis, Ulrich; Seiwerth, Stephan;* Geheimnisschutz im Arbeitsrecht nach dem Geschäftsgeheimnisgesetz, RdA 2019, 351

*Preis, Ulrich; Reinfeld, Roland;* Schweigepflicht und Anzeigerecht im Arbeitsverhältnis, AuR 1989, 361

*Preis, Ulrich (Hrsg.);* Der Arbeitsvertrag, 6. Auflage, 2020, Dr. Otto Schmidt Verlag, Köln

*Priester, Hans-Joachim (Hrsg.); Mayer, Dieter (Hrsg.); Wicke, Hartmut (Hrsg.);* Münchener Handbuch des Gesellschaftsrechts, Band 3: Gesellschaft mit beschränkter Haftung, 5. Auflage, 2018, C.H. Beck Verlag, München

*Redenius-Hövermann,; Denecke, Frauke;* Arbeitnehmervertreter im Aufsichtsrat einer GmbH: Status und Rechtsfolgen, AR 2019, 88

*Reichold, Hermann;* Gegenmachtprinzip und arbeitsrechtliche Kartellgarantie aus Art. 9 Abs. 3 GG, In: Kartellrecht und Arbeitsrecht, 6. Ludwigsburger Rechtsgespräch, ZAAR Schriftenreihe Band 16, 2010

*Reichold, Hermann;* Der Betriebsrat – ein „Trojanisches Pferd“ im Arbeitskampf?, NZA 2004, 247

*Reinfeld, Roland;* Das neue Gesetz zum Schutz von Geschäftsgeheimnissen, 1. Auflage, 2019, C.H. Beck Verlag, München

*Richardi, Reinhard;* Die Grenzen der Zulässigkeit des Streiks, 1. Auflage 1980, Gieseking Verlag, Bielefeld

*Richardi, Reinhard;* Betriebsverfassungsgesetz: BetrVG mit Wahlordnung, 17. Auflage, 2022, C.H. Beck Verlag, München

*Richter, Tim;* Das Geschäftsgeheimnisgesetz und dessen Ausstrahlung in das Arbeitsrecht, ArbRAktuell 2019, 375

*Richters, Swantje; Wodtke, Carolina;* Schutz von Betriebsgeheimnissen aus Unternehmenssicht „Verhinderung von Know-how Abfluss durch eigene Mitarbeiter“, NZA-RR 2003, 281

*Rieble, Volker; Wiebauer, Bernd;* Meinungskampf im Betrieb, ZfA 2010, 63

*Rieble, Volker;* Regeldurchsetzung im Unternehmen (Compliance) als Systemfrage an der Schnittstelle zwischen Zivil- und Arbeitsrecht, Ritsumeikan Law Review – International Edition No. 26 (2009), 191

*Rieble, Volker;* Das neue Arbeitskampfrecht des BAG, BB 2008, 1506

*Rieble, Volker;* Die Akteure im kollektiven Arbeitsrecht, RdA 2004, 78

*Ries, Melanie; Haimerl, Sebastian;* Auswirkungen der EU-Geheimnisschutzrichtlinie auf die Verschwiegenheitspflicht von Vorstandsmitgliedern nach § 93 I 3 AktG, NZG 2018, 621

*Rittmeister, Maximilian;* Due Diligence und Geheimhaltungspflichten beim Unternehmenskauf – Die Zulässigkeit der Gestattung einer Due Diligence durch den Vorstand oder die Geschäftsführer der Zielgesellschaft, NZG 2004, 1032

*Röder, Gerhard; Merten, Frank;* Ad-hoc-Publizitätspflicht bei arbeitsrechtlich relevanten Maßnahmen, NZA 2005, 268

*Rody, Yasamin;* Der Begriff und die Rechtsnatur von Geschäfts- und Betriebsgeheimnissen unter Berücksichtigung der Geheimnisschutz-Richtlinie, 1. Auflage, 2019, Nomos Verlag, Baden-Baden

*Röger, Hendrik (Hrsg.);* Insolvenzarbeitsrecht, 1. Auflage, 2018, C.H. Beck Verlag, München

*Rolfs, Christian; Bütefisch, Wylka;* Gewerkschaftliche Betätigung des Betriebsratsmitglieds im Arbeitskampf, NZA 1996, 17.

*Rolfs, Christian (Hrsg.); Giesen, Richard (Hrsg.); Kreikebohm, Ralf (Hrsg.); Meßling, Miriam (Hrsg.); Udsching, Peter (Hrsg.);* Beck'scher Online Kommentar zum Arbeitsrecht, 65. Edition Stand: 1.9.2022, C.H. Beck Verlag, München

*Römling, Dominik;* Der Geschäftsgeheimnisbegriff zwischen öffentlichem und privatem Recht – Überlegungen aus Anlass der jüngeren verwaltungsgerichtlichen Rechtsprechung, NVwZ 2022, 463

*Roth, Günter (Begr.); Altmeppen, Holger;* Gesetz betreffend die Gesellschaften mit beschränkter Haftung: GmbHG Kommentar, 10. Auflage, 2021, C.H. Beck Verlag

*Rudowicz, Jan-Christopher;* Gun-Jumping Verstöße gegen Art. 7 FKVO und Art 101 AEUV durch den vorzeitigen Vollzug anmeldepflichtiger Zusammenschlüsse, 1. Auflage, 2016, Duncker & Humblot Verlag, Berlin

*Sachs, Michael (Hrsg.);* Grundgesetz Kommentar, 9. Auflage, 2021, C.H. Beck Verlag, München

*Säcker, Franz Jürgen (Hrsg.); Rixecker, Roland (Hrsg.); Oetker, Hartmut (Hrsg.); Limperg, Bettina (Hrsg.);* Münchener Kommentar zum Bürgerlichen

Gesetzbuch: BGB, Band 1: Allgemeiner Teil §§ 1–240, AllgPersönlR, ProstG, AGG, 9. Auflage, 2021, C.H. Beck Verlag, München

*Säcker, Franz Jürgen (Hrsg.); Rixecker, Roland (Hrsg.); Oetker, Hartmut (Hrsg.); Limperg, Bettina (Hrsg.);* Münchener Kommentar zum Bürgerlichen Gesetzbuch: BGB, Band 2: Schuldrecht Allgemeiner Teil I (§§ 241–310), 9. Auflage, 2022, C.H. Beck Verlag, München

*Säcker, Franz Jürgen (Hrsg.); Rixecker, Roland (Hrsg.); Oetker, Hartmut (Hrsg.); Limperg, Bettina (Hrsg.);* Münchener Kommentar zum Bürgerlichen Gesetzbuch: BGB, Band 3: Schuldrecht Allgemeiner Teil II (§§ 311–432), 9. Auflage, 2022, C.H. Beck Verlag, München

*Sandeen, Sharon K.; Seaman, Christopher B.;* TOWARD A FEDERAL JURISPRUDENCE OF TRADE SECRET LAW, Berkeley Technology Law Journal, 2017, 829

*Sauter, Eugen (Begr.); Schweyer, Gerhard (Begr.); Waldner, Wolfram; Neudert, Anka;* Der eingetragene Verein – Gemeinverständliche Erläuterung des Vereinsrechts unter Berücksichtigung neuester Rechtsprechung mit Formularteil, 21. Auflage, 2021, C.H. Beck Verlag, München

*Schaub, Günter (Begr.);* Arbeitsrechts-Handbuch, 19. Auflage, 2021, C.H. Beck Verlag, München

*Schimansky, Herbert (Hrsg.); Bunte, Hermann Josef (Hrsg.); Lwowski, Hans-Jürgen (Hrsg.);* Bankrechts-Handbuch, 5. Auflage, 2017, C.H. Beck Verlag, München

*Schmidt, Karsten (Hrsg.); Lutter, Marcus (Hrsg.);* Aktiengesetz-Kommentar, 4. Auflage, 2020, Dr. Otto Schmidt Verlag, Köln

*Schmittlein, Benjamin;* Verbands-Compliance, 1. Auflage, 2015, Herbert Utz Verlag, München

*Schneider, Uwe;* Compliance als Aufgabe der Unternehmensleitung, ZIP 2003, 645

*Schockenhoff, Martin;* Compliance im Verein, NZG 2019, 281

*Scholtyssek, Swen; Judis, Christian Michael; Krause, Sven;* Das neue Geschäftsgeheimnisgesetz – Risiken, Chancen und konkreter Handlungsbedarf für Unternehmen, CCZ 2020, 23

*Scholz (Begr.);* GmbH-Gesetz Kommentar Band 2 – § 35–52 GmbHG, 13. Auflage, 2022, Dr. Otto Schmidt Verlag, Köln

*Schubert, Sascha;* Informationsaustausch im Rahmen von Zusammenschlussvorhaben, ZWeR 2013, 54

*Schulte, Christian Moritz;* Insiderrechtliche Probleme bei der Due Diligence, 1. Auflage, 2015, Peter Lang Verlag, Frankfurt am Main

*Schuth, Hendrike;* Die Neuregelung zum Schutz der Geschäftsgeheimnisse und ihre Auswirkungen für das Arbeitsrecht, 1. Auflage, 2021, Peter Lang Verlag, Frankfurt am Main

*Schwark, Eberhard (Hrsg.); Zimmer, Daniel (Hrsg.);* Kapitalmarktrechts-Kommentar, Börsengesetz mit Börsenzulassungsverordnung, Wertpapierprospektgesetz, Wertpapierhandelsgesetz, Wertpapiererwerbs- und Übernahmegesetz, Europäische Marktmissbrauchsverordnung, 5. Auflage, 2020, C.H. Beck Verlag, München

*Schwintek, Sebastian;* Zur Weitergabe von Insider-Informationen durch den Arbeitnehmervertreter im Verwaltungsrat einer dänischen Gesellschaft an den Vorsitzenden der Arbeitnehmerorganisation, die ihn gewählt hat („Grøngaard und Bang") – Anm. zu EuGH v. 22.11.2005 – C-384/02, EWiR 2006, 155

*Segna, Ulrich;* Vorstandskontrolle in Großvereinen, 1. Auflage, 2002, Duncker & Humblot Verlag, Berlin

*Segna, Ulrich;* Informationsrecht von Landesverbänden über wesentliche Angelegenheiten des Dachverbandes einschließlich derjenigen einer Tochter-GmbH – Anm. zu BGH v. 11.11.2002 – II ZR 125/02, EWiR 2003, 307

*Seibt, Christoph;* 20 Thesen zur Binnenverantwortung im Unternehmen im Lichte des reformierten Kapitalmarktsanktionsrechts, NZG 2015, 1097

*Seiter, Hugo;* Dauerrechtsbeziehungen zwischen Tarifvertragsparteien?, ZfA 1989, 283

*Semler, Johannes; v. Schenck, Kersten;* Der Aufsichtsrat, §§ 95–116, 161, 170–172, 394 und 395 AktG, 1. Auflage, 2015, Verlag Franz Vahlen, München

*Serr, Stephan;* Privative Tariftreue, 1. Auflage, 2013, ZAAR Verlag, München

*Sethe, Rolf;* Die Verschärfung des insiderrechtlichen Weitergabeverbots, ZBB 2006, 243

*Simitis, Spiros; Kreuder, Thomas;* Betriebsrat und Öffentlichkeit, NZA 1992, 1009

*Slaby, David; Chapman, James; O'Hara, Gregory;* Trade Secret Protection: An Analysis of the Concept Efforts Reasonable Under the Circumstances to Maintain Secrecy, Santa Clara High Technology Law Journal 1989, 321

*Sodan, Helge (Hrsg.); Ziekow, Jan (Hrsg.);* Verwaltungsgerichtsordnung: VwGO, Großkommentar, 5. Auflage, 2018, Nomos Verlag, Baden-Baden

*Spindler, Gerald; Stilz, Eberhard;* beck-online.GROSSKOMMENTAR zum Aktienrecht, Stand: 1.10.2022, C.H. Beck Verlag, München

*Sprenger, Markus;* Das Geschäftsgeheimnisgesetz und seine Auswirkungen auf das Arbeitsrecht des öffentlichen Dienstes, ZTR 2019, 414

*Staudinger, Julius von (Begr.); Richardi, Reinhard (Hrsg.); Fischinger, Philipp (Hrsg.); Latzel, Clemens (Hrsg.); Rieble, Volker (Hrsg.);* Kommentar zum Bürgerlichen Gesetzbuch: Staudinger BGB – Buch 2: Recht der Schuldverhältnisse: Vorbemerkung zu § 611 ff; §§ 611–613 (Dienstvertragsrecht I), 16. Auflage, 2020, Sellier/de Gruyter, Berlin

*Staudinger, Julius von (Begr.);* Kommentar zum Bürgerlichen Gesetzbuch: Staudinger BGB – Buch 1: Allgemeiner Teil: §§ 21–79, Neubearbeitung 2019, Sellier/de Gruyter, Berlin

*Staudinger, Julius von (Begr.);* Kommentar zum Bürgerlichen Gesetzbuch: Staudinger BGB – Buch 2: Recht der Schuldverhältnisse: §§ 241–243, Neubearbeitung 2019, Sellier/de Gruyter, Berlin

*Stebut, Dietrich von;* Geheimnisschutz und Verschwiegenheitspflicht im Aktienrecht, 1. Auflage, 1972, Heymann Verlag, Köln

*Steinau-Steinrück, Robert von; Burmann, Kai-Oliver;* Die betriebsexterne Öffentlichkeitsarbeit des Betriebsrats – Wenn zwei sich streiten, freut sich das Publikum, NZA 2019, 209

*Steinau-Steinrück, Robert von; Bertz, Marcus;* Arbeitsrechtliche Auswirkungen des Geschäftsgeheimnisgesetzes, NJW-Spezial 2019, 498

*Stockenhuber, Peter;* Due Diligence und „Ordinary Course of Business"-Klauseln bei M&A Transaktionen Kartellrechtliche Rahmenbedingungen und Grenzen, In: Festschrift für Josef Aicher, 2012

*Stoffels, Markus;* Grenzen der Informationsweitergabe durch den Vorstand einer Aktiengesellschaft im Rahmen einer „Due Diligence", ZHR 165 (2001), 362

*Stoppelmann, David;* Tariffähigkeit und Tarifzuständigkeit von Arbeitgeberverbänden – Verfassungs- und tarifrechtliche Anforderungen an Arbeitgebervereinigungen als Parteien wirksamer Tarifvertragsschlüsse, 1. Auflage, 2015, Duncker & Humblot Verlag, Berlin

*Süßmann, Rainer;* Die befugte Weitergabe von Insidertatsachen, AG 1999, 162

*Sutschet, Holger;* Firmenstreik und Abwehrmaßnahmen, ZfA 2005, 581

*Thüsing, Gregor; Traut, Johannes;* Zur begrenzten Reichweite der Koalitionsfreiheit im Unionsrecht, RdA 2012, 65

*Trebeck, Joachim; Schulte-Wissermann, Lisa;* Die Geheimnisschutzrichtlinie und deren Anwendbarkeit – Auswirkungen auf Compliance und Whistleblowing im deutschen Arbeitsrecht, NZA 2018, 1175

*van Straelen, Carolin;* Der Rollenkonflikt des Arbeitnehmervertreters zwischen Betriebsratsmitglied und Gewerkschaftsfunktionär, 1. Auflage, 2012, Peter Lang Verlag, Frankfurt am Main

*Veil, Rüdiger;* Weitergabe von Informationen durch den Aufsichtsrat an Aktionäre und Dritte – ein Lehrstück zum Verhältnis zwischen Gesellschafts- und Kapitalmarktrecht, ZHR 172 (2008), 239

*Velten, Christian;* Gewerkschaftsvertreter im Aufsichtsrat – Eine verfassungsrechtliche, gesellschaftsrechtliche und arbeitsrechtliche Analyse, 1. Auflage, 2010, ZAAR Verlag, München

*Verse, Dirk;* Compliance im Konzern – Zur Legalitätskontrollpflicht der Geschäftsleiter einer Konzernobergesellschaft, ZHR 175 (2011), 401

*Voigt, Paul; Herrmann, Volker; Grabenschröer, Jan Felix;* Das neue Geschäftsgeheimnisgesetz – praktische Hinweise zu Umsetzungsmaßnahmen für Unternehmen, BB 2019, 142

*Wachter, Thomas;* Keine Weitergabe von Geschäftsunterlagen an Wettbewerber für Due Diligence-Prüfung ohne einstimmigen Gesellschafterbeschluss – Anm. zu OLG Köln v. 31.10.2013 – 18 W 66/13, EWiR 2014, 415

*Wagner, Franz;* Informationspflichten des Verkäufers bei M+A Transaktionen nach neuerer BGH-Rechtsprechung unter Berücksichtigung von altem und neuem Schuldrecht, DStR 2002, 958

*Wallwitz, Sebastian von;* Tarifverträge und die Wettbewerbsordnung des EG-Vertrages, 1. Auflage, 1997, Peter Lang Verlag, Frankfurt am Main

*Waltermann, Raimund;* Auslegung von Art. 9 Abs. 3 GG im Licht der europarechtlichen Gewährleistung der Tarifautonomie, EuZA 2015, 17

*Weber, Angela;* Die Schweigepflicht des Betriebsrats, 1. Auflage, 2000, Peter Lang Verlag, Frankfurt am Main

*Weigert, Daniel;* Angemessene Geheimhaltungsmaßnahmen im Sinne des Geheimnisschutzgesetzes – Geheimnisschutz ad absurdum?, NZA 2020, 209

*Wessely, Thomas;* Kartellrechtliche Aspekte des gewerkschaftsnützigen Einsatzes der Nachfragemacht von Großunternehmen, In: Ausweitung der Tarifmacht – Zugriff auf Unternehmensautonomie und Marktverhalten, 8. Ludwigsburger Rechtsgespräch, ZAAR Schriftenreihe Band 27, 2012

*Widder, Stefan;* Zur Weitergabe von Insiderinformationen durch den Arbeitnehmervertreter im Verwaltungsrat einer dänischen Gesellschaft an den Gewerkschaftsvorsitzenden („Grøngaard und Bang") – Anm. zu Højesteret (Oberster Gerichtshof Dänemark), Urt. vom 14.5.2009 – 219/2008, EWiR 2009, 687

*Wiebe, Gerhard;* Der Geschäftsgeheimnisschutz im Informationsfreiheitsrecht – Unter besonderer Berücksichtigung des Gesetzes zum Schutz von Geschäftsgeheimnissen, NVwZ 2019, 1705

*Wiedemann, Herbert (Hrsg.);* Tarifvertragsgesetz, 8. Auflage, 2019, C.H. Beck Verlag, München

*Wiese, Günther; Kreutz, Peter; Oetker, Hartmut; Weber, Christoph; Franzen, Martin; Jacobs, Matthias; Raab, Thomas; Gutzeit, Martin;* Gemeinschaftskommentar zum Betriebsverfassungsgesetz Band 1: §§ 1–73b mit Wahlordnung und EBRG, 12. Auflage, 2022, Luchterhand Verlag, München

*Wiese, Günther; Kreutz, Peter; Oetker, Hartmut; Weber, Christoph; Franzen, Martin; Jacobs, Matthias; Raab, Thomas; Gutzeit, Martin;* Gemeinschaftskommentar zum Betriebsverfassungsgesetz Band 2: §§ 74–132, 12. Auflage, 2022, Luchterhand Verlag, München

*Willemsen, Heinz Josef; Hohenstatt, Klaus-Stefan; Schweibert, Ulrike; Seibt, Christoph;* Umstrukturierung und Übertragung von Unternehmen Arbeitsrechtliches Handbuch, 6. Auflage, 2021, C.H. Beck Verlag, München

*Wilsing, Hans-Ulrich; von der Linden, Klaus;* Selbstbefreiung des Aufsichtsrats vom Gebot der Gremienvertraulichkeit, ZHR 178 (2014), 419

*Wittig, Arne;* Informationsgewährung und Verschwiegenheitspflicht bei M&A-Transaktionen, Wahrung der wettbewerbsrechtlichen Schranken für den Informationsaustausch durch Clean Team- und Blackbox-Strukturen – Responsio –, ZGR 2020, 525

*Wolf, Maik; Mohr, Jochen;* Verbandstarifverträge zwischen Tarifautonomie und Kartellrecht, JZ 2011, 1091

*Zetzsche, Dirk;* Normaler Geschäftsgang und Verschwiegenheit als Kriterien für die Weitergabe transaktionsbezogener Insiderinformationen an Arbeitnehmer – Überlegungen zu Art. 10 I und 17 I der Marktmissbrauchsverordnung, NZG 2015, 817

*Ziegler, Ole;* „Due Diligence" im Spannungsfeld zur Geheimhaltungspflicht von Geschäftsführern und Gesellschaftern, DStR 2000, 249

*Ziemons, Hildegard;* Die Weitergabe von Unternehmensinterna an Dritte durch den Vorstand einer Aktiengesellschaft, AG 1999, 492

*Ziemons, Hildegard (Hrsg.); Jaeger, Carsten (Hrsg.); Pöschke, Moritz (Hrsg.);* Beck'scher Onlinekommentar zum GmbHG, 53. Edition, Stand 1.9.2022, C.H. Beck Verlag

*Zöllner, Wolfgang; Loritz, Karl-Georg; Hergenröder, Curt Wolfgang;* Arbeitsrecht, 7. Auflage, 2015, C.H. Beck Verlag, München

*Zöllner, Wolfgang (Hrsg.); Noack, Ulrich (Hrsg.);* Kölner Kommentar zum AktG: Band 2 §§ 76–117 AktG (Vorstand, Aufsichtsrat, Benutzung des Einflusses auf die Gesellschaft), 3. Auflage, 2019, Carl Heymanns Verlag, Köln

*Zumbansen, Peer; Lachner, Constantin;* Die Geheimhaltungspflicht des Vorstands bei der Due Diligence: Neubewertung im globalisierten Geschäftsverkehr, BB 2006, 613

;

FSC
www.fsc.org
MIX
Papier | Fördert gute Waldnutzung
FSC® C083411

Kolibri 360 GmbH
Ferdinand-Jühlke-Straße 7
99095 Erfurt, Deutschland
produktsicherheit@kolibri360.de

Druck:
CPI Druckdienstleistungen GmbH
im Auftrag der
Kolibri 360 GmbH
Ferdinand-Jühlke-Str. 7
99095 Erfurt